JN281468

西南戦争肥後植木坂激戦之図
（右端が少佐時代の乃木）

旅順開城須将軍会見乃木将軍
（水師営における乃木・ステッセルの会見）

明治四十四年八月
ルマニエン國王陛下ノ寵命ニ依リ伯林府撮影献之
大日本帝國陸軍大將伯爵乃木希典謹記

乃木希典肖像
（ルーマニア国王の命にて写す）

刊行の趣意

「学問は歴史に極まり候ことに候」とは、先哲荻生徂徠のことばである。

歴史のなかにこそ人間の智恵は宿されている。人間の愚かさもそこにはあらわだ。この歴史を探り、歴史に学んでこそ、人間はようやくみずからの正体を知り、いくらかは賢くなることができる。新しい勇気を得て未来に向かうことができる。徂徠はそう言いたかったのだろう。

「ミネルヴァ日本評伝選」は、私たちの直接の先人について、この人間知を学びなおそうという試みである。日本列島の過去に生きた人々の言行を、深く、くわしく探って、そこに現代への批判を聴きとろうとする試みである。日本人ばかりではない。列島の歴史にかかわった多くの異国の人々の声にも耳を傾けよう。

先人たちの書き残した文章をそのひだにまで立ち入って読み、彼らの旅した跡をたどりなおし、彼らのなしとげた事業を広い文脈のなかで注意深く観察しなおす——そのとき、はじめて先人たちはいまの私たちのかたわらによみがえってくる。彼らのなまの声で歴史の智恵を、また人間であることのよろこびと苦しみを、私たちに伝えてくれもするだろう。

この「評伝選」のつらなりのなかから、列島の歴史はおのずからその複雑さと奥ゆきの深さをもって浮かび上がってくるはずだ。これを読むとき、私たちのなかに新たな自信と勇気が湧いてきて、その矜持と勇気をもって「グローバリゼーション」の世紀に立ち向かってゆくことができる——そのような「ミネルヴァ日本評伝選」にしたいと、私たちは願っている。

平成十五年（二〇〇三）九月

上横手雅敬
芳賀　徹

ミネルヴァ日本評伝選

予は諸君の子弟を殺したり

乃木希典

佐々木英昭著

ミネルヴァ書房

西郷軍
桐野利秋
逸見十郎太
別府新助
村田新八

旅順開城須将軍
會見乃木将軍

"All the News That's Fit to Print."

The New York Times.

THE WEATHER.

VOL. LXI...NO. 19,957. NEW YORK, SATURDAY, SEPTEMBER 14, 1912.—TWENTY-FOUR PAGES. ONE CENT

HAMMER WALDO FOR BAD POLICE

His One Answer Is That All Appointments Are Left to Civil Service Board.

HE APPROVES THAT PLAN

Throws No Light on What Gaynor Told the Aldermen He Would Explain.

ANGRY SCENES AT HEARING

MEXICO REJECTS THIS CLAIM.

RELIC OF ANDRE FOUND.

E. D. MORGAN IN UPSET AUTO.

IT WAS MRS. SZABO, GIBSON NOW ADMITS

His Story That Dead Woman Was Not She False, He Says After Receiving Advice.

CONDUCTS HIS OWN CASE

AMERICAN WOMEN AS GEORGETTE SEES THEM

The famous Paris milliner, who leaves to-day after a visit here, says our masses are better dressed than those of any other country. Read it in NEXT SUNDAY'S TIMES

DIX BOOM SHATTERED BY WILSON'S ASSAULT

Murphy Apparently Stands with Him, but Is Expected to Seek His Withdrawal.

TAMMANY MEN ARE BITTER

GEN. NOGI AND WIFE KILL THEMSELVES AS GUN BOOMS FOR MIKADO'S FUNERAL

GEN. COUNT MARESUKE NOGI.

Calmly in His Home Near Tokio, Port Arthur's Captor Awaits Signal for Cortege to Move.

THEN CUTS HIS THROAT

His Devoted Companion at Once Follows His Example and Commits Hara-Kiri.

ATTENDED PALACE SERVICE

Then in Grief for the Departed Emperor They Prepared Carefully for Self-Destruction.

TOKIO STIRRED BY TRAGEDY

Japanese Here Approve His Act as the Highest Patriotism and a Fitting End for Hero.

RANKS WITH GREAT WARRIORS

His Remorseless and Successful Siege of Russia's Stronghold Counted One of the Greatest in War.

TOKIO, Sept. 13.—Gen. Count Mareska Nogi, Supreme Military Councilor of the Empire, and his wife, the Countess Nogi, committed suicide to-night in accordance with the ancient Japanese custom

BOATS TO RESORTS TO QUIT TO-MORROW

Thousands of New Yorkers Will Be Forced to Take Roundabout Railroad Trips.

乃木の自刃を伝えるニューヨーク・タイムズ紙

(1912年９月14日付)

現在の乃木邸（東京都港区赤坂）

はしがき

「乃木文学」という言葉がかつて流布していた。次頁に掲げる新聞広告はその証明となるもので、大正元（一九一二）年、乃木希典《のぎまれすけ》夫妻自刃事件から約二〇日後の一〇月五日付『東京朝日新聞』に掲載されたものである。宣伝されているのは、これを読まぬは「女学生の恥」とまでいわれた（坂崎善之「赤坂ウォッチング」『東洋経済』昭和六二年三月）ベストセラー、徳富蘆花《とくとみろか》の『寄生木《やどりぎ》』（明治四二年初刊）であるが、なぜこの時期にこの本を売り込むのかといえば、この作品が、かつて乃木家に書生として仕えた後、従軍、失恋を経て二八歳で病死したある文学青年の手記をもとに書かれていたこと、またそこに登場する「其の名は三歳児《みつご》も知る大木祐麿《おおきすけまろ》」（中編、第一章（三））が乃木を指すことは、それこそ「三歳児《みつご》も知る」ところであったからである。広告のうたい文句は次のとおり。

単純にして偽る能《あた》はざる一青年士官が書き遺したる寄生木が乃木文学に於て一異彩たるべきは怪しむに足らず。将軍夫妻も生前通読して涙を堕《おと》しし伝へらる。大将夫妻を偲ばん人は、来りて『寄生木』巻中に其面影と、涙痕を尋ねよ。

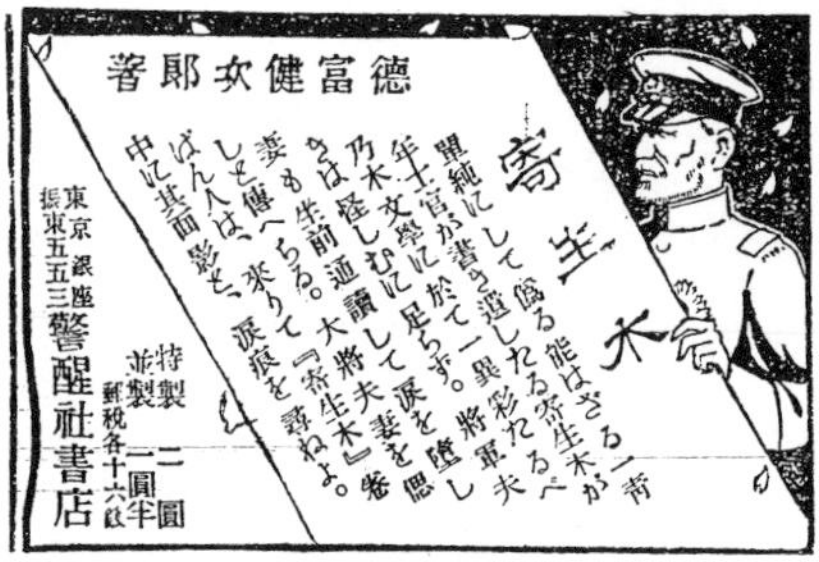

乃木夫妻自刃事件から約20日後の広告
（『東京朝日新聞』大正元年10月5日）

乃木希典その人もまた詩文に秀でていたことは本書で見てゆくとおりであるから、「乃木文学」は乃木が書いた文学という意味でいわれてもよいわけだが、ここは、見られるとおりその意味ではなく、乃木について書かれた文学ということである。つまり乃木について書かれた文学は、乃木の死ということこの時点ですでにして「乃木文学」の呼称をもって括られるまでに繁茂していた、ということをこの広告文は示している。しかもこの呼称は、乃木ブームの終息とともに消滅していったわけでもないのである。蘆花の『みゝずのたはこと』（大正二年三月刊）、および前《まえ》田《だ》河《こう》広《こう》一郎《いちろう》『蘆花の芸術』（昭和一八年）にはこんな言い方が見られる。

乃木将軍夫妻程死花が咲いた人々は近来絶無と云つてよい。大将夫妻は実に日本全国民の崇拝愛慕の的となつた。乃木文学は一時に山をなして出た。斯上《このうへ》蛇足を加ふる必要はないかも知れぬ。然し寄生木によりて一種の縁を将軍夫妻に作つた余には、また相応の義務が感ぜられる。（蘆花）

『寄生木』の乃木将軍の風は、いはゆる百千の乃木文学よりも、将軍の日常生活の一断面を、一つの角度から近距離に捉へてゐるので、はるかに読者に親しみを与へるやうである。（前田河）

すなわち「山をな」す「百千の乃木文学」が数十年間にわたって産出・消費され続けていたのである。その多様な内実の紹介と分析が本書の目的の一つだが、とりあえずその中核をなす伝記についていえば、刊行数は昭和一五年の時点で「二百種以上」（宿利重一『乃木将軍』）、同五〇年代のころになると「日本では二百五十冊」、「外国では三百五十冊もの乃木伝記が出てい」るとさえいわれる（前川和彦『軍神乃木希典の謎』）。これは世界でもほとんど比類のない数字で、「西洋のリンカーン・東洋の乃木」（高山亨「序」、乃木神社社務所編著『乃木希典全集』上）とまで称されるゆえんである。

　そうであってみれば、たとえば昭和一三年、東京帝国大学の学生を対象に行われたアンケート調査の「崇拝人物」で、乃木が堂々第四位の票数を獲得していたとしても驚くにあたらない（ちなみにこの調査での一位から一〇位は、順に西郷隆盛、吉田松陰、ゲーテ、乃木希典、楠木正成、野口英世、寺田寅彦、パスツール、ベートーヴェン——橋川文三「可愛相な乃木」）。しかもその名が表舞台からほぼ姿を消した第二次世界大戦後にして乃木はなお水面下に人気を保ち、たとえば昭和四五年ごろのＮＨＫによる調査「私の尊敬する人物」でやはり第四位に入っていた（王丸勇「乃木希典」宮本忠雄編『診断・日本人』所収）。

　かくして乃木希典は、生前・死後を通して高大な人気と崇敬を集め続けた稀有の人物の一人にほかならず、その生涯を描いた「乃木伝」およびそれを中核とした多様なる「乃木文学」が相当の厚みをもって持続していた。そしてその厚みこそ本書が以下に切り開かんとするところなのだが、その際に警戒したいのは、これらに描かれた「文学」上の乃木と、現実に生きていた乃木希典という生身の人間とをただちに同一視するという陥穽である。乃木生前からすでに様々なメディア（媒体）によって、それこそ媒介されて生まれてきたイメージの複合である「文学」的乃木像が、ありのままの人間乃木と必ずしも一致しないことは当然だろう。たとえば乃木人気が一つの絶頂をなしていた昭和四年の戯曲『乃木将軍（初編）』で、真山青果《せいか》は日露戦争出征を前にした乃木保典《やすすけ》（希典の次男）に語らせている。

僕はお父さまを、人間以上の存在として見たいと願ふのぢやない。然し、お父さまのなかゝら人間を見る時……、僕は実に寂しくなる。僕は僕のためにも、お父さま自身のためにも、飽くまで人間以上の儀表《ぎへう》として生きてゐて頂きたいやうな気がします……。

（「第三幕　保典出征」）

「人間以上の存在」として語られる「儀表」（模範、手本）乃木と、「人間」以上でも以下でもない、「なかゝら人間を見」られたところの乃木。二つの乃木の乖離《かいり》がここに見すえられている。本書もこの視点を踏襲し、前者をいう場合、特に〈乃木〉と表記し、それを取り込んだ複合語もたとえば〈乃木文学〉〈乃木劇〉〈乃木式〉〈乃木もの〉のように書き表すことで、両者の区別に意を払うことにしたい。そうすることで、乖離する二つのノギを二つながらに浮かび上がらせることを本書はもくろんでいる。全体の大まかな段取りとしては、前半の第四章までにおいて現実の乃木の生涯を一通り辿った上で、第五章以降で「百千の乃木文学」にちりばめられた、物語化され神話化された〈乃木〉の諸形態とそれにまつわる諸言説を解析してゆくという構成を目指している。ただ、すでに明らかであろうが、分かちがたく絡み合う二つのノギを截然《さいぜん》と切り離して記述することは不可能であるし、またそもそも本書の狙いに適合しない。乃木と〈乃木〉とは結局、本書全体においてせめぎ合うほかないだろう。

乃木希典——予は諸君の子弟を殺したり

目次

図版一覧

図版写真一覧

関係地図

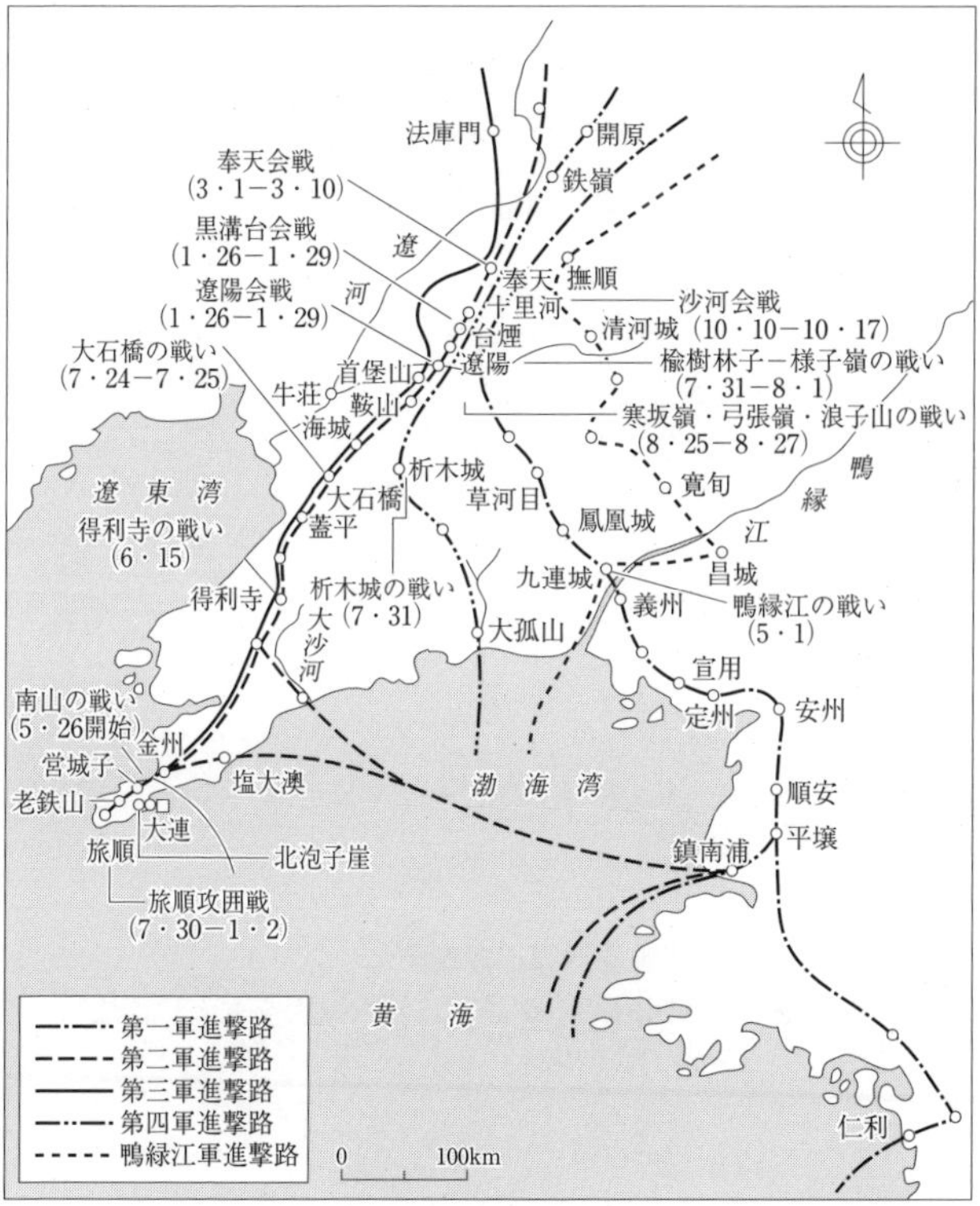

日露陸戦の主な戦場

(平塚柾緒『図説日露戦争』をもとに作成。( ) 内は戦いの期間〔月・日〕を示す)

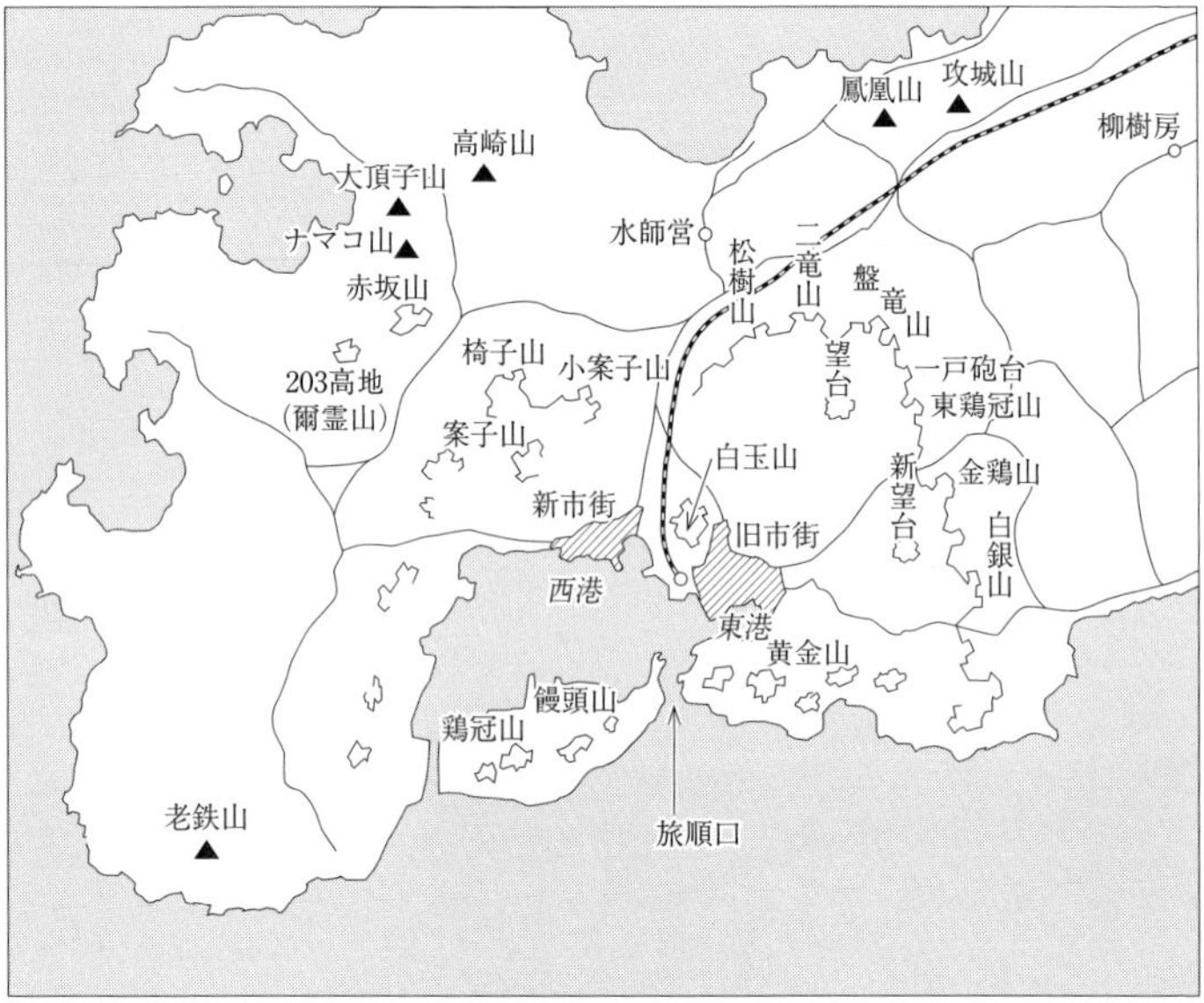

旅順要塞周辺概略図
(『日露戦争写真画報』(明治38年1月10日) 掲載図をもとに作成)

序章　みんなの〈乃木さん〉

次頁に掲げる紙面は大正一四年一二月三〇日付『読売新聞』第四面である。三一日封切りの正月映画で、松竹系と日活系の二つの〈乃木もの〉が競合する形となっていることがわかる。それぞれの主演俳優、岩田祐吉と山本嘉一《よしかず》はやがて「映画の方でも乃木劇は随分とある。日活では山本嘉一、松竹では岩田祐吉といふ乃木さんがある」（桜井忠温《ただよし》『将軍乃木』昭和四年）と並称されることにもなる二大〈乃木〉役者だが、少なくともこの時点では、大正二年作品『乃木将軍（噫、乃木将軍）』以来の古参の〈乃木さん〉、山本（ウェブサイト『配役宝典 第六版』に拠る）の方が格上であったと見られ、実際この広告でも「乃木将軍扮装第一人者 山本嘉一」とうたわれている。

乃木大将と熊さん

さて、その日活映画『乃木大将と熊さん』に目を着けることから始めよう。タイトルの右横に置かれた長いキャプションに「護国の軍神一世の師表国民崇敬渇仰の的たる乃木将軍の人格を描く涙と笑と感激の大人情喜劇」とうたうこの作品、広告には出ていないが、実は溝口健二「原案・監督」にな

黄金狂時代

乃木将軍

乃木大将と熊さん

富国の興廃此一戦

仁丹ハミカキ

競合する〈乃木もの〉映画を広告する紙面

（『読売新聞』大正14年12月30日）

るものである。ちなみに助監督が田坂具隆《ともたか》、「熊さん」役は広告文によれば「喜劇映画界の第一人者」たる小泉嘉輔、その妻を演じたのが浦辺粂子であった。封切りから約一年後の大正一五年一月に出ている『乃木将軍写真画報』（菊香会本部発行、乃木画報社・乃木写真画報社発売）の紹介によれば、その「梗概」は以下のとおり。

時は日露戦争数年後、所は東京深川、柳橋付近。「辻車の車夫、義侠で涙もろい江戸ッ子肌で戦争好きの熊さんは、日露戦争で父を失つた辻うら売〔街頭で占い札を売る仕事。――〔 〕内は引用者注。以下同様〕の少年金太郎を扶《たす》けて、毎日戦争の話に夢中になつて暮してゐた」。金太郎は数年前には母にも死なれ、今はこれも病床にある祖母を養って朝は新聞配達、夜は辻うら売の健気《けなげ》な少年である。ある秋の日、学校の遠足で悪童どもにいじめられているところを、戦死者墓参の帰りに通りかかった乃木大将が助ける。

これが機縁で後日、乃木は金太郎の家を訪ねるが、このときたまたま大将を車に乗せた熊さん、「車上の人を乃木大将と知らずに一介の田助老爺《たすけろうや》の如く扱ひ、あとで乃木大将と知つて慌てふためき、種々の滑稽を演じる、——真に血と涙をもつて多くの同胞の代表者となつて戦ひつゞけた軍神乃木大将閣下の人格的な方面と戦争で父を失つた憐れ一家とそれを扶けて涙の喜劇を演じつづける車夫熊さんとの三つの物語」。

溝口健二「原案」といっても、溝口がこの「三つの物語」をゼロからひねり出したわけでは無論ない。「辻うら売」少年や車夫との交情は、事実性はさておき、先行する〈乃木文学〉——特に講談や浪曲、そしておそらくは先行映画作品——においてすでに語られてきたところであるし、また熊さんが相手を「乃木大将と知らずに一介の田助老爺の如く扱ひ、あとで乃木大将と知つて慌てふため」くという展開は、後述するとおりジャンルを超えた〈乃木もの〉お決まりのパターンとして早くから定着していた。その意味では特にオリジナルな作品というわけではないのだが、同時上映の『皇国の興廃此一戦』の重さへの配慮もあってか、諸々の〈乃木物語〉をつなぎ合わせて「涙の喜劇」に仕立てたあたりに新味があったのかもしれない。

〈乃木もの〉外れっこなし

さてその物語の主、乃木希典が妻静《しず》（静子とも）とともに自刃して果てたのは、大正元年九月一三日、明治天皇御大葬の夜のことであったから、大正末年まで保たれた人気のこの持続は稀有のものというべきだろう。しかもそれは昭和に入って下

映画『乃木大将と熊さん』で
乃木を演じた山本嘉一
（『乃木将軍写真画報』）

火となるどころか、軍国主義の高揚という時勢に乗ってむしろ再燃するのである。映画にかぎって見ても、さきのウェブサイト『配役宝典』の調査では、タイトルに「乃木」を含む映画作品は大正末までに一五本、昭和に入って一四年までに一二本以上が制作されている。昭和四年刊行の前掲『将軍乃木』の著者桜井忠温は、かつて乃木司令下に日露戦争を戦い隻腕となって帰国、その経験をもとにベストセラー『肉弾』（明治三九年）を著した流行作家だが、『将軍乃木』をこう書き出している。

乃木大将の芝居や、活動写真なら、外れつこなし大当りといふことである。
「乃木大将と熊さん」だのといふ活動写真もあり、車屋の熊さんにも、大工の八公にも心安い乃木大将、乃木さん。
その「乃木さん」——芝居でも百の中《うち》八十まで乃木劇ださうで、そののこりが橘中佐、広瀬中佐、といつたやうなもので、乃木さんの芝居とあれば大当りといふことになつてゐる。

圧倒的な人気キャラクターであったわけだが、その人気のいくぶんかは学校教育において醸成されていた。日露の英雄〈乃木〉をうたう唱歌「水師営の会見」は、明治四三年以降使用の第二期国定教科書に掲載されて乃木生前から全国児童の習うところとなっていたし、大正七年からの第三期国定教科書では国語に「乃木大将の幼年時代」が加わったほか、修身の「清廉」（昭和八年からの第四期では「公徳」と「至誠」）の課で〈乃木逸話〉が語られている。たとえば日露戦陣中の乃木が家族への手紙を書こうと思ったが、巻紙がない。卓上には軍用の郵便紙が沢山あったけれども、それには手もふれず、参謀長に半紙をもらって用を弁じた、といった訓話である。その伝記の驚くべき刊行数は「はしがき」でふれたとおりで、つまり学校でも街角の本屋でも、あるいは芝居小屋や活動写真館でも、どこへ行っても人は〈乃木さん〉に出会い、「いはゆる百千の乃木文学」を見聞きしたのである。

この根強い人気の秘密はというなら、とりあえずそれを映画『乃木大将と熊さん』のあのキャプションに読み込んでおくことができるだろう。すなわち「護国の軍神一世の師表国民崇敬渇仰の的たる乃木将軍の人格を描く涙と笑と感激の大人情喜劇」というのだが、まず「護国の軍神」とは日清・日露両戦役の英雄たる乃木にしばしば贈られた称号で、「軍神」とまで持ち上げることも、本書で追々見てゆくとおり、当時もはや珍しい光景ではなかった。明治天皇の後を追って腹を切ったその死を含む苛烈な生き様は、「一世の師表」として「神」域にさえ達していると見え、またそれが「国民崇敬渇仰の的」とまで人気を博したのは、天皇への忠誠のみならず、日露戦争において二人きりの子がともに戦死したこと、またこの二子にとどまらない何万もの日本の息子たちを死なせたことへの自責の苦悩が広く日本国民に伝わり、悲痛を共有されたことに大きな関わりがあった。

つまりざっと以上のような意味において、日露戦争から凱旋して学習院長となり、唱歌にうたわれさえした晩年の乃木はすでに「半神」(“a demigod”——日露戦争陣中の乃木を見守った『シカゴ・ニュース』記者、スタンレー・ウォッシュバーンの表現〔*Nogi: A Great Man agaist the Background of War*, 1913. 邦訳題『乃木』『聖雄乃木』『乃木大将と日本人』など〕)であったのだが、その特異な死に様が「神」の座を一挙に不動のものとしたと見ることができよう。全国の数カ所で乃木神社建立が発議されたのも、また現在も地下鉄駅名として残っている「乃木坂」の地名が誕生(乃木邸近辺の町名を「新坂町」から「乃木坂」に改称することを赤坂区会が決議)したのも、その死からわずか数日後のこと(第六章参照)。その後「大正デモクラシー」隆盛の時代となって沈静化したブームが、昭和に入っての時勢の転変とともに再燃したことはすでにふれたとおりである。

アノ乃木と云ふ奴郎は……

が、人気の秘密はこれだけではない。もう一つ挙げておきたいのは、映画『乃木大将と熊さん』も「人情喜劇」と銘打たれていたとおり〈乃木さん〉は喜劇に溶け込みやすいキャラクターとして構成されがちであったが、そのことはまったくのフィクションというわけではなく、いくぶんかは現実の乃木持ち前の人柄から来ていた、ということである。たとえば一庶民がその人を「乃木大将と知らずに一介の田助老爺の如く扱ひ、あとで乃木大将と知つて慌てふため」くという、この映画にも見られる〈乃木もの〉通有のパターンにしても、〈乃木さん〉の側にもまたなんらかの喜劇性あって、それが相手の「慌てふため」きと交錯してこそ悲喜劇が盛り上がる。現実の乃木もまた実際に、巧まずして笑いを誘う「飄逸」の人として通っていたことは、本書各章で見てゆくとおりなのである。

ところで、このパターンの成立はきわめて早いもので、たとえば日露戦争では乃木軍の一兵卒として戦い、戦陣内の余興でも貢献して戦後も乃木と親交のあった講談師桃川若燕《じゃくえん》が、乃木自刃約一カ月後に早くも公刊した口演筆記集『乃木大将陣中珍談』（大正元年一〇月一五日発行。以下『陣中珍談』と略記）にすでに見られることからして、その発生が乃木生前に遡る可能性も大いに考えられる。この書に収められた「珍談」のいくつかにその手の「慌てふため」きが出ているのだが、とりわけ次に例示する「松本紀行」と題された段では、「慌てふため」く人物がほかならぬ乃木司令下に落命した兵士の肉親である点で、話は痛切となっている。

先祖とされる佐々木三郎高綱の墓に参った背広姿の乃木、人力車を降りて、そこにいた老婆と話し始める。この高綱は「今陸軍大将乃木希典の祖先ぢや」という乃木の言葉に「然《さ》うだつて、然しアノ乃木と云ふ奴郎《やらう》は……」と老婆は吐き捨てる。さらには「俺《わし》が口ぎたなく乃木と云ふのは、アの奴郎に恨みがあるで御座ひます」、「此の墓に何時《いつ》か一度参詣に来やしたら砂利《じやり》の一掴みも横面《よこつら》へ叩き付けてやらうと待つて居るで御座ひます」と畳みかける。

「夫《それ》は物騒だナ、何《ど》うしてお前が乃木に恨みがあるのだ」

「俺のお前孫《めへ》を殺してしまやアがつて、孫の敵《かたき》で御座ひます」

「乃木がお前《まへ》の孫を殺したのか」
「然《さ》うで御座ひます」
「何処《どこ》で殺した」
「旅順の二〇三高地と云ふ所で殺してしまひました、俺の孫は歩兵第十五連隊で一等卒をして居たで、然うするとアノ乃木と云ふ奴《やつ》が前に〳〵と云つたで、トウ〳〵弾丸《たま》が命中《あたつ》て死んでしまいました、乃木せえ前にと云はなければも孫は死にやアしめへだから俺《わし》は孫の敵は乃木と思つて居るで……」

乃木は「吾知らずホロリと涙を流し」ながら、「然《さ》う思ふのも最もじや《ママ》」、しかし「お前勲章は頂ひたらう」。と、老婆答えて、「胸へ釣る勲章を死んでしまつたものが何処へ釣るすね」、先日も松本の招魂祭へ行ったら「勲章を釣るして歩」く帰還兵を見て「立派なもんだ」と人がいうから「俺《おら》が目には孫の骸骨を彼奴等《あいつら》は釣るして居るだアと云つたらば、口の悪い婆アさまだと云つて笑はれた」。「将軍は弥々《いよ〳〵》胸に堪《こた》へ」て「落涙いたされる」。と、傍らで聞いていぶかしく思っていた車夫、その顔をよく見ると、「ハテ此の方は乃木将軍ぢやアないかしら」とようやく気づく。この車夫が在郷将校に告げることで乃木の正体が知れ、老婆は「目を眩《まは》」す。息を吹き返して謝る老婆に、乃木は怒らぬどころか「墓前へ供へてくれ」と金を渡し、墓がまだだと聞くと、その墓碑銘を揮毫してやる。

この「松本紀行」はこの程度で閉じられるが、八年後の刊行にかかる『講談乃木伝』（大正九年）に収められた同じ話（「信州墓参」と改題）では、老婆を戦死兵の祖母でなく母とするなど、設定や言葉遣いに悲痛さを増す工夫が施されている。後年の浪曲はそれにさらなる尾鰭をつけたものと見てよいが、老婆が乃木を乃木と知る場面はさらに劇的なものへと練り上げられる。真鍋昌賢の紹介によれば、乃木と話の合った老婆が、彼を乃木と知らぬまま家に上げ、話はさらにこう展開する。

父を殺したは此爺だぞよ

一番上の孫は、神棚から勲章をとりだし、「この勲章が父さまだ」と言って、二人の小さい弟たちと抱き合って泣いている。「其意地らしさ不愍《ふびん》さを推量なさんせ旅の人」と老婆は言う。そこに子供が帰宅して、学校の先生が老婆に聞かせてやれといった歌を詠む。それは、「一人息子と泣いてはすまぬ、二人なくした人もある」というものだった。「無邪気に唄ふ」のを聞いた乃木は「感にうたれて」、思わずその子を抱き上げて、「堪忍せよコレ坊よ、お前が父を殺したは此爺だぞよ、乃木希典だ」という。老婆はそれを聞いて驚き、村の人々は大騒ぎして松本に連絡を入れる。

（「乃木さんのひとり歩き——浪花節にえがかれた日露戦後の庶民感情」『説話・伝承学』6号、一九九八年四月）

物語られる〈乃木〉、とりわけ講談・浪曲的世界における〈乃木さん〉の最も哀切な形象の一つがここにある。ところで、ここで現実に目を向ければ、乃木が実際にもこれと同様の状況に立ち至り、同様の言葉を吐くということがあったのだろうか。学習院長就任後もなお陸軍大将にして軍事参議官の地位にあった乃木は、陸軍の演習を学習院生徒に陪観させることがあったが、明治四一年末に奈良地方で行われた特別大演習に同行した生徒の一人、服部純雄はまさにそのような場に立ち会ったことを書いている。

まっしぐらに逃げた乃木

演習も終わり、一同が奈良駅を発車する間際、「七十位の老婆」がとぼとぼと駆けつけてその列車に乗ろうとした。ちょうど遅ればせに駆けつけた乃木が「婆さんあぶない」と「うしろから抱きかゝへて列車内へと運」ぶ。その後、車内で一教授が老婆に「あれは乃木大将だよ」と囁く。と、老婆は「ヒヨツコリと立ちあが」って乃木の面前に進み、「板の間へピタリツと坐つてしまつた」。

そしておろおろしながら、

大将様、

儂《わし》の倅も旅順で死にやして。

と叫び、乃木将軍を伏し拝むで合掌したのでありました。

此の時であつた、本文の筆者はその傍《そば》にありて、将軍はなんとお答へ給ふであらうかと、全身を唯々耳となし、固唾《かたづ》を呑んでその返答を待ちうけたのでありました。

するると、将軍は、

ウン

と一声頷《せいうなづ》かれ、ぢつと、老婆を見つめてをられたが、やがてそのまゝツイッと立上り隣室さして、まつしぐらに逃げられたのでありました。

（服部純雄『育英の父 乃木将軍』）

「無理はない、これがほんとだ、これがほんとだ、と筆者も暗然と独り言《ごと》した事」という（同）。〈乃木〉ならぬ乃木を映し出す絵の一つが、ここにある。

ところで、逃げ込んだ「隣室」で乃木は何をしていたのか。もちろん不明だが、ここで乃木の少年時代のあだ名を思い起こすのも無駄ではあるまい。幼名「無人《なきと》」をあざけるそのあだ名は「泣人《なきと》」。もちろんよく泣くからであった。

第一章　鬼神と小児——日露戦後、そして少年期

1　鬼神の凱旋

We are Nogi's men!

乃木の名は「旅順と連絡して離れず。世界的に殆《ほとん》ど同語を為《な》す」とは、横山健堂（黒頭巾とも称す）が乃木自刃二カ月後に刊行した六〇〇頁に及ぶ大著『大将乃木』の一句である。「其の人格の光輝を煥発せしめ、彼の名をして、国民的、詩的たらしめたるは、旅順攻略の大難戦たるに依らずんばあらず」と。

「旅順は将軍一代の華である」。——その旅順で乃木軍参謀の一人であった津野田是重《つのだこれしげ》も『旅順に於ける乃木将軍斜陽と鉄血』（大正一四年）の「自序」にそう書いた。が、その直後には「此花期に於ける将軍の人間味は実に又偉大で在つた」という微妙な含みをもつ言い方に移っている。つまり「旅順」という「将軍一代の華」は、決して華々しい一方のものではなく、「人間味」といった奥のある言葉をも

ってしてはじめて届く類の、闇を抱える「花期」でもあった。つまりは、序章の終わりに垣間見たような乃木の弱点が形成された場所こそが、この「旅順」にほかならなかった。

第三軍司令部が明治三八年八月に出している資料『秘　旅順要塞攻撃作業詳報』によれば、旅順攻城戦間死傷者数は将卒を合わせて「即死及戦死　一六〇四四／傷者　四五〇四二／生死不明　三三二／総計　六一四一八」。負傷者でその後死に至った者まで含めれば死者総数は一万六千余にとどまらないはずで、「事実を臚《ろ》列したり」と称する松居松翁の戯曲『乃木将軍』（大正一四年）によれば「確定数三万五千と註せらるゝも、恐らくは総数四万に達したであらう」。当地で隻腕を失った桜井忠温の言葉によれば「五万の死骸でこの山を埋めた旅順が遂に陥落した」（『大乃木』）。いずれにせよ、他の諸戦から突出した数字であった。

このことあるがためか、そこに満面の笑みはなかったものの、ともかく明治三九年一月、乃木は凱旋し、国民は彼を「自ら他の凱旋将軍に対するとは異な」る「無比の大歓迎」（『東京朝日新聞』同月一五日）で迎えた。宇品港（現・広島港）上陸から新橋（東京）到着までの五日間、新聞各紙は一挙手一投足をも見逃すまいとばかりに乃木を追う。いよいよ首都凱旋となる一四日の東京各紙はこの日に予定された歓迎式等の関連記事に頁を費やし、翌一五日以降は凱旋の模様、またその後の乃木の動向を報じ続けた。

それらの記事の筆の運びにしばしば見て取られる隠れた力学は、鬼神と畏れられた乃木の意外な温顔という見立てである。その意外性への驚きが外国人に倍したことは当然で、たとえば一五日付『東京朝日新聞』は、「何時《いつ》も寂寥たりし」二重橋付近がこの日は歓迎者で「立錐の地なく」、「シヤツターを握りて控へたる中《うち》には多数《あまた》の外国人もあり」と、桜田門のあたりでの情景をこう描いている。

礼砲と煙火《はなび》とは一時に轟然乱発し万歳の声に和して勇ましき中を大将は温顔に微笑を湛へ挙手答礼しつゝ行けり、旅順の猛将とは如何《いか》なる人ぞと半《なかば》好奇心に駆られたる外人の見物多かりしが大将の温容に接し皆脱帽敬礼して意外の感に打たれたるものゝ如くなりき

明治三七年末、数万の日本兵の命と引き替えに旅順要塞をついに陥落させた「乃木」の名が、翌年三月の奉天会戦におけるロシア軍にとって恐怖そのものであったことを、連合記者団のフレデリック・マコーミックの報告に基づいてウォッシュバーンはのちに記述している。乃木その人が「戦の魔神の化身」(the incarnation of the demon of war) なら、その兵はとどまるところを知らぬ「血と火の悪鬼」(devils of blood and fire)、いずれも「超人的存在」(superhuman creatures) に見えていたと(前掲書)。乃木軍の側でもこの恐怖心を逆手に取り、兵をして「突貫の際皆露西亜語にて『我等は皆旅順より来れるものなり咄《とつ》、前進の妨害を為す勿れ』と高く絶叫」せしめた(『読売新聞』明治三八年三月二八日)。この吶喊のロシア語をウォッシュバーンは "We are Nogi's men from Port Arthur!" (Port Arthur は旅順の英名) と英訳したが、彼の見るところ、会戦の勝敗はこのときすでに決していた(前掲書)。

金鵄（金鵄勲章の由緒をなした神話上のトビ）に讃えられて凱旋する乃木
（『万朝報』明治39年1月14日第1面上部カット）

「日露戦争に於て露人の最も畏れたものは乃木大将で大山元帥の如きは少しも歯牙にかけて居ない」という某ロシア将校の戦後の証言などもあって（『満州日日新聞』大正元年一一月九日）、外国人一般にとって「乃木」の名が喚起するのはまず恐怖であるとさえいえた。それがこの「温顔」「温容」とは……。

鬼神の温顔、そして子供

鬼神の温顔というメディアの見立ては、そこに今一つの要素を呼び込んで構図を完成させる、という場合もあった。それすなわち子供である。たとえば明治三九同年一月一四日付『万朝報』の一面社説「乃木大将を迎ふ」は、難攻不落を謳歌した「旅順の堅塞《とりで》を乗取って世界戦史の相場を狂はせ」「世界ハ総て驚嘆の叫びを放」った「希代の名将」云々と乃木の世界的名声を嘆称し続けるのだが、ここにさりげなく子供の姿が挿入される。

乃木大将の武名ハ太陽の如く世界に輝きて、欧村米阪《おうそんべいす》の童男少女と雖も畿《ほと》んどゼネラル乃木の名声を諳《そら》んぜざるハなく、日本人の武勇を賞揚せざるなきに至れり

「童男少女と雖も」という記述は、事実に反しているわけではなかろうが、

省略も可能である。それをあえてはさむことの背景には、子供という存在と乃木との間の特別な関係、乃木の温顔の背後に子供が引き寄せられるという一種の磁力的法則があったようにも見える。当時小学生であった木村毅《き》は、有名な軍歌「戦友」（明治三八年）で知られる真下飛泉《ましもひせん》の作詞にかかる、次のような唱歌で乃木凱旋を迎えたことを記憶している。

今度凱旋遊ばした
第三軍の司令官
乃木大将はわれ〳〵が
一番すきな武将にて

（木村毅『乃木将軍』昭和一二年）

翌四〇年一月には、明治天皇の「聖慮」により学習院長に就任するという事件もあって、それ以降はなおのこと、乃木と子供一般とは切っても切れない関係となる。就任間もない二月一六日の『東京朝日新聞』に出ているスナップショット的な記事「乃木大将と児童」など、まさに絵に描いたような「鬼神・温顔・子供」の三題噺をなしている。その書き出し。

偉《えら》い人は子供に対《むか》つてもオイコラなど、無暗《むやみ》に威張るやうな事はありません、旅順や奉天の大敵を相手にして鬼神と云はれた乃木大将などは却つて三歳児《みつご》も懐《なつ》くほど優しいのであります。

続いてその例証として、路上で遊ぶ子供たちに馬上の乃木が「丁寧に」道を尋ねる一場の情景が描かれる。子らは「写真や何かで見覚えのある」この大将に「急に姿勢を正して挙手の礼を」し、大将も敬礼を返す。説明を受けた大将は「ニコ〳〵して『大きに難有《ありがた》う』と又々右手を挙げて答礼」して去り、子らはその「優しい温顔《かほつき》が尚眼の前を去らぬかの如く慕はしげに跡を見送」る。「益《ます》〳〵大将がエライ人であることを感じ」ながら……。

小児に似たる髭面

序章でふれた浪曲でも子供が登場させられ、「堪忍せよコレ坊よ、お前が父を殺したは此爺だぞよ」という乃木の言葉が涙腺を刺激する仕掛けになっていたわけだが、このころ大阪浪曲界の頂点にあった吉田奈良丸が乃木自刃三カ月後の大正元年一二月に早くも出している『乃木将軍誠忠録』にも、「子供」はしっかり取り込まれている。歌っていわく、

〽一度《ひとたび》怒れば鬼神も避く　一度《ひとたび》笑めば三歳の　童子も膝に縋《すが》るとか

鬼神と温顔の図式に子供が加わるという法則の最大の成因は、要するに、乃木の二人きりの子がともに戦場の露と消えるという、瞬時に日本中に知れ渡った悲劇である。序章で紹介した浪曲にも出てきた「一人息子と泣いてはすまぬ、二人なくした〔「殺した」とも〕人もある」という俗謡は、乃木がまだ旅順にあるうちに自然発生するやたちまち日本全国に伝播したという（早川貞水『講談皇国の花』）あまりにも有名なもので、面《おも》やつれした馬上の乃木を目にしてこの歌を反芻した市民は少なくなかっ

たにちがいない。さればこそ「此《かく》あらんとは想ひたるが、乃木大将に対する帝都の歓迎は非常の盛況」、「無比の大歓迎」（『東京朝日新聞』明治三九年一月一五日）とならずにはいなかった。『万朝報』（同日）も伝えていわく、

大将の罪なき顔ハ小児に似たるも、鬚髯《しゅぜん》ハ雪の如く白く、其の小さく輝く眼にハ涙ありき国民歓迎の熱情ハ果して両愛児を喪ふて其心灰の如くなれる大将を感動せしめ得たる也大将の馬車に乗るや天地も崩れんばかり万歳の声響き、彩旗は日の光を受けて千朶万朶閃き渡れり

すでに〈乃木文学〉の一角をなすといってよい美文だが、この「千朶万朶」の「朶」の字について一言しておくと、これは「乃木」をつづめた洒落でもある。この修辞は、日露戦中に当時二〇歳の石川啄木が乃木を讃えた詩「老将軍」（『日露戦争写真画報』明治三八年一月。第四章参照）にすでに見られるほか、戦後は学習院恒例の夏の海水浴に際して乃木院長寄贈の和船が「朶の字を附して桜朶丸と命名」され（学習院輔仁会編『乃木院長記念録』（以下『記念録』と略記））、第一高等学校では新寮「朶《えだ》寮」の落成式が行われ（『第一高等学校六十年史』）、さらには死の直後にいち早く現れた〈乃木文学〉が『悲壮小説朶《えだ》』（増本河南、大正元年一〇月）と銘打つ、といった風で、一種「乃木」の紋章めいた記号として流布したものである。

さらにこの記事で目を引くのは、「両愛児を喪ふ」たことで同情を集める乃木のやつれた髭面が、

それ自体「小児《こども》に似たる」と見立てられていることである。「偲べば偲ぶ程、童顔白髯の、温乎たる将軍の面容は、髣髴として今猶吾人の眼前に映じ来る」とは、学習院生徒を愛した乃木院長をその死後に偲んだ言葉であり（西村才助〔文則〕『乃木将軍』大正元年一一月）、また日露戦争中も、外国人記者らをもてなして上機嫌に酒をついでまわる乃木に、ウォッシュバーンは「子供のよう」（like a child）との形容を与えていた。かつ同書の別の箇所ではこうした席と執務時とでの乃木の顔貌の豹変に「ジーキル博士とハイド氏」の比喩が持ち出されているほどで（後出）、鬼神と温顔の交替が見据えられていたことも明らかである。

国民と感情の交通ある英雄

日露戦争以前すでに著名の士であった乃木について多少の知識はもっていたはずの日本人の多くにあっても、凱旋時の乃木の顔にはやはり驚き心打たれた。六年余の後には、乃木自刃の報知に接して数知れぬ人々が瞼を濡らすことになるのだが（第六章参照）、その何割かは実はこの年、凱旋時の乃木を目にした際にもすでに落涙している。多くは『万朝報』記者と同じ感慨に襲われたのだろう、たとえば当時東京帝国大学哲学科にいた漱石門下の安倍能成《よししげ》は、「自分は戦争は非常に嫌《きらひ》だけれども、乃木大将は好きだつたから、桜田門外辺へよそながら御迎へに行つた」と六年後、乃木自刃直後の「幼稚なる感想」（大正元年九月二九日筆、『読売新聞』一〇月二七日掲載）で回想している。

其時そこらに一ぱい集まつて居た群衆の万歳万歳と呼ばはる声に対して、大将は右に向き左に向き無量の感慨に堪へぬといふ面《かほ》をして挙手の礼を慇懃に返された。自分はぢつと大将の面を見て涙が出て仕方がなかつた。そして其時つく〴〵と乃木大将といふ人は日本国民の有せる、国民と感情の交通ある英雄だといふことを感じた。今度大将自死のことを聞いて、自分には其時の大将の面がまざ〴〵と浮かんで来た。大将は実に心優しいヒユメーンな英雄である。

さて、このように慇懃な挙手の礼を通して国民と「感情の交通」を実現しながら、乃木はおもむろに馬を進め、「沿道に充満せる歓迎人の万歳声裡に」（『東京朝日新聞』明治三九年一月一五日）宮城に入り、明治天皇睦仁に拝謁する。ここで天皇と乃木との間に生じたとされるドラマは、乃木死後に広く伝播して〈乃木神話〉の臍《へそ》をなしたともいうべき事件で、のちに詳しく紹介するが、その場面を目撃した者は徳大寺侍従長、岡沢侍従武官長ほか数名にすぎず、当時のメディアが速報したわけではない。

宮城で催された参謀本部の饗宴をも終えた乃木は「再び群衆の果てしなき歓呼の裡に、国旗球灯と紅白の幕とに盛飾されたる沿道を」赤坂新坂の自邸へと馬を進める（同）。その一カットを独自の主観的な技法で定着した異色の木版画が次頁のもので、画家は当時まだ無名に近い棟方志功、昭和九～一〇年に刊行された「少年大日本史」シリーズの関根順三著『乃木大将』を飾った挿絵の一点である。画面を埋め尽くす巨大な日の丸の数々を掻き分けるように進む馬上の将軍を、横断幕や旗や提灯の間からやっと顔を出して出迎える人々。彼らの表情は、熱狂よりむしろ静穏な驚きを湛えている。「其心灰の如くなれる大将」の「罪なき顔ハ小児《こども》に似たるも、鬚髯《しゅぜん》ハ雪の如く白く、其の小さく輝く眼に

棟方志功えがく乃木凱旋
（関根順三『乃木大将』挿画）

ハ涙あ」ることに息を呑むかのように。

身を投げ出す乃木

「右に向き左に向き無量の感慨に堪へぬといふ面《かほ》をして挙手の礼を慇懃に返」す、「小児《こども》に似たる」罪なき髭面。安倍能成や棟方志功によって描き出された乃木のこのような動作や表情は、この年数回催された祝賀行事においても反復された。海軍側の文句なしの英雄、東郷平八郎大将と幌割馬車に同乗してパレードする乃木を目にした際の驚きを、当時一七歳の長与善郎《ながよよしろう》はこう回想している（「二人揃つて凱旋して来た時」とあるが、それは事実に反する）。

「徹頭徹尾成功ばかりの東郷さん」が国民の絶讃の声に自分も恐縮するように「只じつと下を睨《にら》めたきり、傍目《わきめ》もふらない」でいたのに対し、「所が乃木さんはその反対に伸び上がるやうに、右を見、左を顧み、敬礼のし続けであ」った。

が、その眼は実に乃木さん独特の眼なのだ。凡《およ》そひたムキといふか、赤誠といふか、あゝいふ一徹な眼といふものは世に珍しい。これは感謝といふより、謙遜といふより、もう只身を投げ出した者の眼なのだ。今にして思へば、これは蓋《けだ》し沢山の陛下の士卒を殺したといふ強い自責のために、自ら敵弾に中らうと飛び出したがつて、部下の幕僚達を手古摺らした心持が、まだ、続いてゐる眼だつたのだ。この多勢の人垣の中には、大事な可愛一人息子を旅順で死なして、自分を恨んでゐる者もあるかも知れない。良人に死なれて弱りぬいてゐる者もあるかも知れない。実に申し訳ない。自分はいつでも貴方々の撃つてくれる丸《たま》のために甘んじて死ぬものだ、さあ、撃つて下さい、とでも云つてゐるやうにさへ見える真剣な眼なのだ。

（長与善郎「乃木大将と東郷さんのグリンプス」『人生観想』（昭和一四年）所収）

これもまた見事に乃木を捉えた一幅の絵である。顔や体格ばかりでなく、動き、立ち居振る舞いの独特さ、たしかに極度の悲痛さを湛えながら、そこに、どこかしらユーモラスな、乃木ならではの何ものかが滲む……。

可笑しい乃木さん

ユーモラスというなら、意識されたウィットと巧まざるユーモアとの両面において、その可笑しみを伝える逸話に乃木は事欠かない。乃木院長の篤い信頼のもと寮長に任命された学習院教授、服部他助は、ある席で酒の飲めない自分を見た乃木が「如何にも不思議さうな顔をして『あなたは禁酒ですか』と問」うたことを懐かしく思い出す。その時の院長の

自刃2カ月後の『ニコニコ』誌
（21号，大正元年11月口絵グラビア）

「妙な表情が非常に可笑しかつた」。「例の眼尾《めじり》を下げた滑稽を帯びた眼付きで、内に大きな笑ひを含んで居るやうな口付きをされた顔が非常に可笑しかつた」（『恩師乃木院長』）。

「将軍は何か会心の事柄に遭遇すると、右手で頭を抑へて呵々と高笑される、その時の童顔は如何にも愉快そうに見えた」と、陸軍で長く部下であった長谷川正道も懐かしむ。「注意周到にして深謀遠慮なるこの将軍に粗忽の半面があつ」て、よく忘れ物をしたが、それを取りに戻るような場合「『イヤこれはどうも』と言ひながら、頭を叩き肩をゆすり〳〵面白い足取りで出て行かれる」、あるいは「頭を敲きながら、滑稽な態度をして戻つて来る——飄逸と云ふか洒脱と云ふか実に無邪気なものである」と（『敬仰乃木将軍』）。

自刃後に雑誌『ニコ〳〵』（二一号）のグラビアを飾った破顔大笑の写真を参照してもよい。時にはこれほど陽気に部下や生徒を笑わせたらしい。乃木院長を敬愛した生徒の一人、服部純雄は書いている。

将軍は、鬼神も避くる英雄であつたと同時に、温顔能く三尺の童子もなつく天然の諧謔家であつたと謂ふべきであります。（前掲書）

鬼神・温顔・子供の三題がここでも踏まれている。「肩をゆすり〳〵面白い足取りで」歩くというその動きの特徴も「天然の諧謔家」ぶりの一環であったにちがいなく、それがまた、長与が描いたパレード車上の乃木の、「右を見、左を顧み」、敬礼し続けるという動作に微妙な滑稽味を加えることで悲痛さを増していたものと想像されるのだが、そこには実は笑い事でない原因もあって、歴戦の強者《つわもの》たる晩年の乃木はすでに満身創痍、不自由なところだらけで、要するに、滑らかな動きはもはや不可能なのであった。

ジーキル博士とハイド氏

その身体各部位の不具合には追々ふれてゆくとして、ここでは、長与に深い意味を読ませずにはいなかったところの「乃木さん独特の眼」にのみ立ち入っておこう。その眼に印象を受ける人は少なくなかった。たとえばその著書の『故乃木陸軍大将依嘱翻訳大軍を率ゐて』（大正二年四月）という邦訳題が示すとおり、生前の乃木に推輓を受けていたドイツの軍人、K・A・フォン・ホーヘンツォルレルンは、往時、乃木のドイツ留学中に見た「如何にも優しく、又懐かしい将軍の眼」を永く忘れないという（宿利重一『乃木希典』）。同様の印象は、すでに引いてきたアメリカ人記者、ウォッシュバーンにも共有されたらしいが、彼の洞察は、それがいつも「優し」いわけではないことへの着眼に発していた。「深くくぼんで、推しはかりがた」く、また「表情の変化にも富」むその「眼」(the eyes) を彼はこう描き出す。

私たちに言葉をかける時、その眼 (they) は温和で礼儀正しく、曖昧で捉えどころのない感じである。それが幕僚や伝令士官に命令する時には、瞳孔 (pupils) が収縮して鋼鉄の点 (points of steel) と化し、全体の顔つきが、個性も感情もないただの軍人、たんなる戦争機械であることを暗示するようだ。かと思えば次の瞬間にはまた完璧に変貌して私たちに応対するのだが、その完璧さはまさにジーキル博士からハイド氏への変身のよう。私たちをもてなす際の、よく調節された声と穏やかで丁寧な礼儀正しさをもって、先刻まで話していたありふれた話題に戻るのである。(拙訳)

ウォッシュバーンを撃ったこの「ジーキル/ハイド」的変貌の印象がどのように構成されたものかを分析する場合、第一に検討さるべきがその「眼」であることは、この文章からも自明だろう。ところで、その場合、いささか惜しまれないでもないのは、彼が乃木の両眼を区別なくひとまとめにして複数名詞を当てて怪しまなかったことだ。というのも、「瞳孔が収縮」するような健常な眼を、実は乃木は一個しかもたなかったのである。明敏なこの記者のこと、もう少し長くそばにいれば、乃木愛用の奇妙な「隻眼鏡」——普通の軍人が用いる双眼鏡を半分に切った特別な器具 (二七、一五〇頁の写真参照) ——から、乃木の隻眼が不自由であることに思い至ったかもしれなかった。そして、時に滑稽味を帯びもする乃木の立ち居振る舞いの独特さにも、眼の不自由ということが微妙な影を落としているのかもしれないとも……。

隻眼鏡の謎

振り返れば、乃木の「優し」い眼を懐かしんだホーヘンツォルレルンの言葉にも、また「乃木さん独特の眼」を強調した長与善郎の昭和一四年の文章にも、隻眼ということへの意識がないのは明らかだろう。そのことも示すように、乃木が終生の秘密としたこの事実は、死後もそう広くは知られることがなかった。生前それを告げられた稀有の例外に、学習院学生監として乃木を補佐した猪谷《いがい》不美男（赤城）がある。

特製の隻眼鏡を覗く戦場の乃木
（渡辺銀太郎『明治之軍神 乃木大将写真帖』）

平時も用いている奇妙な「隻眼鏡」について、「新奇な形状のものや流行物が非常に嫌《きらひ》な」乃木のこととして「如何にも不審に思ふ」ていた猪谷は、明治四二年の海水浴期間中、直々に理由を知らされる。ある朝、乃木の左眼のわきに擦過傷があったので、驚いて尋ねると、前夜、松原の中を遠く「幕営の便所」まで行った帰りがけの失態だといい、「実は自分の一眼は夙《と》くに失明して役にた、ぬで、昨夜も一方の眼が見へぬものであるから、遂に天幕《テント》の控綱《ひかへづな》で顔を擦る様な不体裁をやつて仕舞つた」とも口にしたという。いわれてよく見ると、「ほんの心持ほど左眼の瞳孔の上に薄く雲の様なものが見え」た（猪谷『乃木大将大遺訓』）。

「乃木将軍は、左足・左眼が不自由であつた。左足は西南の役に負傷してからのものらしく、左眼の方はいつの頃からか判らない。少年の頃に眼を打つたともいふし、遺伝だともいはれてゐる」とは昭和一三年刊行の『乃木大将読本』（高山公通監修。以下『読本』と略記）の記述である。出版時点における最高水準の乃木研究書の一つであったと思われるこの書にして、左眼の見えなかったことは摑んでいても、その原因は特定できていなかったわけである。そのことは、おそらくひとえに乃木自身がそれについて口を閉ざし続けたことに依るのだが、その詳細は第三章に譲る。

2 自責する勝者

箕笠でも著なければ

ここで少しばかり時間を遡及して、首都凱旋以前の乃木に照明を当てておこう。次章に詳しく見るように、凱旋約一年前の明治三八年一月、旅順のロシア軍を投降させて以降の乃木は「希代の名将」として世界の喝采を浴びるスターであったが、当人がその喝采に応える心境になかったことはすでに明らかだろう。それはメディアも察知するところで、たとえば『戦時画報』同三八年三月一〇日号の記事「乃木将軍の心事」は、「将軍一日親近の部下に対して胸底の神秘を披瀝し」たという言葉を伝えている。「予《よ》は好い戦闘《たゝかひ》があつたら戦死し、骨となつて帰国したい決心だ、旅順の攻囲に幾多忠勇の将卒を戦死せしめたことを思へば……」。

このような意識で臨んだ三月の奉天会戦でも「骨となな」らぬまま、九月、講和を迎えた乃木は、なお「あゝ、私《わし》は日本へ帰りたくない」、守備隊の司令官になって残りたい、などと洩らしていたというが（小笠原長生『乃木将軍と東郷元帥』）、結局そうもいかず、一二月末には凱旋の途に就く。その船が宇品に入港した際の乃木を語る逸話は、実況中継的に新聞報道されてよく知られるところとなった。

すなわち船室に姿が見えないので皆で方々を探し、ようやくボーイ室に小さくなっている乃木を発見する。頭を掻いて乃木いわく「部下幾多の将卒を損傷し何の面目在《あっ》てか歓迎を受《う》くるを得む、宜しく面《めん》を覆《おほ》ひ後門よりして帰るべきなり予は露軍の聚注《しうちう》する弾丸を畏怖せざるも唯々《たゞ》怖る、は国民の歓迎なり」（『東京日日新聞』同三九年一月一一日「乃木大将謙抑」）。「実は箕でも笠でも冠つて帰りたい程で、露助の弾丸より歓迎が恐ろしい」（『東京朝日新聞』同日）。

この「箕でも笠でも冠つて」という表現が、こののち無数の〈乃木物語〉で反復されることになる。「出来るなら箕笠で身を隠して狐鼠々々《こそ〳〵》裏道からでも逃げて行きたい」（『名古屋新聞』大正元年九月二六日）、「箕笠でも著なければ上られぬ」（横山前掲書）、「部下の苦しい働きを思へば、笠でも冠つて箕でも着て裏門から密《そっ》と帰京したい」（藤崎孝宗編『明治大帝御偉業史』大正二年）、「おれは隠れ蓑でも被りたい」（大倉桃郎「乃木将軍」、淵田忠良編『明治の英傑』（昭和二年）所収）、「いや、俺《わし》は箕笠でも着なければ上陸は出来ないよ」（関根前掲書）等々。

何の顔か父老を看ん

実際、乃木は東京へ凱旋してのち方々からあった歓迎会等の申し出をすべて断ったらしい。「三井其他の個人より乃木第三軍司令官始め其幕僚を歓迎したしと申込たるもの頗る多き由なれども乃木大将ハ悉く之を辞退したる由」と『万朝報』（明治三九年一月二八日）。三八年末、凱旋を前に法庫門陣中で詠んだとされる「凱歌」は、三七年の絶唱二首「山川草木」「爾霊山」（次章参照）とあわせて「乃木三絶」とされてきたものだが、そこには歓迎をむしろ恐れてボーイ室に隠れさえした乃木の慚愧が直截に表現されている。

王師百万驕虜《きょうりょ》を征す
野戦攻城屍山を作《な》す
愧づ我れ何の顔《かんばせ》か父老を看《み》ん
凱歌今日幾人か還る

（書き下しは高須芳次郎『乃木将軍詩歌物語』〔以下『詩歌物語』と略記〕に拠る）

ボーイ室にまで届いた万歳の声は、上陸後の各駅そして首都東京ではそれに倍したにちがいない。明治三九年一〇月、長府に帰省してやはり歓迎を受けてしまった際の作と見られる漢詩は次のようである。

村校門前万歳催す
凱旋歓迎又多い哉

銀髯鉄面彼れ何者ぞ
孤剣飄然として乃木来《きた》る　（同）

さて、三九年一月に戻れば、乃木軍の大連出港を伝えた九日以降、各紙は連日、それが立ち寄る各地からの電文を記事にして「乃木大将通過」「岡山に於ける乃木大将」などと見出しを付けて情景を伝え、賑やかに歓迎ムードを盛り上げていた。そして乃木が立ち寄る各駅に落としてゆく逸話の一つ一つが、すでに鬼神・温顔・子供の三題噺的〈乃木物語〉の形をとっていた。

涙の凱旋道中

たとえば名古屋駅での休憩後、列車に乗ろうとした乃木に向け、一二、三歳の少年二人が「勇ましく帽を打振りて将軍の万歳を唱へ」る。これに接近した乃木、親しくその手をとって「お前は何処《どこ》の学校の生徒にて今は何年生ぞ能《よ》く勉強せねばなりませぬぞと両手にて二人の頭を撫で訓諭」する。「其時将軍は両眼に涙を浮べられたるが此光景を見たる一同は将軍の令息のことに思至りて感慨に打たれたり」と（『東京朝日新聞』一月一四日「乃木大将と少年」。『万朝報』一五日にも同内容記事）。

浜松停車場には、旅順攻撃で戦死した歩兵中尉の老母が「三里の道を遠しとせず」出迎えに来て待っていた。自ら手を握って彼女を車室内に導き、丁寧に慰問の言葉を重ねる乃木に母は滂沱の涙。「相続者がありますか」と乃木は気にかけ、戦死した息子の弟がいるとの答えに「あアそれで安心しました」。母は無論「大将が愛子二人までを戦死させて相続者なきこと」を知っており、「此の問ひの一層骨身に泌み渡りて潜然と」なる。が、乃木はなおいろいろと慰め、やがて「立派な絹の座布団」を取り出して、これはある方から二枚寄贈されたものの一枚だ、「志《こゝろざし》ぢや遠慮せず持つて行け」と渡す（『京都日出新聞』一月一八日「心の錦茵《にしきのしとね》（乃木大将と部下の遺族）」。『東京朝日新聞』一七日、『岐阜日日新聞』二三日にも同内容記事）。

かくして次々と物語を産み落とし、しかもそれらを実況中継的に報道されながらの凱旋である。終着駅新橋での熱狂は、もしなければ不思議であったとさえいえる。また興味を引くのは、凱旋途上の物語がなべてこのような子供がらみのしめやかなものであったのではなく、たとえば広島の宿では蠣《かき》飯《めし》の「一番大食会」を催した（『万朝報』一六日）というような結構陽気なものもあって、悲劇の人〈乃木〉の飄逸の一面も忘れられてはいなかったことである。

朕が世を去りたる後にせよ

さて、終着の東京である。大方の情景はすでに見たわけだが、この日の最大の山は、当時のメディアでは報じられなかったところの、天皇拝謁の場面にあったともいえる。その後、目撃者の一人である岡沢侍従武官長が「或る人に語りたるにより知らるゝに至れり」として描かれるところでは、そこでおおよそ次のような経緯があった。

まず天皇の御前で乃木は自筆の「復命書」を奉読する。それは「旅順の攻城には半歳の長日月を要し、多大の犠牲を供し、奉天附近の会戦には（中略）任務を全くするに至らず」等と、失策を認めるに率直なあまり軍部発表では伏せ字にせざるをえなかった部分をも含むもので、読み上げる乃木の声はいつか涙に曇ってしまったという。そのあとの乃木と天皇とのやりとりがやがて神話となるのだが、そのいちはやい活字化は、乃木自刃後の大正元年九月二四日付『国民新聞』によるもので、同紙が「某男爵」の談として明かしたところでは、以下のとおり。

「臣希典不肖にして　陛下忠良の将卒を失ふ事　夥《おびたゞ》し此上は只身を以て　陛下に罪を謝し奉らんのみ」と奏上したるに　陛下には御傾聴の儘何の御仰《おんおほせ》もあらせられず軈《やが》て将軍の拝辞して退下《たいげ》する後より御声掛けさせ給ひ「卿《けい》が死して朕に謝せんとの苦衷は、朕も能《よ》く之を解したり然《しか》れども死は易く生は難し今は卿の死すべきの秋《とき》に非ず卿若《も》し強ひて死せんと欲するならば宜しく朕が世を去りたる後に於てせよ」

（「陛下」など天皇・皇族を指す語のすぐ上は、畏怖の意味で空白とされることがよくあった）

こうして「恐懼《きょうく》措く所を知らず叩頭《こうとう》泣て」（同紙）宮城を出た乃木が、こののち六年余、陛下の「御仰」のとおりに生き、そして死んだ、という物語がいわば〈乃木神話〉の臍、あるいは〈乃木物語〉総体を統べる主筋となってゆく。つまり「死して朕に謝せん」との意志は、天皇その人によって宙吊りにされた。それゆえに、そしてそれゆえにのみ、乃木はあと六年の余生を生きた、と。

こうした〈乃木物語〉の諸々を、それぞれの筋のプロが持ち前の芸を駆使して感動的に伝えるところに〈乃木文学〉が成立してゆく次第だが、この世界もそれなりに広大で、すでに瞥見してきたとおり多様なジャンルを併せ呑んでいる。したがって、その語りにおいて、感動の盛り上げと事実への忠実度のいずれを重んじるかといったことも、ジャンルや作家によって多種多様ということにならざるをえない。事実性よりは感動を優先させる傾向にあると見られる講談や浪曲の世界では、この日、「叩頭泣て」宮城を出てきたばかりの乃木に、直ちに子供の物語が降りかかるという設定さえなされている。たとえば桃川若燕の口演集で、大正元年の『陣中珍談』にはなく、九年以降刊行の『講談乃木伝』（九年）、『皇室中心大和魂宣伝通俗乃木将軍実伝』（一二年）では語られている、次のような出来事。

時機さえ来ればきっと御詫を

「万歳……万歳」の声に挙手の礼で答えつつ、馬上の乃木が桜田門へかからんとしたとき、その目前で、突如駆け出した女の子が馬車と衝突しそうになって転倒する。馬車を止めて馬を降りた乃木、その子と母親に話しかけるうち、その男親が「一昨年の松樹山の戦ひに戦死」した兵士であると知る。「さうでしたか、さあよく見て下さいよ、お前のお父さんを殺したのは私でありました」。止める母親を押して「『イヤ〳〵全く〔中略〕私が殺したのぢや、お前さんの眼にも又貴女《あなた》の目にも此希典は悪く見えませう、時機さへ来れば急度《きつと》御詫をします、よく顔を見て置いて下さい』と将軍は落涙された」。

「時機さへ来れば急度《きつと》御詫を」に暗示されているのが天皇崩御後の自刃であることはいうにも及ぶまい。序章で紹介した浪曲で同じ勘どころを衝いていた「堪忍せよコレ坊よ、お前が父を殺したは此爺だぞよ、乃木希典だ」云々と同じく、この経緯もまた事実とは認めがたいわけだが、それではこれらはすべて根も葉もない作り話かといえば、そうもいいきれない。別の場所と時間においてなら、乃木に同趣の発言があったことを報告する記述がいくつもあるからである。

たとえば、やがて『透視と念写』（大正二年）以下一連の研究が不適当とされて東京帝大を追われることになる心理学者、福来友吉《ふくらいともきち》の長文の論考「人格の意義と乃木将軍の自殺」（大日本国民中学会述『武士道之典型乃木大将』（大正二年。以下『典型』と略記）所収。初出は不明だが、文面からして元年内か）に引用されている『報知新聞』記事には、「暇さへあれば、戦死者の遺族を訪問し」た乃木が、あるとき遺族にこう語りかけたとある。

> 俺《わし》も二人の息子《こども》を亡《な》くしたけれど、夫《そ》れは身常に軍職にありて　陛下の恩寵を切《しきり》にせる御奉公の上なれば仮令《たとへ》八裂《やつざき》の憂目《うきめ》に遭うとも、君国の為ならば毫も悲むに足らぬ、其《そ》れに引き代へ卿等の子弟は唯軍籍に列するといふ丈にて〔中略〕殊に同情に堪へざる次第にて畢竟斯く言ふ乃木が卿等の子弟を殺したるに外ならず、此の罪は割腹しても卿等に謝せざるべからざる訳なれど、今日は未だ乃木の死すべき秋《とき》ならず、他日乃木が一命を君国に捧ぐる時もあるべければ卿等は其時に於て乃木が謝罪したるものと承知せられよ。

これとほぼ同じ内容の記述は大正元年一〇月一二日発行の山路愛山《やまじあいざん》著『乃木大将』などにもあって、〈乃木物語〉総体を統べるこの神話が、乃木自刃から一月とたたないうちに、新聞・雑誌・書籍等のメディアに乗ってすでに流布していたことがわかる。

愛山は語っている。「田舎の演説会などありて希典も其席に列すること」もあったが、演説を乞われても登壇せず、突っ立って伏し目がちのまま、すでに曇った声でようやく口にした言葉が「希典は諸君の子弟を殺したり」。あとを続けることかなわず、その「睫には露を宿した」るを見た聴衆は、「恰《あたか》も強烈なる電気に打たれたる如く、一座粛然として形を改め」、やがてすすり泣きの声が聞こえてきた、と。

この一場は、愛山に少し後れて一一月に出た横山健堂『大将乃木』をはじめ、多くの〈乃木伝〉が語り継ぐところとなっている。たとえば、かつて乃木と親しく接した服部他助ら学習院教授連の援助のもとに同助教授竹沢義夫が著した『児童修身叢書第一編乃木大将』（昭和二年）は、横山の記述をほぼ踏襲し、「東郷、上村両海将と共に信州人に招かれ」た長野での「戦役講演」でのこととして、次のように一場を描き出している。


大将は如何《いか》にすゝめても演壇に登りませんでした。そして粛然として聴衆の前に突立つたまゝ、

「諸君。」

と呼び、

「諸君、私は諸君の兄弟を多く殺した者であります。」

と言つたまゝ頭《かしら》を垂れ、やがてはら〳〵と涙を流し、遂にハンケチを出して顔を掩《おほ》ひすゝり泣きして次の句を言ふことは出来ませんでした。

講演はこの一句を以て終りました。一句の講演でも満場を感動させて、一人として泣かぬものはなかつたと申します。

ところで、同じ場面を語る各種〈乃木伝〉を通覧して気にかかるのは、その舞台が一定しないことである。この「長野での戦役講演」が最も蓋然性がありそうに見えるものの、愛山がこれをたんに「田舎の演説会」としたところを『典型』では「信州の師範学校」とし、大倉桃郎「乃木将軍」（昭和二年）、菊池寛『東郷平八郎　乃木希典』（『日本歴史物全集』第八巻〈昭和一一年〉、志村有弘編『将軍乃木希典』所収）ほか多数では「長野師範学校」としており、『読本』ではこれが「ある女学校」となる。これら舞台の異同に応じて、そこでの一句も「子弟」「兄弟」が「お父さんやお兄さん」（『読本』）に変わったりと異同する。ただ、地域を長野県以外としたものは見あたらないのだが、その理由は明白で、「第三軍下に属して旅順に奉天に戦つた」兵卒の大半が「長野県下の壮丁」であったことである（大倉前掲文）。

学習院生徒を汝の子と思え

さて、これらの異同をどう考えるべきだろうか。同一の出来事がいろいろに語られ、舞台にもヴァリアントが生じたと考えるべきか、それとも文字通り各所で同様のことが幾度も生起したと見てよいのか。古川薫『軍神』（平成八年）は、根拠を提示することなくこう語っている。

凱旋後、希典は学校などに招かれて講演することがよくあったが、演壇に立った彼は、
「私が乃木であります。みなさんのお父さん、お兄さんを殺した乃木であります」
と、まず深々と頭を下げるのだった。

つまり完全に複数回あったこととして語られているわけで、それが事実とすれば、「劇的なる乃木」という別の問題系（第八章参照）にも絡んでくるわけだが、ここではとりあえず一回きりの出来事であったと見て、むしろ、乃木の「一句」が向けられる対象が、同一の出来事の語り直しに伴って、戦死した兵士の親から兄弟、そして子供へと低年齢化していったとも見られる現象に着目しておきたい。これもまた、〈乃木〉と子供との間に働く例の磁力によるのではあるまいか。

この磁力を決定的なものとした出来事が、乃木と天皇との間に生じたもう一つのドラマ、すなわち学習院長任命という「聖慮」であった。すなわち日露戦争で数万の将兵を死なせたことへの自責と、二児喪失という二重の痛撃による傷心を抱えて帰国した乃木の心情を思いやった天皇が、「希典、今は悉く愛子を失ひたれば、その代りに沢山の子を与ふべし、今より学習院の生徒を汝の子と思ひて育てよ」（山路前掲書）との思いからこの任に就けた、という物語である。

当時陸軍の最高実力者、山県有朋が後に乃木家の人々に語ったところでは、「乃木を参謀総長に」という山県の内奏を保留した天皇の数日後の返答がこれで、それと同時に、「近く三人の朕の孫達が学習院に学ぶことになるのであるが、孫達の教育を託するには、乃木が最も適任と考へるので、乃木

を以てすることにした」との「聖旨」が示された（宿利重一『人間乃木 将軍編』）。つまり、公家的な環境に生い立った自分を武士的な帝王へと教導した往年の西郷隆盛や山岡鉄舟の役どころを、孫について乃木に期待した形である。乃木の側でも、教育の方面にはまったくの無経験ながら「陛下の御恩召とあつて見れば事の正否等を顧慮しておるべきでない」と、「不適任は承知で御受けをすることに」肚《はら》を決めた（『記念録』）。

かくして〈乃木さん〉と子供はもはや切れない縁で結ばれ、俄づくりの教育者となった乃木は、「聖旨に感泣して同院の廓清に寝食を忘れ一種清新の気を以て華族の子弟を教養し乃木式なる新流行語を造る程」であった（浩文社編『偉人乃木大将』）。「乃木式」がこのときの新造語というわけではないことは第五章に詳述するとおりで、ここは世間一般の流行語という程度に解すべきだろう。ともかく〈乃木式〉教育はそれなりの成果を挙げ、この院長を敬慕する生徒、また教職員が少なくなかったことは事実である。

さて、教育には門外漢ながらいつか蓄えられていたはずの乃木院長の教育観に、自らが子供時代に受けた教育が、どのような形においてであれ、反映するのは当然だろう。それはどのようなもので、乃木はどのような子供だったのだろうか。ここでその少年時代へと飛んでみよう。

3　死の家の〝泣人〟

乃木希典は幼名を無人《なきと》といい、嘉永二（一八四九）年一一月一一日、代々江戸詰めの長府藩士、乃木十郎希次《まれつぐ》の三男として江戸麻布日ヶ窪長府毛利侯上屋敷に産声を上げた。母は常陸土浦藩士長谷川金太夫長女壽《ひさ》。無人の名は、二人の兄の夭折という経緯もあって「『事は逆さま』と云ふ様な迷信から」壮健になるようにと命名したものという（日原素平談『記念録』）。一〇歳の年に一家で長府へ移るまではこの藩邸で育ち、その人となりは、親しく接した猪谷学生監の強調するところでは、長州人であるより「純然たる江戸ツ子」であった（猪谷前掲書）。

赤穂義士の錦絵

そしてこの藩邸が、奇しくもかつて赤穂四十七士のうち竹林唯七《ただしち》以下一〇名がお預けになり、五〇日後に切腹した邸であった。その間「起臥《おきふし》した室《しつ》も残つて居り、最後に鮮血を流した切腹場もあり、書いた物は素《もと》より、種々《くさぐ》の話を残されて」毛利家の家臣の間に数々伝えられており、乃木家では子供に聞かせる「桃太郎や、金太郎のお伽噺の代りに、お話と云へばきつと此の義士達の事」だったという（小笠原前掲書）。「『お庭を拝見』と言つて、赤穂義士の跡を偲ぶ者が大将の幼時には折折に尋ねて来」ることもあり（鹿野前掲書）、八、九歳からは、長府公代々の墓の御守役を勤めていた父のお供をして泉岳寺へ月二回、未明に参詣した。その帰りに「義士の墓の脇を通るので」、二人で焼香し「そうして義士の話を聞かされた」とは乃木自身による回想の言葉である（乃木希典「予の幼時と義士」『日本及日本人』明治四三年新年号)。こうして赤穂義士から「深く印象を与へられた」ことを、乃木はその死のわずか四カ月前に刊行された岡本学編『乃木大将修養訓』(以下『修養訓』と略記)のなかでも語っている。

それで、予は子供心にも、義士は非常に豪《えら》い人達であつたと知つて、其頃よく流行した一枚摺の義士の錦絵などを買つて貰つて、非常に大切に蔵《しま》つて居たことなどを覚えて居る。そして平素母から聞かされる処の、義士に関する話は、何の話よりも一番面白く自然に心が引き締まるやうに感じ、又母にしても、義士の話と云ふと、座を正して、熱心に、諄々と語られたことなど、今も判然と記臆《ママ》に存して居る。

かくして無人は「義士が第一の好きなもの」になり、「義士の錦絵」や「絵本」を「見るのを第一の喜びにした」。そして後年「山鹿素行に私淑して、生涯其人格を慕つたのも、一つには此幼時の印象が元を成してゐる」という(鹿野前掲書)。つまり一六歳で家を出、叔父にして吉田松陰の叔父にも当たる萩の儒学者、山鹿流軍学に秀でた玉木文之進(正韞《まさかぬ》)に身を寄せることになるのだが、この叔父もまたつねに赤穂義士こそ「武士の模範」と語り聞かせる人で、山鹿流を学んだ大石良雄を筆頭に、素行の感化こそが「此様に偉大なる赤穂の義士と云ふ事実となつて、現はれたと云ふことを説明されたものである」と(乃木談『修養訓』)。幼時に食い入った赤穂義士のイメージは、こうして青年期には思想的な裏付けをも得て、乃木の心理を終生去らないものとなったらしい。

文事を好む

さて、錦絵や絵本の好きな無人は「生れつき其の身体の虚弱なりし点と云ひ其の性質の過度の神経質にしてまた臆病であつた点と云ひ」一般より劣ったといい、そのことが両親の心配の種であった。「迚《とて》も育つても大きく成るまいと云ふ噂」さえあって「朝より夕に至るまで泣き通し（中略）、夫《そ》れで国の人々は『無人』をば『泣き人』と呼んだ」（日原前掲文）。やがて三歳下にキネ、五歳下に真人《まこと》（一説にまひと）、九歳下にイネと三人の弟妹（末弟集作は一七歳下。のち大館《おおだて》家の養子となる）をもったが、そのキネによれば「友達と喧嘩する様な事もなく、寧ろ温順すぎる方で、友達に泣かされることが多かつた」（塚田清市編『乃木大将事跡』（以下『事跡』と略記））。

そしてイネが生まれて間もない、無人一〇歳のころ、乃木家は大きな転変の時を迎える。代々江戸詰めであった乃木希次に長府移住の命令が下ったのである。藩主跡目に関する建白が権臣らの忌避にふれての追放が実態といわれる。かくして、キネを親戚の養女として江戸にとどめ、籠と徒歩との一家道中で「長府落ち」し、二五日をかけてようやく辿り着いた長府に待っていたお沙汰は「百ヶ日の閉門並びに五十石への減俸」であった（黒木勇吉『乃木希典』）。切腹も覚悟していた希次は一息ついたのだろうが、この「閉門」の百日が無人の心に深い傷を残したらしいこと、第五章に再説する。

長府での乃木家は当初、貧苦のどん底にあったといわれ、そのころの生活ぶりは長府の乃木神社に保存され（また京都の乃木神社に再現され）ている当時の住居に窺うことができる。が、持ち前の文武の実力と忠誠心とはやがて長府でも認められ、希次は地位を上げてゆく。「多芸多能の士」でもあって、文武両道、さらには謡曲、太鼓のような芸能も指導して「長府に乃木十郎あり」と評判を高め（黒木前掲書）、ついには「その郷国に於て名物侍を以て目せらる」に至る（横山前掲書）。

　こうして経済的余裕も生じ、翌年、それは吉田松陰らの刑死に至る「安政の大獄」の年であったが、一一歳の無人は詩に秀でた漢学者、結城香崖に入門して漢籍・詩文を学び始めることができた。こうして培われた乃木の漢文力は一頭地を抜くもので、たとえば台湾総督時代（明治二八〜三一年）、ある式典で祝辞を読む際に、ある漢文学者の代作による祝文をその場で手渡されたが、まったくの初見ながら「すら〳〵と読み上げて漢籍力の深大に傍人を驚かした」。ついでながら、こうした場合、乃木は「何日《いっ》如何なる時でも『乃木希典』の四字を『乃木の希典』と読んだものだ」という。学者のこだ

晩年の父 乃木希次
（『乃木将軍写真画報』）

希次と無人
（桜木寒山『乃木大将』表紙）

わりか、はたまた生前よりうたわれた「宛然古武士の高風」（井上泰岳編『現代名士の活動振り』明治四四年一月）の一環とも見るべきか、ともかくその後、無人はそれぞれの道の専門家について武家礼法故実、人見流馬術、日置流弓術、西洋流砲術、宝蔵院流槍術、田宮流剣道と次々に修めてゆくが、「武芸を嫌らつて、文事にのみ親し」む傾向は消えたわけではなかった（西村前掲書）。

泣き虫〝泣人〟　一五歳になると長府藩の集童場（藩士子弟の寄宿舎）に入り、元服して名を源三と改めたが、このころもなお「年下の妹にいぢめられて、よく泣くといふ有様」（鹿野前掲書）、弟の真人が対照的に体格にもすぐれ性格も闊達ということもあって、集童場では「乃木の兄弟、マコトにナキト」「泣き虫の無人！」と嘲笑され、仲間はずれになりがちだった（小笠原前掲書）。妹キネおよび隣家の老女は、無人の人となりをそれぞれこう伝える。

兄はまことに優しい親切な人でありました。子供の頃よく私の髪を結つてくれました。髪を結ふといつても、幼《ち》いさい者の髪ですので却てつまむといつた方が本当かも知れませんが、時々どこからか子供の喜びさうな赤い布などを持つて来て、それを結び付けてくれたりしました。

（渡部求『乃木大将と孝道』）

真人さんが男らしい木登りや、駆けっこをしても、無人さんはじっとしてそれを見ているばかりでした。体も真人さんに比べて細く、優形《やさがた》でありましたが、声もまたやさしく、妹のイネさんが私共のうちに遊びに来ている時、迎えに来る無人さんが、「イネさん、ご飯ぞナ、お帰り」と言っていた言葉が耳に残っています。（黒木前掲書）

胸を衝かれるのは、この「優しい」兄を憶って妹たちが繰り出す心象の大半が、泣いている、あるいは「泣く泣く」何かをしている姿であることである。七歳のころ、寒さや闇の恐ろしさから父の言いつけに背いたために冷水を浴びせられて、四歳のキネや二歳の真人まで泣いたこと。八歳頃の七夕前、言いつけどおりに「雨に濡れて一層重みを増した葉附の竹を二本持ちながら、声を立て泣く泣く引摺つて帰」る、その兄の「ビショ濡れ、哀な姿」を見てキネも泣き出したこと。いわく「母が平生厳重で、少しでも言付に背くと、ひどく叱られるので、今日も此通りにしたのであります」（『事跡』）。

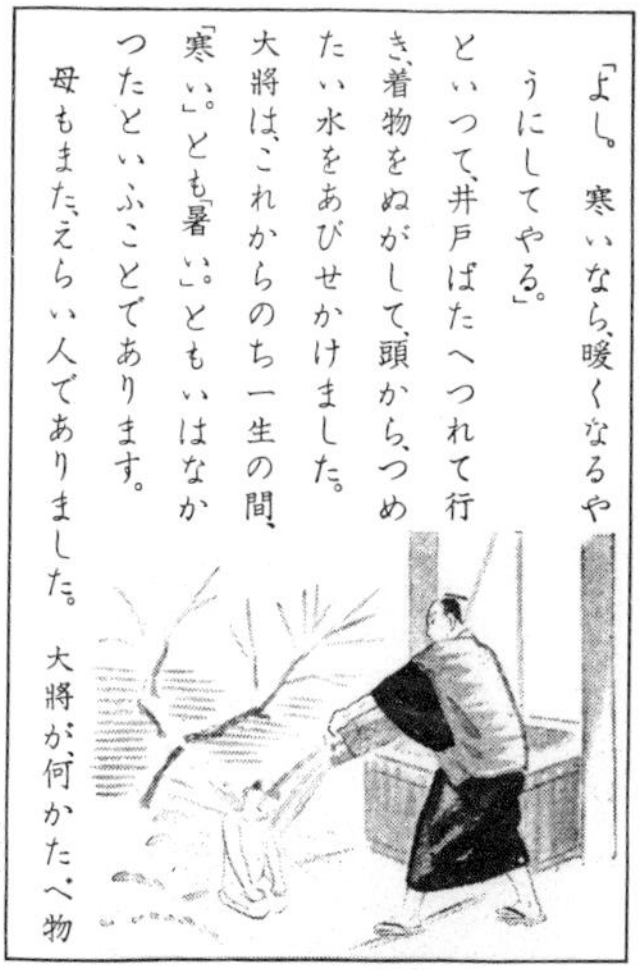
「よし。寒いなら、暖くなるやうにしてやる。」

といつて、井戸ばたへつれて行き、着物をぬがして、頭から、つめたい水をあびせかけました。

大将は、これからのち一生の間、「寒い。」とも「暑い。」ともいはなかつたといふことであります。

母もまた、えらい人でありました。

大将が何かたべ物
七十五

国定教科書『小学校国語』の一頁

　この感じやすい少年が殺生を嫌ったのは自然の流れである。集童場で生活をともにした桂弥一の懐旧によれば、当時は野犬の群生に困ってもいたので、犬猫を捕獲して槍や刀で「面白半分」「また腕だめし」に殺すことが奨励されていたが、無人はこれをしなかった。ある先輩が「あんたは臆病でいかん、なぜかというと、犬も猫も殺し得んではないか」と冷評すると、「ハイ、私は犬や猫を殺す刀は持ちません」と真面目に答え、相手を苦笑させたという（黒木前掲書）。

筋の通った返答には見どころがあるとしても、その実相が臆病のゆえに殺せないということであるなら、それは武士の子に望まれるところではない。しかも郷国の「名物侍」にして「真の武士魂を有する武人の典型」と称えられる父は、後に組閣もする長州閥の軍人、寺内正毅をして「おそろしきほどの真面目な人にして、到底大将〔希典〕の及ぶところに非ず」といわしめたほどの人物である（『典型』）。無人の日常が「意志を鞏固《きょうこ》にすべき修練」の連続となったのは、当然の成り行きともいえた。「寒い」と口にしただけで冷水を浴びせ、あるいは「寒中裸体となし、縁外に投出す」（『事跡』）といった話は広く伝播し、とりわけ大正七年以降は、まさにこの場面の挿絵を付した「乃木大将の少年時代」が小学校国語（昭和一六年以降は修身）の国定教科書に採られ、ほとんどの日本人が共有するイメージとさえなってゆく。

父に殺される覚悟

それら一連の硬教育物語にあっての極めつけが、雪の中へ蹴倒されたという次の逸話である。ある雪の朝、よく勉強すれば買って貰える約束の「木履の爪《つま》掛《がけ》」がまだ貰えないのが不満で、無人は自分の木履を玄関先に投げ出した。と、それがたまたま出がけの父の目にとまり、「雪は卍巴《まんじどもえ》と降る中を踏み躙《にじ》られ打《ぶ》たれ蹴られた揚句の果桶に二杯の冷水を浴せかけられた」（『名古屋新聞』大正元年九月一九日）。興味深いのは、老いて遥かに追想された、幼い無人のこのときの心理である。

実に今日回想して見ても肌に粟を生ずる程で、此れ位までに、父より叱られた覚えはない。で予は子供心にも、多分殺されること〻、覚悟を極めて居たが、前にも言つた通り、平素に於て、幾分か、精神的教養と云ふやうなものが伴つて居たせいか、別段泣きもしなければ、涙も出なかつた。併し兎も角も、非常に之は恐ろしかつた。
（『修養訓』）

このような場合に、非常に「恐ろし」くは感じながら、一方に妙に冷静な自分もいて、「多分殺されること〻覚悟を極めて」しまう。それだけの「精神的修養」を八歳にしてすでに身につけていたということか、『修養訓』の別の箇所で乃木はこうも語っている。

時勢と云ふ関係もあらうが、兎も角も、予の少年時代には、生命を左程《さほど》重く置かぬことが、一般に於ける当時の家庭教育の方針とでも謂へる。されば其の反面に於ては、死と云ふことは、一種の名誉のやうに心得て居た。其の代りには、常に万一の用意にと、寝る枕元にも、一本の脇差が潜めてあつた。

その昔、赤穂義士一一名が「最後に鮮血を流した切腹場」も残る藩邸で、毎夜、枕元の脇差を意識しながら眠りに就く。「生命」は『軍人勅諭』の諭すとおり「鴻毛の軽きと覚悟」されており、「死」こそがむしろ「一種の名誉」であった。『修養訓』や、また自刃直後の各紙に現れた逸話や懐旧談で語られている乃木晩年の死生観がすでに育まれていたことを大いに推測させる言葉である。さきに引いた自刃事件直後の『名古屋新聞』は、乃木自身「常に自己の死生観を語りて」こう談じていたと伝える。

要するに生は死、死は生で佸《かう》して泰平に暮して居ても何時《いつ》死ぬるか分らないのだから自分の胸中には生死の区別なぞは無い殊に軍人たるものは一死以て君恩に報ずるのが天職ではないか、だから戦地に行つて接戦の跡を弔らふ際に部下が壮烈な死状《しじやう》を睹《み》ると実に頼母《たのも》しく感ずるが夫《そ》れに反して或ひは機関砲に、爆裂弾に、手投弾に、斃《たふ》されて居るのは見ると言ひ知れぬ悲惨の感に打たれる

（傍線は大きな活字による強調部分を示す。以下同様）

だから日露戦争で二児に先だたれた際も、弔する者に答えて「イヤ只《たゞ》二人の子が戦死したと云ふ丈で別に何とも感じない」、ただ「甚麽死様《どんなしにやう》をしたらうか人に嗤《わら》はれる様な不態《ぶざま》な死様をしなかつたらうかと案じられた」のみだ、と豪語する。「死」の世界は「生」と区別のないものである以上、恐れるに足りない。むしろその「死様」に顕示してしまう「名誉」にこそ乃木の関心の焦点があったことを、この談話は告げるようである。

生首状の握り飯

　このような哲学を無人に注入した最大の教師が父希次であったとするなら、その有能なる助教が「厳母」壽であった。「父は職掌柄、常に不在勝であつたから、実は多く母に依つて成人したのである」とは本人も述懐するところで（『修養訓』）、晩年は乃木の台湾赴任に無理をいって随行し、わずか一カ月後、案の定ともいえるマラリア感染により当地で落命するという後半生を歩んだこの「烈女」。彼女もまた無人少年にとってしばしば恐怖の対象であった。九歳の時、「今日は筆も墨も求めてないから、用達の店に往つて買い求め、此天保銭をくづして、貫ひなさい」と母に言いつかったときの無人は、どうやら真剣に悩んだ模様である。「不思議な顔をして、何を以て細かくして呉れますか、金槌でこわすのですかと申した時には、流石《さすが》の母も、笑ふやら涙をこぼすやらでした」とキネ（『事跡』）。涙と笑いのこの逸話は、晩年大いに発揮されることになる乃木の天性のおかしみを予告するようだが、同時に、この「烈女」の笑いをも伝える点で貴重である。笑いといえば、こんな話もある。

晩年の母 乃木壽
（『乃木将軍写真画報』）

　学習院長時代の乃木が生徒らによく「漫談」的に語って聞かせた話の一つ。長府の町はずれに「平生、生首の二つや三つは必ず曝されて」いる「物凄い松原」があって、「その曝台《さらしだい》の下には血だらけの首なき胴や、バラバラの手足が転々《ごろ〳〵》しちよる」。

スルト、ある晩秋の深夜ぢやつた。親父は、無理に儂《わし》を敲《たた》き起し、嫌がる儂をその曝場《さらしば》に連れ出し、意地悪くも数時間を其処《そこ》に過させるのだ。帰つてくると怖ろしさで歯の根も合はずガタガタしたものだよ。ところが何といふ事ぢやらう。よく帰つて来たね。さあさあ、空腹ぢやつたらうと、おふくろの差し出したものを見ると、儂はまた、ギヨツとして再び戦慄してしまつたのさー。それは、生首ほどの大きな握飯で、その上に梅干の汁が態々《わざ〱》血のやうにぶつかけてあるのぢや。儂は、先刻《さつき》の生首が眼先にチラチラして、どうしても喉へ通らぬ。

スルト、何時の間にやら親父が背後へ現れて、

さあ食へ！　さあ食へ！

といふのだ。流石の儂も最早絶体絶命、親父も恐《こわ》し、生首も怖しく到頭、観念の眼をつぶつてその一つを鵜呑にしてしまつたといふ始末ぢやよ。

（服部純雄前掲書、傍点原文）

日原素平の聞いているところでは、「正気を失はうとしたが」背後で睨む父の「恐ろしき眼」に気づいて正気に戻ったとのことで（『記念録』）、いかにも凄まじい硬教育であったわけだが、同時に、この生首に似せた握り飯に滑り込まされたユーモアを否定することもできまい。やがては皆で笑い合う、という場面もあったはずなのだ。

笑顔に改めるまでは……

ともあれ、こうした教育の効あってか、集童場における無人はやがて「胆力」において頭角を現す。先生方はよく唐突に、「これから獄門場へ行つ

て、生首の前へ此の扇子を置いてくるのぢや」といった命令を出して生徒の「胆力」を試したが、このような場合、「弱い、弱いと他《た》から嘲弄された」あの無人が、どういうものか「いつも飛び放れた豪胆ぶりを示」した。かくしてようやく「乃木は唯ものでないぞ」「あの男は偉いぞ」「泣虫のやうぢやが、少し違ふな」といった評判が立ってゆく（小笠原前掲書）。

人一倍臆病であった無人は、逆に人一倍の「豪胆」となった。ある時点において、なんらかの一線を超えることで、「死」に対するものを含むあらゆる恐怖を克服してしまったのだろうか。そしてことによると、それと並行して、ウォッシュバーンに驚異の目を見はらせたあの高度な技能も獲得されていったのではあるまいか。すなわち鬼神から温顔へ、温顔へから鬼神へと瞬時に表情を変容する技も。事態がそのようであったとすると、その技の体得に、泣いては笑い笑っては泣くという、本節に見てきたような少年期の家庭生活の特異性も決して無関係ではあるまい。無人の泣き癖をなんとしても矯正せねばと、教育熱心な母はこんな方策を採ることもあったという。

大将幼時泣き癖あり。母君之を矯《た》めんとして、菓子を与ふるに、笑顔に改めざる間は之を与へざりき。（『事跡』）

菓子ほしさに、泣き顔を懸命に「笑顔に改め」る少年。悲痛だが、そこに滲む滑稽さもまた禁じえない。乃木の少年時代として、いかにも、と思わせる光景である。

第二章　名将か愚将か――その軍歴

1　豚児よく死せり

いたましい将軍一家

時は飛んで明治三七年。日本がロシアに宣戦布告して約四カ月後となる六月二日の日記に、天皇侍医であったエルウィン・ベルツはこう書いた。

先日、乃木将軍は、新たに出陣する第三軍の指揮を執るため出発するとき、停車場まで見送った野津元帥に、笑顔でいったそうだ「どうです、若返ったように見えませんか？　どうも白髪が、また黒くなってきたように思うのですが」と。将軍のこの悦びが、早急に曇らされたことは、あまりにもいたましい。二日の後、まだ戦地への途中で将軍は、令息が南山で戦死したとの報に接したのである。

（トク・ベルツ編『ベルツの日記』）

戦死者として掲載された勝典の肖像（左）
（『東京朝日新聞』明治37年6月1日）

この「いたましい」物語が日本全土に伝播するに数日とは要しなかった。三日前の五月三一日付『東京日日新聞』は、「金州南山激戦の我死傷者」中「氏名の明白となれる」約三〇名のリストを掲載したが、そこに「乃木勝典《かつすけ》」の名があった。同紙はこの名を特別扱いしていないが、翌六月一日の『東京朝日新聞』と『都新聞』は戦死者リストのほか、他の戦死者と並べて勝典の肖像画を掲載している。特に後者は肖像の横に「乃木男爵の令息齢僅に廿四年八ヶ月」と入れたほか、「乃木歩兵中尉」との小見出しのもと二〇行ばかりの紹介記事を付した。いわく「其性行ハ乃父《だいふ》中将に似て剛毅不撓なるも平生人に対してハ極めて温厚にして毫《ごう》も家門を誇るの風なく」云々。

翌二日付『都新聞』はさらに、前日に倍する長さの「乃木中尉の性行」と題する記事を捧げて勝典の人徳を称讃している。「中尉の父なる男爵ハ非常に厳格なる人にして日曜を除くの外は八軍服を脱することな」いほどで、その「鞭撻鞠育《きくいく》を受けたる」中尉もまた「乃父に勝れる謹厳寡黙」、しかも「其部下を愛するの情」も厚く「故に部下の中尉を敬慕すること宛然《さながら》神の如く」でさえあって、荒々しい兵卒も勝典の語りかけに「感泣せざるはな」かった云々。

三日の『読売新聞』になると連続記事「国の礎《いしずえ》」のトップに「名誉ある乃木兄弟」を掲げて勝典

を悼むとともに乃木一家を讃え、他紙、また開戦後続々と創刊された『日露戦争画報』『日露戦争実記』『日露戦争写真画報』『戦時画報』等の雑誌もこの物語を追った。その一つ『征露戦報』は第一三号（六月二〇日）のグラビアに「南山猛戦名誉の死傷将校」一二人の一人として勝典の写真を掲げている。

また『東京朝日』や『都』が勝典の肖像画を載せた六月一日は、広島滞在中の乃木希典中将の宇品港出航予定日でもあったのだが、同日付『東京日日新聞』は「乃木歩兵中尉の事」と題して同様に勝典の遺徳を讃えた上で「厳父乃木中将の勇戦に先《さきだつ》て此の凶報を伝へたるは中将の前途に向て一番の奮激を与へたるものといふべきか」と結んだ。「厳父」乃木が挫けるはずもない、との見立てだが、挫けなかったのは父ばかりではない。

三棺揃うまで葬る勿れ

翌二日の『読売新聞』は、乃木がかねてより妻にこう「申渡して」いたと報じている。すなわち自分が出征する時は「一家三人の出征になるが〔中略〕仮令《たとへ》其中《そのうち》の一人が討死しても決して葬式を為《す》るナ親子三人の棺が揃ふ迄ハ野辺の送りをするナ」と。

この「申渡し」は、乃木と近しい元陸軍軍医総監にして貴族院議員、石黒忠悳《ただのり》男爵も五日付『東京朝日新聞』で語るところで、勝典戦死と聞いてただちに乃木家を訪ね、この話を聞いた石黒は、気丈に応対した夫人の「『先ず其つもりにいたし居る』とのハッキリした答には一入《ひとしお》深く胸中に熱涙を灑《そゝ》」いだという。

〈乃木物語〉の花々の一つが開いてゆく過程をここに観察することができるだろう。この花はさらに大きく花びらを拡げてゆく。たとえば六年余後、明治四四年一月刊の前掲『現代名士の活動振り』ではこの経緯はこう語られる。すなわち勝典戦死の報は広島でなく在宅中の乃木に届き、これを聞くや「氏は夫人を顧みて曰く、愛児善く国家の難に死せり、家に三棺を列ぬるを待つて葬を出せと。噫《ああ》、言辞悲壮、宛然古武士の面影なり」云々。

ところで、このように尾鰭が付いて、あまりにも絵に描いたような物語になってくると、その事実性にやがて疑いの目が向けられたとしても不思議はない。第三軍参謀であった津野田是重が大正一四年に刊行した前掲『旅順に於ける乃木将軍斜陽と鉄血』は、「記事は事実の大綱上、断じて相異なき」もので、「予は責任を以て記事の正確なる事を保証する」等と繰り返す、事実性に重きを置いた〈乃木伝〉の最右翼だが、この件の記述には特にそうした疑いへの牽制意識が強くにじんでいる。

世間では往々将軍が出征に際し三個の棺櫃《くわんき》を準備せしめられたことを一種の『アネクドット』と看做すが、予は責任を以て之が事実であることを確言し又令夫人に向つて此の三個が充実するまでは決して個々に葬《とぶらひ》を出すこと勿れと命ぜられたことを保証する。

「アネクドット」（逸話）か「事実」か。あまりにも多様な開花を見せた〈乃木物語〉の大樹であれば、事実を映した花々のあちこちに、根も葉もない造花が混じっていたとしても驚くにあたらない。大正後期の「世間」が〈乃木物語〉を享受するとき、すでにその種の懐疑意識を伴わないでもなかったことが、この書きぶりには示されている。

『東京朝日新聞』記事に戻れば、石黒男爵伝えるところの乃木夫人はさらにこう語ったという。「出発のときから帰らぬものとは、覚悟致し居りしも、若年の事故《ことゆえ》に若《もし》や勤務上に過失はなきや、戦場にて不覚は取らぬやと、夫《それ》のみ案じ居りたるに」、金鵄勲章に中尉昇進という名誉の戦死と聞いて「安心」したと。この報道に他紙誌も追随し、「『倅《せがれ》も漸く軍人の本分を尽しました』と見舞の人たちに笑つて話される」夫人の気丈ぶり（『征露戦報』一四号〔七月一日〕「乃木大将の家庭」。なお乃木は半島上陸の日に大将昇進）は、たちまち日本社会に流通して〈乃木一家物語〉に欠かせない一枚の絵となってゆく。

その一方で、このころ絶えず乃木家に出入りしていた静の姪の子、菊池又祐《またすけ》は、報知を受けた直後の彼女に、実はこの気丈さはなかったと書いている。静は「泣いた、泣いた、泣きぬいた。〔中略〕取り乱して悲歎した」、彼女は「要するに、一人の愚妻であり、凡母であった」（『人間乃木と妻静子』）。当時のメディアの大半と矛盾するかの記述だが、かといっていずれかが嘘を書いているというわけではない。要するに事実のどの側面を捉えて物語化するかの問題で、静にも二つの顔があった、という言い方も可能だろう。

静がそのようにして「公」向きの顔と「私」的なそれとを適切に切り換えることを得ていたのだとすると、彼女もまた見事に乃木的であったといえるかもしれない。従弟に当たる吉田中将の証言によれば、「静子が家庭で受けた教育は、いふに足るものぢやない。全く、乃木家へ行つてから、訓陶されたのぢや」（亀岡泰辰『乃木将軍　勅諭のまゝに』）。ちなみに「乃木化したる夫人静子」とは、横山健堂の大著、前掲『大将乃木』の一章の表題でもあった。

勝典戦死の報を乃木が受けたのが広島においてであったことはすでに述べたが、そこでの乃木の言動もまた〈物語〉の花を咲かせている。専属副官の兼松大尉から電報を渡されてしばらく無言であったが、幕僚一同が弔詞を述べると、「平然として徐《をもむ》ろに口を開」いていわく、「軍人が戦場に出でて戦死するは当然の事である、故に予は少しも悲まぬが唯々親として屍容の醜くなかつた事を祈る」と（津野田前掲書）。またしばらくして「頼信紙を持参せよ」と副官に命じ、夫人宛電文を書いたとされる。その文章については諸説があるが、たまたま千駄ヶ谷の静の実家にいて電報到着に居合わせ、静やその母とともにそれを読んだという菊池又祐が、後年その記憶の正しさを兼松にも保証されたところでは、以下のとおり。

メイヨノセンシ、ヨロコベ

カツスケ、メイヨノセンシ、マンゾクス、ヨロコベ、イサイフミ、マレスケ。

「如何に、何でも、喜べ、とは……」と祖母の泣く姿が菊池の脳裡に残っているというが、「宛然古武士の高風」をうたわれた乃木であれば、「ヨロコベ」は驚くにあたらない。実際、菊池によれば、勝典出征前の近親者を招いての祝宴の席で、乃木は「軽い、平常《ふだん》の調子で」こう言い放っていた。

「戦争に行つたらば、真先《まつさき》に死ね。若《も》し、最初の戦闘で死に損つたら、今度は、その戦争中、一番、困難《むつか》しい戦場《ところ》で死ぬんだ。」

寡黙な勝典は、「そら、はじまつた」とでもいうように「思はず、莞爾《にっこり》として」聞いていたという。というのも、「一番、先に死ね」とは、乃木が「常日頃、その子息達に与へて居た教訓」にほかならなかったからである（菊池『親としての乃木将軍』）。

さて、その電文にいう「フミ」をやがてしたためて兼松に渡した乃木は、次に写真屋に連絡を取り、「此の前倅共が二人一緒に写した写真の種板」があるはずだが、と確認してから店へ赴いてその種板を手にしたポーズで写真を撮らせた（兼松少佐談『日本』大正元年九月一五日）。すなわち「三典」揃った最後の写真である。やがて届いた静への「フミ」にはそう立ち入った「イサイ」はなかったらしく、それほど動じる様子のなかった彼女がやがて袂をぬらしたのは、新聞に出ていた乃木の漢詩、「山川草木」を読んだ際

息子二人の写真の種板を手にした乃木
（明治37年6月撮影）（『乃木将軍写真画報』）

であったという（菊池『人間乃木と妻静子』）。

高潔なる詩文多き大将

この詩は「乃木三絶」の第一として広く知られるに至るもので、戦場で親しく乃木に接した従軍記者リチャード・バリーらによってやがて海外にも紹介され、乃木自刃翌日の『ニューヨーク・タイムズ』第二面には、これと「爾霊山」の漢詩二篇の乃木自筆色紙の写真が大きく掲載されたほどである（二八八頁参照。第一面は口絵参照）。それが一般の日本人に読まれたのは、乃木も指導を受けていた当代随一の漢詩人、野口寧斎の主宰誌『百花欄』への掲載（七月二五日）を嚆矢とするといい（長山靖生『日露戦争』）、八月に入ってから新聞各紙も紹介し始めたのだが、新聞の強みは、作品を単独に置くのでなく、それに物語的な枠を与える、あるいはそれを作者乃木をめぐる〈物語〉に挿入することのできる点にあった。「乃木大将の高風」と題した『東京朝日新聞』（一一日）の記事などその好例で、乃木がいかに部下に慕われているかへの称讃を枕として、この詩の紹介に入っている。また同日付『読売新聞』のコラム「雑木山」にはこうある。

▼乃木大将　其令息勝典氏戦死の報を聞くや神色自若平生に異ならず、「豚児能く死せり」といひしのみにて、其後一言も令息若しくは家郷の事に言及したる事無し唯一詩を賦して感懐を表して曰く

　山川草木転《うた》た荒涼
　十里風腥《なまぐさ》し新戦場

征馬前《すす》まず人語らず
金州城外斜陽に立つ

（漢詩原文は白文。書き下しは『詩歌物語』に拠る。以下同様）

「自若」として「豚児能く死せり」と口にした乃木に記者が見たという「神色」は、決して嘘でも誇張でもなかったろう。乃木を写すに用いられる「神」の字はその後、珍しいものでなくなってゆくからである（第六章参照）。ともかくその詩は「多く哀傷の語を為さずして而も這裏《しやり》無限の涙あり」と『読売』は続け、また『東京朝日』は「高潔なる詩文多き」ことで知られる大将といえど「未だ曾て此の詩の如き風調鸞声《らんせい》あるを見ず是亦真情の至極せるものか」とやはり格調高い美文をもって絶讃している。

新聞・雑誌上のこうした〈乃木文学〉が国民に感動を与え、その涙腺を刺激したのもたしかなことで、その強い印象が前章に見た乃木凱旋歓迎の熱度を加えたことも間違いない。「あくまで至情の人であつた乃木さんが、その至情からもしあの素朴な独特な名詩を作らなかつたなら、乃木さんの人気は余程違つたのではなからうか」と長与善郎（前掲文）。またのちの陸軍大将、今村均の回想によれば、日露戦争前後には琵琶歌や詩吟が「普遍的に好まれ」ており、自分も「ニッポノポンと呼ばれていた蓄音機」でよく聴いた。夏目漱石の小説『それから』（明治四二年）の書生も唸っているとおりの流行ぶりで、四三年に中尉昇進した今村の少尉時代だからちょうど『それから』のころだが、牧野錦光《きんこう》という薩摩琵琶法師が仙台の公会堂で弾奏吟詠した曲のうちにこの「山川草木」と前章に見た「凱歌」があり、「何んとも云えぬ感慨を覚えしめられた」という。「乃木将軍の詩には、一字一句に涙が込められている。その涙にさそわれ、つい眼《まなこ》をぬらしたのだ」（今村均『乃木大将』）。

この高い評価は玄人筋にも共有された。郭沫若《かくまつじゃく》は「山川草木」を「日本人の作った漢詩中の最高傑作である」と言いきったし（上田滋「乃木希典」、『歴史群像シリーズ24 日露戦争』所収）、萩原朔太郎は煙草を「朝日」に決めていた理由を訊かれて「乃木大将が喫《す》ったからだ」と答え、「乃木さんの漢詩は一流だわい」と手放しの褒めよう（嶋岡晨「『詩人』乃木大将」『〝ザ・マン〟シリーズ 乃木希典』所収）。また小林秀雄は、山本健吉らと漢詩を談じて「きみ、漱石なんかと乃木を一緒にするのかね。乃木は詩人だよ」と言い放ったと伝えられる（五木寛之『ステッセルのピアノ』）。

2 涙なきにあらず

切腹を勧告される

さて、そもそも乃木率いる第三軍に与えられた主要任務は旅順口攻略であり、一〇年前の日清戦争で彼が同じことをわずか一日で成し遂げたという功績の反復が期待されての起用といわれる。今回もそう日数は要しまいというのが大方の観測で、『征露戦報』など総攻撃開始以前の一八号（八月一〇日）に、早くも「旅順口陥落と同時に発行」するという臨時増刊「偉蹟千秋 旅順口陥落」を大々的に予告していた。

が、そうは問屋が卸さなかった。前章に見た『万朝報』記事にもあったとおり、旅順要塞は当時世界最強といわれたロシア陸軍によってベトン（コンクリート）と鉄条網をもって拡大・強化され「難攻不落」の「堅塞《とりで》」と化していた。八月一九日の第一回、一〇月二六日以降の第二回と数次の総攻撃にも、「堅塞」は微動だにしないばかりか、迎え撃つ露軍の砲撃に日本軍は死屍累々の惨状を呈するばかりであった。

一一月半ばの司令部には山県有朋元帥、児玉源太郎満州軍総参謀長、東郷平八郎海軍総督らからの書信が多数到着、その内容は「作戦上の要求」から「将軍の身上」に及び「之が為め如何に将軍が神経を悩まされたかは決して」筆舌に尽くしうるところではない、と津野田参謀（前掲書）。その津野田が解読に数時間を費やしてもついに解けなかったのが、山県元帥から届いた全文カタカナの特電で、諦めて乃木に提示すると、「フム、それは詩であらう。その儘《まま》読んで見い」。そう命じて自ら鉛筆を執って書き下すと、このような七言絶句が現れた。

百弾激し来り天も亦驚く
包囲半歳万死横たはる
精神到る処鉄よりも固し
一挙直ちに屠《ほふ》る旅順の城

乃木やがて「聊《いささ》か微笑を帯びて『一挙に屠る旅順の城ではなく、一挙に屠れい旅順の城ぢやらう』と独語したと云ふ」（宿利重一『乃木希典』）。「此の外《ほか》内地から直接将軍に宛て署名又は匿名を以てした信書乃至《ないし》葉書で切腹、辞職等の勧告が実に二千四百有余の多数を算するに至つて」いた（津野田前掲書）。

「内地」国民間に乃木への苛立ちはいや増しにつのり、「江戸児《えどっこ》謡つて曰く、『なにをのぎ〳〵していやる』」という状況（鶴田禎次郎『鶴田軍医総監日露戦役従軍日誌』）、東京の乃木邸にも投石や罵声が浴びせられた。戦後、夫人が津野田に語ったところでは、ある青年将校は門前で次のように「高声を以て痛罵」したという。

乃木のノロマめ！　何を間誤付《まごつい》て居るか、我々が兵隊を作つて遣れば端から殺してしまふ。然るに自分では武士であるとか、侍だとか傲語する癖に今尚ほ生存して居るではないか、若《も》し真の武士であるなら我々に申訳の為め潔く切腹するが好い。若し又腹を切るのが痛ければせめて辞職でもするが当然である。一体家族共も何を愚図々々して居るかい。少しは考へて見るがよい。

（津野田前掲書）

その日の夕刻に家を出た夫人は一路伊勢へ向かい、翌日内宮に到着するや裸体となって水垢離《みずごり》し廟前に跪いて旅順陥落を祈願したという（同書）。

このような状況下、軍司令部において乃木更迭案が浮上したことは、容易に推察されるところである。が、そこにはいくつかの難題が絡んでいた。その一つが天皇の乃木への寵愛である。そして、それこそが乃木更迭を阻止した、という物語がその後広く国民に共有されて〈乃木神話〉の一角をなしてゆくことになる。

乃木を代えてはならぬ

御前会議でその議が出るや、天皇は「『乃木を呼び戻してその後《あと》を誰に引き受けさせるか』と仰せられたま丶忽ち御座《ぎょざ》を起《た》たせられた」（碧瑠璃園〔渡辺霞亭〕『乃木大将』）、あるいは「汝達《おまへたち》は、左様に致して、乃木を憤死させる積りであるか」（伊藤痴遊『乃木希典』）、「代えてはならぬ。代えたら乃木は生きてはおらぬであろう」（横山隆夫「天皇と乃木希典」、桑原・菅原編『乃木希典の世界』所収）といった強い言葉で峻拒したというのである。

非公開の御前会議席上のこととて、伝えられる天皇の言葉もまちまちで、この経緯の事実性自体も立証しがたいわけだが、ともかく更迭を免れた乃木司令部は第三回総攻撃に着手する。一一月二六日、中村覚《さとる》少将に三千八十余名からなる「白襷隊《しろだすきたい》」（彼我識別のため全員に白襷を掛けさせた）を組織させ、松樹山第四砲台突入を試みた。が、これも空しく死屍を積み上げる（漱石「趣味の遺伝」の浩さんもここで戦死）。ここで作戦を転じ、翌日から攻撃目標を旅順西方地区にある二〇三高地とし、各隊を次々に突撃させたものの、露軍の猛射の前にこの小丘は乃木自ら詠んだ漢詩の句でいえば「鉄血山を覆うて山形改まる」惨状、乃木保典もそこに命を落とすことになる。

このころ烟台にいた総参謀長児玉源太郎は、総司令官大山巌《いわお》の許しを得て急遽、旅順へと南下し、一二月一日、乃木を説いて第三軍指揮権を委譲させた。その結果、というべきか否か、ともかく二〇三高地は五日ついに日本軍の奪取するところとなり、爾後ロシア軍の志気は衰え、翌年元旦の降伏に至る。この間、三度の総攻撃に費やされた第三軍の兵力は約一〇万。このうち六万以上が死傷し、またついに死に至った者は三万とも五万ともいわれることはすでに見たとおり。文字通り「万死横たは」ったのである。

その数があまりにも大きいこと、正面攻撃に固執したかのようにも見える第三軍の作戦が後世の目には愚直とも映ること、そして攻めあぐんでいた二〇三高地が児玉への指揮権委譲の数日後に占領されたこと等々、乃木にとっては不利というほかないこれら諸要因が、〈乃木〉讃美という大勢の背後に伏流する〈乃木〉侮蔑の風潮をやがて構成していったことは想像に難くない。〈乃木劇〉の人気が絶頂期にあった昭和四年に発表された小説の、さりげない比喩もそれを示している。

> 資本家は「モルモット」より安く買へる「労働者」を、乃木軍神がやつたと同じ方法で、入り代り、立ち代り雑作なく使ひ捨てた。鼻紙より無雑作に！「マグロ」のさし身のやうな労働者の肉片が、坑道の壁を幾重にも幾重にも丈夫にして行つた。
>
> （小林多喜二『蟹工船』）

実際、第三軍生き残り兵士に取材した柘植《つげ》久慶《ひさよし》によれば、うち二人が、その後発行された「乃木2銭切手とか3銭切手」を決して使用しないことで「抵抗を示し、下手な作戦で死んだ戦友たちへの配慮とした」という（『旅順 日露決戦の分水嶺』）。当時はこのように多少とも密やかな陰口の類でなければならなかったこれら反=乃木的言説は、第二次大戦後は無論、大っぴらなものとなる。引き倒された偶像〈乃木〉は、昭和四〇年代に至ると、想像力豊かな作家たちによって、倒れた顔を泥足で踏まれる恰好にさえなる。すなわち司馬遼太郎の『坂の上の雲』と『殉死』、福岡徹の『軍神 乃木希典の生涯』などによる、いわゆる「乃木愚将論」の流行である。

乃木愚将論の当否

つまり彼らによれば、乃木の功績として知られる旅順陥落は、実際には、もたつく乃木に業を煮やした児玉大将が急遽、指揮権を譲り受け、作戦転換するやたちまちに挙げた戦果にほかならない。そして彼らが主な論拠とする、当時大佐として参戦した谷壽《ひさ》夫《お》中将による『機密日露戦史』（大正一三年）によれば、旅順陥落後の陸軍首脳部で乃木の体面を救う決議がなされた。いわく、乃木軍はもたつきはしても「今は、奏効せり。而して奏効軍に恥をかかすは不要のことなり」、外部的にはあくまで乃木が完遂したものと公表して通すべし、と。「若《も》しこのことなかりせば、乃木将軍の切腹はこの時実現せられたるやも計られず」と谷は見る（同書）。

乃木２銭切手

この作為により、現実には失敗者である乃木を「国民的英雄」として押し立てることで成立したのが〈乃木神話〉だというわけで、昭和四〇年代半ば以降はむしろこれが〈乃木〉像の常識となっている。加藤周一も「世論操作」を論じるに当たってこの〈乃木〉像の成立経緯をダシに使ったし（「世論操作または『乃木希典日記』のこと」）、さきにふれた柘植の小説『旅順　日露決戦の分水嶺』などはもちろん、昭和五五年の映画『二百三高地』（桝田利雄監督。乃木役は仲代達也）をはじめ、四〇年代半ば以降のドラマにおける〈乃木〉は、大概この物語を踏んで今日に至っている。

このような「乃木愚将論」およびそれを支える「児玉大将＝鞍馬天狗」説について、その根拠が実はきわめて薄弱であることを様々な角度から周到に検証しつつ、司馬らの事実誤認を丁寧に指摘してみせた有力な論者として、評論家の福田恆存《つねあり》（「乃木将軍は軍神か愚将か」『中央公論』昭和四五年一二月臨時増刊）、元陸軍少将の戦史研究家、桑原嶽《たけし》（『名将　乃木将軍――司馬遼太郎の誤りを正す』平成二年）、また近年では歴史評論家、別宮暖朗（『「坂の上の雲」では分からない旅順攻防戦』平成一六年）を挙げることができる。「谷中将を始め、司馬、福岡両氏は、児玉将軍の演じた活躍を鞍馬天狗のそれになぞらへ、少々話を面白くし過ぎてゐる嫌ひがある」のであって、当時、乃木第三軍の置かれた状況からして、愚直と見えもする乃木の戦法も、実はそれ以外に方法がないという意味でしごく妥当なものであった。すなわち「児玉将軍の来順如何に拘らず、二〇三高地は既に熟柿の如く落ちるべき時期に達してゐた」（福田）のだと。

こうして司馬＝福岡的「乃木愚将論」の無根拠性を暴露したのは福田らの大きな功績というべきだろう。児玉を含む他の将軍に比して、乃木が特に「愚将」であったわけではなく、旅順攻略の使命を帯びれば、誰が司令官であっても、乃木の場合と同程度の犠牲を払ったであろうことを彼らは明らかにしている。とすれば、むしろ、この任を与えられた時点ですでに乃木の悲運は確定していた、というべきではないか。

之で世間に申訳が立つ

乃木のこの悲運にとって、残された唯一子、保典の戦死はさらなる打撃であったにはちがいない。が、それは同時に、対社会的には一つの救いとしての意味をも帯びずにはいなかった。津野田前掲書によれば、「誠に悲むべき出来事を御報告しなければなりませぬ」と前置いた津野田の報告に、乃木はこう答えたという。「其事なれば既に承知して居る、よく戦死して呉れた。之《これ》で世間に申訳が立つ、克《よ》く死んで呉れた」（前掲書）。

この「克く死んで呉れた」が、勝典についていわれた「豚児よく死せり」と花弁を重ねるようにして〈乃木物語〉を彩る悲しい花の一つとなることはもはや断るまでもあるまいが、ここには今一つ、咲こうとして咲ききれないでいるかの如き不思議な花も傍らにさりげなく置かれている。「其事なれば既に承知して居る」という乃木の言葉がそれで、事実「承知して居」たのだとすればこれは奇妙な事態というほかない。ただ、それがもし後段で解明されるべき伏線的な謎として置かれているのだとすれば物語的な収まりがつくわけで、実際、そのように構成された〈乃木伝〉や〈乃木歌〉が隆盛することは第四章に詳述する。それが、津野田版〈乃木伝〉では、先へ進んでもその種の種明かしは気振りもなく、謎が謎のまま放置される形となるのである。読み物としては消化不良の感を残しかねないわけだが、同様に謎を放置した形のいわばゆるい〈乃木物語〉も、それなりに成立していたようではある。

たとえば乃木自刃五カ月後の大正二年二月に出ている花太郎編『乃木大将』は、なぜ「知つて」い

戦死者肖像として新聞に出た保典
(『東京朝日新聞』明治37年12月17日)

たかは告げぬまま、坦々と物語を続ける。

其晩いよ〳〵絶命したことを部下の或将校から知らした時は只の一言、
「知つてる」と軽く答へられたゞけであつたそう《ママ》で御座います、然も後に人から悔《くやみ》の言葉を聞《きか》れる毎《ごと》に、
「軍人は御国の為めに戦死をするのは普通《あたりまへ》のことで御座いますから決して御悔み頂だくには及びません」と申されたゞけで御座いました、

ともあれ、こうして、「之で世間に申訳が立つ」という乃木の見通しは、メディアの反応に見るかぎり、現実のものとなっていった。たとえば一二月一六日付『東京朝日新聞』は「乃木大将の一家」と題する記事を設けていわく、「旅順を得んがために既に其一家を犠牲に供し」た大将は今や「一身攻囲軍の司令官として名誉と栄光とを代表し、同時にまたその一家を以てこの方面の死傷遺族及び家族の悲痛を代表せざるべからずの地位に」ある。「その胸中は如何んぞや。吾人は同情を表せんと欲して、殆ど之を表するに足るべき所以を知らず、而《しか》して感謝の念の涙と共に溢る、を覚ゆるのみ」云々。

翌一七日付同紙には保典の肖像画が「乃木大将の令嗣 故歩兵少尉 乃木保典氏」と題辞つきで掲載され、二一日に出た「旅順の死傷者」約七〇名にも保典の名が入っている。この悲劇に助けられる形で、乃木に向けられた国民の厳しい視線は、旅順陥落を待たず、一二月すでにおおかたは和らいでいた。

参列者皆泣いた「招魂祭」

「一人息子と泣いてはすまぬ、二人なくした方もある」という例の俗謡が自然発生したのも、早川貞水によれば、これらの新聞記事とほぼ同時の一二月半ばごろのことである。「戦地に風聞にな」った保典戦死がやがて「内地に聞え、息子が戦死したと云ツて泣いて居た人が、乃木さんのことを聞いて大に同情し、誰言ふとなく」この歌が生じ、「それから息子が戦死しても親が泣かなくなツた」と(『講談皇国の花』)。「国民の俚謡」とまでいわれたこの歌は、蘆花の『寄生木』(下篇六章(二))にも書き込まれたし、乃木没後には黒岩周六(涙香)『万朝報』社長(「乃木将軍の自殺を聞きて」大正元年九月一六日)をはじめとするあまたの追悼文の書き手も想起せずにいられなかった。

安部能成のいわゆる「感情の交通」の回路が、こうしてこの「英雄」と「国民」との間に形作られてゆく。回路の交通量は増してゆき、明治三九年年頭にはそれが旅順陥落「祝捷」で爆発した形だ。内地の状況は次節に詳しく見るが、戦地では「戦死いたしした人々の霊魂を祭る為め(中略)乃木閣下が仰出《あふせだ》しにな」って(『陣中珍談』)計画された「招魂祭」が、一四日、挙行された。

津野田参謀の伝えるところでは、「将軍の式場に立たるゝや満場、寂として声なく、次いで音吐

招魂祭（明治38年１月）で祭文を読む乃木
（平岡柾緒『日露戦争』）

朗々」と読んで「嗚呼諸士と此光栄を頒《わか》んとして幽明相隔つ、悲哉《かなしひかな》……」のところへ至るや、「参列者皆泣き、半解の支那人も亦流涕《りうてい》し、不可解の欧米人すら眼を拭うた。将軍自身も亦《また》涙に咽《むせ》ばれたのは勿論である」。感動した外国人は「異口同音に祭文の意訳を要求し」、フランスの某将校は「『斯の如き事は恐らく天下に比類なからむ』と言ひつゝ目を丸くした」（前掲書）。

勅任官待遇の観戦員として従軍していた志賀重昂《しげたか》も『読売新聞』連載の同時的ルポ「旅順口三大式」第二回（一月二七日）で、この式での「涙」を伝えている。とりわけ「数万の将士が一斉に嗚咽した」のは、祭文朗読後の大将が「乃木勝典、保典の父として『戦死者親子兄弟』と標せる席中より前《すゝ》み出で、霊位に向ひ一拝せし際」で、これを見た松村中将は「其の部下戦死者の事を回想し、感激の余《あまり》、声を呑みて男泣に泣」き、「予も亦た感激の余」涙を止められなかった、と。

悲痛な出来事という意味での「悲劇」は、こうして、乃木自身の発案にかかるというこの「招魂祭」という舞台で見事に〈劇〉化され、観客の涙を絞る文字通りの〈悲劇〉となった。しかもそれが、新聞等のメディアによって、ほとんど即時に日本内地へも伝えられ、嘆傷されたのである。主人公〈乃木〉への崇敬が一気に高揚し、かつての不首尾への不満など記憶の隅へ追いやられていったであろうこと、想像に難くない。

咲くことを
などいそぎけむ

とあれば、「豚児よく死せり」「予は少しも悲まぬ」「よく戦死して呉れた。之で世間に申訳が立つ」等の酷薄とも響く乃木の言葉を、大多数国民が額面通りに受け取らなかったことはいうまでもなかろう。乃木司令下に失明して凱旋し「盲中佐」と称された山岡熊二も明かす。保典戦死の弔辞に手を打ち振った乃木が「不肖の息子二人共お上の為め御役に立つたのは家門の光栄と自分は此上もない満足だ山岡お前も喜んで呉れと涙をかくして云はれた時は私泣《なか》されました」と（『東京日日新聞』大正元年九月一四日号外）。戦中または戦後間もなくに「悼両典」と題して詠んだ次の短歌に浮かぶ乃木のもう一つの顔を、多数国民はしかと見たのである。

咲くことをなどいそぎけむ今更に　ちるををしとも思ふ今日かな

（中央乃木会編『乃木将軍詩歌集』（以下『詩歌集』と略記））

そして乃木がわが子のみを悼んだのではないことは、前記「招魂祭」の経緯からもすでに明らかであろう。奪取した二〇三高地の砲塁を見回しながら喜色満面に談話していた乃木に、頭部に包帯を巻いた渡辺大佐が、しかし「沢山立派な兵士を殺しました」と口にしたとき、乃木はにわかに声を曇らせ、「噫、もう其の事は言うて呉れるな。其の事は言うて呉れるな。俺は腸《はらわた》が裂けるやうだ」と眼をそらしたが、「其の両眼には、熱涙の滂沱たるものがあつた」。「如何にも涙なき人のやうであるが、

海陸の両雄として並べられた東郷と乃木
（『東京朝日新聞』明治38年1月3日第1面）

然し大将は、決して涙のない人ではない」と（『修養訓』）。
　その「沢山立派な兵士」の血を吸った二〇三高地を仰いで、乃木が作った漢詩が「乃木三絶」の第二となる。その題として知られる「爾霊山」とは二〇三高地に対して日本軍が与えた新名で、その考案者も乃木であった。この高地に「適当な名を選びたい」という乃木の発議を受けて、志賀重昂の「旅順富士」案、松村中将の「鉄血山」案、児玉大将の「児玉山」案、いずれも却下されたところへ、乃木が「悪詩が出来た」と示したのがこの詩で、これによりたちまち二〇三高地の新名は「爾霊山」に決した（伊《い》豆《ず》凡《つね》夫《お》談『東京日日新聞』大正元年九月一五日）。

爾霊山（二零三）嶮なれども豈《あ》に攀《よ》じ難からんや
男子の功名艱《かん》に克つを期す
鉄血山を覆うて山形改まる
万人斉しく仰ぐ爾霊山

〔　〕内は従軍記者リチャード・バリーが戦地で乃木の贈呈を受けた書（六年余後、乃木自刃翌日の『ニューヨーク・タイムズ』に写真掲載。二八八頁写真参照）での表記で、このヴァージョンでは、無機的な「二零三」高地が末尾で「爾霊山」に変貌して忽然と意味を帯びる、という劇的な効果もある。それも捨てがたいが、結局は「爾霊山」反復による強い効果の方が採られたということか。ともあれこの「爾霊山」の字面が、爾来永く日本人の涙を絞ることになる。

さて、ともかくも旅順は落ちた。「旅順の難攻不落は、まさに全日本に掩《おお》い被った夢魔」であったとする木村毅は、物心ついた日本人でこの夢魔にうなされない者は一人もなかった、とまで書いている。彼の母など「旅順に埋める地雷火の糸口にする観世縒《かんぜより》を捻っている夢をみて、本当に夜着の袖をひねっていた」ので指が痛いといっていたほどで、その陥落のときには「国民のみんなが泣けて泣けて仕方がなかったのだ」と（『旅順攻囲軍』）。

明治三八年の元旦は、だから「こんなめでたい元日は、日本建国以来、はじめてでありましょう」（菊池寛前掲書）というほどだった。そのめでたさの最大の功労者が乃木というわけである。が、その乃木にとってむしろ悲劇的であったかもしれないのは、その大きな肖像が早くも海軍の雄、「徹頭徹尾成功ばかりの東郷さん」（長与善郎、前章既出）のそれと並べられたことであった。

3　世界の偉人

千古の偉観

とまれ、かくして乃木の名は「執拗智略及絶倫の勇気其の他大凡《おほよそ》武士色とすべき一切の点に於て」露軍を凌駕し、その結果「蒙古人種の全地方特に支那人間に甚大の感動を与」えた「希代の名将」（明治三八年一月七日付『読売新聞』に訳載された英紙『タイムズ』『スタンダード』から）として世界に轟いたが、乃木の偉業として世界各紙が讃えたのは、必ずしもその豪傑ぶりばかりではなかった。戦闘後の「旅順投降者に対する日本の寛大なる処置ハ、露国ハ勿論各国とも我《わが》義侠を賛嘆せざるものハ無之《これなく》」（同紙八日）というわけで、この高潔な光景の現出もまた讃嘆の的となったのである。

とりわけ「第三軍司令官の資格を以てせず、大将一個人として、降将ステッセル氏に会見せらるゝ由」（半井桃水記、『東京朝日新聞』一月一八日）と伝えられた会見での、降将を迎える乃木の「武士」的振る舞いが、「千古の偉観」（『時事新報』一月一九日）、「万世不滅の偉観」（押川春浪『日露戦争写真画報』一月一〇日臨時増刊《旅順降伏紀念帖》）、あるいは「旅順軍事劇の二大役者（乃木大将とステッセル将軍）」（鳥谷部春汀、同）等々の美辞麗句とともに、あるいは錦絵ともなって（口絵参照）国内外に広く伝えられ、また後々まで「千古軍界の佳話」（『満州日日新聞』大正元年九月一六日）と語り継がれた。

すなわちステッセルを迎えた乃木が「我が大元帥陛下は特に聖旨を伝へられ、閣下を待つに武士としての面目と名誉を全ふせしめよとの事なり。閣下の本国へ帰還せらるゝ場合には、小官の為し得る限りを尽して便宜を与へんと欲す」（『時事新報』一月九日）と礼を尽くし、両将「打ちとけて」互いの武勇と健闘をたたえ合ったことが一斉に報道された。これすなわち五年後に文部省唱歌「水師営の会見」（第四章参照）へと作品化されるところの会見にほかならない。一部始終の「光景を目撃し」た津野田是重によれば、「最愛の二子を喪はれた」ことにステッセルが言及すると、乃木は「平然として微笑を湛へつゝ」むしろ満足であると告げ、これにステッセルは「真に天下の偉人である。予等の遠く及ぶ所でない」と「須臾《しば》らく感嘆措く能はざる」様子、これは「決して通り一片の世辞ではないと観察」された。会見後、ステッセルは「恰も竹馬の友に再会したるが如き心地した」と、また副将格のレイス少将は「白髪童顔にして威厳正しき内に温容具《つぶ》さに備はる」云々と、乃木の人格への讃嘆を彼に語ったという（前掲書）。

こうして芽生えた友情の結果、ステッセルが贈った名馬を乃木が連れ帰り、その子孫まで愛育したこともまた広く知られた〈乃木物語〉だが、その馬の「顔を敲く」乃木の周りには、「カザツク衛兵」らが「いずれも馳せ来り『ジエネラルノギ、ジエネラルノギ』と口々にして見詰め」、なかで最も「武功ありし」者としてステッセルに紹介された兵士が「佇立《ちょりつ》して乃木に最敬礼をな」すという一幕もあった（志賀重昂、『読売新聞』二月一四日）。「会見場に並居《なみゐ》し露国軍人の凡《すべ》てが、一斉に感じ合つて讃美し、敬服しつゝ、『彼《あ》の童顔にして、而も、同情に富める一種神に近い将軍の下に指揮され、命令さるゝ日本軍人は実に幸福の極みである』と、衷心から羨望的讃嘆に耽つて居た」と伝える（西村前掲書)。乃木の「神色」はロシア人にも感受されたのである。

ノギの名を貰う

ロシア人の乃木への敬意は嘘ではなく、一月中には早くもロシア誌『ニーヴァ』に乃木を英雄的に描いた挿絵が現れていた(一月二四日付『読売新聞』転載)。またそれより先、ドイツ皇帝は乃木・ステッセル両雄に「軍事に関する最高の勲章」たる「プール・ル・メリット勲章」を贈ることを表明していた(『読売新聞』一一日)。さすがは「如才なき独逸皇帝」(『万

ロシア誌『ニーヴァ』に描かれた乃木
(『読売新聞』明治38年1月24日転載)

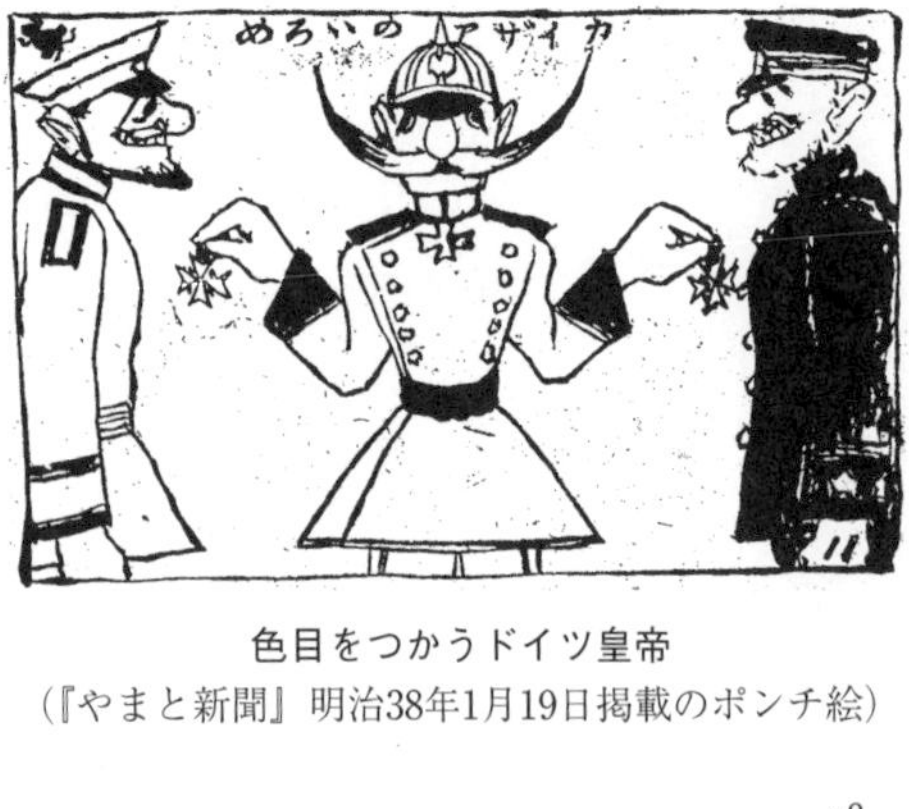

色目をつかうドイツ皇帝
(『やまと新聞』明治38年1月19日掲載のポンチ絵)

朝報』一五日)、その日露両国につかう「色目」を諷刺するポンチ絵も現れた(『やまと新聞』一九日)。

　こうしてロシアを含む欧米諸国に乃木讃美の合唱が湧き上がったのは事実で、その動きを日本のメディアは競って伝えた。たとえば『東京朝日新聞』の「乃木大将と世界」(六月一三〜一四日)や、『万朝報』の「乃木軍と列国の同情」(六月二四日から七月二九日まで一〇回にわたる断続連載)は、各国一般人からの乃木宛て書簡を、これでもかとばかり延々と紹介している。

　旅順攻撃開始以来、開城に至るまで「司令官乃木大将の許《もと》に贈り越したる書簡は其の数一千五百余に達し」たとして、『万朝報』が載せた書簡は西・北欧のほとんどの国のほか、ギリシア、ルーマニア、オーストラリア、ブラジル、メキシコ、チリ、アルゼンチン、そしてロシアからのもので、なかでも多いのが「如才なき独逸皇帝」の声届くドイツおよびオーストリアからとのこと。これらのうちには二月に生まれた男児に「バロン、ノギと命名致し」た(米国)、あるいはやはり生まれた男児や発足した会に「閣下の御占領になりし都市アルツール(旅順)の名を取りて之に命」じた(ともにドイツ)といったことの報告や、その許しを乞うものもあった。

　アメリカにも、やはり旅順開城直後に新生の孫にこの名をつけた退役軍人がいて、まだかの地にある乃木に許しを乞うて承諾の葉書を貰ったということが乃木自刃直後に新聞報道されており(『大阪朝日新聞』大正元年九月二〇日「乃木大将と南北戦争の勇者」)、それは自刃後続々と現れた乃木関連書でも再話されるところとなっている(橘国敏『少年文庫第七編乃木大将』同年一〇月一〇日発行)。男児に恵まれなかった「元勇者」は、娘が産んでくれたこの男孫に「現在の世界で第一の軍人の名を取らうと思」ったのだと（同書）。同様の名づけの例がポーランドやトルコにもあること、またイスタンブールには「ノギ通り」が（名越二荒之助「乃木希典の世界」、桑原・菅原編前掲書所収）、また「NOGI」という玩具店もあることが報告されている（松谷浩尚「親日国トルコ」、鈴木董編『アジア読本 トルコ』所収）。

英雄転戦の同時的報道

国内の日本人一般の乃木に寄せる思いがこれらに倍したことはいうまでもない。三八年正月の各紙は旅順陥落の喜びにあふれ、広告にも「祝旅順陥落」の文字が踊り、「祝旅順陥落　来ル五日、六日、七日　大売出し祝捷紀念品進呈仕候」といった大々的なものも見られる（松屋呉服店、『都新聞』五日）。七日には「東京市の発企にかゝる旅順陥落祝捷会」が日比谷公園で盛大に執り行われ、府知事、市長をはじめ「外国貴賓海陸各大臣等整列」して東郷・上村両海将を歓呼で迎えた（同紙八日）のを皮切りに、方々で「祝捷会」的な催しがあった。新渡戸稲造校長の第一高等学校が「朶《えだ》寮」の落成式を行ったことは前章に見たが、「フロツクコートを着た乃木将軍」と異名を取った山川健次郎（第五章参照）を総長に頂く東京帝国大学でも、一月二〇日に「祝捷会」を開催して乃木・東郷両大将への「感謝状」を朗読した（『読売新聞』二一日）。

英雄の凱旋を待ち望む国民心理に対応すべく各紙も報道に熱が入る。たとえば『読売新聞』の志賀重昂記「旅順口三大式」連載の第二回「招魂祭」（二月二七日）はさきに見たところだが、同一面に別記事「乃木将軍帰らず」があって、「乃木将軍は凱旋すべしとの説あれども（中略）更に他方面の任務に就くことに決定し」云々と報じている。このときの乃木自身の心理については後述するが、ともかくかの地で「他方面の任務に就」いた乃木は、依然として第三軍を率いて黒溝台（一月）、奉天（三月）と転戦することになる。

その奉天での戦いぶりについては様々な見方があるとしても、この時点でのロシア軍を支配していた印象が「日露戦争に於て露人の最も畏れたものは乃木大将で」というものであったことは既述のとおり。会戦前つとに、ロシアの某退役陸軍少将から「必勝無敗の乃木軍と（中略）大山大将によりて」クロパトキンの露軍は撃退されるほかないとの「頗る公平なる預言」を引き出している新聞もあったほどで（『読売新聞』三月一日）、少なくとも日本のメディアが写す乃木は、旅順に続き奉天においても英雄的であった。

この年の各紙誌には、戦況を伝える「紀念絵はがき」や「写真帖」（たとえば実業之日本社「征露写真画帖」、『万朝報』六月一一日）の、あるいは「征露記念新章」と称する、乃木ほかの司令官の写真を挿入できる勲章様のバッジ（天賞堂、同紙一一日）といったものがさかんに広告され、また盛り場のパノラマ館では、戦況を写す巨大な絵画が入場客をさらなる臨場感に浸らせてもいた。この春から各紙に、「旅順総攻撃／奉天附近会戦ジオラマ」（上野パノラマ館、『万朝報』四月二日、『東京朝日新聞』同三日、『都新聞』六月一八日ほか）、「日露大激戦たるパノラマ画」（浅草公園日本パノラマ館、『東京朝日新聞』六月一五日ほか）といった広告が見受けられるし、

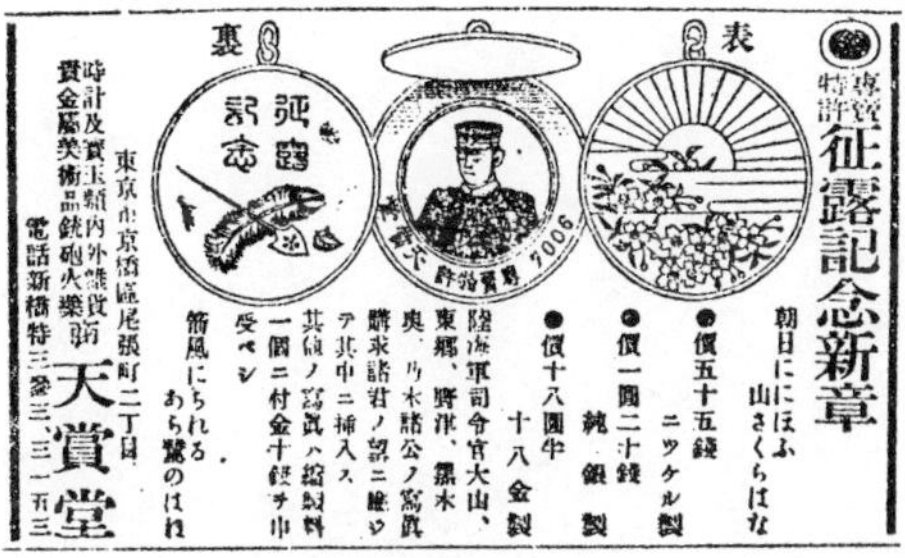

乃木ほかひいきの英雄の写真を入れられるバッジ
（『万朝報』明治37年6月11日広告）

旅順総攻撃のパノラマ画
（『日露戦争写真画報』第20巻グラビア）

それらの館に映し出される画が雑誌グラビアに出ることもあった。『日露戦争写真画報』第二〇巻（四月八日）に出ているものはその一例で、余白に「近頃評判の旅順総攻撃パノラマの一部なり、上図は黄金山背面の高地にて、露兵の我軍を防ぎつゝある処」云々の説明がある。

乃木ムスク石鹸の美挙

一〇月には記録映画の上映も始まった。一二日付『東京朝日新聞』には「旅順陥落紀念活動大写真」を宣伝する歌舞伎座の広告が見られ、そこには「このりよじゅんのしやしんがうそのこしらへものなれば入場料はいつでもかへします」との但し書きが添えられている。パノラマ館同様の描画によるものではないか、との疑いを見越してのものだろう。乃木と乃木軍の雄姿を見せるという事業が、いかに有利な商売として成立したかがわかる。

これらの画像・映像によって大いに盛り上げられた英雄への敬仰と親愛は、「乃木ムスク石鹸」という商品の形をも取った。三月一四日付『報知新聞』に「（賞金・五十円也）／乃木ムスク石鹸／懸賞図案募集」として募集要領を箇条書きにした広告が出たころから各紙に広告の目立つようになるこの商品は、三月下旬からは「出征軍人遺族特待券附」をうたい文句とし、「旅順開城紀念／石鹼界の功一級」（『東京朝日新聞』三月二三日）、「奉天占領に抜群の偉効を奏せしは乃木将軍なり／旅順開城紀念として新製発売したる石鹼界之功一級として名嘖《さく》々たるは乃木ムスクなり」（『日露戦争写真画報』三月二〇日臨時増刊《奉天占領記念帖》裏表紙）、「婆〔バルチック〕艦隊ハ遂に全滅せり〔中略〕其名輝く東郷閣下が功績の好紀念として乃木ムスク石鹼本舗が新製発売せんとする其は何か？　刮目《かつもく》せよ！」（『万朝報』五月三一日）、「幾百万の戦勝紀念品中乃木ムスクは名声最も嘖々たる無比の佳品也」（同紙六月一一日）、「恤兵《じゅっぺい》慰問用として乃木ムスク石鹼は最好適品　第三軍の勇士是を得ば歓喜如何？」（『東京朝日新聞』六月一八日）、「乃木ムスク石鹼の名声は芳香と共に二〇三高地よりも尚高し」（同二五日、『都新聞』六月一三日）、「軍国御中元／進物用好適」（『東京朝日新聞』七月九日）等々、時局に即応しつつ読者に直接訴えかける言葉で大いに国民感情を抱き込んだ。

精力的な製造元の西條製造所は、八月には「在露同胞俘虜へ慰問として乃木ムスク石鹼壱千弐百箱に慰問状を添へ去る廿七日俘虜情報局へ送達方を願出」たことが「乃木ムスク石鹼の美挙」として報じられ（『読売新聞』三

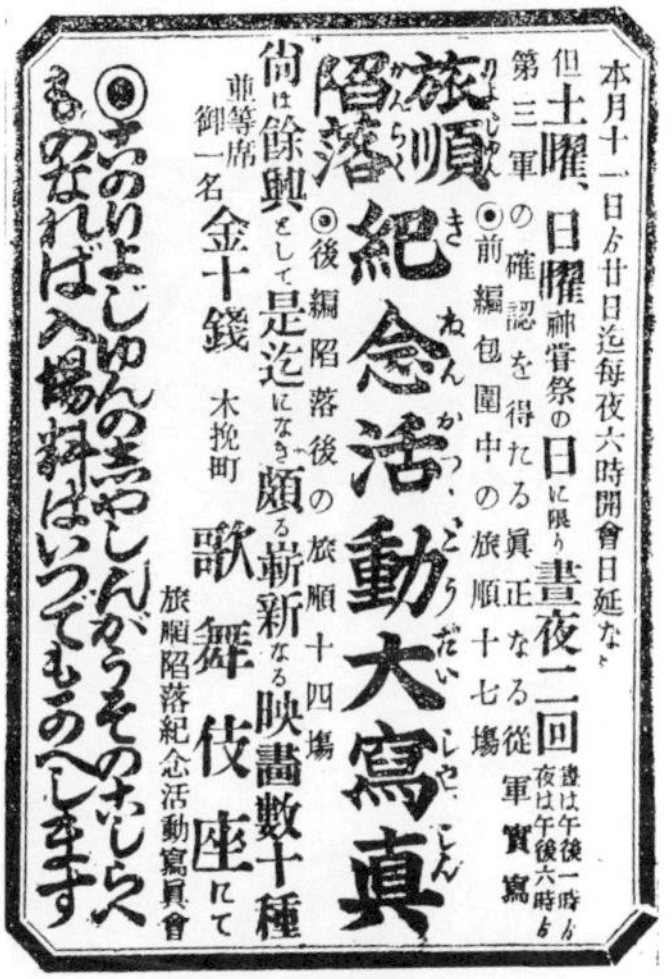

『東京朝日新聞』
（明治38年10月12日広告）

一日）、一〇月に入るとついに「トーゴー化粧水」をも発売して、「乃木ムスク」との黄金ペアによるさらなる御利益を当て込んだ（『東京朝日新聞』一二日）。

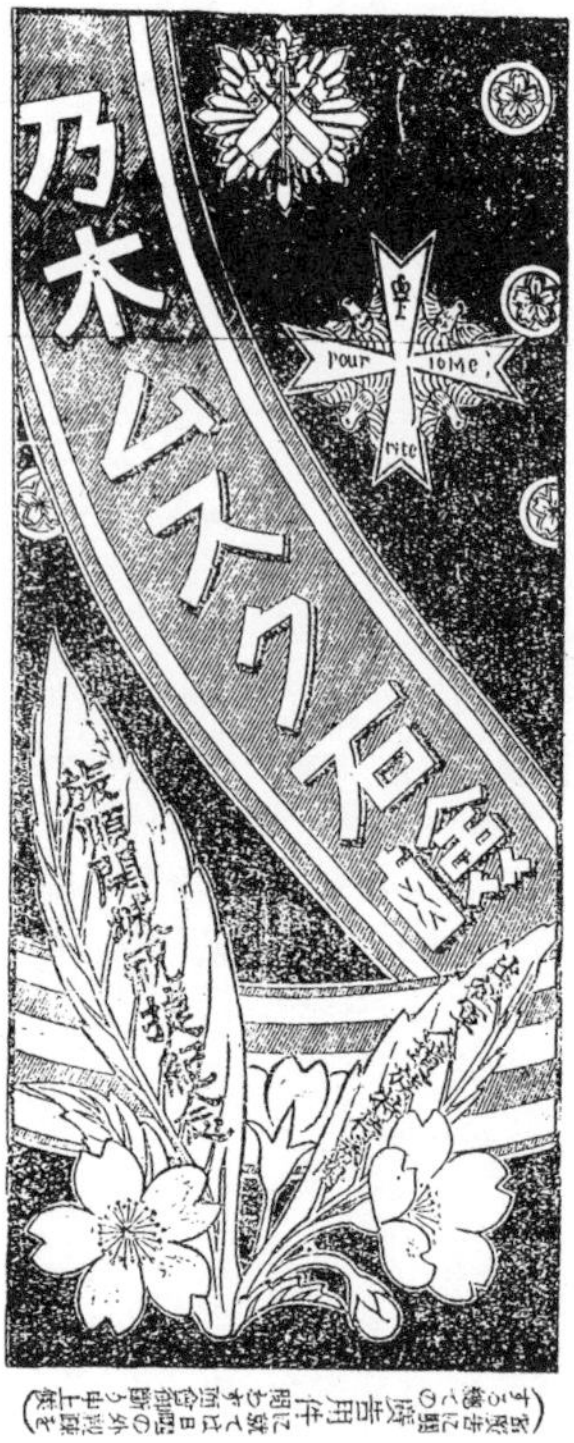

『東京朝日新聞』
（明治38年５月13日広告）

欧州の乃木歓待

この間、日本国内の昂揚は、五月の日本海海戦大勝で頂点に達し、九月には講和条件への不満を焼き討ち事件にまで爆発させるという経過を辿る。とあれば、そのころには、一年近く前の旅順での悪戦がもはや多数国民の脳裏を掠《かす》めなかったとしても不思議はない。三九年一月に凱旋した乃木は、四〇年になると母国ロシアで死刑宣告を受けたステッセルの助命嘆願の世論を喚起すべく国際的な活動を興し、同年フランス政府からレジヨン・ドヌール第二等勲章を（『読売新聞』四月三日）、四二年にはチリ政府から「金製有功章」を（同五月一日）、四五年にはイギリスから東郷とともにバス勲章を（同五月二日）、それぞれ受領することになる。

『東京朝日新聞』（明治38年３月23日広告）

そのイギリスには四四年、国王戴冠式に出席すべく東伏見宮両殿下に随行してやはり東郷とともに渡航し、そのあと欧州各国を巡遊した。「其の歴訪した各国は英、仏、独、墺、土〔トルコ〕、セルビア、ルーマニア、ブルガリア等で、孰《いず》れも意外の歓待を受け」、「旅行中は、微行服であつたが、何処でも、児童までが、写真を見て、直ちに有名なる乃木大将であることを知つて、忽ち歓迎騒ぎとなつた」とは、随行した副官吉田中佐の証言（『修養訓』）。自刃直後の新聞記事でも「乃木大将といへば、児童徒卒も自然に襟を正し容を改め」るが、その欧州巡遊中も「到る処ゲネラール、ノギの声耳を聾する計《ばかり》なりしは〔中略〕将軍人格の力が世界の人心に一種神秘の感応を与へたるが故ならん」（『満州日日新聞』大正元年九月一九日）などとある。

これらの記述においても「児童」への言及が忘れられていないこと、また「微行服」でもついにはばれて騒ぎとなるという「水戸黄門」的〈乃木もの〉のパターンが生前にすでに萌《きざ》していたことが顕著である。

空中の乃木大将

さらに欧米での名声をよく物語る珍事として、明治四五年、パリのファルマン兄弟飛行機会社から日本の新聞社に届いた目録に「『モリス、フアルマンと将軍乃木』と説明せる一葉の立派な写真」が掲載されていたものの、よく見ると乃木とはまったくの別人であった、というこぼれ話もあった。訪問記者が持参したその写真を見た乃木は「アハ、、、之は違ふよ、私は飛行機には乗らなかつた」と大笑し続けたという（『読売新聞』四月一〇日）。

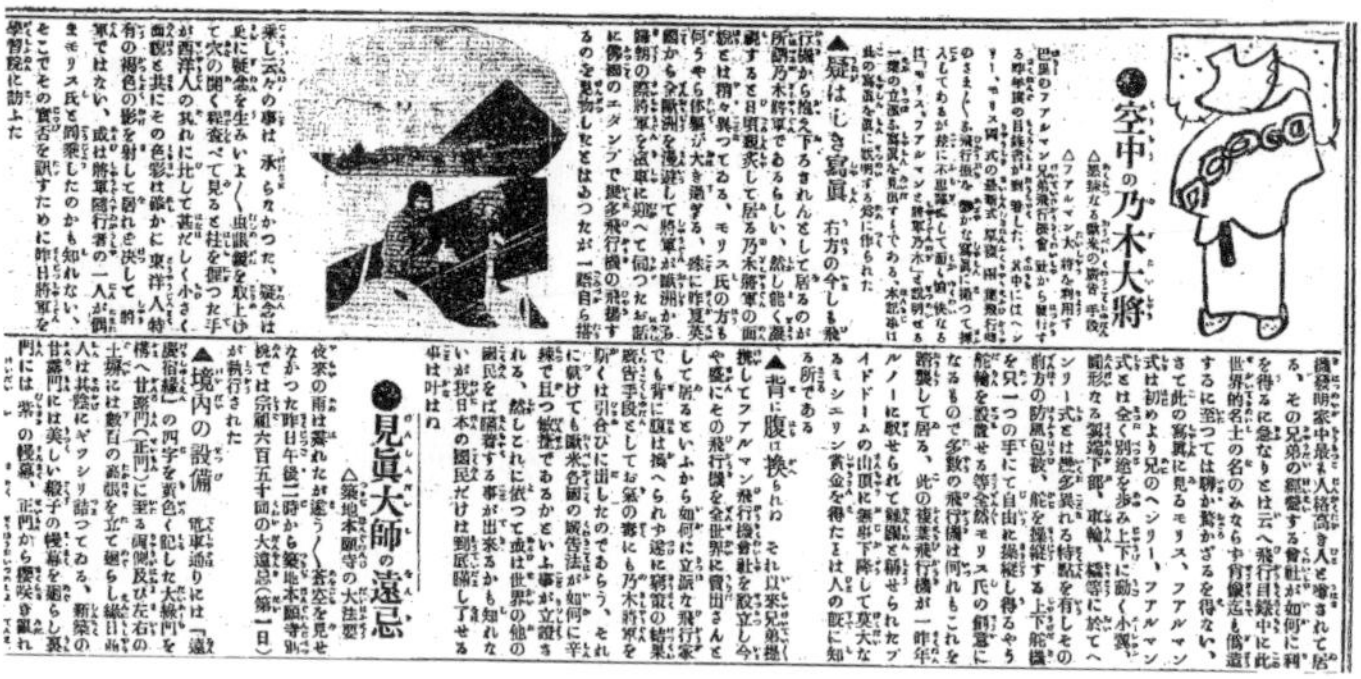
●空中の乃木大将
△墨瑞なる歐米の新智　手段
▲疑はしき寫眞
▲背に腹は換られぬ
●見眞大師の遠忌
△築地本願寺の大法要
▲境内の設備

飛行機に乗った乃木（？）（『読売新聞』明治45年4月10日）

「空中の乃木大将」と題されたこの記事のわずか五カ月後、大笑していた乃木の魂は、その「空中」へ飛び去ってゆくことになる。「世界の乃木」の急逝は大きな衝撃となって、あまたの追悼文によって、「武名は世界に轟く」（板垣退助、大伴佐久雄編『乃木将軍』所収）、「得難き世界的公人」（土方久元『大阪朝日新聞』大正元年九月一六日）、「世界的一大偉人として、全仏国民の崇敬せしところ」（ゼラール仏大使、大伴編前掲書）とまで持ち上げられるが、それらが必ずしも外交辞令的誇張ではなかったことは、たとえば二年後の一九一四年、オーストリアとの間に戦端を開いたセルビアに取材した『東京日日新聞』の記事「乃木大将は塞人の信仰」（同年七月二八日）などもよく伝えている。「色男の標本」とされるオーストリア将校に比して「粗野にして武骨一点張り」の「塞国」（セルビア）軍人の間では今や『巴爾幹《バルカン》の日本』の称は塞人の誇りの声」だが、さらに「わが乃木将軍崇拝が滔々《たう〳〵》一個の風をなし」、「『乃木』『ハラキリ』なる語は実に其勇敢を生む信仰」とさえなっている。そして記者が会見した「一聯隊長」は毅然としてこう告げたという。

「私の愛児は昨日戦死しました、併し私は何等の悲しみをも有しません、乃木大将は二人の愛児を犠牲にして尚ほ泣かなかつたではありませんか」

4　変貌する偶像

風采優美なる若武者

こうして数えきれないほどの勲章とともに、やはり数えきれないほどの物語を身にまとう英雄として〈乃木〉は立ち現れることになった。乃木の晩年をかくも非凡なものとしてゆく最大の契機が日露戦争における第三軍司令官拝命にあったことはたしかだが、そうした契機ももちろん、それ以前に実績のない凡人に降りかかる類のものではない。そこで本節では、日露以前に遡ってその非凡なる軍歴を概観してゆくことにしよう。

『中央公論』明治四四年八月号は小特集「東郷大将と乃木大将」を組んで八人の文章を集めているが、その一人、早川鉄治は、日露戦争で一躍脚光を浴びた東郷とは対照的に「早くから乃木は偉らいと言はれたものだ」と往時を回顧している。二三歳で少佐という異例の抜擢（次章参照）を振り出しとした乃木の軍歴は華々しいもので、同年輩中では事実上の日本最高位、「少将迄は破竹の勢で進み（「薩長出故の出世」）、「薩摩の川上（操六）、長州の乃木で互いに競争し」（同）、ドイツ留学（明治二〇～二一年）もこの二人で行ったころまでは前途洋々であった。が、その後、川上はもちろん、長州閥内でも桂太郎らに後れを取ることになる。

そしてこうしたことは、今日の日本からは想像しにくいことながら、新聞等のメディアによって伝えられ、一般大衆は現代の芸能人なみに軍人のことを知っていた。明治四年生まれの横山健堂の少年時、「少将乃木の英名、既に郷国に著聞」していたという（横山前掲書）。時代が進んで雑誌も写真を多用するようになると、将軍の肖像写真が大臣と並んで雑誌の口絵グラビアを飾ることは日常茶飯事、しかも戦時となると新聞も連日軍人の写真や似顔絵を載せていたわけで、軍司令官となるほどの将官はほとんどの国民に顔を知られるスターであった。

ちなみに現在CD-ROM化されている『読売新聞』の明治期について「乃木」で検索すると、関連記事の総件数は六〇一、うち創刊の七年から二六年の間で五一、二七〜八年の日清戦争期で三七、二九〜三一年の台湾総督時代で一八一、三七-八年の日露戦争期で六一、三九年から最期まででは二七一もの記事が出てくる。明治一〇年代以降、つねに世の注視を浴びる存在であったといってよい。まだ錦絵への依存度が大きかった当時のメディアが華麗、勇壮に描き出した乃木少佐（口絵参照）に、大衆は強い印象を受けていた。乃木夫人となる湯地《ゆぢ》お七《しち》（結婚後、静と改名）も、何を隠そう、その一人、「乃木の風采を慕つて嫁いだ」「恋女房である」ことを、前掲『中央公論』の文章で早川は縷々《るる》語っている。

今でこそ乃木は細いしなびたお爺さんだけれど、若い時は仲々立派な好い男だつたんだらう。乃木の出世は早く、廿二三に已に少佐となり、西南戦争には奥〔保鞏《やすかた》〕等と共に軍絵紙にも載つた程の人物でまだ若くて某連隊にあつた時分の事、毎朝溜池の側をテッテケ〳〵で少壮の士官が一隊の兵を率ゐて練り歩く。湯地の屋敷は溜池の近くにあつたのだから、朝な夕なに之を見て居たお嬢さんは其《その》颯爽たる武者姿が深くも目に止まり、内に燃ゆる情火が何となく顔に憂の色を畳むので……

「それと悟つた父親」が捨て置けず手を回した、というのである。薩長間の縁組みという当時としては異例のこの結婚は、早く嫁を取れとせき立てる母親に対して乃木が「薩摩の女なら」と言い出したことが発端だというのが〈乃木物語〉中の定説をなしているが、それと早川のこの話は両立不可能というわけでもない。結婚前年の明治一一年五月、大久保利通葬儀の際には、儀仗兵を指揮する乃木の「馬上豊かに長剣を帯びて佇立する」「その凛々《りり》しい姿」を、「『アレが乃木だ、乃木中佐だ』とささやく群衆に交じって」お七も仰ぎ見ていた、という言い伝えもある（黒木前掲書）。

ドイツ留学後の変身

ところで、「細いしなびたお爺さん」と「仲々立派な好い男」という二つの〈乃木〉像を早川は提起していたのだが、この大きな落差には、必ずしも年月の経過にのみ帰しきれない乃木固有の物語が絡んでいる。明治一〇年代、ドイツ留学前の若き乃木はいかにも闊達であったといわれ、「風采も優美、普通人よりはずつと気も利き、厳格で、親切で、元気に富んだ、非常に勉強した人」であった（一戸兵衛将軍談、碧瑠璃園前掲書）。「軀幹《くかん》偉大にして美《び》髯《ぜん》を蓄はへたる」「偉丈夫《ゐじやうぶ》」（猪谷前掲書）にして、一時は「フランスの陸軍少佐の軍服で押通し」「その瀟洒たる服装は、痩せぎすの眉目秀麗な若き将軍の身に合つて、衆人の目をそばだゝしめ」（『読本』）、足繁く出入りした花柳界では「芸者等は何日《いつ》も乃木許《ばか》り取巻いて居た」（西島助義談、『東京日日新聞』大正元年九月二〇日）。……。それが明治二一年、ドイツから帰るや中義一将軍いわく、

ドイツ留学以前の瀟洒なる乃木
（『回顧 乃木将軍』）

乃木将軍は、若い時代は陸軍切つてのハイカラであつた。著〔着〕物でも紬の揃ひで、角帯を〆め、ゾロリとした風をして、「あれでも軍人か」といはれたものだ。処が独逸留学から帰つて来た将軍は、友人が心配したとは反対に、恐ろしく蛮カラになつて、著物も、愛玩の煙草入れも、皆人にくれてしまつて、内でも外でも軍服で通すと云ふ変り方、それが余り酷いので、その理由を聞くと、「感ずる処あり」と云ふのみで、どうしても云はなかつた、今も知人仲間の謎となつてゐる。
（『東京朝日新聞』昭和三年四月九日）

この「謎」は、乃木が帰国後に陸軍当局に提出していた長大な「意見書」（宿利『乃木希典』に全文掲載）が死後発見されることで、ある程度には解けた。つまりそこには実際、謹厳・質素にしてつね

に軍服を着用しているドイツ軍人に倣えとの「意見」も含まれているし（第五章参照）、また心魂を注いだこの「意見書」がほとんど顧みられなかったことでかえって意地を張ることになった気配もある。ともかく帰国というこの時点は、闊達・優美・瀟洒の粋人から謹厳・質素・狷介の精神家へ、という乃木希典生涯の大きな転機をなすことになる。

辻占売りの少年

序章で紹介した映画『乃木大将と熊さん』に出てきた「辻うら売」金太郎の原形となった少年との出会いも、実はこのころ、帰国から何年もたたない明治二四年、第五旅団長として名古屋にいた乃木が金沢に出張した折のことと考えられる。辻占い札を売り歩いて病気の家族を養うこの少年との交情はやがて〈乃木物語〉群中に不動の地位を獲得し、特に〈乃木もの〉浪曲のスタンダードとして第二次大戦終戦中までヒットを続けることになるもので、そこでこの少年は大抵「旅順戦死者の遺児」とされていたという（嶋名政雄『乃木「神話」と日清・日露』）。これはなるほど、浪曲的〈乃木さん〉の心情表現にとってはこれ以上ない設定というべきだが、現実の出会いは日露戦争における諸々のドラマのはるか以前のことであったわけだ。

ところで、このように出来すぎの物語が流布したこともあって、実はこの少年の存在自体、事実かどうか「眉唾もの」（長谷川前掲書）とさえ見られていたのだが、昭和三九年、ある乃木将軍崇敬家が「乃木将軍と辻占売りの少年像」を函館に建立した際に、今越清三朗という人が「その少年は私です」と名乗り出ることによって事実性が立証された。すなわち当時名古屋第五旅団長であった乃木が、金沢の旅館付近で辻占売りをしていた少年に声をかけ、学校も行かずに祖母と弟妹を養っているという話に感じ入って懐から二円を出して渡し、頭に手を載せて「明日から学校に行つてしつかり勉強するんだ。そして人世のためになる立派な人間になるんだよ」と言い残して人力車に乗って立ち去った、というのである（「『乃木将軍と辻占売りの少年像』建設に付て」『洗心』一〇号、昭和四三年四月）。

これが翌朝の新聞に「『乃木少将辻占売りの少年を激励』と云ふ様な記事」として出るのだが、それはその人力車の車夫が新聞社に知らせたことによるといい、この経緯からも乃木の顔がこの時点ですでによく知られていたことがわかる（時は「明治二三年三月」とあるが、このとき乃木はまだ名古屋に赴任していないので、二四年の誤りか）。この一件、当時どの程度伝播したものか不明ながら、精神家〈乃木〉のイメージを高める方向に働いたにはちがいない。

神武不殺の勇将

さて、その数年後に迫っていた日清戦争こそ、日露戦争におけるような翳りの射すこと少なかったことを勘案すれば、軍人乃木の最高潮であったといってよいのかもしれない。大連湾、旅順口、復州と乃木軍の行くところ悉《ことごと》く圧勝、その武勇は「乃木少将の精悍勇猛なるハ皆能く世人の知れる所」「氏ハ又所謂神武不殺と云ふものにや」（『読売新聞』明治二七年一二月一五日）とまでうたわれることになる。詩人としてもすでに知られ、出征前の広島客舎で詠んだ下記の漢詩は、伊藤博文、土方久元らに見せたところ、「徳大寺殿より天覧に供へられ候処、御一興に相成」り、乃木自身「難有次第、汗顔至極」（吉田庫三宛書簡、明治二八年一〇月一二日）と大いに喜んだ、忘れがたい作品である。

肥馬大刀尚ほ未だ酬いず
皇恩空しく浴す幾春秋
斗瓢傾け尽くす酔余の夢
踏破す支那四百州

（『詩歌集』）

「どうです、若返ったように見えませんか？」と日露の出陣を悦んだのと同じ乃木がここにいる。その乃木にとって平時は「皇恩空しく浴す幾春秋」であったのか。「軍人たるものは一死以て君恩に報ずるのが天職」、しかも「自分の胸中には生死の区別なぞは無い」という境地の乃木であれば、そのことに不思議はない。ともかく日露期の「乃木三絶」から見るといかにも豪快、意気盛んな世界であり、実際その「酔余の夢」のとおり、乃木は「支那」を「踏破」してゆく。たちまち大連湾攻略に成功した乃木は、姿勢を正して「遙かに東方の天を拝し次ぐに一滴の涙を以て」し、やがて「大声一番歓呼して」「天皇陛下万歳」を呼号したと伝える（『読売新聞』一〇月一一日）。

続いて一一月には旅順が攻略されることになるが、問題となるのは二一日、占領終了後に日本軍が行ったと欧米諸紙が報じた、無抵抗市民への大虐殺である。明治四〇年刊行の参謀本部編纂『明治廿七八年日清戦史』には、このとき乃木は金州に派遣されており旅順での虐殺的戦闘には関与していないように記述されているものの、実はこれも「国民的英雄」のイメージを守るための作為であって、現実には加担していた可能性の濃いことが近年の研究では立論されている（井上晴樹『旅順虐殺事件』、大江志乃夫『東アジア史としての日清戦争』、嶋名前掲書ほか)。

可能性としては否定しきれまい。虐殺を司令したとされる〝独眼龍〟山路(山地とも)元治師団長とは「肝胆相許す」仲(朝比奈編前掲書)、このとき乃木が旅順を離れていたことの証拠がないかぎり、関与しなかったと考えることはむずかしい。従軍した写真家、亀井茲明《これあき》によれば、問題の日、司令部の命令により金州に向かった乃木隊は、途上たまたま山麓から逃げてきた住民を捕らえて山陰に清兵四、五百が潜伏していることを聞き出し、ここぞとばかりに追撃するや「敵兵四五百人両渓谷の間に集合し、我が兵の至るを見て或は抗し或は遁《のが》れんとするの状」となり、「即ち四方より之を囲み、午後二時頃までに悉く銃殺し」たという(『日清戦争従軍写真帖』)。

「さらば諸君、是《これ》より金州に行きて兎狩《うさぎがり》を試みん」と部下を叱咤激励し(朝比奈編前掲書)、また出征前の広島城大本営では、旧友桂弥一が送ってきた、弁髪に似せた蔓をつけて「敵の首級に擬し」た西瓜を見て「欣然、軍刀で二つに割つ」て「快喫し」た乃木(『詩歌物語』)である。虐殺を自制したとは考えにくい。

将軍の下に笑って死にます

ともあれ、かくして「勇武絶倫なる我征清軍の名誉ハ今や欧州の大陸に輝」いて「欣慕の念を起さし」め、「中にも乃木第二師団長の英名ハ英独諸新聞に載せて嘖々賛称する趣」(『読売新聞』明治二八年五月一二日)と、猛将乃木はすでに国際的に知られるところとなっていた。明治二八年内には中将、男爵、第二師団長(仙台)へと栄進、その乃木の凱旋を待ち受けていたのは「誰か将軍の右に出づる者ぞ」(同紙二九年四月二〇日)という最大級の評価であった。

その歓呼に応える乃木の顔も、一〇年後の日露凱旋の際からすればはるかに晴れ晴れとしたものであったことが想像される次第だが、ところで、この時点においてすでに、乃木への高い評価はたんなる豪傑へのそれとは異なっていた。出征前すでに「出征中ハ家計の費途を節約し其余剰を以て部下従軍者の家族にして不幸或ハ貧困者ある時ハ之を賑恤《しんじゅつ》」すべく管下府県知事に金の配当を依頼し（同一〇月一二日）、新橋駅でも「群小輩の見送りを願はず」とばかりに「見送り人を遮断」（同一〇月二日）するなど、異例の振る舞いが報じられていた。

戦中には「師団司令部に山積せる戦利品中、虎、熊、狐などの皮にて作れる外套」を将校らが我れ勝ちに持ち帰るなか、乃木のみは手をつけようとせぬので、山路師団長が特に配慮して外套を贈ったところ、これを野戦病院に持参して患者に寄付してしまったといい（朝比奈編前掲書）、「此の事を伝へ聞いて、手足も動かぬ負傷兵や病兵までが、何れも拳を握つて立あがり、将軍の後姿を拝んで、『死にます。私共はこの将軍の下《もと》に笑つて死にます。』と泣いたのは、有名な話」という（小笠原前掲書）。あの徳富蘆花が乃木に「インテレストを持つ様になつた最初」も、この話を新聞で読んだことであったという（『み丶ずのたはこと』）。

戦後はまた授けられた勲章をなぜか佩用《はいよう》せず、理由を尋ねられると、部下が「未だ行賞の御沙汰に接」しないのにどうして我一人喜んで佩用しえよう、全員「行賞の恩典に浴するを待ち、与《とも》にこの名誉ある勲章を佩《お》ばんとするなり」と答え、「聞く者皆感泣して、将軍のために死を願はざるものなし」といった佳話が伝えられた（『読売新聞』明治二九年四月二〇日）。

「はしがき」でもふれた蘆花の『寄生木』の主人公「篠原良平」は、作品の下敷きになった手記の筆者、小笠原善平のほぼ忠実な写像と見られるが、その良平の乃木崇拝ももちろん人後に落ちなかった。一六歳で家を出て「貴人に寄」ることで出世しようと考える良平が、「白河以北、我東北の地で、最も高貴の人と目せらるゝは誰であらう」と思案したときに浮かぶ思念が「其の名は三歳児《みつご》も知る大木祐麿。これ雲の上近い貴人ではあるまいか」というものであった。「大木祐麿」が乃木希典を指すことは「はしがき」にふれたとおり、良平の連想はただちに「肥馬大刀」の漢詩に飛んで、その全文が引かれもしている（中編、第一章（三））。

その『寄生木』にも描かれるように、乃木は明治二九年一〇月には、桂太郎の後任として台湾総督に就任するものの、そこでは、前章でもふれた母の死という不幸を皮切りにあまりろくなことはなく、結局、政治には不向きであることを立証するような結果に終わる。三一年二月には後任を児玉源太郎に託して辞任、帰国して七カ月の休職に入った。

同年一〇月には香川県善通寺に新設された第十一師団の長として復職し、ここで中隊長猪谷不美男や士官候補生桜井忠温らとの出会いや「乃木将軍妻返しの松」（第五章参照）の物語を生むことにもなるのだが、三四年五月には、配下に「馬蹄銀事件」（日清戦争中、天津で分捕った馬蹄銀を私有した者がいた事件）の嫌疑者が出たことに「痛憤」し、「絶望と怒り」から辞任（大濱徹也『乃木希典』）、生涯四度目の、そして二年九カ月という最長の休職に入っていた。休職中何をするのかといえば、明治二五年の二度目の休職以降慣例となっていたように、那須野石林《いしばやし》の別邸で農事にいそしむのであり、そのこともまたメディアに乗って、「農人乃木」のイメージが「軍神」のそれに並立するようになってゆく。

やがて日露の風雲急を告げるや心はやり、明治三七年二月、開戦とともに復職の運びとなった。ところが当初は留守近衛師団長という後備の任務で、この地位への不満がこのころの乃木の詩歌の一大主題となる。五月、そんな乃木への第三軍司令官任命、「どうです、若返ったように見えませんか?」という喜びの出陣となるのだが、その任命は、次の二首を出勤途中に岡沢侍従武官長の玄関先へ放り込んで間もなくのことであったという。

花を待つ身にしあらねど高麗《こま》の海に　春風吹けといのるものかな

埋木《うもれぎ》の花咲く時はなき身にも　高麗もろこしの春ぞ待たるゝ（高須梅渓『明治代表人物』（大正二年）から。

「埋木」の花咲く春

二首目に出る「埋木」がこのころのお気に入りのモチーフであった。以下はいずれも『詩歌集』から。

雪ふれば枯木に花をなすものを　埋木のみぞあはれなりける　（三六年三月）

此儘に朽もはつべき埋木の　花咲春に逢ふぞ芽出たき　（三七年出征前）

「芽出たき」と感じたのは当人ばかりではない。一般国民が日清の英雄の再登板を喜び迎えたことは無論である。当時小学生であった森銑三は、郷里の駅のプラットフォームに整列して出征途上の乃木を見送ったが、このとき車窓から「半身を乗り出すやうにして、私等の万歳の声に会釈しながら過ぎた」軍人が「写真そつくりの乃木大将のお顔」であったと教師同士が喜び合っていたことを記憶している（森銑三『明治人物夜話』）。

清々しくハイカラな武人

出征時点における乃木のこの幅広い人気は、凱旋時にはその数倍、あるいは数十倍にさえ膨らんでいたかもしれなかった。そしてその偶像の内実に変化があったこと、日露戦後の〈乃木〉が以前にはない深い哀愁を帯びていたことはすでに見てきたとおりだが、戦前と戦後で変わらないのは、右の森銑三の追憶にも見られるように、ファンの歓呼に誠実に応えようとする、一種の愛嬌である。

常日頃から、だれであろうと路上で乃木を認めて挨拶すれば、必ず「大将は莞爾と笑ひつゝ叮嚀に挙手の礼をする」。そこで「付近の学生小僧は大将の姿を見ると遠方から駆けだして敬礼をする」（『読売新聞』大正元年九月二一日）、「だから、赤阪《ママ》新阪《ママ》町の邸から青山墓地までの途中は、付近の小僧や丁稚《でっち》共が、旅順の鬼将軍から礼を返さるゝのを、非常の名誉と心得て、大抵将軍の通る時間を計つて、用もないのに寄り集りて、此処からも、其処からも礼をするので、将軍の右手は、殆ど上げ通しであつたと云ふ」（西村前掲書）。

当時小学生の徳川夢声もその一人、学校帰りによく白馬の上の乃木を見かけ敬礼を試みた。「乃木将軍が、二人の愛息を、最前線にたゝせて、殆どワザとのやうに戦死さして了つた事が私たち少年に無上の感激を与へ」、爾来「『乃木さん』ファン」だったという夢声少年の胸は、坂の上に馬上の将軍が現れる瞬間「異様に躍り出して、どうしても御挨拶がしたくなる」。適当な距離まで来るや、サッと脇へ寄って直立不動、脱帽して「上半身を四十五度に折る」。と、「将軍は、丁寧に挙手の礼をされながら、口元に微笑を含み、あの優しい眼を、ぢつと私に注がれて、静かに行き過ぎる――と、かうした光栄を、私は一再ならず有したのである。――ほゝう。これは感心な少年ぢや。末頼もしき少年ぢや。／と乃木さんの眼は、さういつてゐるやうに見えたのである」（『夢諦軒随筆』）。

「馬上の大将を見て誇りとせし我等……」とは、乃木自刃直後「新坂町一女子」から『東京朝日新聞』（九月二四日）に寄せられた投書の一句であり、やはり近所の住人でのちに東京帝大教授となる仏文学者辰野《たつの》隆《ゆたか》も、毎朝、白馬に跨って出かけてゆく将軍を眺めることがよくあった。「いつ見ても将軍の風丰《ぼう》は清楚で、軍人にして政治家を兼ねる輩のあくどさなどは微塵《みじん》も無かつた」。「今日も乃木さんを見かけたが、実に清々しくハイカラな武人だなあ！」などと弟と語り合ったものという（「漱石・乃木将軍・赤彦・茂吉」）。

心苦しき歌

さて、日露出陣前に戻れば、「どうです、若返ったように見えませんか？　どうも白髪が、また黒くなってきたように思うのですが」と愛嬌たっぷりに笑った「ハイカラな武人」乃木は、そのころ詠んだものという短歌のいくつかからするに、久々の戦《いくさ》に生命力を与えられて、ほんとうに若返るつもりであったかもしれなかった。

帰りこん時しもあらば君見ませ　わが白髯《しらひげ》の黒くもあるらし
黒龍の水に白髪を洗はばや　二十歳《はたち》ばかりも若返るべき
（『詩歌物語』）

かつて戦場に向かう武士は美しく死ぬことを期して白髪を黒く染めさえしたが（第八章参照）、生前から「宛然古武士の面影」（前掲『現代名士の活動振り』明治四四年）、「宛然古武士を見るが如し」（高橋立吉『日本新英傑伝』大正元年九月一〇日）と評された乃木に、同様の意識があったことは十分に考えられる。ところが、あにはからんや、凱旋してきた乃木の髯と髪は黒さを取り戻すどころか「鬢髪が急に白くなり、日に焼けて痩せた姿」（関根前掲書）を市民に同情される落ちとなった。そして「世界的英雄」として諸国から数々の勲章を受けた乃木は、国内でも従二位、伯爵と、栄誉の階梯を上り詰めてゆくが、そのころの彼の歌の多くにはむしろ苦渋が滲んでいる（いずれも『詩歌集』）。

開けゆく道やすらかに位山　のぼる心のはづかしきかな
（明治三九年六月）

ながかれといのらぬものを武士《もののふ》の　老いくる、までのびし玉の緒
（同四二年一〇月）

後者は「伊藤公ハルピン駅頭に暗殺せらる」の号外を手にしての作とされるもので、事件への反応

をめぐっては次章に再説することになるが、これらに滲む「はづかしき」という乃木のこの心理を推察することは、むしろ容易であったというべきだろう。乃木自刃後、たとえば大隈重信は慨嘆している。「将軍としては、征戦より帰来思ひも掛けぬ国民の歓迎に接したるさへ面はゆきに、況《ま》して陛下の恩寵は愈々《いよく》加はり、曾《かつ》て、宮殿下に供奉して、英国戴冠式に臨んでは東郷大将と共に武士の典型よ、世界の名将よと謳はれたること、正直無二の将軍には如何ばかり心苦しかつたらう」云々（大伴編前掲書）。

このころの歌で、かつての「埋木」に替わるかのように現れるモチーフが「撫子《なでしこ》」である。以下はいずれも露国戦死者建碑除幕式参列のため渡満した明治四一年六月、旅順を再訪しての作（いずれも『詩歌集』）。

岩角に咲く撫子の紅を　誰《た》が血潮ぞと偲びてぞ見る

二つ三つ岩間に開く撫子は　今も血潮と見ゆるなりけり

撫子の花にも心おかれけり　我友人の血にやあらぬと

第三章　詩人の霊夢――青年期を中心に

1　笑って人を斬る

荒御魂／和御魂

乃木夫妻自刃事件の余韻さめやらぬ大正元年一一月、雑誌『ニコ〳〵』が「乃木将軍の大ニコ〳〵」として巻頭に飾った口絵写真は披露ずみ（二一四頁）だが、雑誌本文では川柳作家、阪井久良岐《くらき》がその絵解きのような随想「乃木将軍とニコ〳〵」を書いており、それが一種の神話学的〈乃木〉解釈として、あまたの追悼文のなかで異彩を放つものとなっている。「日本の古神道には、一つ神様で有つて、荒御魂《あらみたま》と和御魂《にぎみたま》を備へてゐる事に成つてゐる、そして其二ツの魂が別に成ることすら認められてゐる」と阪井は始め、この神話的原型を乃木に当てはめる。「世界の武将として名を揚げた」あの旅順猛攻はたしかに「将軍の荒御魂の然らしめた者」だが、「此偉大な荒御魂」の背後には必ず「大なるニコ〳〵的和御魂が無くてはならぬ」。しかるに自分がこれまで見てきた乃木の写真はすべて「厳格な将軍の一面のみを写し出」しているので、ひそかに疑問に思い続けていたのだが、それがこのたび、ある雑誌にあの「大ニコ〳〵」写真を発見して「始めて多年の疑念が氷塊したのである」。しかもその笑顔は「ニコ〳〵的上乗のもの」「壮大なるニコ〳〵」であって半端でない。「吾将軍は内に多大の仁愛無辺のニコ〳〵的涙を蔵し」しかもその反面たる「大勇猛心の荒御魂」を発揮した。それは実は「此大ニコ〳〵的慈愛心の反映に出《いで》た」のであって「即ち大なる荒御魂は大なる和御魂の反映であること」の一大例証にほかならぬ、と。

科学的根拠はさておき、「荒御魂と和御魂を備へ」た「一つ神様」たる〈乃木〉において「其二ツの魂が別に成ることとすら」あるというこの神話的理論は、乃木という人をよく説明するように見える。『ジーキル博士とハイド氏』を連想したウォッシュバーン（第一章参照）が感知したのもこれと同様の事態であるとすると、身近に接した彼は、「二ツの魂」の「一つ神様」における顕現・交替という阪井理論を、わが目をもって検証したのだともいえる。そのことは、学習院で身近に接した者たちによっても証言されている。「今激怒せられるかと思へば、忽ちに笑つて居られる」、その「怖ろしい顔」から「温和な顔」への「咄嗟の間に生ずる変化は、之を実際目撃した私に於ては、実に異様に感じた」と服部他助教授は驚きを隠さない（前掲書）。生徒であった服部純雄も語るらく、食堂や茶話会、水泳場や遠足会での院長は「完全に我儕《われら》に親しき阿爺《おやじ》でありました」。「処がである。一度、臍下丹田《せいかたんでん》に力を入れ、屹《き》つと儼立せらるゝ将軍の姿を見ると、ソレハ、全く別人の如く不思議な光輝を発し、偉大なる人傑のみに存する絶妙の雰囲気を醸成するのであつ」た（前掲書）。

豚を斬らせる院長

こうして「和御魂」から「荒御魂」へ、「ジーキル博士」から「ハイド氏」へと、戦場のみならず学習院校内でも乃木は変身していたのだが、荒ぶる神となった乃木がそこで何をさせたかといえば、たとえば生徒に豚を斬らせる、ということがあった。当時の生徒、岩田九郎によれば、ある年の剣道寒稽古の最終日、稽古の終わった生徒を道場の前へ集めた乃木は、自宅から取り寄せておいた「作のよい日本刀」数振と「かねて用意しておいた一頭の豚を引き出させた」。号令していわく「さあ、みんな、これまでみがいた腕前で、一つこの豚を斬つて見ろ」。「いざ、真刀で生きたものを斬るとなると、なかなかさう簡単に、平気でやれるものではな」く、みな尻込みしていると、「さあ、やれ！　すつぱりと斬れ！」と院長の「厳格」で「鋭い声」が飛ぶ。ようやく「僕がやります！」と顔面蒼白の志願者が進み出て、「ヤッ！」とばかりに豚の首へ斬りつけたものの、ほんのかすり傷。「豚は不平さうに『ブゥ、ブゥ』と、面をふくらしてないた」（岩田『乃木将軍残る面影』）。が、やがて「一人出で、二人出でて、一太刀二太刀切りしかば、忽ちに豚は頭をわられ、背を切られ、耳をさかれて、身体は寸断せられ、殆ど切る余地も無くな」った、とは別の生徒、松方義三郎の回想。まだ初等科で小さかった松方の番が来ると、「詮方なく足を切らんと」したが、「骨有りてかちやりと云ひて切れ」ず、それで下ろうとしたところ「なんだ切れる迄やれ、切れる迄やれ」と叱咤激励され、「再び刀を取り、三度目に足を落とした」（『記念録』）。

「彼《あ》の時の院長の温顔今も猶歴々として眼前に見るが如し」（同）と回想される乃木の文字通りの二面性にもひやりとするが、それにしても、無惨な様を晒したこの豚、さっそくその晩の寮での「豚汁の馳走」となって出たといい、この一連の光景、「かなり殺風景なこと」にちがいない。かつて「私は犬や猫を殺す刀は持ちません」とうそぶいた〝泣人〟はどこへ消えたのか。岩田はこう見る。これらは「余り好んでやられたわけではないが、しかし、学生に尚武の精神を養成するためには、このやうなことも将軍は進んで行ふといふふうであつた」（前掲書）。すなわち好まぬことを進んでやる、という矛盾あるいは二面性をはらんだ乃木独特の人格が岩田にもある程度には見えていたということだろう。

猪谷学生監も考える。もともと乃木院長が重視したところの武術とは、たんなる運動でもスポーツでもなく、「勇気を鼓舞し攻撃的精神を旺盛ならしめ併せて身体の鍛錬と礼儀の稽古とを兼ねしめんとせられし」ものであった（『記念録』）。剣にはあくまで真剣が想定されねばならず、竹刀を振ることに終始する剣道では意味がない、との考えに基づく「豚斬り」であったにちがいない。

ちなみに西洋伝来の「スポーツ」の観念に乃木がなじめなかったことは、たとえば学習院で「断郊競走《クロスカントリーレース》を行ふにつき院長は従来許されたる服装を改めて制服にて競走す可しとの命」（『記念録』）を発令したことなどにも示されている。「シヤツ一枚にヅボン下一つ」という「市中に出たら、忽ち巡査に咎められさうな、異様な風態〔体〕をして走る」（『修養訓』）などけしからん、「皇室の藩塀」たるべき「学習院の学生」に「牛乳屋の様な風をさせる事は出来ん」（『記念録』）というのが主な理由で、いくらなんでもそれは旧弊だ、との抗議にはこう答えた。競走は「只速く走ればよいと云ふのではない。忍耐や克己心を養ふのであるから競走者が皆制服を着て走れば御互である」、また数年後に皇儲殿下方が中学進学された際、「俄に服装を変へるとか又は殿下丈は御制服を召すと云ふ事は出来んから」云々（二荒芳徳『記念録』）。

人を斬るは無上の愉快

ところで、豚斬りを命じられた際の心理を、松方は「切りたくもあり、切りたくもなしと云ふ具合」と追憶していたが（前掲文）、気味悪く恐ろしくは思いながら、かつ「切りたい」という怪しい衝動が幼な心のどこかにやはり働いていたということだろう。それをあえて実行に移し、動物を、ひいては人を斬ることの味を占めた場合、これに不思議な「愉快」さを覚えるようになる場合もままあるらしい。乃木その人も、そうした経験を経たことを隠していない。乃木の「死生観」を紹介していた『名古屋新聞』記事（大正元年九月一九日　第一章既出）にはズバリ「人を斬るが愉快」という見出しをつけた箇所がある。

大将は後年武人の典型と仰がる丶ほどありて青年時代より戦闘的の行為を好むこと甚しく殊に人を斬るを以て無上の愉快としたり初めて人を斬殺せしは明治三年山口の内乱に際し突然現れたる敵を一刀の下に斬殺《きりころ》したること是なり後年当時を回想して人に語りて曰く「人を斬ると云ふ事は実に愉快に感ずるものだヨシ愉快に感じないまでも不愉快なものではない」云々

「臆病」を嘲られ、「ハイ、私は犬や猫を殺す刀は持ちません」と真顔で答えた無人も、厳酷な教育を受けた少年期のある時点において何らかの一線を超えることで、死を含むあらゆるものへの恐怖を克服してしまったのかもしれない、というのが第一章末の仮説であったが、ここにもその種の一線を仮定すべきなのだろうか。それを超えることで、命を失うことの恐怖から解放されるのと引き替えに、「人を斬る」こと、他者の命を奪うことに「無上の愉快」を覚える類の、一種倒錯的な心理性向あるいは人格構造を獲得した、ということなのだろうか。

いずれであったにもせよ、乃木において特徴的なのは、この種の「愉快」さが例の「大ニコ〳〵」の「温顔」に表示されることが多かったらしいことである。日清戦争中、台湾で宿舎をともにしたことのある「某将軍」は、乃木自刃直後の談話で、乃木の「勇気」が「無慈悲な位猛烈に現れる」ことの一例として、次のような思い出を語っている。

一夜拙者が大将の部屋に寝て居ると、大将が屋外から大声立て遣つて来た〳〵と満面の笑で何かの成功を誇るやうな風に入つて来るから、ドウなすつたと伺つたら、新規に刀を得たから試斬（台湾罪人）をして来たとの事には拙者も慄然とした。（大伴編前掲書）

ニコ〳〵して露探を斬らす

日露戦争中、奉天の陣中などでは「露探〔ロシア側のスパイ〕の首を斬る」ということがよくあったらしいが、乃木軍兵卒であった桃川若燕は、ある日「怪しひ支那人」二人を捕らえた結果、「斬れ」と励ます乃木の、あの「豚斬り」の朝に学習院生徒らが目にしたのと同じ温顔に接していた。彼らを「敵の間諜」とする証拠がなかなか出ないでいたところへ、将軍直々の指示で靴を壊してみたところ、「間諜」の証拠品が多数出てきた。「貴様が捉《つかま》へて来たのだ早く為《し》ろ」と処刑をせかされたが、「鰯の頭も取つた事のない道徳堅固の桃川若燕先生、何《ど》うも突兼ねて考へて居た」。そこへ「騎兵の軍曹」が通りかかって、「俺に一人斬らして呉れ《ママ》頼む」。


其の時私しは予《かね》て騎兵は人を殺す事を何んとも思はないと聞いて居たが本統だと思ひました。

「結構です御斬《おきん》なさい、二人とも貴下《あなた》に上げます」

「夫《そ》れは有難ひ」

〔中略〕軈《やが》て騎兵は一人の首をバサツと斬ると、遥か向ふへ飛んで行きまして、厭なものには違ひありません、其の首が斬つた人の方を向き目をパチ〱と遣ります、所へ将軍が通られましたが、

「露探か」

「露探です」

「斬つてしまへ〱」

と云ひすてニコ〱笑つて御出《おいで》になりました、此の言葉に励まされて今一人の首も打落し、茲《ここ》に露探の処分は終りました、　（『陣中珍談』）

「騎兵の軍曹」はすでに「人を斬る」ことの「無上の愉快」を知る点、乃木と同じ境地にあり、しかも若燕の口振りでは「騎兵」はみな同様と見られている。「鰯の頭も取つた事のない」若燕先生も、

教育次第では乃木や騎兵たちと同じくその種の「愉快」を知ることになったかもしれないわけである。ところでこの場面、芥川龍之介の短編「将軍」(『改造』大正一一年一月)にそっくり同じものが出てくる。どちらがこっそり着服したのかといえば、もちろん芥川だというほかないのだが、興味を引くのはそこでの乃木の描き方である。芥川描く「N将軍」(Nとは誰かなどと訊けば笑われただろう)の「露探」への反応はこのようである。

「露探だな。」
将軍の眼には一瞬間、モノメニアの光が輝いた。
「斬れ! 斬れ!」

「ニコ〳〵笑つて」いたという若燕の描写からは懸け離れているわけで、つまりはこれが芥川版〈乃木物語〉に整合すべく造型し直されたところの〈乃木〉だということになる。これよりは「ニコニコ笑つて」いる乃木の方がよほど恐ろしく、そこからピカレスク的でもある巨大な〈乃木〉像の造型も可能だったのではないかとも思えるが、芥川はまったく逆に、〈乃木〉を縮小することを選択した。そうしなければ、アンチ乃木の側に立つこの作品がうまく収束しなかったであろうこと、第八章に詳説する。

2　生死一如、勇怯一如

臆病が大嫌いな臆病者

さて、「イネさん、御飯ぞナ、お帰り」と妹を呼びに来た、やさしい〝泣人〟の「臆病」は克服され、そこにはいつか「豪胆」無類、残虐をもあえて辞さない荒武者が姿を現していた。が、克服され、姿を消した「臆病」は、まったく無化したものといってよいのだろうか。学習院の学生の会などでの乃木の話を前出の教授、服部他助が書き残している。

「私は臆病といふことは大嫌であるが、どうも臆病でいかぬ」（前掲書）

「其の用言の非常に不似合いなるを、可笑しく感じた」と懐かしむ服部は、「然し能く考へて見れば」と翻って、次のような考察を加えている。つまり自己矛盾的な乃木のこの意識は、自身の子供時代が「小柄で、且病身で、臆病で、夕方以後はただ泣顔作つて、母の後《あと》のみ追ひ廻り、其の袂を聢《しか》と握つて、放さな」いという情けない有様であったがゆえにこそ「自ら以上の欠点を認めて、深く其の心の奥底に、刻込まれたる遺物」であった、やがて「彼《か》の二〇三高地の嶮《けん》を、撃破するような勇気を養はれた」のもこの深い自覚あってのことだったのだ、と（同書）。

「勇気」が「皇室の藩塀」を育てる乃木式教育の最大目標の一つであったことは当然だが、それに絡んで服部の指摘するところでは、「抑《そも》〻道徳上勇気なるものは、一人間としての成敗に大関係がある」。つまりもともと豪胆なたちの者が発揮した勇気ならば、別段どうということはない。それよりは、生まれつき人一倍「臆病」な者が人に倍する恐怖を克服することで実現した勇気こそ、「一人間としての成敗」として称讃に値する。それこそが乃木的「道徳」にいうところの「勇気」なのではないか。つまりそれは「臆病」な人間が「臆病」である自分を「大嫌」と否認し、「臆病」でない自分を作り上げることに成功した、ということにほかならないのだから。とすれば、やはり乃木が口にしていたというもう一つの逆説も、この論理の延長線上にあるものだろう。

「単に臆病なるが為めに悪事を為さゞる人ほど、価値の少ない劣等の人はない」（同書）

「悪事」は「為さゞる」がよいとしても、もしそれをしないのが「臆病」のゆえであるなら、その者は「悪事」をあえてするより「価値の少ない劣等の人」だという。「悪事」をするかしないかは、もちろん人の「価値」を測る尺度となりうるだろう。だが、それとは別に「臆病」かそうでないかという尺度もあって、後者は前者に優越すべきものだ、という立場がここに表明されている。これは「悪事」のすすめであって教育者にあるまじき言葉だ、とそしる評者もあるかもしれない。だが、おそらくその危険をも押してあえて口にされたのであろうこの警句には、だからこそ、乃木の「心の奥底」の本音を読むべきなのではないか。

勇怯は勢なり、強弱は形なり

同様に「心の奥底」の思いが浮上したものと思わせる乃木の言動を、いくつか挙げることができる。その一つは、乃木が価値を置いた「壮烈な死状」の好例として、明治四二年にハルビンで暗殺された伊藤博文のみならず彼を暗殺した安重根《アンジュングン》を「イヤどうしてエライ男だ」と「余程称揚」したこと（大庭柯公《おおばかこう》「乃木大将」大正元年）、またその八年前には星亨《とおる》を暗殺した伊庭想太郎《いばそうたろう》に関しても「その壮烈にて沈着なる事は敬服に値する」と認め、「武士道の上から言ふ時は或場合国禁を犯すの已むを得ぬ事があるよ」云々と口にしていたことである（小笠原長生談、大濱前掲書）。つまりこれら暗殺は「国禁を犯す」「悪事」にはちがいないとしても、彼らは臆病でないがためにそれをなしえたのであるから、価値の多い優等の人である。少なくとも乃木がそこで「武士道」と呼んでいるところの尺度からいえば、そうなるのである。

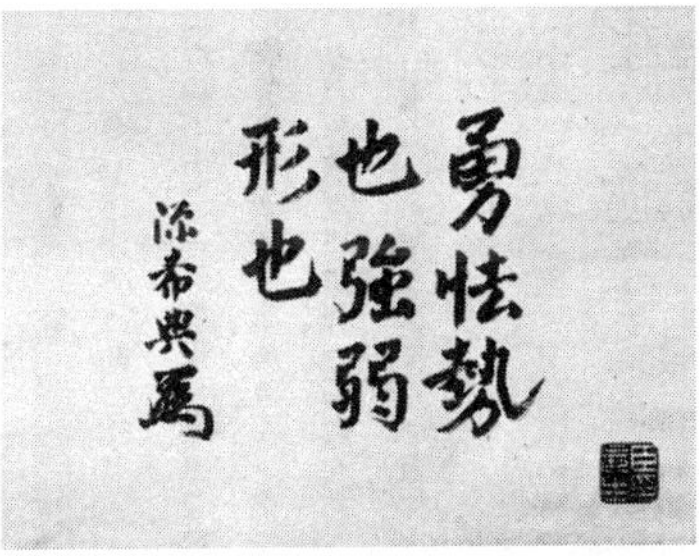

旅順表忠塔のための揮毫（『乃木将軍余香』。乃木はよく「源希典」と署名した）

明治四二年一一月、旅順白玉山に建設された表忠塔除幕式のために乃木が揮毫した「勇怯は勢なり　強弱は形なり」の句も、「勇怯」をあらゆる尺度の上に置く乃木独自の価値観を端的に表示したものではなかったろうか。典拠と見られる司馬遷『報任少卿書』の文脈はさておき、乃木はそこにこんな思いを込めたのではなかったろうか。——「強弱」あるいはその結果としての勝敗、はたまたその結果によって左右される善悪も、つまりは外見上の「形」にすぎない。真に価値あるのは、内部の「勢」としての「勇怯」なのだ、と。

そしてこの「勇怯」の程度は、自己の努力によって伸ばすことのできるものである。乃木自身の半生がそれを証明して余りあるものであっただけに、「臆病」にとどまって抜け出さない類の者は、彼の目にはなおのこと否定さるべきものと映っただろう。なぜなら、それはたんに「臆病」であるばかりでなく、努力を怠ってきた精神の怠惰者とも見えるからである。逆にいえば、自ら認めた「欠点」の克服のためにはどんな無理をも押す精神力こそが、乃木の追い求める価値であった。

餅三七個喰って動けず

血気盛んな大佐時代には、こんな逸話もある。旧藩主毛利公の邸へ年賀に行き、年の数だけ餅を喰うことになってそれを実行した三七歳の乃木、「腹が張り裂けさう」で、「匐《は》ふやうにして家へ帰つた」ものの、そのまま「柱に凭れて一晩中動くことも出来なかつた」。このように「何にでも負けてゐなかつた」乃木を、桜井忠温はこう見ていた。

「乃木は体が弱いからだ」の、「気が小さい」だのといはれたくなかつた。「俺《わ》しほど気の小さい者はないよ」と、述懐されたこともあつたほどだが、することはどこまでも頑固一徹なところが見えた。

（『将軍乃木』）

「臆病」で「気の小さい」乃木を「大嫌」としてあくまで否認する「頑固一徹」な乃木。自己矛盾的とも見える乃木の逆説の背後に潜む、どうやら同様に自己矛盾的な、特殊な人格構造を垣間見せる観察である。そして、すでに明らかであろうが、「大嫌」と忌避され片隅へ追いやられた「臆病」な乃木は、そこで死滅したわけではなく、豪胆な荒武者の尻の下に敷かれるように日陰者として羞ずかしげに生き続けていた。この人格を二階建ての家に喩えるなら、階上の乃木は両親の期待に添う「よい子」でもあって、これをフロイトのいわゆる「超自我」に重ねることも可能だろう。とすれば階下の乃木は「エス」（無意識界）だが、乃木がその存在をまったく意識しなかったわけでもないことは、すでに見たとおりである。「ジーキル博士＝和御魂」と「ハイド氏＝荒御魂」との間の、ウォッシュバーンらを驚嘆させた自在な「交替」という現象も、この二階建ての家を上り下りする住人として捉え返すことができるのかもしれない。

死を決した時の愉快さ

さて、「一人間としての成敗に大関係がある」「道徳上」の美徳として「勇気」を最上階に置く乃木的価値の世界にあって、同時に「死は鴻毛の軽きと覚悟せよ」の死生観が自明の前提であったならば、自らの命を捨てることと同様に、他者の命を奪うということへの抵抗もまた小さかったことは当然だろう。

「要するに生は死、死は生で恬《かう》して泰平に暮して居ても何時《いつ》死ぬるか分らないのだから自分の胸中には生死の区別なぞは無い」と前掲『名古屋新聞』（第一章参照）で語っていた乃木は、続けてこうも述べている。「戦争は最も死に接近せるものであるが足一度《たび》戦地に入ると忽ち死といふ事を忘れて了って何とも思はなくなる」ものだ、と。こうして自己の生命を重んじなくなっている人間が他者の生命のみは重んじる、という事態はあまり考えられない。自分が殺されても「何とも思はな」い以上、相手はそうではないと思うにはかなりの想像力を要するのが道理だからである。

さらに憶測すれば、人を斬る場合のそれに似た「愉快」さを、「死といふ事を忘れて了つて何とも思はなくなる」ときにも、乃木は感じていたのではないか。前掲『恩師乃木院長』でその種の死生観の探求を試みる服部他助は、かつて会津戦争に出陣した伯父から伝え聞いた「抜刀で敵の本営に、打入らんとする日の前夜、即ち死を決せし時の精神状態」を引き合いに出している。いわく「欲も無く、不平も無く、恐怖も無く、悲哀も無く、更に一点の蔭影も無く、宛《さな》がら真如の月の如く、隅から隅まで澄渡つて、只管《ひたすら》『真面目』と『誠心』とに充満し、筆にも詞にも何とも言ひ得ざる愉快を感じ、其の愉快さは、其後再び感じたいと思ふて、如何に工夫しても、最早喚起することが出来ぬ」と。

この「真面目」にして「愉快」な世界に、乃木はたびたび入っていたものと想像される。というのも、服部によれば「此の最大なる真面目は、『自己の死』といふ観念に接触して、始めて得らるべきもの」だが、「実に大将は、僅かに七八歳の幼時より、遭遇せられし総ての境遇が、不思議にも、此の『死』といふものに、尠《すく》なからず接触し」、しかもそれを繰り返し経験してきたために「死の観念は深く胸中に刻付けられ」た人だからである、と（同書）。昔そこで切腹して果てた赤穂義士の亡霊がまだ棲むかの如き〝死の家〟で、「生命を左程重く置かぬ」という「家庭教育の方針」のもとに育った幼時は、第一章に概観したとおりである。「常に万一の用意にと、寝る枕元にも、一本の脇差が潜めてあ」る寝床で、毎夜、無人は眠ったのである。当時の武士の子一般より早く「死の観念は深く胸中に刻付けられ」ていったのだとしても不思議はない。

「生は死、死は生」というあの特異な感覚は、こうして相当に若年のうちから形成されていったものと想像されるが、成人後は禅の世界に参入したことも、乃木のこの感覚をさらに研ぎ澄ましたのかもしれない。なにしろ斯界では、徹底した坐禅修行を通していわゆる三昧《ざんまい》、現代の心理学用語でいえば「変性意識状態」に入ることを奨励し、また「生死一如」を言葉として教えてもいる。乃木の参禅として知られているのは、自刃直後に「バンザイバンザイ」云々の弔電を寄こすことになる名高い傑僧、南天棒《なんてんぼう》こと中原鄧州《とうしゅう》（第六章参照）へのもので、明治二〇年に東京、二八〜二九年の仙台時代に松島瑞巌寺《ずいがんじ》でと、二期間にわたっている。「乃木の三嫌ひ」（後出）に「僧侶」は必ず数えられていたから、これは妙のようだが、乃木は「堕落した坊主や腐敗した宗教を嫌はれただけで、真の宗教、真の坊主までも嫌つたのではない」と南天棒（『禅の極致』）。

禅の世界にそう深入りしたわけでもなかったが、透過した公案のうち「趙州露刃剣」に「大層苦心」したと南天棒は伝え、自刃の前年に訪ねてきた折にも楠木正成の死生観などの話題からこれにふれたという。「私《わし》は老師に初相見《しょしやうけん》の時、忠義の上に生死なしと云はれたのにいたく感激した。其後露刃剣の則で、数十年練つても矢張忠義の上に生死なしぢや、私は露刃剣は忠君の天地一枚ぢやと思ふ。お蔭で生死には迷はぬ」と（同書）。

敵前に放尿す

「生死一如」の鬼神が命知らずであったことは、もはやいうにも及ぶまい。凱旋パレードでの乃木の姿を長与善郎は「自ら敵弾に中らうと飛び出したがつて」いるようだと形容していたが（第一章参照）、これにしても長与の勝手な感情移入というわけではなく、戦場における乃木の現実の振る舞いとして知られるところを踏まえたものである。いわく「南山に旅順に其の二児を失ひ更に無数の子弟を殺した大将は早く自分にも弾が当ればよいと願つて居られたのか敵弾雨注の所にも身を暴露して顧みられ」ず「幕僚等は常に之を引留むるのに閉口してゐた」（伊豆前掲文）。いわく「敵前に体を露出して『乃木こゝにあり』といはんばかり」（桜井『将軍乃木』）、「あの十字砲火の中にいつも、木のやうに突ツ立つてゐられた。『大将には弾がよけて通るのかしら』などといつたものだつた」（同『大乃木』）。

これらは、しかしながら、「二児を失ひ」て以降の自暴自棄の類では決してなかった。日清戦争で一兵卒だった野村嘉六は「赤いマントのうらをひるがえした馬上の将軍」が「散兵線の前へ飛び出す」ので驚愕し、「旅団長ともあらうものが、兵隊よりも前へ出るといふのはえらい将軍ぢやと思った（桜井『人・乃木将軍』）。さらには「弾丸は雨のやうに降つて来」るなか、泰然と「陣頭に立って放尿をした」とも伝えられる。「偶偶《たまたま》一丸が空を掠めて飛んで来、大将の足下から一間ばかりの所に落ち、砂煙と砲煙とを朦朧と立てた」が、将士の驚愕をよそに乃木は「悠然として」放尿を終え、陣中へ戻って何事もなかったかのように談笑していたという（鹿野前掲書）。

乃木のこの豪胆は、日清戦争からさらに遡ること一七年、西南戦争においてつとに目撃されていた。

配下で戦った西島助義によれば、乃木連隊長は「俵籠」のなかに入って人夫に担がせ、敵の砲台から打ち出す弾丸の下を奔走しつつ指揮するので「誠に危険で止める人もあつたが中々肯《き》かない」、籠を担ぐ人夫が恐ろしさにかがむと俵の中から銀札を取り出して叩き付けて進ませた（『東京日日新聞』大正元年九月二二日。また別の兵士によれば「いつも真先に身を進める、敵の砲弾は何故私の胸に命中しないと云ふやうな態度で常に全身を露出して居られた。我々部下の者は乃木さんばかりに弾丸の中らぬのかと不思議に思ふ程であつた」（乃木大将景慕修養会編前掲書）。

市川左団次扮する西南戦争中の乃木（歌舞伎座公演『乃木将軍』大正14年）（『乃木将軍写真画報』）

軍旗喪失の物語化

その後重傷を負って久留米病院に入院したものの、十余日後には「傷痍癒えざるに許可なく「戦地に出で、偉功を奏し、脱走将校の名当時一軍に賑」った、と前掲『日本新英傑伝』。この経緯には、乃木自刃から三日後の九月一六日に公表された「遺言条々」によって初めて広く知られることになる例の軍旗喪失事件が絡むのだが、乃木生前の出版にかかる同書にはもちろん、このことはおくびにも出ていない。翌日からはやはり事情は一変、当時の乃木連隊長の鬼神ぶりがあの「重大事」、すなわち敵に軍旗を奪われることで「軍人の面目畢《をは》れりと頗る切歯扼腕し」てから「士気殊に振ひて」のことであった、と明確に語る「歩兵曹長某氏」の談話（『名古屋新

病院を脱走して戦場へ赴く乃木
（『神皇乃木将軍画帖』）

聞』同一七日）などが見られる。

その「重大事」の責任を取って自ら処罰を乞うべく乃木が山県有朋将軍に提出した「待罪書」、およびこれに対して下された「何分之沙汰ニ不レ及候事」云々の指令書は、いずれも乃木がこの後永く保存して自刃の際に遺書とともに机上に置いたものである（朝比奈編前掲書ほか）。この指令にもかかわらず、前掲西島の回想によれば、乃木はその後、数次にわたって自殺を図った。まず宿舎での夜中、乃木が一人で休んでいた参謀長室が「ザワ〳〵するので」児玉源太郎高級参謀が見にゆくと、「自殺の仕度をして居るので直ぐ摑へて軍刀を奪ひ取つて諫めた」。ところが、翌朝からまる二日行方不明となり、「兵隊が隈無く探し回り熊本の山王山の山奥に断食をして居たので伴《つ》れ帰つて谷〔干城〕将軍始め其一徹を責め」、事件は帳消し、「何もかも深く世間に隠し」ておくことになったのだという（前掲『東京日日新聞』）。

戦場での失策あるいは不振が隠され、世間では英雄視される……。とするなら、この次第は日露戦凱旋時にほぼそのまま再現することになる光景でもある。「何の顔か父老を看ん」「箕笠でも著なければ」とボーイ室に隠れた乃木の慚愧は、たんに日露戦での不面目とそれが糊塗されることにばかりでなく、この事態が三〇年近く前の痛恨事の反復という意味をもってしまうことにも向けられていたのではないか。そうであれば、あの日、宮城で天皇に拝謁して「割腹」による謝罪を願い出ながら天皇によってそれを封じられた瞬間、乃木の脳髄は巨大な既視感《デジャ＝ヴュ》の強襲を受けてほとんど空白化したのではないかとさえ想像される。

切腹を図る西南戦争中の乃木
（『“ザ・マン” シリーズ　乃木希典』）

かくして「割腹」はまたしても先送りされ、「死なう〳〵と思ひ続け」て三五年（漱石『心』での乃木観――次章、また第七章参照）という〈乃木物語〉総体の背骨をなすともいうべき強力な〈物語〉の成立を見る。その端緒を語るのが西南戦争時のこの〈軍旗物語〉というわけだが、ところで、この悲運の物語の生成過程をつぶさに検討するとき、その一切を偶発的な運命の翻弄による悲劇と観ずるよりは、むしろそこに乃木自身の意志的な働きかけを読み、悲劇はいくぶんか自ら招いたものでもあったのではないか、という穿った見方をすることの妥当性が浮上してくる。すなわち乃木自作の〈乃木神話〉でもあったのではないか、と疑わせる側面である。

というのも、そもそも旗を奪われたことが死に値するほどの「重大事」と見なされていたかどうかは、当時のこととしても実は疑わしい。歴史学者三浦周行《ひろゆき》の「乃木大将の最期（其軍旗及び養子観）」（大正二年一月）の説に依拠しつつ飛鳥井雅道が推論するところによれば、「軍旗を物神化する系譜」はむしろこの事件から発したといえるほどで、当時そのような「雰囲気はまったくなく、天皇もこの事件を「戦闘中の一偶発事として、重視していなかったにちがいない」のである（飛鳥井雅道『明治大帝』）。

では、なぜ乃木は責任を取って死ぬことにそれほどこだわったのか。「奪われた聯隊旗が、薩軍によって、わざと熊本の周囲にみせびらかされはじめてから」の屈辱感と、結婚後は「帰薩」とさえ罵られた乃木の薩長にはさまる微妙な立場（後出）によるという飛鳥井の見方（同書）はもちろん否定できないが、より基底的なところには、そうした事情を超えて乃木を死へと衝き動かす、有無をいわせない力が働いていたのではないか。考えられる力の一つは、この章で見てきたところの、「臆病」を窮極の悪とするすぐれて乃木的な道徳。さらに今一つあるとするなら、西南戦争以前に遡る心の傷、すなわちその前年の萩の乱において、実弟のみならず、恩師でもある叔父をはじめとするあまたの旧友を死に追いやったことへの負い目である。

3 酒楼と戦場の詩人

二三歳で少佐に

さてこのあたりで、一五歳で元服し、源三と改名して以降の乃木の青春の歩みを概観しておくのが便宜だろう。長府集童場の秀才、乃木源三は、一六歳で長府の家を出奔して徒歩で萩に向かい、松下村塾の創立者、源三にとってもまた吉田松陰からも叔父にあたる玉木文之進の門を敲く。ここでの勉学が松陰・素行尊崇を決定的なものにし、また農耕にも勤しんだことが身体を強健にして「農人乃木」の素地を作ってゆくことにもなる。翌年にはこの家から藩校明倫館への通学を許され、父が希望した兵学寮でなく文学寮を選んだが、通学の傍ら一刀流の修行も始め、かつての文弱さを克服してゆく。

時あたかも藩は危機にあり、源三が萩へ出た元治元（一八六四）年には蛤御門の変から第一次長州征伐、英仏蘭米連合艦隊の下関砲撃と、次々と難事が降りかかるや源三も手をこまねいてはいられなかった。翌年には高杉晋作支持の青年有志の一人として、長府集童場時代の知友との「盟約状」を交わす。『長府藩報国隊史』に残るというその文面。

20歳ごろの乃木
（『乃木将軍写真画報』）

> 今般於集童場大事同意致シ候上ハ、必死ヲ以テ周旋可仕候。若シ於変心者即時可為切腹候事。
>
> （宿利重一『乃木希典』）

かくして藩主認可のもと「長府藩報国隊」を組織、翌慶応二年の第二次長州征伐に際しては、「山砲一門ヲ指揮シ」て小倉に出兵、奇兵隊と合して山県狂介（のち有朋）指揮下で奮戦、「左足踵ニ銃弾ノ擦過傷ヲ受ク」云々の手記を残す（同書）。この戦いに先だって名を文蔵と改めていたところを見るとなお「文」の人と自らを見なしていたか、戦雲おさまった翌慶応三年には明倫館文学寮に復学。明治に入って二年一月からは報国隊に復帰して漢学の助教、読書係を務め、同年一二月からは藩命によりフランス式訓練法習得のため京都の伏見御親兵兵営に入営、四年には帰藩して豊浦藩（長府藩を改称）陸軍士官学校練兵教官に任用された。

さて、やがて二三歳を数えた文蔵に思わぬ幸運が転がり込む。希次の末弟の子、文蔵には従兄に当たる人物に、将来を嘱望されて「巨材」とまでいわれた男がいた。御堀耕助《みほりこうすけ》と名乗り、明治二年には西郷従道・山県有朋のプロイセン・フランス視察に随行さえしながら、喀血し、翌年帰国後は周防三田尻で療養していた。しばしば彼を見舞っていた文蔵は、明治四年のある日、そこで、時の北海道開拓次官、後には首相ともなる薩摩の巨頭、黒田清隆と相知る。そして同年一一月二二日、東京で黒田に呼ばれた乃木は、二三歳でいきなり陸軍少佐に抜擢する、というその内意に驚くのである。「その翌日には辞令が出た。ワシの生涯で何より愉快じゃったのは、この日じゃ、明治四年十一月二十三日、……今でも暗記しておるヨ」と晩年も乃木は知友に述懐したという（黒木前掲書）。初めて希典と名乗ったのもこのときである。

この日からの数年間こそ、事実、乃木の生涯で最も「愉快」な年月であったかもしれない。すでにふれたとおり、まだ決して偏屈ではない、おしゃれで闊達な、同年輩中最高位にある将校として、花柳界にも大いに羽を伸ばした。明治五年から七年にかけては名古屋に詰めたが、この間、乃木が「第一流の芸妓《げいしゃ》」二人の「はげしい争ひ」の対象となったのは知る人ぞ知るところであった。その一人との間には子までなしながら「幸《さいわひ》にして」夭折した、とは講談師伊藤痴遊の調査結果（前掲書）。

中年以降、特にドイツ留学後には失われたところの、清濁あわせ呑む荒武者らしい大らかさがあったともいうべきか、上田出張中の宿屋での逸話も広く流布している。女主人が汁粉をいくらでも御馳走するというので、「女主人を困らしてやれとばかり」部下と共謀して、どんどん持ってくるお代わりを「椽《えん》の下に打ちあけて、喰《た》べた様子を装つてゐた」。参りました、もうありませんと女主人はついに屈したが、翌朝、「昨日のお詫びの印までにとて、お盆に山盛りにして布巾を掛けた」ものを運んできた。布巾を取ると、前日椽《えん》の下に投げ込んだ、土まみれの汁粉餅。「女主人《をかみ》には叶はぬ」と逆に詫びた、という話である（大嶋輝久『乃木大将言行録』）。

涙を揮って愛弟を斬る

その乃木を暗雲が覆うのは、西南各地の風雲急を告げ、萩の前原一誠の挙兵は時間の問題と見られていた明治八年一二月、熊本鎮台歩兵第十四連隊（小倉）長心得に任ぜられてからのことだろう。というのも、この間、弟真人《まこと》は玉木文之進の養嗣子となって玉木正誼《まさよし》を名乗っていたが、その文之進・正誼の玉木父子、また父希次を含め、乃木の近親はことごとく前原の一統であった。しかも乃木の抜擢は、前原の実弟山田顕太郎を切ってその後に据えたもので、陸軍卿山県有朋によるこの人事は一つの賭けに出たものといえた。

そこにきわめて劇的な状況が現出する。乃木の小倉赴任以来、正誼がしばしば来訪し、兄を説伏して前原派に引き入れようと、あるいは銃器その他の援助を得ようとしたのである。が、乃木はついにこれを肯んじず、この件を山県に通報、そのことがいくぶんか政府軍の圧勝に貢献する結果となる。そしてここに雌雄を決した結果、弟は戦死し、のみならず「玉木の叔父」文之進は割腹して果てる。

もともと「真人が兄を敬ふ事は、無人が弟を慈む事と変りのないほどに深」く、「兄弟の争ひと云ふやうな事は、日常口先の云ひ争ひすら、ついに有つたためしが」ない（小笠原前掲書）とまでいわれた兄弟である。小倉赴任前、東京にいた乃木は上京した正誼の面倒をよく見、ともに前原一誠を含む知人を訪問したり、遊蕩に繰り出したりしたことが『乃木希典日記』に詳細に記されている。その一部を引けば、こんな具合だ（以下、『乃木日記』の引用においては、句読点・訓点を適宜補う）。

安田三治来ル。小酌、安田去ル。後又タ大和・横山来ル。小酌。阿爺一席刀ヲ評シ小酌。興尽キテ二氏去ル。夜ニ入リ玉木ヲ伴ヒ北郭ニ入ル、品川楼ニ登リ、紅梅ノ室ニ飲ス。芸妓両名ヲ召ス。大酔。玉木ニ花扇ヲ遇ス。（明治八年八月六日）

「紅梅」「花扇」はこのころの日記に頻出する馴染みの芸者であり、乃木はその一人を玉木に振る舞った。少なくともその程度には弟を愛したのである。この「愛弟」の命をかけた懇願にどれほど悩んだかは不明だが、結果的に乃木はそれを切った。そしてそのことは生前から広く知られ、折にふれて呼び起こされる〈乃木物語〉の一つであった。たとえば日露戦後の凱旋途上の蠣飯の「一番大食会」

の模様を伝えた既出の記事（『万朝報』三九年一月一六日）で、乃木はこう紹介されている。

幾度も記す如く将軍の峻厳は陸軍中での通り物にて君国の為にハ涙を揮つて其愛弟を斬り情を忍んで二人の愛児を死地に赴かしむるを辞せざる程の人なれど其風流韻事もまた将軍連中の粋にして

……

つまり「二人の愛児」を死なせたという〈乃木神話〉につなげられてゆくわけだが、それが実際に「君国の為」と意識されての行為であったかどうかは、もちろん保証のかぎりではない。この時点で政府軍の側に立って戦うことが真に正しい道であるとの確信が乃木にあった、と証明する材料は何もないのである。現に父希次も、恩師たる叔父玉木文之進も反政府軍を支持し、実弟玉木正誼は彼らの義を説くべく命がけで自分の前に現れたではないか。弟の説得を容れて萩の側に立つ、という選択肢もありえたはずなのである。乃木がそれを採らなかったことの主な理由がどこにあったにせよ、その決断によって自分は生き弟は死んだ。この経験が心の傷とならなかったはずはない。

弟は兄を凌がず

こうした場合、傷を抱えた人間がその後、傷を癒し心の安定を得て生きてゆくために求めずにいられないものは、あのときの自分の選択は正しいものであった、と保証してくれる正当化の論理である。つまり、あのとき自分がその側に立った天皇の軍隊が、もし不正で、守るに値しないものであったと知れたなら、その瞬間、「涙を揮つて其愛弟を斬」ったこともまた無意味と化してしまう。とすれば、天皇軍の正義は、乃木にとって不動の真実でなければならない。当人がどれだけ意識したかは別として、彼における天皇絶対化の背景にはこのような論理が潜んでいる。

この傷を癒す正当化の論理としてもう一つ仮説可能なのが、「弟は兄を凌がず」の信念である。この伝統的倫理がもし絶対に正しいのであれば、分際も弁《わきま》えず兄を動かそうとした弟を斥けた自分の行為も正しい。なんら苦に病むことはない、ということになる。いくつかの〈乃木伝〉に採られている次の情景は、乃木のこの問題への固着を示すように読めなくもない。日露凱旋途上の名古屋駅で旧知の崇拝者夫妻に面会した乃木が、夫妻の「幼き二児」に机上の林檎をすすめたときのことである。「六歳に成る弟は直に食ひ始めやうとした」。と、

此時将軍は其の幼児に向《むか》ひて、

『兄さんが食はないから未《ま》だ可《い》けない！』

と言つて之《これ》を止《とゞ》めて、聽《やが》て兄の方が食ひ始めると、

『最《も》う食つても宜しい！』

と語られたと云ふ事である、一小話の中にも、将軍が秩序を重んじ、弟は兄を凌がずと云ふ精神の程が窺はれて床《ゆか》しい心地がするのである。

（高橋淡水『乃木大将言行録』大正元年）

実際、乃木家においても、勝典を「長男として立て」る「秩序」が明確な家風となっていた。たとえば「余所《よそ》から到来物があつた場合など、大将が不在であると、夫人は勝典氏の前へ出し」て夫に対するのと同じように改まって報告したが、「保典氏が側にゐても、其方《そちら》へは何も言はれなかつた」（鹿野前掲書）。ばかりか、二人の下校時間近くに雨でも降ってくると、「兄さんの勝典殿の方には迎の者を遣はすが、保典殿の方には迎ひの者も遣りません、頭から濡《ぬれ》て帰つて来る事が度々御座ひます」。こうした差別方針について夫人が尋ねると、「イヤ俺は思ふ仔細がある。兄はソレダケの徳を有《も》つて生れて居る、弟には徳のあるものでない」と答えるのが例であったという（『陣中珍談』）。

詩的なる『乃木日記』

「乃木化した」といわれた妻さえ疑問に感じ、伝記作家たちも特筆してきたほどであるから、乃木のこうした兄弟差別は当時としても常識を超えていたことと思われるが、それについて乃木は明快な説明を与えていない。差別の理由は、あるいはほとんどわれ自らにも見通せないような、暗い無意識の領域に属していたのではないか。自分でもわからないが、そうせずにいられない。そうしなければ、自分というものの存立すら危うくなる、というような……。

こういった無意識的な力が強かったとすれば、おそらくそれは、そこに多くの死者の残像が加わるからであったろう。その死者とは、「愛弟」と「玉木の叔父」ばかりではない。ここ一〇年の間、集童場の知友と「盟約状」を交わして以来、ともに戦ってきた長州の朋輩が多数含まれていたのである。彼らから見れば、乃木は裏切り者以外ではない。『乃木日記』は明治八年以降、きわめて詳細な長文の記述を含むようになるのだが、同九年、その「古戦場」の一つに立ち寄った日の記述は、高杉以下の戦友を悼む思いを自然の情景に託す、「山川草木」の詩人を予告するような美文である。

午後騎シテ野外ニ逍遥シ徳力村ニ至ル。是我古戦場ナリ。満郊ノ菜花処々紫雲花ヲ交エ、緑麦之青眼ヲ宜シ、四山梓木之花処々点々白ク、昔日銃煙ヲ放ツ者ノ如ク、林背離後桜樹ノ爛漫タルハ、我率ユル山戦砲ヲ発シテ焔煙ノ起ルニ似ル。急《たちま》チ高杉・福田・熊野・下田・千葉諸名ノ今無キ所ヲ憶、余今日一連隊ノ長トナル、実ニ諸氏ノ教育ニ依ルト雖モ、亦此春野ニ轡《くつわ》ヲ並ヘテ行話スルヲ得ス。独リ馬ヲ留メテ感ニ不ㇾ堪。（明治九年四月一六日）

『乃木日記』の筆は、いささか日記にはそぐわないとも見えるこうした精細な記述にしばしば立ち入るところに特色がある。さきにその一部を見た弟との交流の記録や、同じころの、自らの遊蕩を精細に叙述してゆくような部分にそれは顕著で、酒楼を転々としながら所々の情景を描いてゆく。居合わせた板垣退助の豪遊ぶりにふれては「此等畢竟痴狂ノ人ナリ」とも書いているが（七月六日）、このとき「痴狂ノ人」に自らを含める意識も伴っていたろうか。

ともかく「煩わしいほど」詳細な乃木の「筆」を分析した歴史家、奈良本辰也は、これは明らかに「単なる遊蕩青年」の筆すさびの類ではなく「文章を綴るということに一つの意義を見出して」の実践であるという。「少年の頃に学んだ中国の文章を頭に置きながら、詩文の心を錬っていた」のであって、結局「乃木は軍人であるよりも文学者であった方が良かったのではなかろうか。彼の日記は、汲めども尽きせぬ情緒にあふれている」と（「『謹厳』乃木希典が残していた『放蕩記』」『新潮45』昭和六〇年六月）。

吾身即ちこれ死余の民

かくして萩の乱を見る明治九年以降、『乃木日記』には、折々に少なからぬ漢詩が書き付けられてゆくことになる。たとえば六月二二日の次の七絶など、当時の乃木の心的世界を垣間見せるものではあるまいか（「先生」は詩の応答の相手、武司任重を指す。以下、書き下しは『詩歌集』）。

必定功名夢幻の如し
理窮れば万物渾《すべて》虚無なり
斗瓢酒を盈《みた》し厩に馬を肥やす
即ち是《これ》先生最良の図

『乃木日記』に連ねられる漢詩は、こうして萩の乱で弟や恩師を喪い、また翌一〇年の西南戦争では前述の悲運を辿ることで、暗調を帯びがちとなる。たとえば軍旗喪失事件直後の二月二七日、「久留米野戦病院入院中ノ詩」。

高島鞆之助邸を訪ね，凱旋報告する乃木
（宮本直和『大阪偕行社附属小学校物語』）

転戦す後肥の山又川
身傷つくも死せず却つて天を恨む
嗟吾《ああ》が薄命誰と語らん
泣いて功臣烈士の伝を読む

また戦乱終息した明治一一年元旦の次のような七絶。

去年討伐事頻々
万物今朝歳と與《とも》に新なり
試筆等閑に戦記を修む
吾身即ち是《これ》死余の民

かくして「死余の民」と自己規定した乃木の、「あれでも軍人か」とまでいわれた豪遊時代が始まる。『乃木日記』には、すでに瞥見した「品川楼ニ登リ、紅梅ノ室ニ飲ス」といった調子の遊興記録が連綿と続く。「小酌」「小宴」「倒酔」「大酔放言」といった語句が頻出し、さらには「稀有ノ酩酊」「大酩酊暴言不レ覚」、果ては「本日酩酊シ、門外転倒、頭ヲ傷スルヲ不レ覚」（明治一二年六月八日）という体たらく。「乃木の豪遊」は広く知れ渡り、ついには「伊藤柳原ノ我ヲ評スルヲ聞ク」（同年八月二二日）。つまり当代随一の「豪遊」家、伊藤博文が話題にするほどであったわけだ。

そして、すでにある一線を超えて死を含むあらゆる恐怖を克服していたように見える乃木が、その「豪遊」において同性愛へ踏み出すことを厭わなかったとしても、異とするに足りない。当時の風俗としてそれは驚くようなことではなかったし、その本家ともいわれる薩摩の軍人たちとの交友を深めていた乃木であればなおのことである。たとえば明治一一年といえば八月には東京で結婚式を挙げる年だが、熊本城に詰めていた一月一二日の日記に「夜〔谷干城〕少将ノ第《てい》ニ入リ嘯山ヲ呼。小宴遂ニ茶ヲ喫ス。午夜生ト伴テ帰ル」とある。この「茶ヲ喫ス」という表現がこのころの日記に頻出することに着目した梶野満は、同様に散見する「有歓」「有観」「有興」「清興」などの語とともに、これが「同性愛行為の成就をよろこぶ」表現であると推論している（「乃木希典の秘められた同性愛」『歴史と旅』平成一一年一月）。その調査によれば、この趣味への乃木の没入は浅からず、「結婚三カ月して特定の男性と、それからまた三カ月して特定の女性と交際を始め」ているという。

あえて「帰薩」となる

「死余の民」と自己規定した男の、自棄的な快楽追求をここに見るべきか。あるいは、そのような自己の生を客観的に記述し、折にふれて漢詩にも表現してゆくという『乃木日記』の坦々たる進行ぶりに、「文章を綴るということに一つの意義を見出」す詩人的志向の、むしろ健康的な持続をこそ探知すべきか。ともかく、乃木のこの両性愛的「豪遊」は結婚後もおさまらなかった。祝言当日さえ酒楼に時を過ごして大遅刻したこともよく知られた〈乃木逸話〉の一つだし、静（当時は湯地お七）との結婚を決めたこと自体が、早く身を固めよと頻りにせっつく母親に対して「薩摩の女ならもらいましょう」と意表を衝いたことの結果であったといわれてもいる。

ところで、奇矯とも見える乃木のこの発言から、またいくつかの〈乃木物語〉の花が咲くことになった。大多数〈乃木伝〉の採るところは、これは「無理なことを楯にして結婚を延ばす魂胆」(宿利前掲書)から口走った突拍子もない言葉にすぎず、それが「瓢箪から駒」式に現実と化してしまった、という〈物語〉である。なにしろ蛤御門の変で会津・薩摩連合軍にしてやられて以来、長州人の間では「会賊薩奸」の思いが抜けていなかったから、それは当時の長州人が信じるような言葉ではなかったのだ、と。実際、この結婚により子をもうけた乃木は、長州系の軍人間では「平生から帰薩々々と言はれ」、「何だ帰薩、混血児を作つて」と面罵されることさえあったという(小谷保太郎編『観樹将軍回顧録』)。

これに対し、否、あえて薩摩に就く心があったのだ、とする〈物語〉群もあった。乃木の嗜好として実際、「長州の女は大嫌」で「薩摩の女が好き」だったのだとする伊藤痴遊説(『乃木希典』)が「俗人」として乃木を見る物語だとすると、「乃木講」を創立することになる乃木「神」格化論者、高橋静虎の所説――「明治の二大勢力たる薩長の調節に力を用ゐられ」たことの「最も顕著なる」例証である(『恩師乃木将軍』)――は、乃木をまさに「神」のような超脱的地位に置く〈神話〉だということになる。いずれにしろ、これらの〈物語〉が出てくる背景には、乃木がもともと長州閥から外れ気味で、黒田清隆から受けた大恩以来、その人脈での先輩、高島鞆之助(乃木死後は京都乃木神社設立の呼びかけ人となった）ら、むしろ薩摩系の軍人と親愛関係を築いていたという事情もある。

が、そうだとしても、そのような背景の説明など一切なしに「薩摩の女なら」とのみ言い放つところには、やはり乃木一流の「茶味」、〈乃木式〉つむじ曲り（第五章参照）の匂いが漂う。そしてまた、決して強制されたわけではなく、この女でよいと承諾しての結婚であったにもかかわらず、挙式当日から新妻を放っての豪遊である……。「死余の民」にしてかつ「汲めども尽きせぬ情緒にあふれ」る詩文を日記に連ねる詩人。その心の奥に結婚による悦びはあったのだろうか。それともそこは依然として風の吹きつける、荒涼たる「山川草木」でしかなかったのか。

4　詩と夢への「穴」

空虚な時間の穴

明治一〇年前後の『乃木日記』の「汲めども尽きせぬ情緒」への歴史家による評価を前節に述べたが、ほぼ同じテクストを読み込む宗教学者、山折哲雄《やまおりてつお》は、むしろその深層にほの見える「酒に淫する自分とそれを叙情する自分がいわば共存している」という人格分裂的傾向の方に驚嘆の目を見はっている。「飲酒と遊蕩生活のなかでも旅順攻撃の最中においても、漢詩と和歌を手放すことのない」乃木に、「全身的な構えで対象に立ち向かいながら、その自己をもう一つの眼差しを介して叙情し叙事せずにはいられない人間の性情」という自意識の二重性を見るのである。たとえば旅順戦における乃木も、「目の前に繰り広げられる果てしない死闘とその帰趨をたじろがずにみつめ」、「勝敗の交代と、その背後に横たわる無数の闇の声にも耳を傾けていた」にはちがいない。だが、そういうとき……。

かれの眼前に突如として空虚な時間の穴があく。歴史の闇を通して勝敗の交代とは別の美しい宇宙の響きが、その空虚な穴からあふれ出してくる。それが漢字に託された七言絶句になって結晶し、それが大和言葉でつづられる短歌の流れとなってほとばしるのである。〔中略〕

そのときかれは、ひょっとすると自分が近代戦のなかにいるということを一瞬忘れ去っていたのではないか。はるか中世の昔、源平合戦時代の武将が戦い敗れて遺詠の和歌をつくり、腹一文字にかき切って果てたイメージが、かれの全身を押し包んでいたのではないだろうか。「遠からんものは音にもきけ、近からんものは寄って目にも見よ……」といったあの気分である。

（『悲しみの精神史』）

詩と「イメージ」があふれ出す「空虚な穴」。それがここで時間のと呼ばれているのは、「空虚な穴」の向こう側に乃木の詩の霊感《インスピレーション》として想定されたものが、たまたま遠い過去の時代の「イメージ」であったからにすぎまい。場合によってそれは「空虚な空間の穴」でもよかったろうし、あるいは生と死の間の「空虚な穴」でさえあったかもしれない。いずれにせよ、錦絵や絵本、あるいは赤穂義士の物語世界を愛好した幼少期以来、乃木の深層にこの種の「空虚な穴」と、その向こう側の

「イメージ」的世界が育まれていたであろうことは十分に考えられる。

保典、壁を抜けて現れる

そして実は、旅順攻囲軍司令室の乃木が報告を受けないのになぜか保典の死を知っていた、という前章に浮上したあの謎も、この「空虚な穴」が解くかもしれないのである。すなわちこの謎をめぐる一つの〈物語〉として、報告を受ける前に、戦死直後の保典が司令室に現れて乃木と言葉を交わしていた、というものがあって、演劇・映画の多くにも採られるところとなっているのだが（第六章参照）、これが根も葉もない作り話だったのかといえば、そうではなく、もともと乃木本人の口から出た話に基づいていた。

たとえば自刃直後の刊行にかかる鹿野千代夫『乃木大将言行録』は、「大将幽霊の存在を信ず」と題して、某陸軍大将邸でもたれた「大将連の会合」の席で「幽霊の有無論」が出たときに乃木が語ったという話を記述している。「幽霊といふものが存在するだらうと思はれる一つの実例に触れた事がある」と前置いて、旅順攻軍の陣中、それも二〇三高地攻撃の前夜にこんなことがあった、と乃木は語り始めたという。

いつものように司令部の一室の椅子によりかかって「眠るとも無く、うとうととして居」ると、「面前に、保典氏が来て立つてゐる」（このストーリーを採用した松居松翁の戯曲『乃木将軍』では「大将の前なる壁の中に少尉乃木保典の姿朦朧とあらはる」。第六章参照）明日は大攻撃という夜に「私情に駆られて面会に来るなぞとは言語道断」ということがまず「頭に閃いた」乃木は、保典が口を開くより前に叱りつける。

『今日を何の時と心得る。この国家存亡の分るる時に、暫くたりとも陣地を離れるといふのは、何といふ不心得だ。一時も早く立ち還れ！』

さういふと保典氏は一語も無く、しほしほとして立ち去つた。——其時大将は保典氏が肩章を附けて居ないのに気が附いた。

保典がつけていない「肩章」は友安少将の副官という任務を証するもので、これのない保典はもはや副官でなく、したがっておそらく生者でもない。そして翌日には、その保典の戦死の報が乃木に届くことになるが、東京帝大教授で学習院講師として乃木と親交のあった井上哲次郎によれば、保典は「恰《あたか》も其の時刻（司令室来訪時刻）に二百三高地に於て戦死を遂げられた」ことが後でわかったという（『記念録』）。

幽霊の存在を信ず

死の瞬間の、あるいはその直後の保典は、いかにして司令室に現れることができたのだろうか。これこそは、乃木について回ったあの「空虚な穴」なくしてはありえないことではないか。「断定しようとは思はないが」と留保はしながら、乃木自身はこれを夢でなく、たしかに幽霊を見たものと信じると告げている。これにはそれなりの根拠があって、それは、彼がその生涯においてそれ以前に少なくとも二度、幽霊に遭遇した（と信じていた）ことである。

そのことは、学習院の茶話会などで語ったことから新聞の報ずるところともなって、明治四二年八月（怪談の季節でもある）の『読売新聞』は、二度にわたってこれをコラムの話題にしている。まず八日の「千客万来」欄で「是迄幽霊を見た事二三度ある」という乃木の体験談が紹介されている。たとえば明治二、三年のころ、金沢のある家に数晩の宿を取った乃木は、その三階の部屋で毎夜、「蚊帳《かや》の上から顔を寄せて自分の耳の辺へ近づけようとする」女の幽霊の訪問を受けた。あとで聞けばその家では「先代の頃妾が不義をしたというので、三階の柱にしばりつけ、そのまま飢殺しにした」とのことであった（王丸勇『乃木希典』）。

「幽霊」とは、しかし、いくらなんでも非科学的ではないか。数日後の同紙「編集室より」（八月一三日）はありうべきこの疑問を受けて、こうした現象への科学的解明を試みている。いわく「頭脳の特に透明なる者、或は其の殊に清澄なる場合に於て、甲者の脳髄に存する情緒が直ちに乙者の脳髄に感応し得る事、恰も無線電線の如きものあるは、欧米学者のすでに実験を経たる所」であり、この例でいえば、人を三階に泊めるというので、家人（甲者）の「脳髄」に生起した過去の忌まわしい記憶に付随する「情緒」が乃木（乙者）の「脳髄に感応し」たのだという。この種の「感応」説は、当時共有されつつあった精神科学の片鱗を示すもので、たとえば漱石の前掲「趣味の遺伝」（第一章参照）など、右のような甲乙間の「情緒」の「感応」という科学に「遺伝」というもう一つの科学を交差させた、きわめて科学的な作品であったわけだ。

乾からびた蛙、大蛇と化す

つまり乃木が身体化していたらしい「空虚な穴」に科学的説明を与えようとすれば、当時の水準ではそういったところになる。とすれば、保典出現の場面に関しては乃木が否定したところの「夢」というものもまた、場合によっては「空虚な穴」の一つでありえたはずである。実際、生々しい夢をよく見、またそれをよく記憶していたことも乃木の特質として知られており、すでに見てきた『乃木日記』には随所に「奇夢」「瑞夢」等のメモがあって、那須野での休職時代には「夢中歌をよんだ」としてその和歌を「農事日記」に書き付けてもいる(『記念録』)。精神科医である王丸勇によれば、西那須野の乃木神社付近にある「霊夢社」の台石に「霊夢再三有感所建之明治三十五年紀元節　陸軍中将乃木希典」と刻まれてあるといい、「余程感銘の深い夢を繰り返してみたもの」らしい(王丸前掲書)。

ここでは、乃木が見て人に語ることでテクストに定着したいくつかの「夢物語」のうち、最も印象深いものを紹介しておこう。学習院長であった明治四〇年一〇月、猪谷学生監に語ったというこの夢である。——「邸《やしき》の客間」かどこかにいた自分は「右の衣嚢《かくし》〔ポケット〕に入れて置いた全く乾物《ひもの》の様になつた乾《ひ》からびた一匹の蛙を取り出し」て黒い塗り盆の上に置く。やがてそれが置き物のように少しも動けないのを不憫に思い「傍《そば》にあつた水さしを取つて其頭の上から少しづゝ水をかけてや」る。と、蛙は見る間に活気づき「勝手に盆の中をはい廻る」。「生命《いのち》を救ふてやつたと思ふて、じつとそれを見て居《ゐ》る」と、窓の外が非常に騒がしいのに気づき、見渡すと「前には立派な青々とした竹藪が茂つて居て、其中には大小二軒の家があ」り、「竹藪には無数の雀が棲んで居て、それが非常な騒動をやつて鳴きたてさはぎたて」ている。

それにしても何故にあの小雀が騒ぐのであらうかと不思議に思つて、よく〳〵其二軒の家の間の所に眼を注いで見ると、不思議千万にも一抱《ひとかかへ》もある大蛇が、大きな口を開いて其小雀を呑まんとして居るのである。これは大変である小雀の騒ぐのも尤もであると思ふたが、大蛇の尻尾《しつぽ》の方が見へぬので、それを段々と捜して見て来ると、終《つひ》に自分が今衣嚢《かくし》から出して水をかけて活してやつた蛙奴《め》が忽ちの間に大蛇になつて此様な悪るいことを始めかけて居たのであつたよ、実に不思議な夢ではないか。（猪谷前掲書）

この「実に不思議な夢」という「空虚な穴」を通って、乃木はどこへ行っていたのか。本書の観点からは、この夢の世界はざっと以下のように理解される。

大小二軒の家

乃木が「右の衣嚢」（それが右なのは、右眼しか見えないせいか）から取りだした「乾からびた一匹の蛙」は、その身体の一部から出てきた乃木自身の分身（「衣嚢」の付近、しかも利き腕の側という位置からして、あるいは性的な）であり、「全く乾物の様になつ」ているのは、自分がある意味ですでに死んでいるという意識の反映である。その「蛙」＝自己を「余りに不憫に思」うのは日頃の思いそのままであり、またそれを「頭の上から少しづゝ水をかけて」蘇生させようとするのも自然な願望の動きだろう。そして「一疋の蛙の生命を救ふてやつたと思ふて、じつとそれを見て居る」間の時の経過はこの悪夢中、束の間の至福だが、それを破る騒がしい物音と「立派な青々とした竹藪」、特に後者は、蘇生した蛙の盛んな生命力をすでに暗示するようでもある。道理で、そこには欲望のざわめきを映し出すかのような無数の小雀の騒擾があり、しかも何より、よく見れば蛙はすでに「一抱もある大蛇」という男根と化しているではないか。

「大蛇」に男根を見るのは不穏当であろうか。しかしこの夢より三年後の明治四三年夏、中耳炎での入院した乃木作った次の狂句もよく知られている。「幾らかラクになツたから御休神くだされたい」という石黒忠悳宛の手紙の末尾に付されたものという。

六十になりて障子を突き破り　（早川前掲書）

これから石原慎太郎の『太陽の季節』を連想される向きもあるかもしれないが、もちろんこの行為は石原の専売ではない。明治二五年に岡山の漢学塾、閑谷黌《しずたにこう》に入学した正宗白鳥は、そこで数人の生徒によって一斉に行われていた「名づけて障子破りと云ふ」この「男性的競技」について報告している（「懐疑と信仰」昭和三一年）。ともかく老院長にしてなお中学生並みの元気があったということである。

さて夢に戻るが、事態がこうなると、あまりろくなことはない。「大蛇」のフロイト的解釈を峻拒して性的な意味を取り払った場合もなお、死んでいれば「不憫」で、生き返れば生き返ったでまた不埒な振る舞いに及んでしまうという二律背反がこの夢全体を支配しており、それが不可避と観ぜられているように見える点で、この夢は悲劇的である。その「蛙」＝「大蛇」は、困ったことに、竹藪に棲む小雀を襲う。性的に読めば、小雀は昔話の「舌切り雀」の場合同様に女を表し、男根的「大蛇」の欲望の対象であるということになる。だが、それではなぜ、雀らが棲む竹藪のなかの家は「大小二軒」なのか。「舌切り雀」に即すれば、老夫婦の本宅と雀の妾宅との「大小二軒」とも解される。が、だとすると雀の領分である竹藪のなかに仲良く並んでいるというのが解せない。

そこで別の光を当ててみる。たとえば、この二軒の家は、日露戦争で戦死した乃木の二子、勝典と保典の霊の宿る「家」なのではないか。それに「大小」の格差があるのは、いうまでもなく、「弟は兄を凌がず」への乃木個人の固着に関わる。そして、そこに棲むという無数の雀は、わが二子と同じく戦場にたおれた、しかもそのうち数万については自分の指揮に責任がないといえないところの、無数の日本の子供たちなのではないのか。そして、乃木という「大蛇」が再び生を得て、その性《さが》か、またしても彼らを死に追いやっている。ならば、乃木はやはり「乾からびた蛙」のままでいた方がよかったのか……。

5　人を敵とするは非なり

伊藤博文の死を羨む

「空虚な穴」の向こう側は、「死」の世界であったろうか。少なくとも乃木の場合、そこは死を臭わせる事象に満ちている。その乃木に死を恐れた形跡はなく、恐れたものはむしろ死後に残る自らの「死状」であったらしいこと、すでに見てきた。

先行者の「壮烈な死状」を羨む乃木の言動のうち最もよく知られているのが、すでにふれた明治四二年の伊藤博文の場合で、事件を知らせる号外が乃木の手に届いたのは学習院の食堂においてであったと服部純雄は伝えている。一読した乃木は「ポンと小膝を叩き」、こう「長歎」したという。

ウム、伊藤はうまくやつた。儂のネライドコロはトントン中《あた》らぬ　（前掲書、傍点原文）

その後も乃木は「大きい声では言はれんが、イヽ死処を得られたものだ。〔中略〕ナントモ羨しいことだ」（福原鐐次、大伴編前掲書）、「実に立派なる最期にして羨望に堪へず」（大森金五郎『記念録』）等、方々で同じ感慨を洩らしていた。

西南戦争中、負傷して入院した病院を脱走して参戦した逸話は紹介ずみだが、日清戦争でも、一度は病臥しながら、軍医の指示を無視して軍務に没頭し、「将軍の憂ふる所は、死ぬことではなくて、斯くて病気の為に死ぬことであつた」と見られた。「同じ死ぬなら、敵弾の下で死にたい」と（亀岡前掲書）。こうして医者といえば商人・坊主と並ぶ「乃木の三嫌ひ」の一つということになっていたが（兼松大佐前掲文、横山前掲書。「医者」の代わりに「女」を入れて「三嫌ひ」とする説もあった――柳陰漁客「東郷乃木両大将」〔『中央公論』明治四四年八月〕、『修養訓』）、さきにふれた中耳炎で重態となった際には「将軍にしては不思議な程医師の言を守つて只管《ひたすら》養生に注意した」。「是《これ》は一つには耳の病気位で死んではと云ふこともあつたらう」と、武士道論者としても知られる井上哲次郎（大伴編前掲書）。

「壮烈な死状」への乃木における願望の強烈さを物語る逸話だが、同様の願いは、自身のみならず部下たちの「死状」の方へも差し向けられた。これまで戦場で目にする彼らの「悲惨」な「死状」に、その都度「言ひ知れぬ悲惨の感に打たれ」てきたとは、第一章に見た『名古屋新聞』の談話でも告げていたとおりである。「足一度《たび》戦地に入ると忽ち死といふ事を忘れて了《しま》つて何とも思は無くなる」乃木にとって、「戦争といふものは戦線に出て居る時は一点の心配もないが後に居て部下を指揮して戦はせるには随分心配なものだ」、つまり部下の惨めな「死状」を見ることになりはしまいか、と。

乃木さんに抱かれて死にたい

旅順の乃木は、はたして無数の「悲惨」な「死状」を見ることになった。そして皮肉なことに、そこにおいてこそ、第一章冒頭で津野田是重が「偉大」と讃えるのを見たところの「将軍の人間味」が十全に発揮されることになったのである。「悲惨」に死んでいった戦友たちの傍らで、生き残った兵士の多くは、乃木を恨むどころか、むしろ敬仰を深めたという。たとえば「灼熱した太陽」のもとで敢行された旅順戦第一回総攻撃では「何千とも知れぬ負傷者が、河原といはず野といはず、鮪《まぐろ》を打ち上げたやうに真黒になつて転」がるという惨状を呈したが、このとき乃木は、バケツに用意された氷のかち割りを負傷者一人一人の口に入れてやりながら、「よくやつてくれた、早くよくなつて又来てくれ」と涙ながらに繰り返していた。腕に傷を負い、その「群れの中に転つてゐた一人」であった桜井忠温は断言する。彼ら負傷者のうちに「又来て乃木さんのもとで死なんことを思はざるものはなかつた」と（『人・乃木将軍』）。

またその秋、命知らずの乃木が例によって「ツカ〳〵と塹壕の前へ出ようと」するので桜井は制止したが、聞かない。乃木は無言で石の間からのぞいていた「赤い一輪の撫子《なでしこ》」を採ってポケットに入れた。ああ「乃木さんは大詩人なるかな」と思った桜井はこのとき、「乃木さんの腕に凭《もた》れて死にたいやうな心持になつた」。「昔、乃木さんに手を取られて、軍歌をうたつた日のこと共、――『しつかりやれ！　しつかりやれ！』といはれたこと共を思ひ起して、乃木さんの腕に抱かれて死にたいやうに思つたのでありました」……（同書）。

昔とは桜井の士官候補生時代、属していた松山の連隊に乃木師団長が来訪して設けられた「ご馳走」の席のことで、このとき桜井は、恐ろしい人と思っていた乃木が「存外面白い爺さんだ」と知った。「ずいぶんのむ人」で、不意に「集まれ！」と号令をかけて一列縦隊に並ばせるや、「列の先頭に立って、ビール瓶をラッパ飲みにしながら、ドタンドタンと馬のような足どりで歩きだした」。「連隊長、何しとる、列へはいれ。オイ、みんな四百余州をやれ。四百余州をこーぞる十万余騎の敵――」と「頭の天っ辺からぬけるような声を出して謳いだし」、これに「士官たちの喜ぶこと、喜ぶこと――」（『哀しきものの記録』）。「少し年を取ると、隠居然と構へたがるものだが、身《み》師団長でありながら、若い連中と一しよに騒ぐ、先達になつて踊るといふ心持がうれしい」（『将軍乃木』）。

私等は恐ろしかつた乃木さんが、それ以来親しいおぢさんのやうに思はれ出した。日露戦争が起り、私等は乃木大将の下《もと》に在つて戦争をするのだと聞いた時は、どんなにうれしかつたか知れなかつた。

乃木さんの号令で踊り跳ねた若い士官達も、今日〔昭和三年〕では幾人も残つてゐない。彼等の多くは乃木さんの下で死んだのである。（『将軍乃木』）

それは彼らの望むところであった、「乃木さんの腕に抱かれて死にたい」という思いは自分の実感でもあったのだから、というのが桜井の〈乃木物語〉であった。そしてそれが決して桜井一人の物語でなかったことは、前章にも見たとおり、「私共はこの将軍の下に笑つて死にます」と泣いた傷兵が日清戦争時にすでにいたこと、また日露の戦場では「一兵卒の末に至る迄大将号令の下に死せん事を願ふ」（『東京朝日新聞』明治三七年八月一一日）、「全軍皆大将の馬前に死せんことを希《こひねが》ふに至る」（平田骨仙「旅順攻陥海陸の二大頭」『日露戦争写真画報』の明治三八年一月一四日臨時増刊）といった言葉が従軍記者によって連ねられていたことに示されている（第一章参照）。

情の乃木

戦後もこの物語はかなり広く共有された。たとえば新宿御苑での「凱旋の御宴」に列席した南日恒太郎学習院教授は、そこここと歩き回って負傷者を探す乃木が「其の後の経過を聞き或は肩をさすり或は臂《ひじ》を撫でたりなどして労《いた》はつてやられる」のを見て、「士卒が肉弾となつて顧みぬ」のは「乃木将軍の如き人の下なればこそと思」ったという（『記念録』）。

負傷者に乃木が向ける強い同情と労り。それは必ずしも自分がその負傷について責任を感ずる場合に限られなかった。「情の乃木」（宿利前掲書）の称も自然に生まれたゆえんである。当時の学習院生徒で、よく病棟入りしたために院長と接する時間が多かったという近衛秀麿（文麿の弟、作曲家）は、「僕は一つの目的である仕事に、これほど熱意と真剣さをそそいだ人間像を見たことがない」とまで書いている。

日曜日は全校が無人になって深閑とした中に、たとえ一人の病人でも残っている限り院長は自宅に帰られなかったようである。そして朝となく、晩となく、欧州の、特にドイツやブルガリアの写真帳などたずさえて見舞に来られた。これは思い出しても楽しい時間であった。僕は今になって見ても、生涯にこんな慈愛に満ちた「人柄」に接したことのなかったことだけは断言できる。

(『風雪夜話』)

この「慈愛」に生徒も応えた。たとえば乃木院長就任一年目の水泳部は学習院始まって以来の好成績、この年に限って遠泳の落伍者が皆無であったが、それは、「聞けば遠泳中、弱つて落伍しさうな者があると、仲間の者が手を引いて助けて、『そら乃木さん！　そら乃木大将！』『そら旅順口！　そら旅順口！』と同様に調子を取つて懸声をして励ます。と弱つた者も、其名によつて感奮して、無い力を出して泳いだからである」という（鹿野前掲書）。

「熱意と真剣さ」と「慈愛」をもって人を労り愛した「情の乃木」は、一面で口うるさい院長先生ではあっても、深いところでは、決して人の過失を責めない人として知られていた。たとえば二〇三高地を「取つたかと思へば取還される」という悪戦を重ねていた旅順攻囲軍参謀の一人、伊豆凡夫は、司令室で参謀長伊地知《いじち》少将から「斯《か》く多数の将卒を殺して猶且《なほかつ》功成らぬに至つては其罪軽からぬ次第だと非常に叱られ」ていたときに、乃木が向うから掛けた言葉が忘れられない。――「まあ左様《さう》言はぬがよい可《い》けると思つたから行《や》つたのだから」（『東京日日新聞』大正元年九月一五日）。同じ陣内でのこと。「性来短気《うまれつき》」を自認するもう一人の参謀、津野田是重は、部下への指示が細かすぎることでつい乃木に意見をいってしまったところ、伊地知参謀長から「散々に叱られ」、司令室に詫びに行った。すると乃木は「では、全くお前が悪かつたのか」と問う。そこでまた短気を起こして「イヤ、悪いとは思ひません」。「すると将軍はニコ〳〵と微笑を湛へられて、『よし、よし、そんな事を伊地知に言ふな』と云つたきり」。津野田が「私の生死を託す可きは、此の将軍の他にはない」と思ったのはこの時という（小笠原前掲書）。

人の過失を言うを好まず

「『人を敵とするは非也』とは、将軍愛読書の上欄に、自ら書かれし評語でありました」（服部純雄前掲書）。失敗した部下も、そして戦が終われば、先刻まで殺戮戦を繰り広げた相手も、決して「敵」としない人が乃木であった。ところで、これが乃木の信条であったとすると、それはいつ、どのように形成されたものであろうか。詳細は無論、不詳だが、一つのありうべき仮説は、その淵源を少年時の左眼失明の経緯に求めるというものである。

第一章でふれておいた乃木の左眼「瞳孔内の角膜白斑」は、静夫人を含め「何でも十数年も長い間だれも知らなかつた」ものといい、〈乃木式〉痩せ我慢の例証となってきたのだが（桜井『将軍乃木』）、乃木が「決してそれを人に言はなかつた」のは、実は必ずしも痩せ我慢のみによるのではなく、そこに桜井さえ知らなかったらしい失明の経緯が関わるのである。乃木生涯の友であった桂弥一が昭和八年、長府に創設した「長門尊攘堂」(現・長府博物館)に、実弟集作は例の「隻眼鏡」を乃木の遺品として寄贈したが、陳列に際して次のような「説明」が付されたという。

乃木大将ハ年少ノ頃臥病中ニ母上ノ過失ニテ眼ヲ傷《きずつ》ケラレ為ニ片眼ハ用ヲナサヾリキ、サレド大将ハ母ノ過失ヲ言フコトヲ好マズ、生涯之ヲ秘シテ知ル人ナカリキ

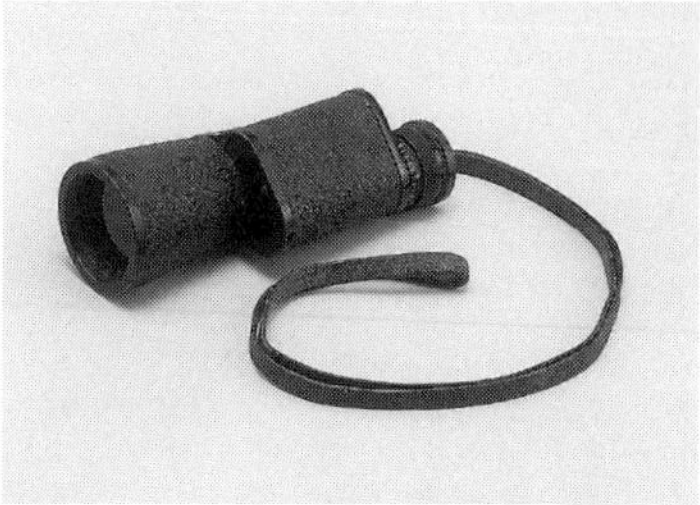

乃木使用の「隻眼鏡」(長府博物館蔵)

親族への聞き取りなどに基づく信頼性ある伝記の一つ、渡部求『乃木大将と孝道』(昭和一五年)からの引用だが、同書はこの経緯を次のように敷衍している。ある夏の朝、母が蚊帳を畳もうとして振って揃えていたところ、無人は「二三度呼び起されたが、返事をしながらまだ床の一隅に愚図々々して居た」。と、母は、

「何をしてる」といひざま、畳みかけた蚊帳で少年の肩のあたりを撲《ぶ》つたのであつた。ところが活発な母の動作で、釣手の環が過《あやま》つて大将の左の眼に打《ぶ》つ付かり、其のために大変に腫《は》れ上つたが、腫れは直つても以来乃木さんの瞳は、傷いたまゝたうとう見えなくなつたのであつた。併し大将は一生其のことを他《ひと》に語られなかつた。後にある昵懇の人が其の原因を質《ただ》したことがあつた時、

大将は之《これ》に答へて、

『眼が見えないといへば、母の過失を発表することになるし、それに母に過失をいつ迄も思ひ出させることになるから、それで決して他に話さないのだ』

と言はれたとの事である。

自分一人の胸に畳んで墓にまでもっていくつもりであったわけだ。一般に人の過失を責めないというう乃木の信条あるいは性行の起点に、この経験があったのではないだろうか。たとえば参謀らの失策については、司令官として責を問うのが当然であったかもしれない。だが、もしそれらを責めれば、母のあの過失も、責めるべきものとなる……。論理がそこへ流れ込んでゆくことへの漠たる恐れが、乃木の無意識界にあったのではないか。

第四章　歌われる〈乃木〉——晩年、そして死後

1　乃木生前の〈乃木歌〉

石川啄木「老将軍」

日本全土が旅順陥落に沸く明治三八年一月の『日露戦争写真画報』（第一二巻）には、当時まだ一般には知られない二〇歳の詩人、石川啄木による詩「老将軍」が掲載されている。「老将軍」の姓名は最後まで出ないにもかかわらず、その空白に〈乃木〉の名を当てはめない読者はいなかったろうと思わせる作品で、〈乃木物語〉の概略がすでに読者に共有されていることを当て込んだ、その意味で高度に状況（ないし文脈）依存的な〈乃木歌〉である。なにしろ「老将軍、骨逞ましき白龍馬《はくりうめ》／手綱ゆたかに歩ませて」と始めたこの詩の第三連は次のようである。

銀髯《ぎんせん》を氷れる月に照らさせて、
めぐる陣また陣いくつ、
わが児等の露営の夢を思ふては
三軍御する将軍涙あり

「わが児等の露営の夢を思ふて」涙する「銀髯」の将軍とあれば、乃木以外を想像する人のいたはずもない。しかも続く第四連に「発《ひら》いては、万朶花咲く我が児等の／精気、今凝る百錬の鉄」と来れば、「朶」の字が「乃木」の紋章となっていたことはすでに見たとおりで、これはもはや太鼓判である。ついでながらこの句、藤田東湖作「正気歌」中の「発しては、万朶の桜となり、衆芳与《とも》に儔《ちう》しがたし／凝つては百錬の鉄となり、鋭利 鍪《かぶと》を断つべし」を踏まえたもので、「正気歌」といえば、実は「乃木式正気の歌」も作成されており、文天祥・東湖・乃木で「古今の三幅対が出来る」とさえいわれたものという（西村前掲書）。ともあれ、わが児らを思って涙する将軍の遠景をやがてこう閉じる最終連がまた心憎い。

明けむ日の勝算胸にさだまりて、
悠々馬首《ばしゅ》をめぐらすや、
莞爾たる老将軍の帽の上《へ》に

悲雁《ひがん》一連月に啼く

「茺爾たる」もまたすでに〈乃木〉に付随する記号の一つとなっていたことを窺わせるが、その将軍の次の動作として予期されるのは、「悲雁」の啼いた夜空を見上げることだろう。とすると、この詩の終幕の絵は、これもほぼ同時期、「明治三八年一月一日」と日付のある森鷗外の詩「乃木将軍」（『うた日記』〈明治四〇年九月〉収載）に重なり合うことにもなる。

森鷗外「乃木将軍」

この詩は啄木「老将軍」よりはるかに広く知られ、やがて学校教科書をはじめ『修養全集』（第五巻「修養文芸名作選」）など方々に再録されて大いに読まれた。その人気の要因として、乃木の名が表示されたこと、それが文豪鷗外というこれまたビッグ・ネームに結ばれたこと、そしてまた啄木にひけを取らない情景描写の華麗さ、といったことがまず考えられるが、それらにも増してこの詩の力を強めたのは、その物語性の局面において「老将軍」にはなかった要素が繰り込まれていることであったかもしれない。

要するに「乃木将軍」は「老将軍」にない次のような場面を含んでいるのだが、それは最高度に劇的であるとともに、第二章で浮上したあの謎——司令室で保典の死を告げられたときの乃木がなぜそれをすでに知っていたのか——への一つの解答をなすものでもあった。すなわち、悲壮な戦いに幕を開けるこの詩では、やがて乃木保典戦死の日として知られる「霜月の　三十日の　夕まぐれ」に「ただ一騎」現れた将軍が、「将校の亡骸《なきがら》」を背負い全身「血に塗《まみ》れたる」兵卒に出会う。

汝《なれ》は誰《た》そ　そを何処《いづく》にか　負ひてゆく
聞召《きこしめ》せ　背負ひまつるは　奴《やつこ》わが
主と頼む　乃木将軍の　愛児《まなご》なり
年老いし　将軍の家の　二人子《ふたりご》
そのひとり　勝典ぬしは　いちはやく
南山に　討たれ給ひて　残れるは
おとうとの　保典のぬし　ひとりのみ
背負へるは　その一人子の　亡骸《なきがら》ぞ

続いて、相手が乃木その人とは知らぬこの兵卒が「父君は　心ををしく」葬儀は三典揃うまで待てと命じたという話から保典の最期へと語り継ぎ、今その死骸を背負い「此村に　ありと聞く　野戦病院」をたずねて来たところだと告げる。馬上の将軍は無言で「病院の旗　あるかたを／鞭あげて」指し示す……。となれば、このストーリー、「熊さん」的人物が相手を乃木と知らずに「一介の田助老《たすけろう》爺《や》の如く扱ひ、あとで乃木大将と知つて」云々という、乃木死後に発展を見る講談・浪曲的〈乃木文学〉のあの最強パターンをすでに半ば先取りしていることになる。この詩の人気の鍵、少なくともその一つはここにあるといっていいだろう。

乃木の若旦那に弾丸が……

ともあれ、三八年元旦という制作日付を信ずるなら、このとき鷗外は第二軍軍医部長として北方の十里河にいたはずで、このような場面を目撃することはありえない。それならこれは鷗外がゼロからひねり出した詩想であったのかといえば、そうではないらしい。息子の森於菟《おと》は、凱旋後の鷗外が彼にこの詩と同じ内容の話をしたと書いており（『屍室断想』）、また弟の森潤三郎は画家として従軍した寺崎広業《こうぎょう》の「見聞」としてこのような記述を残している。

今もわたくしの印象に残つてゐるのは、五月二十七日南山攻撃の壮烈な状況と、十一月三十日の夕闇に乃木司令官の二子保典少尉の屍を負へる従卒が、司令官とも気付かずその状況を語つて野戦病院の所在を問ふた事との二つである。（森潤三郎『鷗外森林太郎』）

文面からしてこれも伝聞にちがいなく、要するに鷗外と寺崎は誰かから同じ話を伝え聞いたものと思われる。実際それは鷗外詩とは独立に相当広く流布した話であったらしく、乃木自刃事件後にメディアが収集した〈乃木逸話〉の一つともなった。たとえば『新愛知』（九月二二日）は「乃木将軍逸話（二）知つてゐるの一語」との見出しのもと、鷗外のオの字も出すことなしに、あらまし次のような物語をしている。

「鮮血面《おもて》を流るゝ少尉を背にして、あなたこなたと野戦病院を尋ね歩く」従卒に、「折しも騎馬に跨つて来掛か」った乃木が誰何する。従卒はそれを乃木とは知らぬまま「一大事出来《しゅったい》殺してならぬ御人が弾丸《たま》に中《あた》つた、乃木大将の若旦那がと言ひも終わらず将軍は一諾して野戦病院の方を指さし示」す。そしてそのまま陣中へ帰り、寝についていたところへ保典戦死の知らせが入る。部下の一人が寝所に入り「閣下に申し上げる事ありと云ふや将軍は只『知つてゐる』との一言を洩らせしのみ」云々。

つまりこれが、乃木がなぜ報告を受ける前に保典の死を「知つてゐ」たのか、という謎への第二の解ということになるわけで、たとえば大正一四年の歌舞伎座公演『乃木将軍』の脚本を書いた松居松翁も、問題の単行本（同年）に収載した「『乃木将軍』の戯曲に就いて」でまったく同じ経緯の話を書いて「何といふ悲痛な話であらう」と感じ入っている（第六章に再説）。松翁が実際に自らの作品において選択したのは、保典の幽霊が現れて告げたという、乃木自身が語ったといわれる前章に見た物語の方であったことは前章でもふれたとおりなのだが。

十里河の鷗外も、知っていれば「幽霊」説の方を採ったであろうか。そこは微妙な問題だが、ともかく結果的には、講談・浪曲的〈乃木もの〉パターンの前哨をなす物語に仕上げることで、日本人の感受性に食い込むことを得たといえるだろう。そしてそのいわば日本趣味の物語を、最終連は星と星との会話という、これはまた西欧のロマン派文学の世界に迷い込んだかとさえ思わせる華麗な絵で閉じるという心憎さが、作の成功を決定づけている。馬上の将軍が「病院の旗　あるかたを／鞭あげて」指し示したその後の情景である。

目ざとくも　雲の絶間ゆ　窺ひし
さむ空に　まだ輝かぬ　冬の星
更闌《かうた》けて　友なる星に　将軍の
睫毛《まつげ》だに　動かざりきと　語りけり

が、それにしても、そこで「冬の星」はなぜ「将軍の／睫毛だに　動かざりき」ことを口にするのだろうか。これもまた、いわずと知れたことであるがゆえに何の説明もないのだろうが、次章で詳説するとおり、息子の死を知っても「睫毛だに　動か」さない〈乃木〉の姿は、要するに、何があろうと顔色一つ変えない痩せ我慢の人という、すでに流布していた〈乃木神話〉に連絡するものである。つまりはこの詩も、啄木の「老将軍」同様、多数国民の共有する〈乃木物語〉の文脈に大きく依存することで成功しているといえる。ともかくも、その劇的な展開、随所に咲かす〈物語〉の華麗な花々、等々の仕掛けで大いに日本人を惹きつけた名作にちがいなく、留学先のドイツでの対面以来の旧知、しかも「乃木にたいへん好意を持っておった」（小泉信三『わが文芸談』）といわれる鷗外の豪華な贈り物であったといえるだろう。

唱歌「水師営の会見」

乃木生前の〈乃木歌〉はもちろんこれにとどまらず、すでにふれてきた「一人息子と泣いてはすまぬ」や「一番すきな武将にて」などを含む諸々の歌が作られていた。福本日南のような人まで「日露戦役当時の作」とされる「乃木将軍を詠まれたる琵琶歌」（『中学世界』大正元年一〇月一〇日増刊《忠烈乃木大将》）を残している。が、なんといっても、乃木生前の作にして最も人口に膾炙した〈乃木歌〉といえば、これにとどめを刺す。明治四三年より使用の第二期国定教科書に収載されて以来、全国の小学校で唱和され続けた唱歌「水師営の会見」である。「戦前の子ども達は、この文部省唱歌を口づさみ《ママ》、毬突きなどもしていた」（宮本直和『大阪偕行社附属小学校物語』）ほどであるから、その後の日本人に植え付けられた〈乃木〉イメージの根幹をそこに見るとしても誤りではない。

現実の「会見」からまだ一年余の明治三九年、文部省から作詞の依嘱を受けた佐佐木信綱は、鷗外の紹介状を携えて赤坂の乃木邸を訪ねた。用件を告げると、乃木はしばらく無言であったが、やがて口を開くと「それは御辞退したい、自身のことなどを読本にとは恐縮であるからことわるといはれた」。凱旋の船中では「箕笠でも著なければ」とボーイ室に隠れ、「武士の典型よ、世界の名将よと謳はれたること、正直無二の将軍には如何ばかり心苦しかつたらう」と大隈重信にも同情された人である。最も考えやすい反応だろう。佐佐木としてはやむをえず、しばらく話して帰り際に、「この題目は文部省できめたのでありますから、誰かが又まゐるかとも思ひますからお考へおきを」と告げると、乃木はしばらく考えて、「さうきまつてゐるものならば、あなたにお頼みしよう」と態度を変えた。ただ「間違ひがあるとよくない」のでと、後日、当時の副官安原少佐（当時大尉）も交えて話すことになり、三人で会ったその日、歌の二番に出る「庭に一本棗《ひともとなつめ》の木」も話頭に上った、云々（佐佐木信綱『明治大正昭和の人々』）。

このような前史もあって、この歌は「武士の典型よ、世界の名将よ」と声高にうたい上げるものでない、しめやかな作品として世に現れ、日本人多数に受け入れられた。「旅順開城約なりて」に始まって九番まで、戦時報道で語られたとおりをなぞる形で、「昨日の敵は今日の友、語ることばも打ちとけて」と互いをたたえ合う様などに主なスポットを当てる。やがてステッセルが「二子を失ひ給ひつる／閣下の心如何にぞ」と問いかけ、乃木これに答えて、

「二人の我が子それぞれに
死処を得たるを喜べり。
これぞ武門の面目」と、
大将答力あり。

この武士道的痩せ我慢が一つの山で、このあとステッセルが「愛馬」献呈を申し出て乃木がこれを「受領」し、九番で「さらば」となって、「ひらめき立てり。日の御旗」と結ぶ。

天皇も歌い、左翼も敬う

さて、生前の〈乃木歌〉として今一つ逸することのできないものが、明治天皇が乃木に学習院長を命じる際に与えたとされるこの短歌である。

いさをある人を教への親として　おほし立てなむ大和なでしこ

（『読本』）

「この篤き御信任に対し奉り、将軍たるもの、いかで感泣せずにゐられやうか？」（同書）。すでに少なからぬ歌を捧げられてきた乃木であったが、〈乃木〉を歌うそれら詩人の列に、あろうことか天皇が加わったのである。

このような存在とあれば、たとえば生前刊行の前掲『現代名士の活動振り』（明治四四年一月）といった本で「名士」の一人に挙げられているのも当然である。「真に現代にありて、その名を聞くものにして、貪夫《どんぷ》も廉に懦夫《だふ》も志を立たしむるものあるは乃木大将ならずや。吾人が乃木大将の名に依つて先づ惻然《そくぜん》として襟を正すの慨《がい》禁ずるを得ざるものは、かの史上無前の凄惨たりし旅順攻囲戦の一事なり」と始めるのだが、思えばこの「一事」こそまさに「乃木軍神」の兵士「使ひ捨て」として小林多喜二（第二章参照）のような人たちの糾弾するところにほかならなかった。だが、実際のところ、左翼がみな一枚岩的にアンチ乃木であったかといえば、決してそうではなく、政治的に小林に近い立場をとる者のうちにも、この「一事」に「襟を正す慨禁ずるを得ざる」人たちがたしかにいた。

中内敏夫『軍国美談と教科書』によれば、プロレタリア文学研究の非合法組織「日本教育労働者組合」（昭和五年結成）に集《つど》った教師たちは、教科書等の国定教材を反軍国主義の立場から批判し作り替える作業を進めていたが、その神奈川支部に属していた平塚第三小学校訓導、脇田英彦が残していた厖大な教材批判記録「教育内容の諸矛盾について」に、乃木への敬意が刻まれている。たとえば当時の修身教科書の「チュウギ」の章では、木口小平の「シンデモ　ラッパ　ヲ　クチカラ　ハナシマセンデシタ」の美談には反発して、児童が就学前にたいていこの話を知っていることを「全く恐るべきこと」とする脇田が、こと「水師営の会見」になると「但し私は乃木将軍をすこぶる尊敬している。高潔とは大将の如き人物を言うものであろう」と態度一変する。政府と軍部の方針に命がけで抵抗しながら、〈乃木〉だけは別、〈乃木〉への尊崇は変わることがない、という層の存在を示す証言である。

その〈乃木〉の国定教科書への登場は「水師営」のみにとどまらなかった。大正七年からの第三期国定教科書では国語に、すでにふれた「乃木大将の幼年時代」が加わったほか、修身に「清廉」の課が、昭和八年からの第四期の修身では「清廉」に代わって「公徳」と「至誠」とが置かれ、いずれも、序章で紹介した公私峻別を諭すものなどの〈乃木逸話〉を取り入れている。

2 神さる〈乃木〉を送る

欧米人の〈乃木詩〉

社会の話題やその主人公がたちまち歌にされるこの時代、戦争の英雄の讃歌としては「橘中佐」「広瀬中佐」「上村将軍」といったものも作られて今に残るものの、数において「乃木」は生前すでに群を抜いており、特権的なその地位は劇的な死によっていよいよ決定的となった。新作〈乃木歌〉で一商売、という企画が動き出すのに三日と要しなかったことは、たとえば『鷗外日記』九月一六日の、「松本楽器店員」と称する者が作詞の依頼に現れ、これを「拒絶」したという記述が証している。

驚かされるのは、それに先だつ一五日のベルリン紙『デア・ダーハ』に「ゴットリープ作」とされる詩「乃木」が掲載されていることである。『事跡』に訳載されたところによれば、その詩は、「君が後追ひて／漂然と此世をば去」った彼を「大いならしめしは意志」であった、だからこそ、「豪《えら》い哉、弾丸《たま》も傷《きずつ》け得ぬ／勇猛大胆の人のごと／自ら進んで、剣をば手に握り／我と吾身に衝き立て」た、されば、死せる今も「祖国に尽す誠心は／生ける人にも劣るまじ」、と讃美に終始する。乃木自刃事件が諸外国に与えた衝撃をめぐっては第七章に詳述するが、その最も早いものの一つであるこの詩を貫く〈乃木〉観の焦点は「意志」の人、「誠心」の人というところにあった。

外国人による〈乃木詩〉は、実はこれが第一作であったわけではなく、学習院長時代にはカナダの富裕な老婦人が自ら制作して送ってきたという「可なり長い英詩」に、服部他助教授が礼状を代筆するということがあった。服部によれば、この詩の主題は「旅順の功績」と「二愛子の勇壮なる戦死を、極度に讃美」するところにあったようで、二人の戦死を褒めた部分を服部が訳出したとき、乃木は「殊更に不愉快相《さう》な、常と異つた顔貌《かほつき》をされた」ともいう（服部前掲書）。「不愉快」の理由は審《つまびら》かにしないが、本人の意思とは無関係に自生してゆく〈乃木〉像に乃木自身が抵抗を感ずることもままあったことを示す事例とはいえるだろう。

「神さる」三人

さて、国産〈乃木歌〉に目を転ずるなら、これらいちはやい外国人作品との間に見せた差異として際だつのは、その多くが辞世の短歌三首や「遺言条々」を載せた一六日以降の新聞各紙の報道を受けての制作として、それらにおける乃木の言葉を取り入れ、また応答さえするような形を取っていた、ということである。その死に際してまでも、まことに「国民と感情の交通ある英雄」であったわけだ。

その三首は、事件三日後の一六日に「是れ自刃せる乃木大将夫妻が料紙に清書して両陛下御真影の前に捧げたるもの」(『国民新聞』)等と各紙に掲載されることで、たちまち国民間に行き渡っていった。歌の細部には各紙で多少の異同があるが、一八日付で公表された警視庁医務委員作成の「乃木将軍及同夫人死体検査始末」の第五項「遺墨」によれば、それらは「白布ヲ被ヘル机上ニアリタル白紙及封書ニ入レタル(封緘ナシ)巻紙」に次のように墨書されたもので、初めの二首には「臣　希典　上」と、後のものには「希典妻　静子　上」と、いずれもそれぞれの歌の前行下方に付記があった。

神あかりあかりましぬる大君の　みあとはるかにをろか〔拝〕みまつる

うつし世を神《かん》さりまし丶大君の　みあとしたひて我はゆくなり

いでましてかへります日のなしときく　けふの御幸に逢ふそかなしき

並べて読むと、三首のいずれもが「上がる」「去る」「出づる」という運動を描き、それらの運動が微妙に重なり合うように見えてくる。希典作の二首はともに上の句で、「神あかる」(神上《かむあが》る)、「神さる」(神去る、古くは「カムサル」とも。「神上る」同様、動作の主体は皇族に限定される)という格別の動詞で彼岸へと去ってゆく「大君」の動きを描き、下の句でそれに対応する自己を描くわけだが、特に第二首では「みあとした」う「我」もまた「ゆく」という線を描くことで、「ゆく」線が重なる。三首目の静子作では、尊敬語「いでます」の主体は「大君」と読むのが当然としても、辞世として置かれれば、そこにはやはり「みあとしたひて」「ゆく」自己の動きがオーヴァーラップする。

三首をこのように読む者の脳裏には、同じように此岸から彼岸へと移動する、多少とも上方を向く線が何本も現れて重なりはしないだろうか。それらの集合を虹のように美しく表象する読者もあるかもしれない。「大君」と希典と静子とは、虹のように一つにまとまった線を描きながら、昇天する。あるいは「神上」ってゆく……。

乃木、〈乃木〉を歌う

実は乃木は、自刃一カ月前の八月一三日と数日前である九月八日の二度、和歌において師と仰いでいた歌人で国文学者、宮内省御歌所寄人でもあった井上通泰《みちやす》を訪問して、これらの歌について意見を聞いている。最後の訪問では夫人の歌をも示し、「これは、妻の歌に自分が少し意見を加へたのですが、歌になるでせうか」と教えを乞うたというのである（井上通泰「乃木大将と歌」）。その妻は実は遺書の名宛人の一人となっているため、夫の道連れになるつもりは決行直前までなかったと考えられ、したがってこの歌も実質上の作者は希典であったとの疑いが拭えない。

また傍点をふった希典の第二首の結句、「我はゆくなり」は、井上に見せた時点では第一首と同じ「をろかみまつる」であったという。すでにあったと思われる腹案を隠したのは「殉死の決意を人に知られる」ことを恐れたからであろうと井上。そして、「我はゆくなり」としたことは、もちろんよい結果を生んだといえるだろう。これがなければ彼岸に放たれる美しい線の一本が減ることになったのだから。

とまれ濃厚に匂うのは、三首を一つのまとまりとして提示するという意識、またそれが国民に与えるインパクトについての予測的なイメージが、死を前にした乃木にあったのではないかということである。少なくともそのように感受した者がいたことは明らかで、たとえば『万朝報』社主、黒岩涙香《るいこう》が一六日の長文社説「乃木将軍の自殺を聞きて」の末尾に置いた短歌など、まさに乃木の辞世に向けた返歌としての意味を読むべきものだろう。

今日までハすぐれし人と思ひしに　人と生れし神にぞありける

また師匠の井上による次の作も、返歌の一つに違いない。

たとへんはかしこかれども臣にして　神とも神といふべきは君

（横山前掲書）

生前すでに天皇御製によって讃えられた偉人であり、実際「神の如く」に見られることもあった乃木（第六章に詳説）は、こうして「神上」った天皇の「みあとした」うことで、いよいよ本格の「神」

となってゆく。辞世の三首によって自ら描いたそのイメージに、涙香や井上は、見送る者を代表してまさにしかり、「神にぞありける」と認可を与えた形であった。

乃木という人はいかにも「日本国民の有せる、国民と感情の交通ある英雄だ」とは安部能成の深い感慨であったが（第一章参照）、その「交通」が死後も永く途絶えそうにないことは、こうした歌の交わされ合う言説空間にいた当時の日本人には明白に見て取られたところだろう。さらに推測されるのは、乃木自身、そのような形で死後になお大きな力をもつことを、明確に意志していたのではないか、ということである。つまり乃木自ら〈乃木〉を歌うことで、自身にとって最も望ましい〈乃木〉像を国民の脳裡に刻んでおきたいという意識が彼にあったとして、なんの不思議もないのである。

大将殉死のサノサ節

そして涙香の短歌に続いてあまたの文人が、乃木自ら歌った〈乃木〉に呼応する形で、自らの〈乃木歌〉、またはそれに類した作品を紡いでゆく。第六章で詳しく紹介するように、自刃事件の数日後には早くも書籍・雑誌のほか肖像の写真や絵、銅像など、乃木関係の商品が続々と新聞広告されることになるのだが、下旬にはこれに「歌」の楽譜等が加わる。鷗外作は空振りに終わったものの、他の多少とも著名な詩人や作曲家の手になるものが続々と現れ、早いところでは「東京音楽学校教授吉丸一昌作歌／学習院教授小松玉巖作曲／学習院教科書!!」と打ち上げた「乃木大将の歌 十字屋楽器店」という広告が二四日の『やまと新聞』に、また同じ楽譜について「肖像、真筆写真版 挿入」としたものが二五日付『東京朝日新聞』に出ている。『読売新聞』は「教育唱歌 噫《ああ》乃木将軍」（誠文書院・二松堂、定価四銭）の広告を二八日に載せ、一〇月九日の「小消息」欄では、十字屋の「乃木大将の歌」について「乃木大将の忠烈を千載《せんざい》に伝へん為め吉丸一昌の作れる六節廿四行の小曲なり音楽学校の教職にある人とて歌詞よく整へり」云々と好意的な紹介を行っている。また第一章で紹介した『ニコ〳〵』の「軍神乃木大将笑ふ」と題された口絵写真（二四頁）の余白にはこうあった。

昨今流行する乃木大将殉死のサノサ節なるものあり、曰く「現世《うつしよ》を神去《かん》り給ひし大君の御後慕《みあと》ひて吾は行く、花は桜木人は武士、忠義一図《ママ》の乃木大将、サノサ」大将この歌を地下に聞かばさぞこのやうにニコ〳〵されることであらう……

東京帝大の国文学教授、芳賀矢一も〈乃木歌〉作者に名乗りを上げている。唱歌「乃木大将」（一一月一日刊行）がそれで、「明治大帝下し給ひし　軍人勅諭に、／万《よろ》ずの徳は　誠一つとのたまはしし／それをさながら実行せし人、嗚呼乃木大将其の人ならずや」と一番を始め、二番以降も同様にすべて「明治大帝」に始まって「それをさながら実行（四番以降では「代表」）せし人／嗚呼《ああ》乃木大将其の人ならずや」に終わる。つまり明治天皇と乃木との心的応答ということが作品の主要モチーフで、大帝重篤と知ってからは、その祈りと殉死によって「六千万の民の心、それをさながら代表」したのが乃木だと歌い上げる。

3　恥をそそぐ〈乃木〉

「遺言条々」が生んだ歌

乃木生前から産出されていた〈乃木歌〉の多くに、〈乃木物語〉の文脈が広く共有されていることを当て込んでいるという意味での文脈依存性が顕著であることはすでに見てきた。御大葬の日に合わせての、しかも夫妻もろともの自刃という衝撃が国民共有の〈乃木物語〉を一挙に膨張させたことはいうまでもないが、その三日後の一六日には前節に見た夫妻による辞世の歌、また翌一七日には、しばらく軍部によって秘匿されていた乃木の遺書、「遺言条々」が新聞紙上に現れ、これら新しい〈物語〉の花々の加入によって〈乃木物語〉総体は拡大とともに多少の変質をも蒙らないわけにいかなかった。このことが、〈乃木歌〉の世界にも反映し、そこに拡大と同時に変質が訪れたことも当然である。

「遺言条々」によって大多数国民が新たに取り入れた〈乃木物語〉とは、すなわち前章に見た、いくぶんか自作神話の気配もあったところの、西南戦争における軍旗喪失事件とそれへの引責の志をめぐる物語である。「第一」の条に置かれたその述懐は、前日にスクープしていたために公表同日に掲載しえた一六日付『国民新聞』によれば、以下のとおり。

自分此度御跡を追ひ奉り自殺候処恐入儀其罪は不軽存候然る処明治十年役に於て軍旗を失ひ其後

死処を得度心掛候も其機を得ず　皇恩の厚に浴し今日迄過分の御優遇を蒙り追追老衰最早御役に立候時も無余日折柄此度の御大葬何共恐入候次第茲に覚悟を相定み候事に候

乃木自刃半月後に発売された楽譜

こののち続々と産出されてゆく〈乃木歌〉がこのことをモチーフの一つに織り込んでいったことは無論だが、それを巧みに詠み込んだいちはやい例として、一〇月一日発行の「武士道唱歌嗚呼乃木大将」（松本楽器）がある。「御歌所主事阪正臣作歌／海軍々楽長瀬戸口藤吉作曲」と記されたこの楽譜は、表裏に印刷されたA４判の紙１枚を二つ折りにしただけ、つまり全四頁の小冊子で、第一頁に楽譜、見開きの二～三頁に歌詞全六章、その右半頁弱を費やして乃木の漢詩「山川草木」を置くという体裁で、歌詞第一章は「君ぞ真《まこと》の　大丈夫／君ぞまことの　快男児」と始め、さらに「英雄」「君子」「忠臣」「義人」と称号を列挙した上で「神とも言はば　言はるべし」と絶讃に終始するところ、他の作品と大差ないが、続く二章の「人の失をも　吾にうけ／己が功をも　人に帰す」云々から多少、翳りを帯びてくる。三章では「武士の道をと　問はれて」も、口ではなく「行《おこなひ》もちて」答える大将の「け高き」「人格」、「武士道の極意」を提示し、四章は以下のとおり。

衆寡敵せず　聯隊の
旗を植木に　失ひし
恥をば己が　恥として
西南役の　其の後は
償ふわざに　余念なし

「西南役の　其の後」の乃木の苦悩を歌っているところから、夏目漱石『心』（大正三年）の主人公、「先生」が世を去るにあたって残した言葉を想起する読者もあるだろう。すなわち「西南戦争の時敵に旗を奪《と》られて以来、死なう〳〵と思つて」生きてきた人にとって「生きてゐた三十五年が苦しいか、また刀を腹に突き立てた一刹那が苦しいか」と考えた「先生」は、結局これに背中を押されるような形で「自殺する決心をした」ことをその遺書に書いている（下　五十六）。

「はぢをそゝぐ」精神

その漱石の乃木観の独自性は第七章で詳説するとして、ここでは『心』の先生に食い込んだ意味とは微妙に異なるらしい「武士道唱歌　嗚呼乃木大将」における「三十五年」の意味を押さえておこう。「死処を得度心掛候も其機を得」ないまま「三十五年」を生きた乃木への感銘を『心』と共有しながら、この歌は、だからといって乃木の跡を追おうというのではなく、むしろその長年月の間「恥」を「償ふわざに　余念な」かった、という生き様をこそ言葉に載せようとしている。だから、続く五、六章はその後の乃木の勲功を讃える内容だが、「恥を知りたる大丈夫」と始めて勲功もすべて「恥」を「償ふ」ことを根本的動機としての努力の結果であったというストーリーである。さきに見た芳賀矢一作などでは歌われていない乃木の失態あるいは悲劇性をあえて取り込み、そのマイナスをプラスに転化して教訓的唱歌に仕上げたところに、この歌の野心と奏功があった。

「恥」を「償ふ」後半生というこの〈乃木物語〉は、もちろんこの唱歌の専売ではなく、実際、子供たちの間に流布し、真剣に受けとめられていたものである。乃木自刃後の大冊、横山健堂による前掲『大将乃木』の巻末には、小・中・高等学校の児童・生徒に書かせた作文が多数収載されているのだが、そこにもそれが表出している。

私は、故乃木大将は実に軍の神と思ひます。一たび、はぢをせば、あくまで、其のはぢをそゝぐといふ精神にて、日清日露の役にて、世界各国に名をかゞやかせたえらき大将である。而して、我等日本国民のおしむべきはもちろんなり。然るに、一たび、明治天皇崩御し給ひしかば、乃木大将、はぢのそゝぎ所なしとて、遂に明治天皇のおともをなされたるは、実に我等のてほんとすべき大将であります。

（高等小学校二年男子）

児童の作文に表出したこの「はぢ」観念の強さは、日本人の道徳性についてアメリカ人文化人類学者が言挙《ことあ》げした「恥の文化」という評語を想起させないでもないが、ここで同時に、ベネディクトをその結論に導いた主な資料が武家社会間のものであったことも想起しておこう。この少年も、おそらくは武士的な徳性の影響下にあって、「はぢ」そのものよりむしろそれを「そゝぐ」ことに強い関心を寄せている。「はぢをそゝぐといふ精神」においてこそ乃木は「えらき大将」であったのだ、と。

山路愛山の韻文〈乃木伝〉

乃木自刃後の速成本の一つ、山路愛山『乃木大将』は、「豚児らに大将の事跡を語り聞かさんと思ひ、〔中略〕昔し琵琶法師の平家を語りしやうに、彼等に口ずさみ易からしめ」たと自序する、韻文を多く含む異色作で、子供を意識している点で唱歌に連続するとともに、「琵琶法師」の語りに倣ったというだけあって琵琶歌的世界の哀切さが流れ込んでいるのだが、そこでも「恥」は歌を進める主要動機となっている。その最終章「希典自殺の事」の冒頭に置かれた長詩は、天皇崩御後の乃木をこう歌う。

「長き年月《としつき》　いつ死なん　何処《いづこ》に死なんと／思ひつゝ　死所を求めし」希典なれば、「今ははや、心にかゝる　雲もなし」。「君の御旗を　朝敵に　奪ひ取られ」た「武士《ものゝふ》の　心の恥」も、旅順で「青年《わかうど》を　多く死なせし　悲しみ」も、また「愛子二人」の戦死も「身に恥ぢて　涙一滴　落さ」なかった「鬼に均しき　振舞」も、すべて「我死にたりと　人聞かば　懺悔に罪も　ゆるされん」。さらにいう、「夫《それ》義理を見て　為さゞるは　勇士に非ず」のことわりどおり、「恥づべきを、恥づべきことと　思はずに〔中略〕死ぬべき時に　死なざれば　丈夫に非ず」。かくして「いさぎよく　妻諸共に　自滅して朽ちず亡びぬ／武士《もののふ》の　其精神《たましひ》を　日本《ひのもと》の　民の心に　止《とゞ》めたる」と。

さて、愛山のこの長詩もその血を受けたと見られる本家、琵琶歌の世界はどうであったか。乃木漢詩のいくつかが生前すでに琵琶歌化されて今村均少尉を含むファンの涙を絞っていたことは第二章に見たが、その琵琶歌業界にとっても乃木自刃が突然舞い込んだ恰好の商売種であったこと、無論である。一カ月後には、早くも「薩摩琵琶『嗚呼乃木大将』新音譜」（三光堂、『東京朝日新聞』一九日）、「薩摩琵琶唱歌乃木将軍　最新音譜売出」（日本蓄音器商会、同紙一一月四日）といった広告を方々に出し、その後も各種の記事や広告が新聞を賑わしている。一〇月三〇日の『読売新聞』「小消息」欄には薩摩琵琶の永田錦心の演奏会で新曲「乃木将軍」が披露されるとの紹介があり、一一月にはその錦心吹き込み「乃木将軍」の広告が『満州日日新聞』に出ている（二〇日）ほか、大連で「薩摩琵琶の名手有馬一声先生が来連された」のを機に「琵琶大会」が催され、有馬の「旅順開城」、奥田某の「乃木将軍」といった〈乃木もの〉が感銘を呼んでいる（『満州日日新聞』一一六日）。

東京では一一月三日に「乃木大将国民大弔祭会」が芝公園で催されたが、そこでしめやかに歌い上げた薩摩琵琶の佐々木南山（『東京朝日新

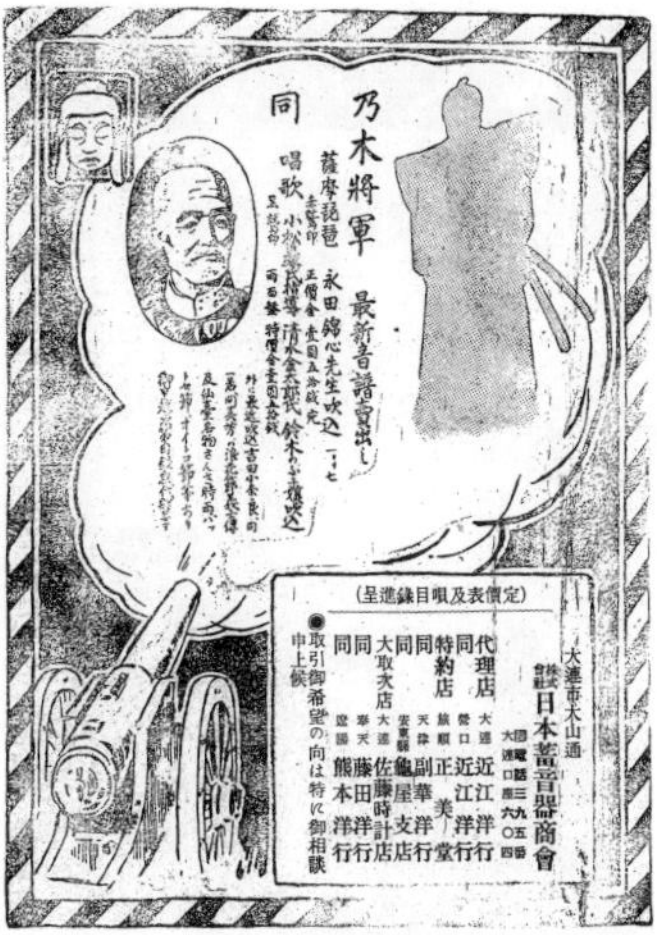

『満州日日新聞』
（大正元年11月20日全面広告）

聞』四日、『名古屋新聞』五日ほか報道）が一躍脚光を浴びたか、五日付『読売新聞』第四面は「純薩摩琵琶の泰斗 佐々木南山翁」の写真と「新作薩摩琵琶歌乃木大将」の歌詞とに覆われている。よく見ると片隅に宣伝があって、「仁丹」の一面広告であったことがわかる。

『読売新聞』（大正元年11月5日全面広告）

新作琵琶歌「乃木大将」

南山のその歌を読んでみよう。

もちろんこれも西南戦争での軍旗喪失という失態、また日露戦争でのわが子二人を含む数万の将兵喪失というマイナス要因を前面に出したもので、自刃の動機も、殉死の側面よりむしろ、そうした過去についての自責、謝罪というところに焦点がある。

大葬の日、「御真影の御前に」乃木大将「念じ申されけるは」、「臣《しん》は之れ西南の戦《たたかひ》に／軍旗を敵に委せたる／不忠の罪を大君に／死をもてあやまりまつらんと」、「雨とふりくる弾丸《たま》の下《もと》」に身をさらして来た甲斐もなく「我は残りてまのあたり／末頼もしき殿原の／屍《かばね》に代へし勝いくさ」という結果。

思ひまうけぬ現《うつ》し世を
生き長らへて洪恩に
報ひ奉《まつ》らん時なくて
今将た悲し大君の
龍賀昇天にあひ奉《まつ》る
あゝおぞましの我身かな
あはれ此期を逸しなば
臣の死すべき処なし

愛山詩の場合同様、大いに恥じる乃木もその「水もたまらぬ一刀を／莞爾と笑みてぬき放ち／腹かき切つて」の見事な死によって「げに武士《もののふ》の精華なり／げに国民《くにたみ》のかゞみなり」となって、歌も終わる。「あはれ此期を逸しなば／臣の死すべき処なし」という意識において、「死ぬべき時に　死なざれば　丈夫に非ず」と歌った愛山詩との連続性が明らかである。武士の悲壮美をうたう琵琶歌的感性の勘所というべきか、ともあれ、「恥をそゝぐ」人としての〈乃木〉像は、ジャンルを超えてかくも多くの歌になってうたわれた。それはもちろん乃木自身が「遺言条々」の第一において自ら提示した〈乃木神話〉を抜きにしては考えられない事態である。そこでも乃木は〈乃木〉を歌ったのである。

4 〈乃木もの〉パターンの発展

乃木レコード

乃木夫妻一周忌となる大正二年九月一三日、日本蓄音器商会は、すでにふれた琵琶歌の永田錦心と、浪曲の京山小円と東家楽燕《あずまやらくえん》との三者による「乃木将軍」をセットにした「乃木レコード」を大々的に広告している（『読売新聞』）。これなども琵琶歌と浪曲の連続性を示す事例の一つだろうが、このうち小円のものの節の部分は、「ああ偉なるかな乃木将軍／生きては武士道の権化たり／死しては護国の神となる」と始めて、乃木自作の短歌「遠くとも花ある道をたどりなむ　人にまたる、身にしあらねば」（明治四二年頃、『詩歌集』）などを巧みに繰り込んでその「花」に掛け、「大和心の山桜／散りては後に香をのこす」云々と繋げてゆく、といったものである（大宅壮一『炎は流れる』に拠る）。琵琶歌の世界から見ると、悲劇的な深刻味は薄れ、花も実もある浪曲的〈乃木さん〉の芽生えをすでに見ることができる。

さて、小円の浪曲にも「生きては武士道の権化たり」とあったように、〈乃木〉称揚の梃子の一つに「武士道」があったことは明らかだが、たとえばそのような形での「武士道鼓吹」は当時の講談・浪曲界全般にとっての武器、あるいは活性化の鍵でさえあった。「板垣伯や大隈伯が、日露の役に我兵の強かつたは軍書講談と云ふものが有つて、知らず〳〵士気を鼓舞して置ひたのが一因であると仰せられましたさうで」（『陣中珍談』）というのが講談師の自慢の種で、民衆レヴェルでのナショナリズムや武士道熱の高まりへの講談の貢献は認知されていたものの、明治末にはすでに衰退期にあり、「これにとってかわって、もっとひろい層にアピールし」つつあったのが浪曲であった（大宅前掲書）。

浪曲界中興の祖といわれる桃中軒雲右衛門《とうちゅうけんくもえもん》が「武士道鼓吹」を旗印に一連の赤穂義士伝で東京に進出し、歌舞伎座出演を果たしたのがまさに明治最後の年のことで、ちょうど上げ潮にあったこの業界にとって、〈乃木〉は願ってもない好適の素材であった。往時を知る浪曲師広沢瓢右衛門《ひろさわひょうえもん》は、「日本も日露戦争後は少し世の中が乱れてきたが、乃木夫妻の殉死によって持ち直した」という大宅の言を引きながら、こう回顧している。「浪曲の方もその通りで、義士伝も一寸色があせてきて困っていた」が、「そこへ乃木さんが現われて、尽忠至孝堅貞の土台を締め尚した。義士と乃木は時代が違っていても、連絡は充分ある。この時とばかり義士から乃木に転進した人も多い」（『瓢右衛門夜話』）。「義士」はもちろん赤穂義士で、乃木は死して幼少よりの憧憬の対象に同化する、あるいはそれに取って代わることにさえなったわけである。

『読売新聞』
（大正2年9月13日広告）

講談・浪曲的〈乃木さん〉の誕生

〈乃木歌〉が乃木生前から大いに歌われていた以上、講談や浪曲、あるいは後に詳説する浄瑠璃など〈乃木文学〉の各ジャンルが、〈乃木〉を主人公とする作品を乃木生前から準備、あるいはすでに完成・上演していたとしても異とするに足りない。『読売新聞』が早川貞水の講談筆記「乃木大将伝」の連載を開始したのは一〇月一日であったが、『新愛知』の伊藤痴遊「乃木大将」はそれより早い九月一九日に始まっており、一〇月三一日の『新愛知』には連載中の痴遊「台本」に基づく浪曲を京山小円が「明一日より御園座に於て開演する」との宣伝文がある。いわく「縦横に時勢と人情を語りて余蘊なき痴遊の傑作を、浪界の大立者たる小円の口舌に上りて如何に篇中の偉人を活現し来るか蓋し近来の聞き物なるべし」云々。これらが一朝一夕に仕上がる類のものでないことはいうまでもあるまい。

さて、物語性と音楽性を兼ね備えた、琵琶歌と講談の私生児ともいうべきこのジャンルが〈乃木もの〉で当てたのは見やすいところで、小円の弟子とおぼしき新人、京山若丸の公演「乃木大将」を講評した記事が『読売新聞』に出たのは、乃木自刃からわずか七〇日後の一一月二三日のことであった。「浪花節といふ低級演芸をこゝまで引つ張つて来たのはえらい、浪界の新人、幸に自重せよ」と大いに持ち上げた評価で、実際「乃木伝に先鞭をつけた人」はこの若丸であると一般にいわれ、また一説には、九州の「美当一調という軍事物の先輩」だともいう（広沢前掲文）。

いずれにもせよ、感動の創出をこそ主眼としよう講談・浪曲的〈乃木文学〉はこのようにして成立し、事実性への顧慮は希薄な地点に、主人公としての〈乃木さん〉は生い立っていった。そして時代は移り、雲右衛門が世を去った大正五年には、「武士道は浪花節とともに去りぬ」の感があったともいう。「活動写真（のちに映画）が目ざましく発達し、思想的には大正デモクラシー全盛の時代を迎え」てもいたからで（大宅前掲書）、〈乃木もの〉の主な舞台がスクリーンに移るとともに、それに付与される色が「武士道」から「軍国」へと微妙な変色を遂げていった。このころにはラジオ放送も始まり、大正末年の新聞には「ラヂオ機」「ラヂオ箱」の広告や、放送番組紹介の記事も目につくのだが、一五年の『読売新聞』には「童話　乃木大将の袋張」（二月一八日）といったものもあって、各ジャンル〈乃木もの〉上演の広告が九、一〇月だけで八件見つかる。

映画は、大正期のものを序章に瞥見したが、その後、昭和七年の五・一五事件以降は軍国化に拍車がかかって国策映画が増えるなか、〈乃木もの〉がブームの観を呈した。『想ひ起こせよ乃木将軍』（吉村操監督、河合映画、昭和七年）、『噫乃木将軍』（宗本英男監督、松竹、昭和九年）、『乃木将軍』（池田富保監督、日活、昭和九年ごろ）、『軍神乃木さん』（千葉泰樹監督、日活、昭和一二年）と続いた諸作を研究した山本喜久夫によれば、それらの多くが浪曲口演の語りで話を進める「浪曲トーキー」と呼ばれる作品で、その劇的なパターンにはやはり明確な同一性が見られるという（「戦時体制下の映画動向」、『世界の映画作家31　日本映画史』所収）。

老車夫「熊さん」の生成

その同一的パターンが例の、熊さんが「車上の人を乃木大将と知らずに一介の田助老爺《たすけろうや》の如く扱ひ、あとで乃木大将と知つて慌てふためき、種々の滑稽を演じる」を核とするであろうことはもはや多言を要しまい。その展開は、現在CDなどで入手の容易な〈乃木もの〉浪曲――寿々木米若《すずきよねわか》「或る日の乃木将軍」(テイチク「日本の伝統芸能シリーズ」浪曲20)、伊丹秀子「乃木将軍涙の墓参」(ポニーキャニオン「浪曲名人選」10)のみならず、DVD化されている映画『明治大帝と乃木将軍』(小森白《はく》監督、新東宝、昭和三四年)などでも十分に堪能しうるところで、これらのうち、後者の映画と浪曲「或る日の乃木将軍」とは、乃木と老車夫との間に生じる同じドラマを挿話として共有しており、「涙の墓参」の方は序章で紹介した桃川若燕の講談「松本紀行」とやはり同じストーリーである。さきに列挙した映画作品でも、ほとんど同じ話が反復されていたことは想像にかたくない。

ところでこれら諸作における老車夫は「熊さん」とは別人なのだが、両者の大きな違いは、前者が「松本紀行」=「涙の墓参」の老婆にも似て、息子を旅順戦で喪った老父として登場することである。そしてそれも実話に基づくといい、原型となった車夫と乃木との出会いは、若燕の『通俗乃木将軍実伝』(大正一二年)によれば「四ノ橋際《きは》の一の美談」と呼ばれている。ある雪の夜、四ノ橋を渡ったところで、道端にうち伏して苦しんでいる車夫を見かけた乃木、「守田の宝丹」(芳香解毒剤)を呑ませて介抱し、話すうちに、「はい倅は旅順の戦ひに病死いたし……」と聞かされる。やがてさし込みの治まった車夫に、「これを進上するから着て帰れ」と乃木が着ていた「大マント」を脱いで与え、名を聞かれても「聞くに及ばん、乃公《わし》は人《ひと》だ」と立ち去る、というものである。

どこまでが事実かはさておくとして、「美談」としてこのようにしばしば語られることで「老車夫」は、やがて〈乃木物語〉になじみ深い形象の一つとなってゆく。それが発展していつか様々に尾鰭をつけ、あるいは変形を加えられて結実した人気キャラクターが「熊さん」であったと見てよかろう。とりわけ、今一つの「美談」である「辻うら少年」の逸話と接合してオール・スター・キャスト を狙うような場合では、戦死の絡む悲劇は少年の方が引き受けることになるぶん、熊さんの役割は喜劇の側へと重心を移しがちとなって、息子が旅順で戦死して、という要素は劇的な必要性が希薄化するとも考えられる。

おい、水戸黄門をやれ

いずれにもせよ、これら講談・浪曲的〈乃木物語〉が決して欠くことのないファクターは、熊さんに代表される庶民が、相手を乃木と知らぬまま乃木と話し、かつ乃木を話題にするという成り行きである。若燕の同じ本に収められた口演にはさらに、信州篠ノ井の駅で助けた老爺と懇意になった乃木が、身分を明かさぬまま彼と話すうち、その息子が「旅順の松樹山の戦に左の足を切り落し」た「癈兵」で「長野癈兵団」結成の資金調達のために働いていると知れる、という話もある。感動した乃木は、勧められるままその家に泊めてもらうことにし、話すうち、乃木大将に似ておいでだが、と幾度か疑われる。否定し続けたものの、当の息子が帰宅して「乃木閣下ではございませんか」「いや俺《わし》や知らん」の押し問答となる。

が、あの日「閣下は第一線を御巡視なされ、あれが補備砲台だぞ、あれを遣るのだ、しつかりやつてくれ、頼む〳〵と仰せられました故に、美事に職務を尽しました」とまでいわれると、「ウーム、いや其節は、大きに御苦労でした、俺《わし》は隠すことも出来まい、如何にも乃木希典ぢや」とついに名を明かす。「ウヘエー知らぬ事とて、先刻は……」と爺さんは縮み上がり、「何の心配いたすな」と乃木。

息子に対し、今のお前の働きは「感心の至りである」、東京へ出たら寄ってくれ、「何時《いつ》でも尽力してやる」と心をこめて語りかける。

さて、こうした展開から「水戸黄門」を連想しない日本人は少ないだろうが、若燕はその近似を特に恥じる気配もないようである。どころか、むしろ自らその近親性を告げるかのように、この逸話を締めるに際してこう語っている。

　将軍は徳川光圀公の誠忠彼《あ》の人は勤王の士なりと賞されました、晩年の巡遊記は面白き事なりとて、御話がありましたが、信州旅行は其光圀公の巡遊記にもまさる事でありました、

〈乃木〉巡遊の物語は「光圀公の巡遊記にもまさる」というわけで、若燕版〈乃木もの〉の下敷きに「水戸黄門巡遊記」があることを、いささかも隠し立てしないわけである。「水戸黄門」の磁力に身を委ねつつ〈乃木〉を語るという定型が若燕に発するものとは俄に断定しがたいとしても、それを発想することにおいて一番有利な位置に彼がいたとはいえるだろう。というのも、乃木自刃後間もない出版にかかる『乃木大将陣中珍談』のなかで、若燕は彼自身、乃木その人と交わしたこのような会話を伝えているからである。つまり日露戦中、乃木発案の「招魂祭」に付随しての「寄席的な演芸」でのことである。

偖《さて》講談は何を演じませうかと御尋ねすると、
「水戸黄門記を知つて居るか」
「弁《わきま》へて居ります」
「黄門記を演《や》つてくれ、俺は人の臣として加藤清正と水戸光圀位ゐ偉《えら》い大者は無いと思つて居る、一番面白い所を演つてくれ」

奉天激戦後の長い滞陣においてもたれた余興でも、一兵卒が『水戸黄門伝』の浮かれ節を読むのを楽しそうに聴き、「後には『おい、水戸黄門を遣《や》れ』と催促することもあつた」といい（碧瑠璃園前掲書）、「黄門」物語を乃木が愛好したことは否定のしようがない。それも、加藤清正に比される「忠義」のような徳目にのみ関心があったというわけではなく、いささか通俗的な黄門様の「漫遊」ドラマを結構喜んだらしいことが、若燕の語りには匂わされている。とすれば、死後に花盛りとなる〈乃木文学〉において〈乃木〉がどんどん「黄門」化してゆくという次章に再説する経緯もまた、浪曲界において赤穂義士に取って代わったことにも似て、憧憬対象に吸収され同化してゆくという、乃木の幸福な死後を照らし出すのかもしれない。

「御微行」の乃木さん　ではここで、ほとんど恥ずかしいまでに〈乃木〉が「黄門」に似てしまった例を見ておこう。さきにふれた大正一五年の『読売新聞』所載の津田清美口演、「浪花節　軍国の神（乃木将軍）」である。

浜松停車場で三等列車を下りた乃木将軍と山田副官（乃木最後の副官となった山田龍雄大尉は乃木の絶筆とされる「熟慮断行」を贈与された人として知られていた）の二人連れ。人力車を「いらん」と断って「活発に歩き出す」。旅行の目的は旅順戦死将兵の慰霊とその遺族への見舞い、「難儀してゐる者はないか」と訪ね歩く「実に有りがたい御志し」。たまたま泊まることにした貧しい木賃宿で、夕食を終えたところへ現れたのが乱暴な借金取り。大声で宿の老主人をなじり、果ては借金のカタだと乃木の蒲団を取り去ろうとする。

「待ち構へてゐた山田副官、山『何をするツ此の鬼め』大喝一声顔面をポカリ、後へ倒れんとしたやつを将軍が胸元をグッ……」。礼を言われた乃木が訳を尋ねれば、老主人語っていわく、先祖は国家老までした武家だが、明治の廃刀以降は店を持っても失敗続き、「詮方なしの木賃宿」商売、二度目の婿は「誠に心懸けの良いと、喜ぶ間もなく日露戦争に召し出され、旅順の戦ひで戦死なし、お国の為めとは云ひ乍ら、私共には両腕もがれた思ひ」。と、ここで「節」が入る。

節〽　偶《たま》には愚痴も出ますが、噂に聞けば乃木将軍は二人の息子を亡《な》くしたとやら、恨んじや済まない君の為め。

乃木将軍様の御心の程をお察しして申して諦めまして御座いますと、

節〽　現在《いま》乃木大将と知らずに云ふた時に将軍思はず顔を背《そむ》け。

乃「何とも気の毒の至りじやノ」

主「それから旦那様、不幸な時は不幸なもので、

節〽　不憫や娘は腹に置き土産、早くも月満ちて生れたのが男の児続く苦労に血は上り枕も上らぬ大病人、アヽ年寄りのながらへて、何楽しみのあるべきぞ……

山田副官「ハンカチーフで眼を拭《ぬぐ》ひ」、乃木も「ムウ泣かされた〳〵」、しかし「七転び八起きと云ふ俚諺もある、マア心配せんがよい」と慰める。翌朝、頼まないのに作ってくれた弁当を喜んで受け取り、取らぬという宿料を強いて取らせて出立。が、五六町行ったところで、駆けてきた老主人が追いつく。開けて見た宿料は破格の大金、「御間違ひと存じまして」。まあ「取つて置け」と立ち去る二人にすがる主人、「昨晩からの御様子、由ある御方と見参らす、〔中略〕叶うことなら御名前を」。

誠心《まごころ》こめた主人の言葉に、副官もホロリとなし山「誰にも御名前を仰せられぬ御微行ではあるが、汝が心にめでゝ、聞かさう、あの方はナ最前お前の云はれた通りお息子《こ》を二人までも亡くされた乃木陸軍大将閣下だ」主「エツ、エツそれではアノ旅順口で有名な大将様でございましたか」

〝乃木黄門〟の「御微行」に「山田副官」という名の「助さん格さん」まで随行している。山田が乃木最後の副官であったことはすでにふれたとおり事実だが、いっしょに「御微行」したことなどは、昭和二年に出た前掲の遺著『陸軍大将伯爵乃木希典卿逸話』にも出てこない。こうした話の虚構性に

苛立った長谷川正道は、前掲『敬仰乃木将軍』に「水戸黄門式の行脚」なる一節を設けてまとめて批判しているほどだ（次章参照）。

うんと睨んでやるがいい

ともあれ、「水戸黄門」的「御微行」の枠を借り、その設定を厚顔なまでに徹底してゆくことで〈乃木もの〉の悲喜劇的高潮に磨きが掛かったとはいえそうで、基本的に同じ話である若燕の「松本紀行」（大正元年。序章参照）とその一〇年ほど後の「信州墓参」を読み比べてもそのことは感知される。その後、他の浪曲師が口演した「信州紀行」「乃木将軍涙の墓参」、また前掲の映画『乃木将軍　護国の神＝信州墓参』など、ほとんど無数の作品が同じ話を踏襲しているに違いないのだが、それらに共通するであろう悲喜劇のツボは、要するに、乃木面前でその人を乃木と知らぬまま乃木を非難する遺族（「松本紀行」に発する話では老婆）の言葉が、「乃木将軍と聞いてさへ腹が立ちます」「出て行つて白眼《にらめ》つけてやらうと思ふております」とどんどん過熱して乃木の古傷に切り込むことで、「おう尤もだ、うんと白眼《にら》んでやるがいゝ」と忍び泣く乃木への同情を深化する仕掛けになっていることである。

とまれ、かくして物語は増殖してゆく。昭和三一年発表の池田信太郎の小説「嗚呼乃木将軍」（志村有弘編『将軍乃木希典』所収）になると、熊さんも老婆も出て、本書で見てきたほとんどの仕掛けを揃えた上で、辻占売りを少年でなく少女に変えて設定することでさらなる涙を狙った総動員的ヴァリアント、虚構的〈乃木文学〉の一極点を示すことになる。

将軍もつらいよ

これら講談・浪曲的〈乃木さん〉像は、たしかに正義と慈悲と思慮に満ち、かつ権力という切り札を隠し持っている等の諸点で、「水戸黄門」への類似は隠れもない。が、決定的に異なるのは、かつての戦で数万の犠牲者を出した前者が脛にもつ傷であり、ここを衝かれると〈乃木さん〉はグウの音も出ない。そしてその傷がまた、彼を乃木とは知らぬ犠牲者の遺族によって悪意なく衝かれるがゆえに、彼の心中の悲痛は倍加する。〈乃木さん〉のこのような弱みは黄門にはない。黄門さんは不幸な庶民に同情して泣くかもしれない。だが、〈乃木さん〉が泣くとしたら、同情よりむしろ自分のこととして泣くのである。

大正から昭和前期までの日本の民衆は、正月映画やラジオ浪曲や大衆演劇の舞台で、毎度おなじみのパターンであると知りつつ、飽くことなくこの〈乃木さん〉を鑑賞し続けた。そのことは、昭和後期も映画やテレビで繰り返し制作されてきた「水戸黄門」シリーズの場合にたしかに似ているが、さらに酷似するのは、たとえば一九七〇~八〇年代の人気映画シリーズ『男はつらいよ』などの場合ではあるまいか。その主人公、渥美清の演じた「寅さん」から見れば、もちろん〈乃木さん〉は、総体的に見てはるかに立派な人である。だが、黄門様にはない決定的な弱点を抱え、善人によって悪意なくそこを衝かれて心で泣く〈乃木さん〉の後ろ姿は、失敗し、失恋し、自分の駄目さに心で泣く寅さんの大きな背中に重なって見えないでもない。ふらりと旅先に現れて、出会いを大事にする飄逸なる人情家……。日本人が飽かず愛好する悲喜劇的アンチヒーローの類型として、両者が多くを共有しているのは不思議なことではない。

特に浪曲の場合、「必要とされるのは《ともに泣く乃木さん》なのである」と前出の真鍋昌賢は書いている。「教材に描かれるような『教化のための乃木像』はあまり重要ではない」し、「社会構造の風刺・転倒をねらう」のでもない。「逃避できない社会の仕組みの中で、《耐えて泣く人々を理解する偉人》を欲する願望が、『乃木さん』にたくされてい」たのだ、と（前掲文）。鬼神の裏の温顔で、この「偉人」は泣いている。それも子供がらみで……。この〈乃木〉像は、それを欲する民衆の願望を察知した芸術家たちによって、ふんだんな尾鰭と変形を加えられて増殖したが、その発生源がまったくの虚構であったというわけでは決してない。その微妙な虚実の皮膜に探りを入れることが、次章の課題の一つとなる。

第五章　〈乃木式〉の世界

1　質素・謹厳の極

〈乃木式〉を恨む少年

『軍神　乃木希典の生涯』を著した大正一三年生まれの作家、福岡徹は、「幼少のころ、勇将乃木、軍神乃木を尊敬する父親にいわゆる『乃木式』の教育を受けた」ことを、恨みがましく書き連ねている。

「山川草木」の詩を暗唱させられ、「暑い」「寒い」ということを禁ぜられ、川の真中に出来ている州から泳いで戻ってくることを求められたりした。命ぜられたことが終わるまでは、「飯を喰う事はならん」と言われたものである。

一冊一五銭で送られてくる「乃木式」というパンフレットほどの雑誌をうらめしく眺めながら、

「軍旗を失うような軍人がエライはずはない」と秘かに思い続けていた。

（「『軍神』拝呈に際して」、福田恆存前掲文の引用に拠る）

かくして福岡少年は「『乃木式』さえなければ、毎日が愉快にすごせるに違い無い」と思い暮らす。「乃木式なる新流行語」の一般化は明治四〇年、乃木の学習院長就任後のことであったが（第一章参照）、語自体の発生はこれよりはるかに古く、日露戦争で乃木軍兵士の一人であった桃川若燕も、従軍中から「乃木式と云ふ言葉は折々聞」いた（『陣中珍談』）。それ以前から乃木の部下であった長谷川正道によれば、日露戦前後の陸軍「青年将校」の間で、「お互ひに粗暴、粗略な行為をすると、それを『乃木式』と云ふて自慢したもの」で、「則ち武張つた事をするのが乃木式だと先輩からも聴かされた。その意味で乃木将軍は我々若い者に好かれてゐた」（前掲書）。

そして「乃木式弁当」「乃木式握飯」といえばどういうものか、陸軍内では周知だった。たとえば明治三二年一月二日、讃岐の第十一師団長であった乃木が、部下を率いて象頭山上で開いた盛大な新年宴会の経緯。すなわち「乃木式握飯を承知してゐた部下の将校達は、皆師団長に倣つて握飯の弁当を持つて行つた」ところ、実はそのことを先刻見透していた乃木が「窃《ひそ》かに料亭に命じて酒肴を届けさせ、殺風景なるべき新年宴会を愉快に過ごさせた」という（『読本』）。

その後定着していった〈乃木式〉のイメージはざっとこういったところであったが、しかし実は、この語の使用は明治二〇年以前、つまり乃木のドイツ留学以前にも遡ると桜井忠温は回顧している。

とあれば、そのころの乃木がその後とは別人のごとき闊達な人物であったこと第二章で見たとおりであるから、「少佐位までのころは乃木式といへばハイカラ」あるいは「伊達模様といつてい丶のでありました」（『人・乃木将軍』）。この〈乃木式〉がその後忘れられたことはいうまでもないのだが。

乃木式火鉢

〈乃木式〉の語の用例ということになると、実は維新前に遡るともいう。幼なじみの「仙俗庵主人」こと桂弥一によれば、彼らの少年時代、乃木家の弁当はいつも梅干し入り麦飯の握り飯に醤油をつけて焼いたもので、「乃木式弁当とさへ云へバ」これを指したという（『万朝報』大正元年九月二四日）。これが桂の記憶違いでなければ、この語は、長府町内という限定つきではあれ、幕末期すでに使用されていたということになる。

雑誌『乃木式』225号
（昭和８年11月表紙）

ただ、この場合〈乃木式〉で主に意識されている〈乃木〉は希典でなく父希次であったといわなくてはならない。「寒い」「暑い」「痛い」を絶対にいわせないその教育法は第一章に見たとおりだが、「名物侍を以て目せら」れたこの「剛健の武士」（横山前掲書）から希典が受け継いだものは大きく、〈乃木式〉として知られる諸事象・諸様態のうちに希次は生き続けていたともいえる。そしてそれは希典を通過して「両典」すなわち勝典・保典の二子のうちに、さらに生き延びるはずであった。その実践の極点にあるほとんど戯画的な現実が「乃木式火鉢」だろう。

『兄様、寒くてしやうがないから、また火鉢を出さうか？』

『よし、来いッ！』

これが相撲の初まりである。暖を取る何物も与へられない二人は、冬はよくかうして乃木式火鉢を出した。あまりうるさいと夫人は静かにいつた。

『い丶加減温まつたでせう。もう火鉢を取片附けなさい』（『読本』）

「寒い時は暑いと思ひ、暑い時は寒いと思へ」というのが学習院長就任早々、乃木が発布した〈乃木式〉訓示綱目の一つであった。「健康の時は無理の出来るやうに体を鍛錬せよ」というのがもう一つの訓辞で、したがって食も粗にせよ、なぜなら、この頃の医者が薦めるように「常から牛乳や牛肉を食べる癖をつけると、一朝有事の際にも粗食に甘んずることが出来ず、戦闘力の上からも経済上にも、寔《まこと》に困つた結果を生ずるといふことは、欧米の書物が証明してゐる」。第一「私《わし》の子供達も稗飯で育て丶来て〔中略〕立派に壮健に育つとる」（『読本』）。

これらを「口癖」とした乃木本人は、もちろん粗食を率先躬行した。「世人の多くは幼時の貧しいほど成功の後は奢《おごり》に耽りたがるもの」だが、乃木の場合その傾きは微塵も見られず、「全人類の尊敬と思慕を一身に集めるやうになつ」た晩年もなお、主食は稗飯で通した。副食物は「一汁一菜」で、穀類・野菜のほか味噌・醤油・炭・薪などはすべて那須野石林の別荘または東京自邸の畑で自作したもの、他から買い入れるのは塩・砂糖ほか二、三のみ。珍客があると一流の洋食店へ連れ出して御馳走し、自邸へ取り寄せることはしなかったが、それは子供に「悪い習慣」や「いやしい根性を起こさせるのが面白くない」からだと客に告げた（『読本』）。

御馳走を叩き付ける

日露戦争中のこととしてはこんな逸話もある。二〇三高地攻撃を前に高崎山観測所の第一師団司令部に乃木・児玉を含む数名の高官が結集した際、特別に蠣・鶏肉・鶏卵・葡萄酒による「御馳走」が用意されていたが、入ってきた乃木がこれを見るや、そこにいた高級副官を叱りつける。「一体日本人には一汁一菜といふ事があ」って、自分はこれを「是非広く及ぼしたいと思つてをる」、日清戦争中もたびたび同じことがあったので「終《しま》ひには叩き付けてやつた。――一体人に馳走をする奴は、自分も食ひたいからだ」と。「以来第一師団司令部では『乃木式』だと言つて、一汁一菜の外には馳走といふものをしなくなつた」（鹿野『乃木大将言行録』。大伴編・大嶋各前掲書にも同内容記事）。

この逸話には、しかし、事実性を疑う声もある。長く乃木幕下にあった白井二郎陸軍中将の大正一五年の談では、御馳走を叩き付けたなどというのは「講談師一流の御話でいくら将軍だつてそんな乱暴な事をされた事はない」（「謹厳も他に強ひず」『乃木将軍写真画報』）。桜井忠温も証言する。「折角人の作つてくれたものは御馳走《ごちそう》々々と云つて喜んで食べ」た。ただ、「折角の御馳走を一つの皿に盛つ

奉天会戦後の乃木軍幕僚の祝宴
(『日露戦争実記』第34巻〔明治38年4月〕)

て、くる〳〵と混ぜて食べた」こともある。「腹の中に這入つてしまへば同じだからといつて」(『人・乃木将軍』)。

「和御魂」か「荒御魂」か……。同じく「御馳走」を前にした際の同一人物の、この多面性。これもまた〈乃木物語〉の世界にふさわしい事態というべきなのだろう。乃木が御馳走について苦言を呈した、というおそらく事実であろう出来事が、〈乃木〉の振る舞いとして語られる場合、このように派手な尾鰭——しかも相互に矛盾するようなものさえ——を付けて膨らんでゆく。

いずれにもせよ、〈乃木〉の名が「質素と謹厳の代名詞」(『読本』)と見られたこと自体は動かしがたい。実際、連隊長時代の乃木は、厳寒の夜の週番士官のために火鉢を、との願い出も政府のお達しだからと許さず、「手が凍えて困るならば卓子を指でコツコツ打てば良いではないか」と叱ったが、「何にしても大将自身が実行せらるるので、他の者は敬服せずにはゐられなかつた」と伝える(佐藤少将談、『明治大帝御偉業史』)。さらに日清戦争中には、風雪を押しての行軍で耳が「凍傷病の冒す所となり〔中略〕今は悉く腐蝕し」ついに「両耳を落」したとさえ報じられたのだが（『読売新聞』明治二八年三月二七日）、これとてあの〈乃木〉ならば、と誰しも信じてしまいかねない物語であったのだろう。

日露戦争中になると、逸話はさらに豊富で、乃木司令官室では夏は蚊帳《かや》があっても吊らず、冬は火鉢があっても用いなかったことには多くの証言がある。参謀次長が健康を気遣って勧めても「第一線にゐる将卒の苦労を思ふと、とても……」ときかず、「若い将卒連」や次長は傍らで「心苦しく感じ」ながら蚊帳や火鉢を用いていたという。二月上旬のある極寒の日のこと、第一師団長として赴任した飯田俊介少将がほんの三〇分ほどのつもりで乃木を訪ねたところが、「螢のやうな火を入れた手あぶりが一個きり」の広い司令室で乃木が「作戦計画を諄々《じゅん〱》として説示し」続けること二、三時間、寒さに耐えかねて部下に外套を持って来させてもかまわず「更に二時間」。飯田師団長、幕僚に語っていわく「兼ねて乃木式を知つては居たがまさか、彼程《かほど》とは思はなんだ」（桜木寒山『千古の大偉人乃木大将』）。

2　崇敬され、煙たがられる

乃木式人格を作らんとせば

〈乃木式〉質素の徹底ぶりから「大将を目して一箇の吝嗇家となす」見解が流布したのも不思議ではないが、三〇年来の知己、塚田清市はそれがあくまで「訛伝《かでん》」であることを強調している（『事跡』）。金銭的価値に執着することが「吝嗇」なら乃木ほどそれから遠い人もないのであって、戦地での招魂祭で喜捨金を集めるときなど、「いつでもポケットに入れてある金入を其の儘《まま》」二〇〇円でも三〇〇円でも出した（長谷川前掲書）。学習院時代も月給は幹事に預けきり、必要あって引き出そうとするとき、指を一本挙げれば一〇〇円、二本で二〇〇円を意味したといい、学習院ではこれを「乃木式符号と名付け」（『日本』大正元年九月一五日）、あるいは「乃木式の給料と言つて居た」（鹿野前掲書）。

もちろんそんな太っ腹も高収入あってこそのことで、学習院長時代には「恩給、俸給を合すれば、殆んど一ヶ月千円に達する収入」があった（西村前掲書）。ちなみに同じころ東京朝日新聞社専属作家であった夏目漱石の月給が二〇〇円（東京帝大講師時代は一〇〇円）、同社校正係石川啄木のそれが二五円。車夫などは月収一〇円台が相場であった。つまりそれだけの高額所得者でありながら、夫人ともども衣食住の贅沢を一切排して「質素」で通す。ではその途方もない収入を乃木が何に費やしたのかといえば、その一つが、有益と信じた古書を自ら復刻・刊行・頒布するという事業であった。その漢学的素養はすでにふれてきたとおりで、自他ともに許す「軍人中の学者」（塚田清市談『記念録』）であった乃木は、尊崇する山鹿素行・吉田松陰の遺著をはじめとして「有益なる図書で市井に発売してゐない珍本を自費で刊行して知人に贈られた」（長谷川前掲書）。知られるかぎりで一三点（同書）、部数は総計三五〇〇にも達する書籍の復刊に「巨多の資を投じ」られたのである（岡田正之『記念録』）。

そのうちの二書、山鹿素行著『中朝事実』と三宅観瀾著『中興鑑言』とは、自刃数日前の乃木が皇儲迪宮《みちのみや》すなわち後の昭和天皇に献呈したことで一躍脚光を浴び、特に前者はそれを機に新刊本も続々と刊行される（次章・終章参照）。なかでいちはやい発行の浅田文雄訳『新訳中朝事実』（広文堂、一〇月一〇日刊行）の「例言」に「本書の台本は故乃木希典閣下の復刻せられたるもの」とあるのを皮切りに、これを「台本」とした『中朝事実』が、「乃木大将閲」「乃木希典閣下訓点」といった言葉をうたい文句に続々と出回り（金港堂・大正二年、帝国報国会・同一三年ほか）、かくして『中朝事実』テクストの一つとして「乃木本」の呼称も定着する。

そして、この素行とその流れを汲む吉田松陰とが乃木の崇敬措くあたわざる二大先達であったことも、事件後の乃木ブームとともに広く伝わり、素行遺著にして松陰講述になる『武教小学』の新聞広告はこううたっていた。いわく「本書は乃木大将が畢生の愛読書たりしもの乃木式人格を作らんとせば本書を読め」と（『東京朝日新聞』大正元年一二月三日）。「乃木式人格を作る」ということが本屋の宣伝文句になるほどであったわけだが、では、その目指さるべき「乃木式人格」とは、「質素と謹厳」のほかにどのような徳目を含むものと見られていたのか。以下、それらを見届けてゆこう。

乃木式乾杯の日本主義

まず、乃木の自費刊行になる「珍本」には、これら素行・松陰著のほか紀維貞著『国基』などが含まれており、その傾向からも乃木が「有益」と信ずる書籍の国粋主義的傾向は明白である。これに加えて横山健堂は、「質素」「謹厳」という代表的〈乃木式〉の二条について、それぞれ「簡易生活」「厳格勇猛」と言い換えることで「日本精神、日本趣味といふ事に帰着す」るという論理をも繰り出して、〈乃木式〉即「日本主義」という命題の傍証としている。「乃木式といふは日本精神趣味の表現に、大将乃木の人格的色彩を帯ぶるものなり」と（前掲書）。
実際、乃木の献呈を受けた昭和天皇が最晩年もなお「大切に保存されてい」た（吉川寅二郎『嗚呼至誠の人 乃木希典将軍』）という『中朝事実』は、中国ではなく日本こそが真の「中朝」であると説いて「日本主義」の一極点を示す書物にほかならず、乃木におけるその信奉は隠すべくもない。学習院長就任後は、旧来の学則に「聖人之至道を履《ふ》み、皇国之懿風《しふう》を崇《たつと》む」とあったところを「これ本末転倒なり必ずや日本を先にせざるべからず」として「皇国之懿風を崇とみ、聖人之至道を履む」に自ら書き改めた。「事些細たるに似たれども、そこに大なる主義が籠つて居るのである」と（猪谷前掲書）。

祝杯を挙げる場合の日本酒へのこだわりも、この「日本主義」の一環と見られた。一例を挙げれば、「学習院長の大命を拝した」乃木が石黒忠悳を訪ねて、「僕は学問的に教育を受けた者ではないから」との「心配」を告げた際、石黒が「所謂教育でなく、それ以上」のところにこそ陛下の「叡慮」があるのだからと説き、「乃木もこの一言で非常に安心し」た。では祝杯じゃ、と葡萄酒を抜こうとしたところ、「乃木はそれはいけない日本酒にして貰ひたいとて、平常《へいぜい》嗜んでゐた葡萄酒を廃《や》めて日本酒を選んだ」。そこに「乃木の性格」つまりは〈乃木式〉が「仄《ほの》めいてゐる」と石黒（「真の女丈夫」『新婦人』大正元年一一月）。

また明治四四年、演習を陪観した英独仏三国の武官を主賓とした京都ホテルでの乃木主催の私宴でも、日本酒での乾杯が「乃木式乾杯」と呼ばれた。料理は洋食ながら酒・煙草は安価な日本製品、

「宴酣《たけなは》にして、大将起《た》つて陪観の労を謝し、乾杯して其健康を祝するや、一同日本酒の杯を挙げて乾杯す。人戯れに乃木式乾杯とい」った（『事跡』）。

完璧なる軍装

〈乃木式〉もまた巨大な〈乃木物語〉群の一角を占める言説である以上、尾鰭をつけて膨らんでゆくという物語法則の例外ではない。たとえば〈乃木式〉質素の誇張の果てに、講談・浪曲的世界では「汚い盲縞の着物を着て、よれ〳〵になつた帯をしめ、尻はし折りに草鞋穿き、といふ、きたない爺」が実は乃木大将だった、というのがおなじみのパターンとなるが、それらは「皆講談師が扇子から叩き出したウソである」と桜井忠温。乃木は晩年も「至つてハイカラ好みの人」で、いつも「小さつぱりしたものを着て」「いかな時でも、汚い、よれ〳〵の帯などをしめるやうなことは」なかったという（『将軍乃木』）。

服装に関してはむしろうるさく、学習院長時代も「靴なんかピカピカに光っていた」と当時の生徒、東久世昌枝。「とにかく身だしなみについては非常にやかましく言われましたね。いわゆる弊衣破帽といったのは嫌いだったな」（座談会「われらが学習院長〝乃木さん〟」本多光夫編『〝ザ・マン〟シリーズ　乃木希典』）。日露戦争陣中でも軍靴や徽章はつねに磨かれて輝き、その軍装がつねに「絶対的完璧」（absolute perfection）であったことへの驚嘆をウォッシュバーンは書きとめている（前掲書）。戦後の東京で辰野隆らの目に「清々しくハイカラな軍人」と映じたのも（第二章参照）、その軍装に意を払っていたからにちがいなく、軍服についてはつねに「服地は最上の品を使ひ、仕立も最高の手を加へよ」と命じたと『読本』も伝えている。

そしてこの軍服へのこだわりということがまた〈乃木物語〉の一系列をなす。最も繁く語り継がれたのは、旧知の石黒忠悳が明治一一～三年のころのこととして紹介した次の逸話だろう。ある暑い日、乃木連隊の兵営から遠くないその家を訪ねると、乃木は「此暑いのに整然と白の軍服を著し、エプロンの附いた靴を穿いて居」る。「此暑いのに軍服で靴とはいかにも厳しい、何《いつ》れかへ行かれるのなら帰るから」と問うと、「どちらへも行くのではない」との答え。

それから種々の話をして居ると、兵営の方で就寝喇叭《らっぱ》の音が聞えた。其時君《くん》は、今迄の話を止めて、石黒君、あの喇叭を吹く兵卒はどうであらう、「決して暑いからとて、浴衣や裸体などでは居ないぜ」と申された。（石黒前掲書）

「陸軍切つてのハイカラ」といわれた留学以前の時代、すでにしてこうであったというのである。帰国しては軍当局に提出した「意見書」に「独逸国軍人ガ能ク自ラ名誉ヲ愛重スルノ一例ヲ挙グレバ、将校等ガ居常必ズ其制服ヲ脱セザルニ於テモ亦見ルベシ」（宿利前掲書）以下連綿と軍服尊重論を説いた経緯もあって、こだわりは並大抵でないように見えた。「以来、寝食坐臥未だ嘗て軍服を解かず人に語つて曰く武臣国に尽す者造次顚沛《ぞうじてんぱい》〔わずかの間〕も有事の日を忘る可からずと」（高橋立吉『日本新英傑伝』）といわれたほどで、実際、勝典戦死を悼む新聞記事には「父なる男爵ハ非常に厳格なる人にして日曜を除くの外はハ軍服を脱することな」いと書かれていたし（第二章参照）、戦後も熊本出張で旅館滞在中「湯殿にまで、軍服を着けて行く」姿が目撃されている（『読売新聞』大正元年九月一九日「銀座より」）。

名誉ある軍服を辱めるな

他人に対してもうるさかった。実弟玉木正之が軍人になったときには「お前がもし軍服で旅行する場合には、汽車は一等か二等にせよ」、三等はならぬと誡めたが、それも「名誉ある軍服を辱めるな」との趣旨で（『読本』）、また「遺言条々」末尾にある正之に向けた付記のような一文には、遺児、玉木正諠《まさよし》の遺贈した「恩師ヲ頌ツト書キタル金時計」は「軍服以外ノ服装ニテ持ツヲ禁ジ度候」とある。

相手が欧米人でも容赦はない。讃岐の師団長時代、練兵を見に来た「英国の某大佐」が「背広服に洋傘《こうもり》と云ふ扮装《いでたち》」であったので、その歓迎会の席上「本官の最も遺憾とする処は、貴賓が其名誉ある軍服を着て」おられぬことだと直言し、通訳の山口参謀長に冷や汗をかかせた（西村前掲書）。

自宅に客があった場合も、軍服着用者を上座に、それ以外を末座に座らせる（黒木前掲書）という徹底ぶりで、この〈乃木式〉は学習院でも面倒を生じた。乃木院長、猪谷学生監以下、数名の教員が軍籍にあったからで、猪谷は着任時に院長直々「君には是非軍服を着て居てもらひたい、それが為めに陸軍現役中と同等以上なる官等に採用してもらつたのである」と申し渡されていたが、これを単純に、軍籍者は軍服の着用が望ましいという程度に理解していた猪谷は、卒業式の日、乃木の「大不機嫌」を買うことになった。すなわちある少尉で判任官待遇の教師が軍服帯勲で出席したところ、乃木は猪谷を呼びつけて叱正した。そのようなことを許可すると「軍人としては堂々たる高等官の上席に立つべき人が、或は判任官の末席に就く」という可能性が生じ、そうなると「全く名誉ある軍服を恥かしめる様な結果になる」と（猪谷前掲書）。

「如何にも道理至極な次第」だが、「少しく窮屈に過ぎる様な傾きがないでもない」と長く軍部に生息してきた猪谷にして思う（同書）。「窮屈」といえば、日露戦争中にはこんなこともあった。第三軍の管理部で蓄音器を買ったと聞いた乃木、部下を呼んで問い質した上で、「軍費に蓄音器の費目はあるまい、流行にせよ宜しくない、夫《それ》は私《わし》が払ふといふて、大将の俸給中から支払ふ事に言渡された」（半井桃水談『明治大帝御偉業史』）。

乃木自ら配達した「頌恩賜」の金時計
（『回顧 乃木将軍』）

乃木さんの時計配達

また戦後は「乃木さんの時計配達」と呼ばれる「佳話」もある。明治四〇年九月、伯爵位を授けられた乃木は、「乃公《おれ》の勲功《てがら》は決して乃公一人の勲功ではない」との思いから、その恩賜金で裏に「頌恩賜」と彫った金時計三ダースを作らせ、部下であった将校たちに配った。しかも「自分で其の時計を携へて、一々将校の家を訪ね」、本人か、不在なら家族の者に渡して「飄然とかへつた」（中村醒水『軍神乃木将軍』）。さらに付け加えれば、山岡〝盲中佐〟のためには、「普通の品にては不自由なるべしとて、引打《ひきうち》（ノッチを引くなどの操作により音で時刻を知らせる機能〉の金時計を贈りたりとぞ」（福島成行『乃木希典言行録』）。

部下への配慮と愛、またそれを直ちに実行に表す行動力、といった〈乃木式〉の別の側面とも相まって、これはたしかに「佳話」だが、一部の穿った視線からは、こんな不平も出るかもしれない。

――ちょっと芝居がかっちゃいませんかい。それにそういうことをされると、同じような立場で恩賜金をもらって何もしなかった人、またこれからもらう人が困るんじゃありませんか……と。

車掌台に立つ乃木大将

周りがどう思おうが、自分の流儀を通す。それもまた〈乃木式〉の一面目であった。そのことを示すものと見られた光景の一つに、電車に乗っても坐らず車掌台に立つ乃木の姿があった。その目撃者の一人が「フロックコートを着た乃木将軍」と呼ばれた前出の山川健次郎で、白虎隊の生き残りから立身して物理学を究め、三帝大総長、貴族院議員を歴任し、「如何にも武人乃木大将に匹敵するほどしかく立派な風格」をもつ希有の文人といわれた山川は、また当人も実際「乃木さんは実に完全な人間であつた」と崇敬を隠さなかったが、今なお了解しえないこの行為について「定めて何か深い理由があつてのことであらう」と沈思した（菊池寛『明治文明綺談』）。

が、これはなにも碩学の頭脳を煩わすような問題ではなく、乃木最後の副官、山田龍雄の証言では、ともに乗車した山田が自分も車掌台に立とうとすると「君は中に入れ。予が中に入ると人に迷惑を懸ける事多し。故に車掌に断つて特に茲《ここ》に位置するの許可を得居れり」といわれたという（山田遺稿『陸軍大将伯爵乃木希典卿逸話』、句読点を補った）。つまり広く顔を知られた「国民的英雄」のお出ましとあれば、席を譲ろうとする者は少なくない、その気遣いをかけまいとしたわけである。

だから空席が多ければ中へ入る場合もあって、老人や子供に席を譲る乃木の姿も「当時屢々《しばしば》世人の目撃した所」（『事跡』）、自刃直後の『二六新報』は、明治四五年の四月ごろ「鮨詰」の甲武線電車内で「腰もたは、」の老夫婦を見かねて「突《つ》と立ち上がりて（中略）老夫婦の手を執つて席を与へた」る「世界の乃木大将」を描いている。「乗客は唯唖然として将軍の上に視線を浴せ掛け」るなか、「老将軍は洒然として花を渡る春風に双頬を撫しつ、」悠々と牛込駅に下車して行った、と（大正元年九月一六日）。

この記事などすでに〈乃木文学〉の名に値しよう美文であり、そこで乃木は「神色」さえ漂わせ、目を見張る群衆の敬仰を一身に集めている。すでにしてこのような「半神」であれば、何の意味もない仕草の一つ一つが、いちいち「定めて何か深い理由があつてのことであらう」と思わせてしまうのも不思議でない。

雑誌『乃木式』の信条

さて、こう見渡してくると、〈乃木式〉の実体は相当多岐にわたるようで、いよいよ見極めにくい。ここは一つ、公式見解とも見なされよう言葉として、あの福岡徹の父も購読していた雑誌『乃木式』のいうところを聞いておこう。大正四年に発刊されたこの雑誌は、翌年には『乃木式ぺんだより』、同九年には『乃木式文庫』へと発展してゆくもので、『乃木式』巻頭にはまず「信条」が置かれ、第二頁には発行元である「櫆会《くのき》」の「本会の要領」が列記されている。両者で特に内容重複する部分として、「要領」の方から二条を引いておく。

▲本会は国民的儀表の人物として、現代国民の頭脳に最も深き感激と生きたる教訓を与へられたる故乃木将軍の高風に私淑し其高人格を敬慕する同志の集団に成る。
▲本会は雑誌を発行し、特に故乃木将軍の姓を籍りて『乃木式』と題し、磅礴《ほうはく》たる将軍の英霊を通じて純忠、至孝、信義、礼儀、質素、友愛、奉公の念を激励し以て国民の心胸に高大深痛の鼓動を与へんことを期す。

（二二五号〔昭和八年一〇月〕から）

これによって、福岡徹がその父に期待されたとおぼしい、〈乃木式〉の核をなすと見られた諸特質はほぼ明瞭だろう。乃木自刃後、陸軍にあって「最も多く大将の感化を受け其情緒思想又頗る乃木式なる者」は一戸兵衛将軍だと語ったのは山中信義陸軍中将（『京都日出新聞』九月一七〜二〇日「士人の典型乃木陸軍大将」）だが、この口吻から、一戸に続く〈乃木式〉軍人が多かれ少かれ存在したことが推量される。実際、昭和一二年の南京大虐殺に関与し、戦後その責任を問われてA級戦犯として刑死した松井石根《いわね》大将は、その「誠意」をもって知られ「昭和の乃木」とも呼ばれたという（名越二荒之助前掲文）。また一八年刊行の桜井忠温『大乃木』の自序には「香港に、シンガポールに、皇軍は乃木式戦法の昔を忘れなかつた。乃木式肉弾あつてこそ、どの戦場にも華々しい戦果が揚がつてゐるのである」云々とある。その「乃木式戦法」で桜井も片腕を失ったわけなのだが。

「小乃木」輩出　軍部を離れても、「乃木神社」「乃木会」「乃木講」（次章参照）があり、雑誌『乃木式』等も出回る一般社会で〈乃木式〉の実践者が輩出したことは当然で、その生き

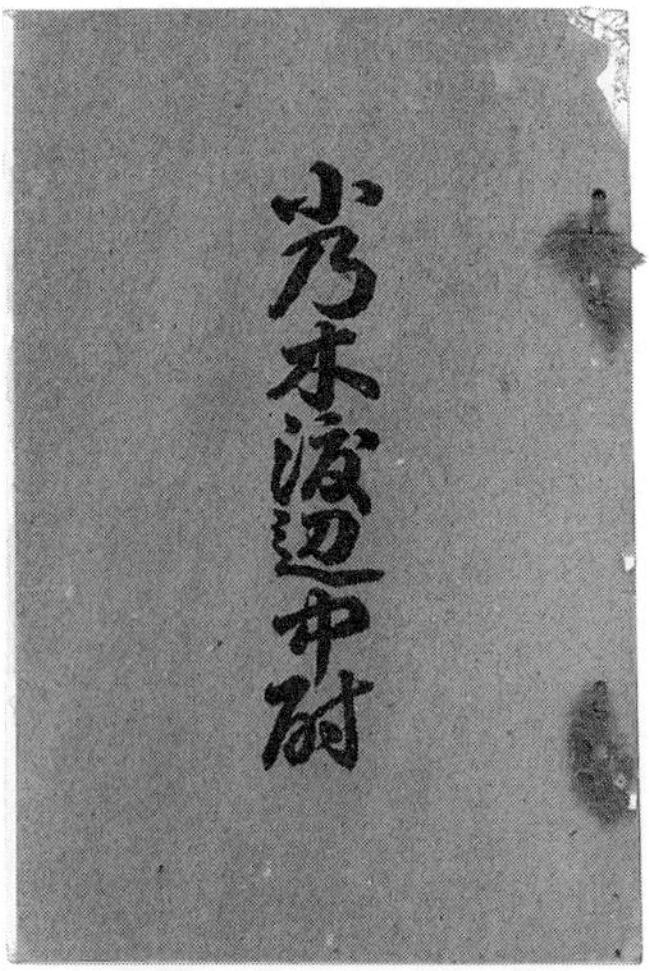

『小乃木渡辺中尉』表紙
（山口県豊浦小学校内 琴洋会発行）

様や風貌が乃木を連想させずにはおかない人々が「小乃木」「……の乃木」あるいは「……将軍」等とあだ名されるということもよくあった。「フロックコートを着た乃木将軍」山川健次郎のほか、「嘗て早稲田大学応援団の大立者として運動界に名を轟か」した『武侠世界』記者吉岡信敬《のぶよし》が「吉岡将軍」と呼ばれたのも乃木将軍を思わせたからで、しかも彼は山川以上の乃木崇敬者であった。乃木自刃の報に接しては「『遂にお遺りになつたか……』」と絶叫し慟哭止ま」なかったことが報じられている（『二六新報』大正元年九月一八日夕刊「乃木宗の熱血児」）。「神田の乃木」と呼ばれた製本屋は第六章に登場を願うが、同様に大阪の力士、千年川《ちとせがわ》は、その毅然とした風貌から「相撲の乃木さん」の異名を取ったという（ウェブサイト『大相撲 記録の玉手箱』）。

最も公に認知された「小乃木」といえば、大正九年のシベリア出兵の戦場で、部下の犠牲となって文字通りの名誉の戦死を遂げた渡辺重義歩兵中尉が知られている。乃木の郷里である長府に生いたった渡辺は、実際、『乃木式』を愛読し乃木の写真に「野営演習を奉告」するなどしていた乃木崇拝者で、戦死の翌年には郷里の有志が集《つど》って『小乃木渡辺中尉』を出版し、「小乃木」の名を諡《おく》る形となった。

乃木式義手の発明

さて、〈乃木式〉といえば、忘れてならない乃木生前からのアイテムが、「乃木式義手」である。命名者はすでにたびたび登場を願っている乃木昵懇《じっこん》の元陸軍軍医総監、石黒忠悳で、明治三九年一〇月の『国家医学会雑誌』にこう書いている。――「戦傷者に心を寄せらるゝことの切なる」乃木大将は「遂に一種の義手を考案せられ、其製造に付ては東京砲兵工廠砲兵少佐南部麒次郎氏と謀り此に成就したり、余は是に乃木式義手の名を付す」（同月二七日付『読売新聞』に拠る）。その石黒の回想によれば、発端はこうであった。

日露戦後の明治三九年九月、自身も大いに尽力してようやく設立された日本初の傷痍軍人施設「東京癈兵院」に足繁く通っていたころ、石黒に会って巻きたばこを手にすると、乃木は「一度は必ずこういった。「どうだい君、手の無くなつた者はこれが出来ないな、不自由なものだ。ところで君どうか手の無い人が、これを採りて喫《の》む工夫仕掛けは出来ないだらうか」。そこで義手関係の種々の図書や標本を集めて見せると、もともと器用な乃木はそれらを持ち帰り「種々工夫研究を重ね」た。やがて板目紙で拵えた「型」を持ってきたので、試すと「非常に具合が宜い」。石黒の助言で「いろ〳〵修正し」た上で砲兵工廠へ持ち込んで遂に完成したのが、「手の無い者が、物を摘《つま》むことの出来る」この新案義手であった（石黒前掲書）。

「一具五十円ばかりかゝる」（同書）この義手を、乃木は自腹を切って「四五十個も作り、手の無い人々に贈」ったといい（長谷川前掲書）、ともかくこうして、乃木のこの仕事は、「この義手をつけて、いろいろのことが、できるやうにな」った「癈兵さんたちの、よろこびやうつたら、ありませんでした」（酒井朝彦「乃木式義手」『世界偉人選集』（昭和九年）所収）と語り継がれることになる。「各地の傷兵から礼状が来た」ことを喜ぶ乃木の姿は長谷川前掲書も伝えている。その一通。

謹啓
大将閣下ヨリ特ニ義手ヲ賜ハリ難有拝受仕候依テ自筆ヲ以テ御礼奉申上候
敬具
明治二〔三〕十九年十二月二十一日　　柿沼　要平
乃木大将閣下

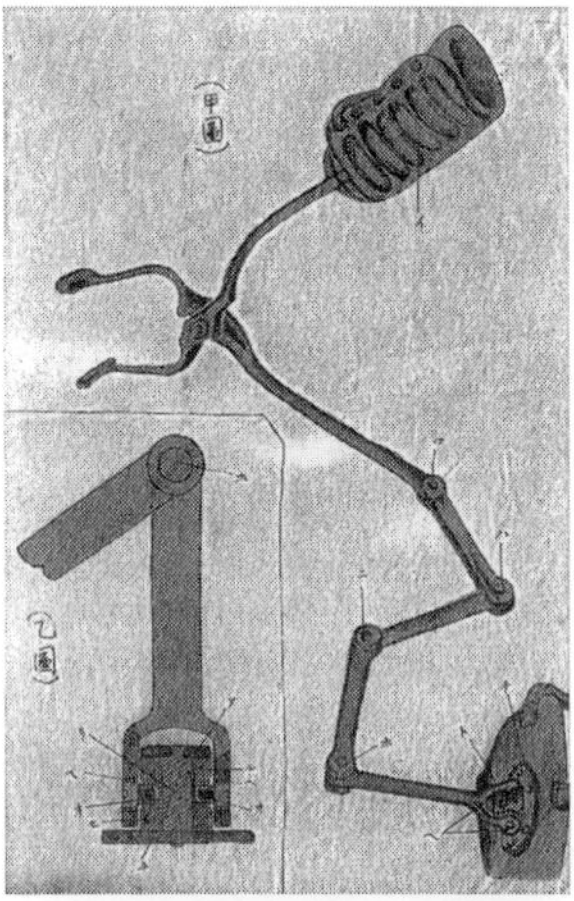

乃木式義手の図解と装着写真
（『乃木院長記念録』）

御執事御中　　　　　　　　　　　　　　　　　　　　（石黒前掲書）

この元一等卒は「今では義手にて細字もよく書きて何不自由なくして居」り、また「彼の癈兵院で癈兵の作品で一番売れるものは、此乃木式の義手を用いて書いた画だ」と石黒は続けている。この義手はいかにもよくできたから、一九一一年、ドレスデンで開催された万国衛生博覧会へ「我が軍医学校から出品し」た、さらには、第一次世界大戦中「独逸が作つた義手に、此乃木式義手に則つた物がある」とも（同書）。

英雄の考案に批判は無用？

とはいえ、「乃木式義手」の実用性をめぐって疑問がなかったわけではない。医学史家、武田秀夫によれば、その命名者にして旗振り役であった当の石黒忠悳が、すでにふれた『国家医学会雑誌』の記事で、あらまし次のようにも述べているという。

「元来陸軍での衛生行政上のことはすべて学界でその価値を認められたことしか」行われず、特に義肢の場合は「有用のものであれば、医務局長より恩賜義肢として支給するようお願いするのが筋である」。しかるに「乃木大将の考案した義手は工夫が面白く関心すべきものであるとはいえ、未だ一般にその価値を認められたものではない。であるからただ乃木大将の熱心さでこのようなものができたと御慰みでみて頂きたい」と。

「行間に石黒の乃木大将の思いつきに振り回されたという苦々しい感じがにじんでいる」と武田はこれを読む。「乃木式義手」は要するに「老将軍の情緒的発想に砲兵工廠の職工がアイデアを提供し、エンジニアが技術的にまとめ上げたもので、肝心な医学側の意見は毫《ごう》も入っていない」不備なものである。それを実際に使用した者も、唯一残った写真に写っている「癈兵」水沼作二郎ただ一人だったのではないか。にもかかわらずそれが「その後の陸軍では神聖化され」「この義手に科学的批判を加えた軍医が陸軍を追われたという話を伝え聞いている」。つまりは明治三九年の時点においてすでに「国家的英雄の発案は誰もないがしろにできな」いという状況があり、「結局乃木は終始表面にでず、しかも石黒をして乃木式義手という命名をさせたという感じがする」というのである（武田秀夫「日露戦争における切断・義肢と乃木式義手」）。

つまり昵懇の仲の石黒男爵といえど、こりゃダメだよ君、などと「国家的英雄」に直言することはできなかった、という見方である。もちろん乃木式義手の使用者を水沼某ただ一人とする武田の推測が正しければ、さきに見た石黒や長谷川の証言は嘘で固められ、柿沼要平の礼状も贋作だということになってしまうわけで、武田の推論には勇み足もあるのだが、ともあれ、乃木生前における〈乃木神話〉の生成過程の一端をここに見ることは十分に可能だろう。

他に「乃木式義足」、また「乃木式駆虫灯」の発明も伝えられているが（西村前掲書）、これらの場合も似たような事情がなかったとはいいきれない。誰も直言できない、といった意味でのえらい人に乃木はなってしまっていたのだろうか。当人の意識はさておき、周囲にそう感じる者がいたことはたしかである。

3　「痩せ我慢」で通る

ヨイショ〳〵……

日露の戦地でのこと、乃木司令官が風邪を病むと聞いていた一将校が、ある早朝、馬でゆく乃木を見かけたので馬を寄せて敬礼し、「閣下御病気は」と問うた。と、「大将、大喝一声、唯《た》だ『馬鹿ツ』の一言を言い放ちて、見向きもなさず」駆け去ったという。戦場で軍人に病気などあるか、との意であり、この〈乃木式〉もまた息子たちにしかと受け継がれていた。当時の新聞が報じるところでは、南山の戦いで腹を撃たれて野戦病院に運ばれ、ついに「気息、奄々」となった勝典に僚友が、何か遺言があるなら聞こうと問うたとき、勝典は「忽ち、眼を開いて」声を上げたという。『馬鹿ツ、軍人の戦死するに遺言があるものか』（横山健堂前掲書）。

その勝典、野戦病院で苦しいかとの軍医の問いに、はじめは「苦しくない」と答えていた。が、やがて「大きな声でヨイショ〳〵とかけ声をかけはじめ」たという（長谷川前掲書によれば、かけ声は「オ一ツ二〳〵」）。「苦しさをまぎらして居るのであ」ったが、「やがて、その声も次第に細り、遂に息を引いた」。

乃木さんの硬躾《かたしつけ》と申しませうか、痩せ我慢一つで通つて来た乃木さんの姿そのまゝが、勝典君の最後に映つてゐると思ふのであります。勝典君はかくして最後まで苦しいといふことを一言も云はず、ヨイショ〳〵といひつゞけて息をひきとつたのでありました。（桜井忠温『人・乃木将軍』）

この「ヨイショ〳〵」も〈乃木式〉の一環であったとすれば、希典その人もまた、腹に刀を突き立ててから息をひきとるまでの間、あるいは「ヨイショ〳〵といひつゞけて」いたのだろうか。ともかく勝典のこの最期に「乃木さんの姿そのまゝ」を見るという桜井がここに挙げた乃木の商標、〈乃木式〉の一項目は「痩せ我慢」であった。

「大将の大将たる所以を発揮した一大要素」はそれだ、と学習院の龍居松之助軍医も認める。たとえば「学習院では武芸を盛《さかん》にしなくてはならぬ」と自ら老体に鞭打って毎日竹刀を振るうので、夜は疲労や筋肉痛で「大層苦しさうに、身体《からだ》を夢中で藻掻《もが》かれることが度々あるとて」夫人から中止の勧告もあったほどだが、「大将は夫《それ》でも一向平気のやうな顔で」続けていた。さらには「非常に甚《ひど》い痔病」でもあったのだが、乗馬はやめよと医者が止めるのも聞かず、重症の日には「布で肩から襷《たすき》に掛けて痔の患部を圧へて而《しか》も平気のやうに馬に乗つて居られた」（山岡剣山編『乃木大将伝』）。

出血淋漓、靴に及ぶ

この悲痛な乗馬姿は陸軍の村上軍医（長谷川前掲書）、また前出の山中中将の脳裡にも強烈に刻まれたところで、その特異な襷がけについて、山中はより詳細に「尻部《かうぶ》に幾枚の綿を累ね其上更に油紙を置き他人が見れば肩が痛からんと思ふ程双肩より尻部に掛け繃帯にて縦横に巻き附け」た上に軍服を着けていた、と伝える。

平然として鞍上の人となり三軍を叱咤して會て一口にても痛しなど言はれし事なきも、時には局部よりの出血淋漓として靴に及ぶ事ありたり　（山中前掲文）

口絵写真等に見られるとおり乃木は常時白い軍袴を着用していたから、「淋漓」たる鮮血は強烈に人の目を射たはずである。この悲壮なる持病は、乃木三九歳の渡独のころすでにあったもので、滞独中「或る鄭重なる宴席」に列する際、前日からこれが起こっていたため同様に包帯を巻き付けて出たところ「宴半《なかば》にして出血益々甚だしく、之《これ》が為め貴重の椅子を汚すが如き事なきかと、此時程心配したる事なし」と乃木は後年、山中に語ったという（同）。

いずれにせよ、激痛にも表情を変えることなく「一向平気のやうな顔」、まったく「平然として」仕事を続ける乃木の姿は周囲の者の目に強く焼き付いた。超人的とも見えるこの特殊な能力は、「臆病」者から「豪胆」者へと変貌した彼の特異な少年期（第一章参照）を抜きにしては、やはり考えられまい。この光景に看取される〈乃木式〉の第一点がそれだとすると、もう一点は、「局部よりの出血淋漓として靴に及ぶ」という状態が人目にさらされることも構わず「平然として」馬を進めるという、やはり特異とも見える神経、あるいは精神である。

総ての歯を悉く抜き去る

このように食物の出口を病んでいた乃木は、実はその入り口にもまた苦難を抱えていた。歯を患い、四〇歳を出たばかりで歯をすべて抜いてしまったことが、明治二五年に新聞報道されている。

乃木少将の病気　前歩兵第五旅団長陸軍少将乃木希典氏ハ病気の為野州塩原に引籠りて保養中の由なるが今其の病症を聞くに同少将ハ予《かね》て歯痛を患《うれ》ひ之を五月蝿《うるさ》く思ふの余り思ひ切って総ての歯を悉《ことごと》く抜き去り更に義歯を植えんとせしに其の齦《はぐき》に一種の病ありて義歯を入るゝこと叶はず今ハ思ふ様に口を利くことさへ出来ざるに至りたりと氏にして若し健康ならんにハ今度の新中将ハ必ず其の手に落つべきならんが昨今の容体にてハ先ず覚束なかるべし

（『読売新聞』四月八日）

それにしても「一時に有りたけの歯を抜かしたは歯医界空前の事であると、其当時大評判でありました」（『講談乃木伝』）とのことで、乃木がこのころすでに国民に注視される存在であったことをよく示す逸話でもある。

この歯科医眉を顰《ひそ》めて、抜くには痛いですよと注意したり、将軍笑ひて、何しに痛いことがあらうぞ、痛いの、痒いのと云ふはそりやその身の得手勝手ぢや、痛くないとおもへば決して痛いもんでないと争《あらそは》れ、遂にその歯を悉く抜《ぬい》て義歯《いれば》としたり、〔中略〕将軍の我慢なる、その間に顔の色をも変ぜざりし由、

（乃木大将景慕修養会『実伝乃木大将』）

この話にはさらにおまけがあって、その後「義歯《いれば》では御不自由でせう」と尋ねられるごとに、「否《い》や〳〵これは一ツの武器を添へたやうなものだ、万一の場合敵に組つく時、多くの人は歯で嚙みつい

たりするが、義歯をして居れば先ず引き抜いてこれを敵に投げつけ、機先を制する効能がある」、と「重き口調」で「滑稽を吐」いていたというのである（同書）。

武士道的「痩我慢」

ともかく「痩せ我慢」は、人が乃木から最も容易に連想する言葉の一つであった。乃木自刃から日も浅い大正元年一〇月六日付『満州日日新聞』のコラム「日曜瑣言」は、ズバリ「痩我慢」と題し、「乃木将軍旅順に二子を失ひて必ずしも之を悲しまず」「君国の為のみ意とすべけんや」と豪語したことを「痩我慢の矯飾のと評せし者」があるが、これは「不都合千万」だとして、こう論じている。

> 併し仮に之を痩我慢としたればとて、痩我慢はまた我が武士道の一面目なるを以て、斯《か》る事に痩我慢を張るは寧ろ好《よ》き事なり、福沢翁の如きさへ痩我慢の時に必要な事を説きたるにあらずや。旧劇の仙台萩〔伽羅先代萩〕に於て、幼君鶴千代が『お腹《なか》が減つても饑《ひも》じうない』と云ひしは、頗る不条理なる言なるも、こゝが即ち武士道の痩我慢の存する所也。殊に政岡が我子千松の殺さるゝを見ながら平然として容色を動かさゞりしは、乃木大将が二子の死に毫も其色を動かさゞりしに比すべく、武士道の心得ある者に非ざれば則ち斯くなる能はず。

「日本人は情を矯《た》め人前を作り見栄を張る人種なり」とあるドイツ人が評したが、そこには「悪き方面もあれば善き方面もあ」るのであって、これら一連の「痩我慢」は「其最も好き部類に入るべきものとす」とコラム子は続ける。詮ずるところ、「お腹が減つても饑じうない」という鶴千代のこの「頗る不条理なる」名言に端的に示された精神を回路として、福沢諭吉というもう一人の神話的人物を乃木に結んでゆくのである。

つまり維新前後の勝海舟や榎本武揚の身の振り方を難じ、負けは承知で「武士道の為に敢て一戦を試み」るのが本当だと説いた「瘦我慢の説」（明治二四年脱稿、二七年ごろ発表）を踏まえているわけだが、この連想、とりわけて独創的というわけでもなかったろう。乃木自刃直後の大著『大将乃木』で、たとえば横山健堂も両者を結んでいる。すなわち「功利、拝金の権現を以て目されし福沢も、皮一枚の下は日本武士也」。「楠公権助論」として知られる楠木正成否定論（『学問のすゝめ』明治五年）も啓蒙を意図した「矯激の言」にすぎず、「若《も》し、彼をして四十年後の今日に在らしめば、必らずや、舌を翻へして、大将乃木を嘆美するならん」と。その福沢の天皇論にほかならぬ乃木が共感を示していた、というもう一つの回路がこれに加わるのだが、そのことは終章に譲る。

さて、こうして乃木式「瘦我慢」は、「旧劇」で馴染みの人物や福沢のような「偉人」をも思わせる「好き事」として、大いに積極的な意味づけを吸収しうるものとして立ち現れてもいたわけだが、その一方で、突き放して見れば、それは、ほんとうは「痛い」と感じている自己を「顔の色をも変ぜ」ざる仮面の背後に押し隠す演技的行為なのであって、批判者の言にもあったとおり、一種の「矯飾」にほかならない。要は、「悪き方面もあれば善き方面もあ」るわけで、そのいずれの「方面」から見るかで乃木評価も大きく異なってくるゆえんだが、ともかくその「瘦我慢」的「矯飾」の技量においてほとんど超人の域に達していたところに乃木の真骨頂があったとはいってよかろう。たとえば、左眼にほとんど視力がなかったにもかかわらず、そのことに「静子夫人でさへ十数年間気づかずにゐた」という驚嘆すべき事実（第三章参照）も、乃木のこの超人的なまでの「痩我慢」的演技力を抜きにしては考えられない。『読本』いわく、

　これは不自由を感じなかつたからではない。不自由を克服して常人のやうに振舞つたからである。将軍は闇夜でも悪道路を平気で歩いた。「軍人が夜道を無提灯で歩けないやうでどうする？」といふのが将軍の口癖であつた。想ふに不断の習練によつて此処に到達したのであらう。謂はゞ将軍には心眼がクヮッと開かれてゐたのである。

視力において「常人」でないにもかかわらず、あたかも「常人のやうに振舞」って周囲に疑念を抱かせない。その技能、またその獲得に至るまでの「不断の習練」の実践は、これもまた「常人」のわざではないというべきだろう。少年期のある時点から、乃木はそのような意味での「常人」ではなくなっていたのではあるまいか。おそらく死の恐怖さえ無化するあの一線を超えたころから。

4　笑い、笑われる

馬上から入れ歯を落とす

ここで明治二五年に戻って、歯をすべて抜かせるという、乃木ならではの究極的「痩せ我慢」事件の周辺を見直しておこう。さきに見た新聞記事の出る二カ月前、乃木は実は生涯二度目の休職（一度目は明治七年）に入っていた。休職に至る経緯をめぐっては様々な風説があるが、それは多く、もともと陸軍では後輩でありながら先に中将に昇進した桂太郎が、前年、第一師団長に赴任して乃木の上官となったことに絡めて語られている。

たとえば一説では二四年暮れ、桂師団長も見守るなか、すでに総入れ歯をしていた乃木が馬上で号令を掛けようとしたときのハプニングが引き金で、「どう云ふ機《はず》みかこの入歯が抜けて地に落ち、馬の蹄にかゝつて砕かれ」「側《そば》に居た若い士官がそれを見て思はず大笑をした」。これに「ひどく怒つて其の翌日になると辞職願を出した」というのである（中村前掲書）。福岡徹の前掲小説になるとさらに尾鰭がついて、ここで笑ったのが犬猿の仲の桂太郎師団長。さらに桂は「『乃木旅団長は、病中でもこれくらい元気があれば大したものだ』と乃木に聞こえるように言」う。乃木は桂のこの言動に「むかっ腹をたてて」辞表を出したともいい（戸川幸夫『人間 乃木希典』）、また一説には、歯をすべて抜いたのも、そもそも桂から侮辱を受けたことから辞職を決意し「歯抜けになつてお役に立ちかねますから」という理由を作るためだったともいう（同書。また菊地久雄「乃木式出処進退」（『〝ザ・マン〟シリーズ乃木希典』所収）参照）。

入れ歯をめぐっては、こんな話も伝えられている。日露戦後、東郷・乃木を発起人として義捐金を募り、旅順近い白玉山頂に忠魂碑を建てるという三年越しの企画がようやく実現して、四二年一一月には除幕式が行われ、乃木もそこで祭文を読んだのだが、その往還船中の食卓でのこと。「時に乃木さまは御歯は如何で御座います」と大島義昌都督夫人に尋ねられた乃木が笑って答える。「歯の方はお蔭さまで丈夫です、歯の悪いほどお気の毒なことはない。義歯《いれば》は困つたもので、私の友人が進軍中の馬上で号令を掛ける途端義歯を吹き落として弱つた話がありますが、斯《こ》うなつては滑稽ですよ」。と、大島都督がそれを受けて、法廷である裁判官が「何《ど》うした拍子か被告人の前へ義歯を吹き出したといふ話」をし、乃木も「此時は腹を抱へて笑はれた」（大伴編前掲書）。

乃木の入れ歯はかつて新聞に書かれもし、また学習院長としては「入歯を公達の見てる前で茶碗の中で洗ふと云ふ風」の「野蛮な親爺」ぶり（森田太三郎『名流漫画』）が周知であったわけだから、大島夫人の問いはおそらく入れ歯の具合について発せられたのだろうが、ともかく乃木はそれをこのように如才なく受け流す。入れ歯は「ご不自由でせう」と問

茶碗で入歯を洗う乃木
（森田太三郎『名流漫画』）

われるたびに「否《い》や〳〵これは一ツの武器を添へたやうなものだ」と「滑稽を吐」いていたこともすでに見たとおり。

さらにはこんな話もある。日露戦後、両典の墓に誰かが置いて行く花や榊が多すぎるので困っていた乃木が、「私《わし》が死んで若《も》し知らん人が物でも持つて来たら化けて出て喰ひ殺してやるから、よく覚えて置いて皆にさう云つてくれ」といったところ、その場にいた実妹の小笠原キヌ、「其の入歯では……」と突っ込んだ。と、乃木答えていわく「其の時は金の入歯をして化けて出て喰ひ殺してやる」（竹沢前掲書）。

莞爾たる老将軍

乃木のこうしたウィットとユーモアが部下の将兵や学習院生徒らを相手にしばしば発揮されていたことには、すでにふれてきた。恐ろしい人と思っていた乃木が「存外面白い爺さんだ」と知った桜井忠温が、やがて「乃木さんに抱かれて死にたい」とまで思うに至ったことも第三章に述べた。また第二章に見たとおり、世界の耳目を集めたあの「水師営の会見」にあってさえ、昨日の仇敵ステッセルをして「恰も竹馬の友に再会したるが如き心地」さえ抱かしめたほどの「人柄」の持ち主であったわけで、そこでの談笑を傍らで聞いていた志賀重昂も「此丈《これだ》け串談《じやうだん》を返され丶ば沢山だ」と感服の体であった（『東京朝日新聞』大正元年九月一五日）。

ともかく、乃木が「社交術を心得た軍人」で通っていたことはたしかで、口数は多くないとしても、東郷平八郎の徹底した無口としばしば対照され、「同じ寡言の人といっても（中略）乃木大将は余程愛想がある」（柳陰漁客前掲文）、「東郷は沈黙を以て、乃木は快活を以て知らる」（横山前掲書）というのが通り相場となっていた。「私は外国人の交際振を見る毎《ごと》に、日本人が交際の術の拙《つたな》いことを嘆かないことはありません」と日露戦争以前のある席で乃木自身、新渡戸稲造に囁いたという。「殊に私達の仲間（軍人）には、その方面に無頓着の者が多くて困ります。戦時の心掛は結構ですが平時、親交国の人に武装してかゝるのは感服出来ません」と（新渡戸稲造『偉人群像』）。

そして日露戦後は、すでに見てきた〈乃木もの〉パターンの基底をなす行動、すなわち「乃木さんの下《もと》で死んだ」将兵の墓参や遺族慰問を目的に各地にふらりと姿を現わす、ということが始まるわけ

外国将官らと談笑する乃木（『回顧乃木将軍』）

だが、明治四一年に山形駅に出現した乃木を捉えた『読売新聞』は、その「不意討」ゆえの「索漠たる送迎に対しても莞爾として笑をふくみ頗る上機嫌である所頗る乃木式を発揮して」云々と書いている（一二月二八日）。〈乃木式〉の語がすでに一般紙に注釈なしに用いられるほど流布していたことばかりでなく、それが質素・謹厳といった徳目のみならず乃木の「莞爾」たる笑みや「上機嫌」についてもいわれていたことがわかる。「莞爾たる老将軍の帽の上《へ》に／悲雁《ひがん》一連月に啼く」と啄木も歌っていたとおり（前章参照）、「莞爾」たる「笑」もまたすでに〈乃木式〉の商標の一つとなっていた。実をいえば、悲壮・哀切な代表作で知られる乃木の詩歌作品のうちにも、この側面

を前面に出した「上機嫌」のものが少なくない。すでに見た「六十になりて障子を突き破り」などもその例だが、このほか、たとえば日露戦争前の休職中、那須野別邸での作とされる狂歌二首。

　客あり難じて曰く
世の中になす可《べ》きことはおほかるにこんな所でなにを那須野か
　答へ
なす事もなくて那須野に住む我は茄子唐茄子を食ふて屁をこく
（『典型』）

ポンチ院長、かまきり院長

学習院長としても、〈乃木式〉謹厳の一方で、茶話会や片瀬での海水浴の折などよく駄洒落を飛ばして生徒を笑わせ、「その機知に富み折に触れて洒脱な」人柄は知られるところであった（鳥野幸次、『記念録』）。「幼年寮の湯殿」では「白髯にシャボンの泡をぬりこくり、白熊であるとて」子供たちを笑わせていたという。文字通り「温顔能く三尺の童子もなつく天然の諧謔家」（服部純雄前掲書）で、ある時などその「諧謔」があまりに見事な絵となって、「ポンチ院長」の異名さえ生むことになった。

明治四二年、チベット探検隊のS・A・ヘディンが乃木を訪ねて来校したとき、乃木はちょうど撃剣の道場で右足を負傷し包帯を厚く巻き付けていたため靴がはけなかった。軍服着用は無論〈乃木式〉鉄則であったから、やむをえず左足のみに長靴をはき、右足はグルグル巻きの包帯にスリッパという出で立ちで面会し、握手を交わした。「其格好がパック以上だと云ふので、自分等はワイ〳〵と見物に行つたものだ」と当時の生徒は懐かしむ（新城巍談、『明治大帝御偉業史』）。「パック」とは当時人気のポンチ雑誌『東京パック』のことで、この場面は目撃者も多いだけに方々で語られる逸話となって、それを詩にする人さえ現れた。一六四篇に上る乃木讃歌を書き綴った児玉花外の詩集『乃木大将詩伝』（大正四年）の一編、その題も「ポンチ絵」の最終連を引く。

探検家のへデイン博士
陸軍大将の院長と
握手をされた格好が
真《まこと》にパック以上だと
生徒はワイ〳〵行つて見る
今ま青山に覚めぬ人

「青山」は乃木夫妻眠る青山墓地である。ところで、この「天然の諧謔家」を笑う彼らの笑いをすべて好意的な明るいものと受け取ってよいのだろうか。「毎朝、長柄の鎌で、学園の草を苅り歩」くのを常とした院長を「口の悪い連中は『かまきり〳〵』と云つたもので」あったともいう（新城前掲文）。早朝、眠い目をこすりながら窓越しにその姿を見た「口さがなき大茶目」や「寝坊の一生徒」

が、「やツ、かまつきりが、――」「あツ、かまつきりが、もうごく」などと「トテツモなき奇声を発し」（服部純雄前掲書、傍点原文）、あるいは「『蟷螂《かまぎっちょ》！　蟷螂――』と生徒は小声に相警《いまし》めて、そっと、慌てて窓を締める」（鹿野前掲書）。

悲劇的ドン・キホーテ

面白い院長を敬慕する生徒たちの一方に、こうした「口の悪い連中」、むしろ嘲笑的に反発し、陰口をたたく手合いもいたであろうことは想像に難くない。「乃木院長閣下」がなんだい、聞いて呆れらあ、と……。そのころ学習院高等科生徒であった長与善郎は明言している。近衛篤麿（文麿・秀麿の父）から菊地大麓《だいろく》へと院長が交代して「少しスパルタ式厳格な訓練」が導入されたあと、「更に武勲赫々たる『英雄』乃木大将が正式に院長となるに及んで、学生は表面質朴剛健になったように見えて、その実、意気地のないご機嫌とりのお上手になって」「虚偽だらけの校風となった」ことが「いかにも不愉快であった」と。「学生や教師は兵隊でも軍人でもないのだから、『院長閣下』と閣下を附けて呼ぶ必要はなく、規則もないのに、そんな呼び方をする者がめつきり多くなったことも厭であった」。

後から冷静に顧みれば乃木さん自身は別に軍国主義を強制したわけではなく、誠意過多症と誰かが適評したごとく、信念に忠実なあまりの熱心さと、その最期が示す通りの激しい忠義一徹の純情とから、近衛さんとは全く反対に、一寸《ちょっと》したことも見て見ぬふりの出来ぬ、重箱の隅までほじくる干渉のやかましさとなったので、いわば古武士の悲劇的ドン・キホーテだったのだと思う。

（長与善郎『わが心の遍歴』）

「『この崇高な人格の院長を戴き』、などと目の前でおべっかをつかう教師や、馬鹿で、ご機嫌とりの学生がめっきりふえ」たことを長与は深い嫌悪とともに反芻する。こうした連中が蔭で『蟷螂！蟷螂――』とやって、「干渉のやかまし」い院長への鬱憤を晴らしていたことは想像に難くない。

褌の大将

実名で乃木を登場させた里見弴の小説『潮風』（大正九～一〇年）には、その種の反＝乃木的学習院生の存在が明示されている。毎夏恒例の片瀬の海水浴がその舞台。

教官の脱衣所に（中略）乃木大将がゐた。恰度《ちょうど》褌をしめかけてゐたところだつたが、端を顎の下に抑へながら、上目づかひにヒヨイとこつち見た目に行き会つて了つたので、直衛は、直立不動の姿勢を取り、注目、上体十五度前傾礼をした。将軍は、毎日御苦労だ、とかなんとか言つたらしかつたが、下顎が動かせないので、聞き取れなかつた。

そのあと、直衛はこの経緯を仲間たちに話す。

「馬鹿な奴だなア」と、頭から嘲笑つた。「いやに遊泳部助手つてえやうな顔をしたもんだぜ」
「Mの毛つてやツ張り白髪《しらが》になるんだね」

みんなどツと笑ひ崩れた。

「院長閣下がおられた」ではなく「乃木大将がゐた」。そしてその大将は強引に「褌」やその付近の「毛」に結びつけられる。学習院生徒の何人かが乃木の「毛」を目撃したのは、残っている写真からも十分想像されることだが、それを書いて発表するのはまた別の話である。

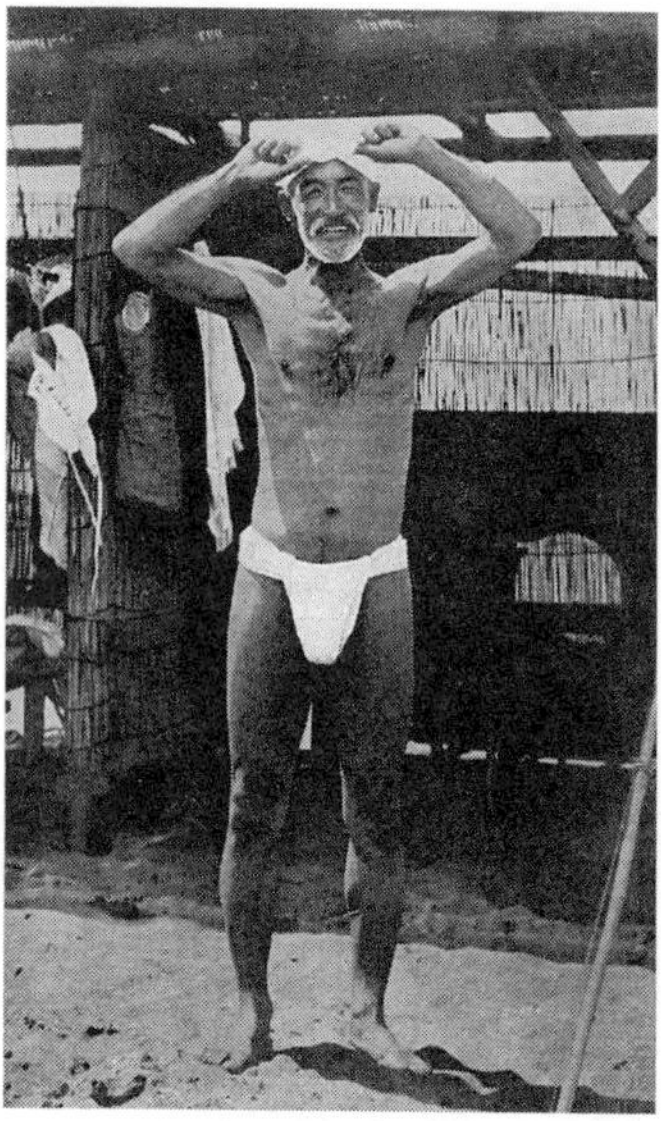

片瀬海水浴場での乃木
（『乃木院長記念写真帖』）

学習院門下生がみな乃木を敬愛したわけではないことは、乃木自刃への『白樺』の反応とそれをめぐっての論争（第七章参照）などから『潮風』発表時すでに周知であったから、それを知らせることが目的であったわけではあるまい。むしろそれを超えて、おれたちはこんなにも大将を侮蔑していたぜ、と世間に誇示したかったということろか。

5　飄逸か、偏屈か

急所を突く〈乃木式〉

さて、「鬼神／温顔」「荒御魂《あらみたま》／和御魂《にぎみたま》」「ジーキル／ハイド」といった対の適合しそうな二つの顔を乃木がもつようであったことを随所に見てきた。二つの顔は時に応じて瞬時に交替するようでもあり、また実はそれ自体に変化はないにもかかわらず、周囲の目に鬼神と映ったり温顔と見えたりするにすぎないとも見えた。後者を思わせる事例の報告は多いが、そのこともまた「喜怒哀楽共に毫も辞色に顕さぬ人」（旧藩主毛利元雄子爵の乃木自刃後の談、山岡編前掲書）とも見られた乃木という人の相貌の多義性、読みにくさということに関わっている。たとえば「飄逸」といわれた乃木のユーモアにしても、たんなるユーモアと受け取ってよいのかどうか、迷わされるような場合も多々あったらしい。

明治三一年からの讃岐時代、そこで乃木の部下となった桜井忠温の回想によれば、乃木師団長が候補生にかける質問には、「随分飛び離れ」て「一寸人の気のつかないところ、痛いところを刺すといつた風」のものがよくあって、彼らを大いに戸惑わせた。たとえばいきなり「候補生、シャツのボタンはいくらついとるかの？」と問う。「毎日々々、自分の手でかけてゐながら、さて、たづねられてみるとわからない。ボタンが三つあらうと、四つだらうと差支ないやうなものゝ、さういつた急所を突くところに又一つの『乃木式』があつた」（桜井『大乃木』）。で、どの候補生もしどろもどろなので、ついには連隊長に問いが向けられる。連隊長も驚いて目を白黒させていると、乃木は「ハッハッハと童顔をほころばせて笑い出し、『実は私《わし》も知らん』と云つた」（『読本』）。

やはり讃岐時代、中隊長などの遅刻を見とがめると、どこへ行っていたかと尋ねたが、これに対し「ハイ演習を見に」などと嘘をいおうものなら、乃木は「さうかそれは結構ぢや。併し靴が大さう綺麗だね」と嫌みをいって「トットと行き過ぎてしまふ」という次第（桜井『人・乃木将軍』）。

日露戦争中もこんなふうだ。「旅順でも攻城山——攻囲の最後まで重砲陣地のあつたところ——へ行くのに、きのふは馬で行つたから、けふも馬だらうと仕度してゐると、徒歩で行くといひ出し、翌日は徒歩で行くかと思ふと、馬を出せといつたり、人の面喰ふのを面白がつてゐるといふわけではあるまいが、なか〳〵手にをへぬところもあつた」（桜井『将軍乃木』）。

人には受け取れない茶味

また讃岐時代、下宿している寺から師団司令部へ出る乃木の出勤時間が早すぎるので困っていた小使いが苦情を伝えたところ、「あゝさうか」と了解。ところが翌朝もやはり早く来て「建物の外をグル〳〵と馬に乗つて廻つてゐるといつた工合で、これなら中へ這入つても同じでありますが、さういつたところがあつたものであります」と桜井（『人・乃木将軍』）。

「さういつたところ」とは微妙な表現で、たんに「人の意表に出る」ウィットという範囲を逸脱しているようにも見えるが、ともかく「大将が言はれるだけに憎めなかつた」と許容する桜井は、乃木のこの傾向を「人には一寸受取れない茶味」と呼んで特別視してもいる（『大乃木』）。「如何にもむづかしい上官でありました」と振り返る第三軍参謀、津野田是重が伝えようとしているものも、この「茶味」と別物ではない。

必ず人の説に反対して見られる、右といつたら左といふ、これが如何にも意地悪い様に聞こえた、〔中略〕かういふ人であるから会議などの場合に将軍の意見に対して他《ほか》から賞讃の辞を呈する様なことがあると、直《すぐ》に将軍の叱咤に会ふ、私などはこの呼吸を知つてゐたのと、一《ひとつ》には自分の気儘から滅多に将軍の意見に服従しなかつたので、何事に由らず頭から反対するこれがまたひどく将軍のお気に入つたのです。（碧瑠璃園前掲書）

この津野田の場合が最も典型的だが、桜井や山岡〝盲中佐〟をはじめ、乃木を敬愛した多数の部下は、乃木の「呼吸」を呑み込んで適応することができた、いわば水の合った人たちなのだろう。必ずしもそうでない人、乃木の「茶味」を解しえない者には、乃木のこうした言動が「如何にも意地悪い様に聞こえ」るほかなかった。

電車に乗っても坐らず車掌台に立つという前出の〈乃木式〉をめぐっても、自刃直後に『乃木大将論』を著した「人物社同人」（『近代思想』大正元年一二月号の書評で、荒畑寒村はこれを西川光二郎と特定）は、本人の意識はともかく、それが周囲には「意地悪」を結果したことを問題にしている。つまり乃木はいつも腰をかけず、「兵隊が来ても、将校が来ても、私はよいからとて、かけよ、かけよと云ふ」のだが、「併し大将がかけられぬので、かけるワケに行かず、大将と電車に乗り合せると、非常に困つたものであつたソウな。大将は己れの流儀に熱心な余り、ソレが他人に迷惑をかけてもソンナことには気が付かれなんだのである」と。

弟の弊衣で歓迎会出席

これも「茶味」の一形態であったのか、それとも大真面目な主張であったか、日露戦争前の休職中、しばらく長府に帰省していた乃木のために当地の有力者たちが企画した歓迎会での振る舞いも語り草となっている。碧瑠璃園前掲書によれば、出席を受諾はしたものの「休職中であるから軍服は着て出られぬ、さりとて所持の日本服はない」、そこで弟、集作の「洗ひざらした久留米絣の着物と弊《やぶ》れた小倉の袴」を借りたが、体格があまりに違ったため、会場に現れた乃木は「半分ほど踵の出た足袋」に「行き丈も優れて短い」着物という異様の風体。他の出席者はみなフロックコートや黒羽二重の羽織という盛装であったので、その不調和の滑稽に「乃木様《さん》も殊さら彼様《あんな》風をなさるに及ばんぢやないか」との不平も出た。

「将軍は心あつて其様《そんな》風俗をした」のではなく、日露戦後の時勢として「総ての階級を通じて、衣食住に憂身を扮《やつ》す中で、将軍ばかりは忠義奉公の念のみに憂身をやつした」がゆえの「無頓着であった」、と碧瑠璃園は書くのだが、「心あつて」か「無頓着」かは微妙なところである。実際、それは乃木自刃後、その死に読むべき意味をめぐって百出した議論（第七章参照）の一争点たりうるものなのであって、たとえばいずれも大正元年内の発刊になる次の二著が語る逸話においてはどうか。

ある家の葬式で、「将軍の如き所謂大官連は皆客室に於て食事をよばれて居つた」ところ、ひとり乃木は「自身にはさう云ふ席を汚《けが》すべき資格がない」と「立つて台所へ行かれて食事をされた」ので、「台所は非常に困つた」（加藤玄智『神人乃木将軍』）。あるいは「将軍は丗年一日の如く廿、二型の古ぼけた拳大の銀側時計を、麻縄を紐として持つて居た」が、宴会の席上などで「見るも厭気のさす様な、ハイカラ軍人」や満身ピカピカの「華族の若様」の前に行くと「ワザと其時計を麻縄ぐるみに引出して、時間を見るのが常」であった。「斯くして将軍は不言の裡に、彼等のお洒落と、放逸とを戒めて居たのであつた」（西村前掲書）。

おそらくそういうことだったのであろう。つまり「ワザと」なのである。飄然たる振る舞いのようでも「ワザと」誰かを戒めるといった狙いが背後にあったのだ。

こんな扱いにくい人はない

これも長府での逸話だが、「孤剣飄然として乃木来る」というあの漢詩（第一章参照）の動機となったと見られる明治三九年一〇月の帰省に際して、「付近の有志数百名、旗を押立て、出迎へたが、将軍はさう云ふことを喜ば」ず、「一人飄然とステイシヨンから俥を命じた」。そして定刻に歓迎会場の神社前まで来て、正面に建てられた歓迎の大アーチを見るや、有志の一人を呼んで「あのアーチは何です」「あれは閣下を迎へる為に建てました」。すると乃木はアーチを潜らずその横を通った。「それは困るネ、私を迎へる緑門《アーチ》を社《やしろ》の正面へ建てるとは不都合だ」と（中村前掲書）。

また学習院長就任後はこんなこともあった。陸軍の演習陪観に希望する生徒を連れて出かけるのが恒例となっていたことは序章でも見たが、ある年、野州での大演習で、宿泊先の農家の主人が乃木の来訪を大変な名誉と心得て特別の御馳走を出したところ、「此の御馳走は生徒にもあるかと聞き、『ありません』と云はれて、『あゝ然《さ》うか』と云つたばかり、箸をも付けず床の間へ載せて置き」、生徒と同じ弁当を喰った（新城前掲文）。

さらには、地方出張で旅館に泊まる場合、「各舎主は将軍の来舎を栄とし（中略）例へば座蒲団の如き特に新調し将軍の為め特別製のものを勧むること多」かったが、「将軍之を用ひず舎主之を強ふるも容易に応」じなかったともいう（山田前掲書）。福岡の栄屋旅館でもこのことが起こり、乃木来泊と聞いた当地の女学生が「立派な坐布団を作つて上げた」。ところが……

大将は「板の間なら兎に角、こんな立派な畳が敷いてあるのにきれいな坐布団などいらない」といつて、その坐布団を床の間に置いて、一度も敷かずに行つてしまはれた。
女将《おかみ》曰く「大将ほど扱ひにくい人はいない」と。（桜井『大乃木』）

「或はさうかも知れない」と認める桜井は、さらに、対馬へ検閲に行っての帰り、「ランチを門司へつける筈になつてゐたのを、急に下関につけよと命じて、出迎への人をまいた」という話も紹介している（同書）。つまり「アーチ」や「坐布団」と同じく、「出迎へ」も不要だからと峻拒する……。この側面での乃木の徹底ぶりは、ついには次のような出来すぎの〈乃木物語〉に結実している。那須野石林の別邸に近い野木村にある野木神社は、乃木氏の先祖とされる佐々木氏（佐々木高綱を経て宇多天皇に遡る）の氏神とのことで乃木もしばしば参詣したが、ある日、そこで昼時になったので、社掌夫人がご飯を炊いて出した。と……

「これは米の御飯ではないかね、私の為めに特別に炊いたのではどうしても戴けんからお茶漬けを頂きたい」と仰るので再三お上り下さるやうに申上げたが遂にお聞き入れにならず、止むを得ず引割御飯（碾き割り麦を混ぜた米飯）を炊いて差上げると、又これも「私の為めに炊いたのだからいけぬ」と仰せられてお上りにならないので、とうく今朝の冷飯を差上げたら、「これは結構だ」と仰せられてお上りになつた……（渡部求『乃木大将と農事日記』）

この話の事実性は引用者の渡部自身も疑うところなのだが、いずれにもせよ、乃木の「扱ひにくさに手を焼いた人々の心情を端的に映し出す逸話ではある。

妻返しの松

「扱ひにくい」といえば、有名なのが「乃木将軍妻返しの松」の一件である。讃岐金倉寺に宿営していた明治三一年の雪降る大晦日、のっぴきならぬ用件（内容については諸説がある）で遠路を押してまで面会を求めて来た妻に対し「『女人の来るべき所にあらず』とて之に面会せず」、同寺境内の雪中に長く立たせておいたという事件で、「蓋し寺院の禁を犯さんことを慎みしなり」（『事跡』）。

さらに遡って明治一四年ごろ、第一連隊長時代に大山巌陸軍卿を叱責した話も有名である。ある時、大山が「馬車の儘」（大伴編前掲書）、一説には「セビロ姿で」（桜井『将軍乃木』）、いずれにせよ規則に違反して連隊の門を入ろうとしたので歩哨が制止したのだが、相手は陸軍卿だぞ、ということで中隊長がこの歩哨を罰した。そこへ現れた乃木連隊長「烈火の如くに怒り」（桜井）、この中隊長を「大山卿の目前で処罰した。陸軍卿は『何も俺の前で罰せぬでも良いではないか』といふと、連隊長は規則だからと平気で答へ」た（大伴）。

陸軍卿だろうが妻だろうが、また御馳走も座布団もアーチも、駄目なものは駄目。いずれの拒絶も思想表現の一環ではあり、筋を通したものとはいえる。が、そうした「流儀に熱心な余り、ソレが他人に迷惑をかけてもソンナことには気が付かれ」ず押し通す〈乃木式〉は、好意的に見られる者には飄逸で痛快としても、そう見られない者には嫌み、あるいはたんなる困りものである。

つむじ曲りを自認

機動演習中に下士卒と寝食をともにすることが老いてなお乃木の固守するところであったが、ある時「御老体どうも御苦労ですな」と挨拶されて、「乃木は老体なことはないよ」と不機嫌に答えたというのも〈乃木逸話〉の一つである。これを引いた人物社同人は、「此の辺少しツムジ曲りな所」で、「一刻、一徹者」にありがちな「短所」と見る（前掲書）。また桜井は、陸軍卿足止めの話のあとにこう書く。

何だかひねくれてゐるやうなところも見えないではなかつた。乃木さんも自身で「つむじが曲つてゐるところもある」といはれたことがある。それも幼《ちいさ》い時受けた痛手からだと考へて居たらしい。

（『将軍乃木』）

「幼い時受けた痛手」とは、乃木の幼時、江戸藩邸から長府への移住の理由ともなった、父希次が毛利公に諫言して勘気を受け、閉門された事件による心の傷を指している（第二章参照）。「門前に竹矢来を結ばれて一歩も外に出ることが出来」ず、「よく、隣りからぬけ出たりしたが、この閉門の苦しい生活が、乃木さんの骨身に沁み通つてゐた」。この「当時のことを一生忘れ」ず、「藩の仕打を怨む心持もないではなかつた」（同書）。

やはりそれはあったのだ。乃木自刃後の談話で谷本富《とめり》は、乃木にある「一種の衒気」が「厭な感じを起さしむる」、「無邪気にして、渾然玉の如」き東郷大将と対照的だと直言することで災難を呼び込むことになるが（第八章参照）、それはもちろん正直な述懐であったろう。〈乃木式〉はあまり「無邪気」ではなく、どこか苦しげな濁りを湛えている。

知らぬ振り

この谷本と同様、〈乃木式〉に嫌みを感じやすい人、乃木と肌の合わない人は軍部にもいたにちがいない。乃木自刃直後に談話を寄せながら「某将軍」と名を伏せた前出の軍人などその一人であったろうか、谷本ほど露骨に貶しはしないものの、微妙に偶像破壊的な事実暴露に及んでいる。そのなかにこんな話がある。

嘗て一将軍が大将に能楽を勧告していろ〳〵古雅風流なることを例《なら》べたが、大将は成程々々と聞いて居つたけれども、其実大将は謡曲の一つや二つは知つて居るのをわざと知らぬ振をして居つたのは、軍人だから左様《そん》な事はやらないと云ふ事なのであつた。一体大将の家は文事のある家であるから、大将は自然と感化を受けて、幼少の時から、詩歌、謡曲の素養があつたものと見える。

（大伴編前掲書）

「謡は亡国の声だ」として嫌ったとの説もあるが、実際には乃木は明治二〇年代に野村靖について教わり、那須野では大いに唸っていたものという（桜井『将軍乃木』『大乃木』）。だからここはやはり、「軍人だから左様な事はやらない」という主義主張からあえて「知らぬ振りをして居つた」のであり、「つむじ曲り」の一形態であったともいえる。さらに例を挙げれば、台湾総督辞任後に訪れた松江の善光寺で、先祖に関わる種々の書簡を閲覧し、他にないかと住職に尋ねたところ、あとは東京の乃木家を訪ねるほかないといわれ、「閣下は笑止に堪へなかつたが態《わざ》と知らぬ顔をして帰途に就かれた」。あとで連絡が入って気づいた住職は人力車の二人曳きで追跡し「無礼を謝された」という（『記念録』）。

「水戸黄門」化する乃木

ところで、このような「わざと知らぬ振を」するという現実の乃木に観察された行動様式は、庶民がその人を「乃木大将と知らずに一介の田助老爺《たすけろうや》の如く扱ひ」、あとで知って慌てるという、すでに多数の例を見てきた講談・浪曲的〈乃木もの〉パターンに、きわめて整合しやすいものである。つまり乃木が「態と知らぬ顔をする」ことで事件が必要以上に錯綜するという事態は現実にも生起していたのであって、必ずしも「皆講談師が扇子から叩き出したウソ」とはいいきれない。たしかにいくぶんかは事実を映す〈物語〉なのである。

　したがって、講談・浪曲的〈乃木さん〉が「水戸黄門」の磁場に吸い寄せられる様を前章に見たけれども、それは必ずしも物語上の〈乃木〉にのみ生じた運動ではなく、生身の乃木にも事実として働いていた力学だったと見るべきなのである。〈乃木〉の「黄門」化に憤慨した長谷川正道が講談・浪曲における「誤伝の数々」を列挙していることにやはり前章でふれたが、その長谷川にしてすべて「誤伝」だと押し切れず、折々文章の歯切れが鈍って列挙が不徹底なものに終わっているのも、つまりは現実の乃木に裏切られた格好だといえる。

狷介の風も見える学習院院長室の乃木
（『乃木のかおり』）

　たとえば乃木が「努めて低級の宿舎を泊まつて歩くのを楽しみにしてゐた」という巷間流布する伝説について、これこそまさに「水戸黄門の回遊記にも似た作り事であ」って、現実には「殊更らに奇を好んで木賃宿に泊られ」たことなどないと長谷川は強調する。が、その一方で、ただ「休職中には時々私服で近所を旅行されたことはある」とは認め、のみならず、私服であったがゆえに生じた一挿話――那須近辺を汽車旅行中「二等車内で若い将校連が汽車弁がまづい、と言ふた」のを「わし等百姓には大の御馳走だ」といってうまそうに食べ、そこへ顔見知りの将校が乗車して敬礼したので乃木と知れて仰天した――

をも事実あったことと自ら証言してさえいる（前掲書）。こうして乃木は〈乃木〉に接近する。この接近を嫌う長谷川その人が、それを証言するような結果となるのである。

あるいは「将軍が相模の湯河原温泉へ村長さんのやうな和服姿で、第一等の旅館に泊らうとしたら門前払ひを喰はされ伊豆屋と云ふ三等旅館に泊つた」という話。目撃者を自称する長谷川の断ずるところでは、このときの乃木は軍服姿、「村長然として居たと云ふは将軍の質素を誇張した作り事である」（同書）。乃木自身の言葉としても、地方へ旅行する時には「必ず軍服を着用する。決して和服を纏ふやうな例はない」（『修養訓』）と告げられているのだが、実際、私服旅行の例があったことは長谷川の証言するところであったし、那須野での「農人乃木」の姿も世に知られるところであったから、逸話の発生は無理からぬともいえる。

そこで次のような〈乃木逸話〉の定番が出来上がる。たとえば「将軍が常に地方に出づるときは冬は飛白《かすり》の綿服に木綿の兵児帯《へこおび》夏は洗ひ晒しの浴衣懸けといふ素朴なる服装」のため、来訪を受ける方では「此人が世界に雷名を轟かせし乃木将軍なるかと一驚を喫するのが常」。三九年の夏には、戦没将兵の冥福を祈るべく常陸の鹿島神社に参詣し、「奉幣料二十円を捧げ」ながら名も告げず立ち去り、そのあと「写真で能く見る乃木将軍に肖《に》て居る」と気づいた祠官が追跡。乃木はなおも「無名氏として取扱はれたし」と手を打ち振ったものの、懇請されて名刺のみ渡した。下総の香取神社でも「東京何某殿」と記帳されたままとのこと、「将軍の飄逸恬淡《てんたん》の性亦窺はるべきに非ずや」云々（『名古屋新聞』大正元年九月二六日）。

やや奇異なのは軍服着用時にもなお同じ事態が生じたとされることで、日露戦争前、松江に墓参に行ったとき「軍服を着けては居たが、例の質素な風体であつたから」あちこちの旅館で門前払いされ、やっとのことで小さな宿に入れた。やや遅れて県庁に乃木中将来松の通知が入り、手分けして各旅館を捜し回ってようやく発見。ともかく「会つて見て、想像の外れる人は、沢山あるが、乃木大将ほどの人は、先ず少ない」（『修養訓』）。あるいは熊本の旅館で「湯殿にまで、軍服を着けて行く」乃木を写した前出『読売新聞』のコラム子は、到着した将校たちを迎えた「旅宿の女どもは初め何方《どなた》が大将やら見当がつかず」、大方恰幅のよさそうな人がそれだろうと見当をつけて最敬礼していたが、「後で見当違ひと知れて」笑い合ったとも書いている。

多面的な「食へない爺々」

こうなってしまうことの要因は種々あるとしても、旅館や役所、寺社の担当者にしてみれば、さきの列車内の将校連同様、「私は乃木だが」と早めに告げてもらった方がどれほどありがたかったかわかるまい。そしてそのことが乃木にわからないはずもない。つまり「わざと知らぬ振りをして居」ることで、あえて事を大きくしている疑いが拭いきれないのである。はたして然りとするなら、自分の知名度と権力を意識しながら、周囲がそれを知らないまま行動する、その成り行きを見守るというまさに「水戸黄門」そっくりの地位に身を置き、そこからの特権的視点をひそかに楽しんでいた、ということにもなるだろう。一度そういう状況に身を置いてみると、いろいろと面白いことに出会うので味をしめてやめられなくなる、という側面もあったのかもしれない。

とすれば、これは〈乃木式〉諧謔独特の発現というべきか、陽気のようで陰気、爽快さに欠ける笑いの世界である。〈乃木式〉の笑いのこの苦さは、微妙に捩れながら、「いや、俺《わし》は箕笠でも着なければ上陸は出来ないよ」とボーイ室に隠れた凱旋艦上での悲しい笑いにもつながってゆく。「箕笠でも」かぶって素性を隠したい。それはあるいは、鬼神の背後に温顔を、あるいは温顔の背後に鬼神を隠しもつ乃木にとって、ほとんど本能に近い、抑えがたい衝動でさえあったのであったのではないか。

この問題の微妙な部分は後段に再説したいが、ともかくここに〈乃木式〉の「癖」がたしかに臭う。五指に余る乃木関連本をものした木村毅がいう「一寸食《く》へない爺々《ぢぢい》のやうな」ところとは、そのあたりの機微にふれるものだろう。とまれ木村は、昭和一二年の時点でこう書いている。「千両役者」といわれた日露の名将たちがみな遠のいて行く感があるなかで「只乃木将軍一人だけが、身近に、親しい所に、その存在が感じられる」のはなぜか。それは、彼が「名将」だったからでも、「高潔なる人格者」なり「神人」なりであったからでもない。詮ずるところその「人間味に帰する外ない」と。

厳格なやうな、おどけたやうな、真正直のやうな、それでいて一寸食へない爺々のやうな、又敬虔であると共に飄逸で、真摯であると共に奇抜な人柄は、たとへば妙な例だが、良寛和尚のやうな人と共に、永遠に歴史になつて了へないのではないかとも思ふ。

（木村毅『乃木将軍』「序」）

ほとんど矛盾だらけで統一的な像を結ばない。だからこういう人と固定され「歴史になつて了」うことができない……。桜井忠温の感想もこれに似ている。その著『大乃木』に「乃木式」なる一章を設けて全体像を究めようとした桜井は、「とに角、ある『式』なるものが、大将の上に見られる」とは認めながら、それが「どういふ式」かについては結局、明答を得ていない。


自然人らしいといふか。

強いやうで、存外弱いところもある、といふか。

粗朴で、野人で、モノにこだわらないともいふか。

ヒョウキンな点も多分にあるやうで、一面憂鬱なところもあるといへようか。

そのいづれでもが、「乃木式」はどこまでも胡粉やペンキの塗つてない、ウブのまゝの姿である。

第六章　祭られる〈乃木〉

1　「神」として祭る

「人死して直《たゞち》に神と化したる者は、古今東西を通じて恐らく乃木大将以外に其の人はあるまい」とは、しばしば引いてきた『旅順に於ける乃木将軍斜陽と鉄血』における津野田是重の言葉である。第四章に見た黒岩涙香や井上通泰の短歌をはじめとして、乃木「神」格化の言説がその死後ただちに沸騰したことにはすでにふれてきたとおりだが、乃木の死を聞いて「神」の語がわれ知らず浮んできたというような感想は、津野田同様、下僚として長く乃木その人に接した者の間に多く見られた。

ア丶神の如き乃木将軍よ

たとえば「ア丶神の如き乃木将軍よ」と第一声を放ったのは、やはり乃木麾下《きか》に働いた東条英教《ひでのり》中将（英機の父）である。これが急報を受けて「念頭に浮んだ第一の感じであつて、我輩は最初、真にこの感じより外に何物も持たなかつた」と（「乃木将軍及び夫人の自刃に就ての感想」『中央公論』大正元年一〇月）。

同じく元部下の堀内文次郎少将は、やはり事件直後に、乃木の「人格」は「天が日本を幸する為に与へられたもので、恐らくは人間ではあるまいと思ふ」として、その理由をこう述べた。すなわち乃木はかつて総督として台湾へ赴任する際、病気の老母の希望を容れて彼女を伴った結果、母ははたして「台北の土と成つ」て「国家に一身を献げた」のみならず、ついで大将は「旅順の役で二人の愛児を捧げ、今度又自分の一身を捧げられた」。これらの過程から見ても、乃木を「普通の人間」と見るのは「大きな間違」で、「恁《こ》は実に上《かみ》には、明治天皇の如き不世出の神様を現はされ、下《しも》には乃木大将の如き人格を下されて日本の基礎を固め、且つ国家の前途に対して、人心を奮起せしめんとせらるゝ国家の守護神の為し給ふ仕業である」と信じるという（大伴編前掲書）。

同様に、のちに「乃木講」を創立する高橋静虎大尉は、会談中の乃木の軽い「揶揄」にも「厚き教訓の包含する」ことに後で気づかされることしばしばであったことなどから、乃木がすでに「神人合一の極所に達せられたるが如き」境地にあって、「将軍の精霊は当時既に俗界より蝉脱して（中略）神域に超在して仮に肉体に降下せらるゝもの」だと思念している（『恩師乃木将軍』）。

こうして乃木「神」格化は圧倒的な支持とともに膨らんでゆき、多数メディアがその言説空間に加わっていった。各紙の見出しには「旅順の軍神／乃木将軍の偉勲」（『満州日日新聞』九月一七日）「明治の軍神乃木大将」（『万朝報』同日、読者「寄書」）「軍神を葬るの此日」「軍神遺徳の力」（『東京日日新聞』

一八日）、と「神」の字が躍り、開口一番「乃木大将は神なり」と書き出すコラム（『読売新聞』二〇日「銀座より」）もあって、諸名士・知人の追悼文や談話にも「神」扱いが散見する。外国人でも、日本にスキーを紹介した人として知られるオーストリア陸軍中佐フォン・レルヒは、乃木生前に贈与された揮毫を「子々孫々の家宝として伝へるつもり」だといい、また「這《こ》の有意義の死が誤りなく欧米各国に伝へられた暁には、愛国の士人は悉く将軍を神に亜《つ》ぐ偉人と尊崇する」だろうと予言している（『東京朝日新聞』一六日）。

乃木を「神」と呼ぶ意識において最も真剣なものを感じさせるのは、子供たちである。横山健堂『大将乃木』巻末収載の児童・生徒作文中、「私は、故乃木大将は実に軍の神と思ひます」という文は前章に引いたが、そこに並ぶ他の作文の多数にも、「僕は、乃木大将を神とおもう。／けつして、人のわざとはおもはれない」「乃木大将は、軍神の真軍神である」と、「神」の字がきら星の如くちりばめられている。

村の生神様

さて、乃木を「神」と見るこの意識が必ずしもその死後に始まったわけでないことは、すでに随所に見てきた。日露の従軍記者たちは、たとえば勝典戦死の報に「豚児能く死せり」とのみ口にした乃木を描くに「神色自若平生に異ならず」といった表現を好んで用いたし（第二章参照）、さらにはより具体的なイメージとして〈乃木〉を「神」に比す文章もあった。第三章で一部を引いた『日露戦争写真画報』所載の平田骨仙記事もその一つ。

大将の陣中に於ける生活頗る簡易にして其一挙一動悉く部下を心服せしめざるは無く、偉武高義兼ね備はりて風神自ら常人にあらざる如く、平生部下を愛するの心は益々深きを加へ全軍皆大将の馬前に死せんことを希《こひねが》ふに至る。而《し》かも将軍をして此遺徳あらしむる所以のもの決して偶然にあらず其決然として陣頭に現れたる精神の如何に雄偉壮烈なりしかを知らば、今日将軍の威風殆ど神の如くなるの寧ろ当然なるを知る。

生ける乃木が「神の如く」であったことをめぐるより具体的な報告としては、たとえば黒井海軍大将が『乃木将軍写真画報』（大正一五年）に寄せた回想がある。——軍部のある儀式に参列すべく並んでいたとき、ある大佐が乃木の軍服の裾のまくれに気づき、それを直してあげるという軽い親切を施し、礼を言われた。それぎり忘れていたところ、二日後に帰宅すると、留守中、乃木大将来訪されて「先日の御礼に伺つた」とのみで、名刺を置いて帰られたとのこと。はて、何の礼をしに来られたのか、大佐はいくら考えてもわからなかった。

あんな些少な事迄一々丁寧にやられると云ふ事は、決してつとめてやられるのではなく、自然の発露に違ひない、あの頃から全く閣下は神に近いものになつて居られたとよくその人が話しますがね、全くその通りで晩年の閣下は神と云つてもよかつたでせうね。

（「乃木将軍の話」）

同様に元部下の長谷川正道も、かつて新妻を伴って乃木邸に年賀に上がって帰り際に、自ら立ってカステーラを包んで妻のみに渡した乃木の「何等蟠《わだかま》りがない」自然な振る舞いに打たれ、そこに「神の如き将軍の率直無礙の心境」を見た。さらに、〈乃木式〉後継者の第一に挙げられていた一戸兵衛大将（前章参照）を「神の如く崇拝する」という長谷川は、その一戸が乃木について、部下となって三十余年「接すれば接する程偉い神様のやうな方だ」といっていたのだから、疑問の余地はないとしている（前掲書）。

「率直無礙の心境」であれ「雄偉壮烈」の「威風」であれ、ともかく「自ら常人にあらざる如く」見えたがゆえに、人々の口からは「神」の語が自然に洩れた。乃木院長は「私が従来、決して此の世にあり得べからざる者と、考へて居つた人」であった、と服部他助も書いている。「『あゝ乃木大将は、自分が従来逢うた総ての人と異つて、実に偉い人である』と云ふ強烈な感じが、恰も電光のやうに心の隅から隅まで閃き渡る事が屢々あつた」。たとえば院長はいかなる時も「完全に自己の感情を支配し得る人であつた」が、この一点のみにおいても「普通の人で無い」と（前掲書）。

もとより八百万《やおよろず》の神棲むとされてきたこの国にあっては、「自ら常人にあらざる如」き人に「神色」が宿り、「神の如くなる」ことを、人々は古来、むしろ自然なこととして受け入れてきたわけで、本居宣長はその機微をこう押さえていた。

さて凡《すべ》て加微《かみ》とは、古御典等《いにしへのふみども》に見えたる天地の諸《もろもろ》の神たちを始めて、其《そ》を祀《まつ》れる社に坐御霊《ますみたま》をも申し、又人はさらにも云《いは》ず、鳥獣《とりけもの》木草のたぐひ海山など、其余《そのほか》何にまれ、尋常《よのつね》ならずすぐれたる徳のありて、可畏《かしこ》き物を加微《かみ》とは云なり（『古事記伝』三之巻）

かくして「尋常ならずすぐれたる徳のありて、可畏き」〈乃木さん〉は、生前すでに「神」と見られた。現に休職中の乃木が大半の時間を過ごした那須野石林の村人たちは、近隣の野木村にある「野木神社」が乃木氏の先祖とされる佐々木氏の氏神であることを奇しき因縁として、将軍こそ「野木神社の生れ替りだ」と囁きあっていた（鹿野前掲書）。乃木はまさに「村の生神様として尊敬されて居た」のである（高橋淡水前掲書）。

そして実はこの「生神」の感、必ずしも日本人のみに生じたのではない。フォン・レルヒが発した「神」の語はすでに引いたが、旅順要塞攻略直後の乃木に面会した英国将軍、イアン・ハミルトンも「親しく接すれば接する程、乃木将軍の印象が深められてゆく。〔中略〕若し私が日本人であつたなら、乃木将軍を神として仰ぐであらう」と述べたし（『思ひ出の日露戦争』）、やはり日露の戦場で親しく接したウォッシュバーンも「半神」の語をあえて用いていたことはつとに序章に見た。

神さんになりなさい

さて、「神」である以上、これを「祭る」のを当然の義務のように感ずることも、日本人の伝統的感性に組み込まれているというべきか。「乃木さん貴方は好い決心を為《な》さいました、何《どう》か神さんになりなさい」とその死に顔に告げたという〝独眼龍〟山路中将未亡人げん子（『やまと新聞』大正元年九月一六日）の言葉には、死んだ「生神」を本格の

「神」へと正しく祭れ、という周囲への目配せが感じられるし、一六日の『東京朝日新聞』に集められた計一三もの名士談話のいくつかにも同じ感性が共有されているように読める。その一人、女子商業学校長、嘉悦孝子もいう。「将軍の男として、夫人は女らしい妻として今の惰弱な世に好模範となられましたので、私は実に神だと思ひます。神棚に祭つても好い方だと思ひます」云々。

もちろん「神棚」どころではない。同じ一六日付『万朝報』の黒岩涙香社説も、実はその掉尾に措かれた例の短歌のすぐ前で、「人にして彼れより以上に神なる者ハ在る事能はず、祭らずして如何に此の幸福を永久にするを得んや、実に乃木将軍ハ神にて在《お》はしき」との説を唱えていた。つまりは〈乃木〉神をなんらかの「社《やしろ》」に「祭れ」と。堀内文次郎がさきの追悼文に続けていうところの、「何人も唯其神の人格と云ふ事に付て飽迄も之を信じ、行住坐臥反省するの霊材とす可きである」云々もそれに重なる。乃木家は保存して「国民教育の源泉の流れ出《いづ》る社《やしろ》とし」「国民挙《こぞ》つて之れを保存し尊崇するのは、至当の義務であると信ずる」云々。

乃木神社の連立

いわれるまでもなく、国民はこの種の「義務」へとすでに動いていた。『読売新聞』の一面コラム「銀座より」は、つとに一七日に「大将を記念する」ための「一二三の私見」として、第一に「大将の墳墓は是非共先帝の伏見桃山の御陵の傍にしたい」、第二に「乃木神社を建てたい」、第三に「乃木邸を永久保存し」遺物等をそこに保存したい、第四に「幽霊坂」（新坂の別称）を「此の際是非とも乃木坂と改称したい」と希望を列挙していたが、これらの希望は、筆にのせられたときすでに、別の場所では実現に向けて動き出していた。たとえば愛知県愛知郡豊明村の浜村伊三郎という人物が「将軍夫妻自刃の号外を手にするやいなや、さっそく出入りの大工のところに駆けつけて、屋敷内に乃木神社をつくらせた」といい（大宅前掲書）、これが第一号と見られるが、一〇月初旬には満州の「有志間に乃木神社建設の議」が起こり、その場所として「日露戦役当時の司令部の跡」「二〇三高地又は白玉山上」などいくつかの案が出ていることを『満州日日新聞』（一〇月六日）が報じている。

その後実現した本格的な乃木神社を創建（御鎮座祭執行）順に並べると、那須（大正四年）、京都（伏見の桃山御陵付近、大正五年）、函館（同年）、長府（大正九年）、東京（赤坂区の旧乃木邸隣地、大正一二年）、善通寺（昭和一〇年）となる（黒木前掲書）。豊明村のものなど国家的認定を受けない自然発生的なお社《やしろ》まで含めれば、「乃木神社」はそれこそ数知れず、昭和に入っては軍国化の時勢にも押されて〈乃木〉は「神」としての地位を確固たるものとしてゆく。一〇年代の乃木伝・乃木論では、〈乃木〉＝「神」を自明の前提とするかの記述が多く見られ、たとえば東岩美『乃木大将の教育精神』（昭和一八年）など、「序」の第一行から「乃木大将は教育の神様である。（中略）乃木大将が神であるといふことに対しては、最早何人も疑ふことの出来ない事実である」と断じているし、ズバリ『神になるまでの乃木大将』（乃木将軍敬讃会編、昭和一四年）と題した本も出ている。

癈兵院の乃木肖像遥拝所

自然発生的な「乃木神社」というなら、「東京癈兵院」の正面の床の間に設けられた、乃木の肖像画を大きく飾った「遥拝所」がその典型例だろう。

「乃木将軍を慕ふの余り他将軍を彼れ是れ云ふにはあらねど閣下程癈兵に対し同情を有せられたる方

はな」い、と同院事務員は乃木の死の直後に語っている。「折々飄然として」現れては微笑んで、「さつさと癈兵の方に赴き『別に異《かは》りはないか』など恰も友達同士に語る如く情《なさけ》ある言葉を掛けらるゝが常」であった（『東京朝日新聞』九月一五日）。石黒忠悳によればその訪問は一月に何度もで、しかも「御所からとか宮殿下方から」お菓子をいただいたり、あるいは知人から何か到来物があったりすればすぐに持ってゆくという風、家族に対するのと同様の気持ちをもっていたがゆえに、癈兵の方でも「〔乃木〕君を視ること親の如く」となっていた（石黒前掲文）。

「さればこそ将軍薨去の報をきいた時、癈兵達は愕然として顔色をかへ、オイオイ泣出すものさへあ」り、「葬儀の日にはどうしても参列すると云つてきかず、不自由な身体を引きずりながら葬列に加はつてゐた」。この光景に涙を誘われた人々は、「これこそ乃木将軍の葬儀に相応《ふさわ》しいと感じ、今更のやうに将軍の徳に打たれて深く頭を下げ」ていたという。「遥拝所」が設置されて昭和一三年に至っているゆえんであり（『読本』）、同九年に出ている酒井朝彦の前掲の児童文学「乃木式義手」（前章参照）も、終幕でこの肖像に言及してこう結ぶ。「癈兵さんたちは、朝夕、大将の写真をあほいでは、その徳をたたへてゐるとのことであります」。

また『読売新聞』コラムが第四に挙げていた地名改正の提案は、赤坂区会の臨時会でさっそく取り上げられて「乃木坂」の名が生まれた（『東京日日新聞』九月一八日）こと序章にも見たとおりだが、さらに同区会には「乃木邸を中心として紀念公園を造るの議」も出ていた。「故乃木大将は稀に見る文武兼備の名将軍で吾々国民の模範とすべき方であるから」、邸内に「大将常用の書籍武器其の他の物を蔵《おさ》め紀念として永久に保存し一般国民の閲覧に供して大将の遺志を有効にしたい」と区会議長（「世界の乃木公園」『読売新聞』二五日）。公園は実現しなかったものの、その後乃木の遺品等は靖国神社の遊就館に展示され、また続々と現れた写真集や絵葉書にはそれらの遺品や、乃木邸内の写真も大いに含まれることになったから、議長の希望はある程度には叶えられたといえる。乃木の肖像や銅像の商品化も迅速に進み、事件二日後の一五日付『読売新聞』には早くも同社製作にかかる高さ八寸五分の「乃木大将銅像」を一八円で頒布するとの社告が出ている。

神の子は神

かくして東京の乃木神社は乃木邸の隣地に創建され、邸は保存されて今日に至っているが（口絵写真参照）、乃木が「生神」であったころ、すなわちその生前にしてすでに乃木邸は自然発生的な神社であったともいえる。前節に引いた堀内文次郎は、その追悼文をこう書き出していた。「私は乃木大将の御屋敷を訪問する時は、何《ど》うしても或る一種の神聖な社《やしろ》に参拝する様な心地がしてならなかつたが、之は他の人も同感であつたらうと思ふ」。それが「今回の如き忠烈の最期」によってもはや大将には「神に対すると同様の観念しか起らぬ」と。そこから既引の「人間ではあるまい」云々の推論を経て「乃木家は神霊の遺物として現状の儘に保存し、国民教育の源泉の流れ出る社としたい」との主張が導かれる。

この「神聖な社」に住まう人々は、ところで、主人希典はいうまでもないとして、その妻や子もいつか「神色」を帯びてゆくようであった。夫の後を追って短刀で胸を突いたとされる（一説には希典が割腹前に刺した）「烈婦」静がしばしば「神」扱いされたことは異とするに足りないが、彼らに先だって戦場の露と消えていた「両典」すなわち勝典と保典もまた、その生前の人徳から「神」に喩えられることがあった。勝典戦死を悼む新聞記事に「部下の中尉を敬慕すること宛然《さながら》神の如く」云々とあったのは第二章に見たところだが、ほとんど同じことは保典についてもいわれていた。いわく「少尉保典は血あり涙ある人なりき。兵士は之を慕ふこと、神の如くまた母の如くにてありき」。たとえば戦場で煙草が尽き、兵士が玉蜀黍の毛を集めて喫煙していたとき、自分の煙草を「悉く兵士に分与せり」。また前進の場合、「先づ単身自ら危険の有無を調査し」、安全を確認してからでなければ決して兵士を前へ出さなかった、云々（横山前掲書）。

　このように乃木家の人々皆が「神色」を帯びてゆくということの要因を考察する場合、彼らの偉業や人徳、そして悲劇性といったことの脇に、もう一つ考えられないでもないのが、乃木家にまつわる微妙に「霊」的な雰囲気あるいは諸事象である。つまり「霊」の存在を想定しなければ理解されない類の超自然的な〈物語〉に、この一家は覆われていた。その種の〈物語〉の代表的な例が、旅順攻囲軍司令部にいた乃木が保典戦死の報を受けて「もう知つてる」と即答したという謎で、それへの解が数種あることは第四章に見た。そしてその一つ、数時間前に野外にいた乃木が重態の保典を背負う兵卒に出会っていたという、鷗外がその詩に織り込んでいたのと同じ〈物語〉に感銘を受けていた松居松翁が、自作劇にはあえてそれを採らず別説に拠った経緯にもふれておいた。すなわちあたかもその死の時刻に「大将の前なる壁の中に少尉乃木保典の姿朦朧とあらは」れて父子が会話を交わす（『乃木将軍』第二幕）という話の方である。

こちらは松居によれば「白井参謀の直話《ぢきわ》として、いろ〳〵な書《ほん》にかいてある」ところで、いずれの話に「多量に信を置くべき価値あるかは知ら」ず、迷いながら結局これを採ったという。選択の理由は明確でないが、松居が続けて書くように、「よく夢を見られる方」としての乃木には、勝典戦死の時も「広島の官舎で、あり〳〵と其姿を夢に見られた」という〈物語〉も流布していたほどであったから、壁を抜けて「霊」が現れるという設定の方が「霊夢」の人〈乃木〉にふさわしいといった判断も働いたのかもしれない。

だから同じ戯曲の別場面では、松翁は乃木にこうも語らせている。「いや、わしの夢に見るのは倅たちではない。畏れ多いが先帝陛下のお姿ぢや」、「其度に陛下は乃木を御手招ぎ遊ばすやうに思はれて急いで御側《おそば》へ近よると、お姿は消えて夢は破れる」（第三幕）。そのあたりが不敬のそしりを招きはしまいかと気をもんだともいう（「『乃木将軍』の戯曲に就いて」、松居『乃木将軍』所収）。

さて、「いろ〳〵な書にかいてある」と松翁もいうとおり、保典の「幽霊（ないし夢）」による告知という展開はこの作品の占有ではない。最も

〝日露浄瑠璃〟の乃木父子

早い例の一つとして、もと吏員で一念発起し自ら朝鮮、満州の新戦場を歴訪し、また戦死者の遺族に取材して新曲数十編を制作したという異色の浄瑠璃師、渡部松菊斎（省三、篠山とも）による「乃木大将誠忠記　爾霊山下夜営の夢」がある。それを含む新作〝日露浄瑠璃〟集『国民教育新浄瑠璃』が大正二年五月に出版されているのだが、その巻頭に「絃声反響」と題して多数掲載された軍隊・社会・教育の各方面からの「感激」「感謝」の手紙の文面やそこに記された上演日付からして、乃木生前の上

演も十分に考えられる作品がこれである。

ストーリーは松翁戯曲とほぼ同じだが、そこで保典はより多弁である。柳樹房の司令室で、しばし語らった志賀重昂、山岡少佐（のちの「盲中佐」）がやがて去り、乃木一人になると「月の光も彷徨《をぼろ》げに怪しく映る人の影」。「そこに来たは誰か」「ハイ私でございます」「私とは」「保典でございますまだ御寝《ぎよし》なりませぬか父上」と父子の霊的対話が始まる。

「父とは誰の事ぢや、最も予には二人の倅はあるが」と乃木、虚勢を張るよう、「国家存亡の分かるゝ今日、暫時なりとも其陣地を離るゝ様な不心得の子は持《もた》ぬ、定めて人違ひであらう、はや帰れ」。「其お叱りも有《あら》ふかと存じましたが、保典、明日の攻撃戦に名誉の戦死を遂げますから父子《おやこ》今生の別れ御暇乞に参りました。〔中略〕永々の御苦心嘸《さぞ》かしと察し上奉ります、君国の御為御自愛を願ひます、閣下御免」と一礼して出かかる保典を「アヽコリヤ保典」と呼び止めた乃木いわく、「兄にまけぬよう立派に死ね〔中略〕他人《ひと》に笑はるゝ様な死態《しにざま》すな」。

このあと司令室に「護国の神と称へらるゝ阪本《ママ》龍馬の幽霊」が現れ、この龍馬を聞き役に乃木が西南戦争以降の「武運拙《つた》なき希典が述懐《ものがたり》」を語る、というのがこの浄瑠璃の主筋である。なぜ龍馬かといえば、日露開戦後間もなく、坂本龍馬の名さえ知らなかった皇后の夢枕に奇しくも現れて日本の勝利を確言したという話が「日本中で有名」になっていたというから（『ベルツの日記』）、その人気に便乗しての登場にちがいない。「護国の神」二人の対話の実現というわけである。

〈乃木〉父子はこのように、とかく「霊」的な色を帯びた〈物語〉に仕立てられがちであったが、そのことは、すでにふれたとおり、実際の乃木家の人々もその種の「霊」的感応力の持ち主と見られていたことに関わる。それは特に静夫人において顕著で、彼女は「非常な敬神家で」「極めて崇高な夢を見られるやうなことが屢々あった」という（大庭前掲文）。たとえば後に勝典が戦死したと知れたその刻、乃木邸の「二階でだれか大きな声で本を読んでいるので見に行くと、だれもいない。下りて来るとまた読み出す。それが勝典の声にちがいなかった」と静はある人に語った（桜井『哀しきものの記録』）。また夫婦での自刃においても、静が随行することは決行直前になって決定したのであることを希典の遺書の文面が示唆していたが、このことで彼女が取り乱さなかったのも「霊夢」のお蔭かもしれないという。つまりその前々日ごろに、弔問客らしい正装した人が引っきりなしに乃木家に出入りする夢を見、易者に相談したところ希典に異変がありそうだといわれていたというのである（王丸前掲書）。

2　師表として担ぐ

死して猶生く、これ神也

辞世や遺書によって自らの生涯を一つの〈物語〉として提示しようとする自己神話化的な志向を――場合によってはそこで自ら「神」たらんとする意志の片鱗をも――乃木の言動のうちに観察してきたが、仮にそのような意識が乃木当人に毛頭なかったとした場合も、結果として乃木が「神」と呼ばれたことは見てきたとおりである。「何にまれ、尋常《よのつね》ならずすぐれたる徳のありて、可畏《かしこ》き物を加微《かみ》と」呼び、そのカミを「祭る」という行為を重んじてきたこの国の伝統にあっては、乃木が「神」の仲間入りをして相応の「社」に鎮座するという成り行きは、ごく自然な成り行きと受けとめられた。

九月二〇日付『東京日日』『大阪毎日』両紙掲載の幸田露伴の短文「乃木大将」に展開されている「神」観念は、そのような日本的「神」観念を一歩出るかのようでもある。通常の「生」と「死」のほかに「生きて死せる」「死して生ける」の二つの特殊な状態があるとする露伴は、最後の「死して生ける」状態にある者のうち、「志を抱いて而して死して死せず」という場合が「鬼《き》」であるのに対して「志を遂げて而して死して永く生く」ものが「神《しん》」であるという。この意味で乃木の「神《かみ》」たること疑いを容れず、さらに「神《しん》や死せず」であると。すなわちこれが「将軍自ら死して人皆将軍を懐《おも》ふ。将軍乃ち不説を以て道を説き、人皆不聞を以て教を聞く」ゆえんだ、と。

そこからさらに広くキリスト教、仏教をも視野に入れつつ〈乃木神学〉の展開を試みたかに見えるのが、東京帝大でも教鞭を執った宗教学者、加藤玄智である。すでに引いてきたその著『神人乃木将軍』（大正元年一一月一日刊）で、加藤は、乃木において「其の神々しい、純没我的の行動」を「満身是れ至誠、全身是れ赤誠といふ至誠の神を事実に於て見せてもらつた」われわれは、彼において「神人即ちデウス、ホモ Deus-Homo を感得した」のだと主張する。そしてそれは「丁度《ちょうど》耶蘇の人格に於て神格の出現を認め、教主釈迦の人格に於て神格の出現を認め、釈迦の人性の中に神性を其の弟子達が感得したと同一の趣がある」のだ、と乃木をキリストや釈迦と並べることをあえて辞さない。実際これに類した「乃木＝キリスト」観は決して加藤の専売というわけではなく、夏目漱石、三宅雪嶺ら錚々たる知識人を巻き込む流行の言説となって、内村鑑三がこれに苦言を呈するという一幕さえあったのだが、その詳細は次章に譲る。

商品化した乃木銅像
（『中央公論』大正元年12月号全頁広告）

明治の楠木正成

「乃木大将銅像製作」の『読売新聞』社告（九月一五日）は紹介ずみだが、この種の「像」の広告が「乃木大将半身像　青銅鍍金製金二円／純白金一円　芳文堂」（『東京朝日新聞』二一日）、「故乃木将軍鋳銅胸像の提供　中村美術社」（同紙一一月一三日）と他社からも出ているところを見ると、よほど売れたにちがいない。銅像を家の床の間に飾っておきたいと思う人にとって、乃木はもちろんすでに「神」である。九月二一日の『読売新聞』には、「女学校と大将銅像」との見出しで、「本社発売の乃木大将銅像」に大阪府立堺高等女学校から二体の申し込みがあったほか「朝野諸名士よりの申込続々ある」ことを強調した自社宣伝色濃厚な記事が見られ、また同紙の別面には「宮城前に楠公と並べて軍神の銅像を立つる事」を「場所柄上将軍の霊を慰むるにも国民忠誠の気を鼓舞するにも」最良として提案している。

さてこの「楠公と並べて」という想念は以後とめどなく湧出してゆくもので、『万朝報』の涙香社説が「実に楠公以後の第一人なり」としたほか、同じ一六日に乃木は「正成以上である」と嘆美する東伏見宮の談話（『東京日日新聞』ほか）も出ており、実はその前日の三宅雪嶺の前掲の論評にも出ていた。続いていわく「建武の楠公、大正の乃木将軍、孰《いづ》れかを甲とし、孰れかを乙とす」（『岐阜日日新聞』一七日）、いわく将軍の死が「活ける大教訓である」こと「楠公父子の忠死、赤穂四十七士の壮挙に比するとも劣らない」（『満州日日新聞』二一日）。さらには事件直後に「ナミダナガラニバンザイバンザイ」と弔電を打った既出の禅僧、中原南天棒も「実に楠公以上の大忠臣であると愚僧は堅く信ずる」と語った（『名古屋新聞』二九日）。

楠公がすでに神と祭られている以上、「楠公以上の大忠臣」たる乃木にして神とならぬ理由はない道理である。『東京朝日新聞』（二四日）が「乃木大将殉死に関する寄書」として一挙掲載した投書八点のうちにも「楠公に次ぐ軍神たり（安政老人）」と題したものがあって、乃木夫妻の墓または建碑を桃山御陵の近くに「楠氏湊川の碑に倣」って建ててほしいとの希望が述べられているし、乃木夫妻葬儀当日以降、青山墓地近辺雑踏で繁盛した商売については後述するが、軒並みの「記念絵葉書の売店」が「目を突くばかり」のなかに「『明治の正成乃木大将辞世の筆跡』などビラを下げたのもあった」（『東京日日新聞』一九日）。

「天野雉彦口演趣味口演明治の楠公」という広告が一二月四日付『満州日日新聞』に、また「加藤王秀著『武道典型明治之楠公乃木将軍』」が同九日付の同紙に出ているが、「明治の〔之〕楠公」と題した乃木伝は、大正元年のうちにこれ以外に少なくとも二点は出ている（大濱前掲書）。「楠朶の二忠臣」という表現も流布して（第一章参照）、両雄対比の発想は絶えることなく、昭和一〇年代に多数出版されている子供向けの乃木伝のうちにも、両雄をセットにした絵本『乃木将軍と大楠公　忠義な人々』（榎本進一郎・画作）といったものが見られる。

「小乃木」の作文

楠木正成が「偉人」として大きくクローズ・アップされたのは明治維新前後からのことであり、そこには無論、その死を賭しての天皇への忠義という神話が明治の政体に都合のよいものであったとことが関わる。乃木その人においてもまた楠公への崇敬に並々ならぬものがあったことは知られるところで、たとえば明治三一年、大演習で南河内の某寺に立ち寄って、所蔵の「楠公自筆の兵書」の閲覧を許された乃木は、喜んですぐ見るかと思いきや「先づ清水を汲み来らしめ手を浄め口を嗽《すす》ぎ髪を洗ひ然る後恭しく稽首再拝して其の書を観られた」と報告されている（佐伯仲蔵、『記念録』）。

この乃木と同じように、大多数の少年少女がその「偉大」さを無心に信じたが、そのうちにあの夏目金之助もいた。漱石一二歳の作文「正成論」に、もちろん懐疑意識など見られない。一般に子供のこうした「ひたむき」さが大人は好きであり、子供は大人のそのような期待を察知して行動しがちとなる。前出の教育者や赤坂区会議長など高位の人々の言葉には、乃木殉死をもって「国民の模範」としたいという、特に子供を意識した教育者的意図を嗅ぐこともできよう。乃木は「実に神だと思ひます」と述べた女子商業学校長も、それに続けて「乃木さんが御自身活きた模範にな」ることで「小乃木が出来、更に育つて大乃木が出来る日の来る事が望ましいので御座います」と期待を語っていた（前掲『東京朝日新聞』）。

実際、このような期待に応え自発的に「小乃木」を目指した子供が少なくなかったことは、すでに引いた横山健堂『大将乃木』収載の多数の作文も示している。そこには「楠木父子以後の忠臣」云々の「楠公」との対比論が散見するとともに、「われ〱は、の木さんのはなしをきくと、そういふ人になりたいとおもひます」「実に我等のてほんとすべき大将であります」「それ故、私等は、乃木大将を手本として、今上天皇陛下に忠義をつくさなければなりません」等と、乃木を「模範」とする意志が明確に刻まれている。かくして大正九年、シベリア出兵における戦闘で事実「小乃木」が名誉の戦死を遂げることになる。前章既出の渡辺重義中尉がそれである。

ところで、「そういふ人」とは、より具体的にはどういう人なのか。教育者や周囲の大人は、皆が皆「小乃木」渡辺中尉のような軍人になることを期待していたわけではあるまい。渡辺中尉が信奉した「乃木式」をいくぶんか共有してくれればそれでよかったわけで、この意味で、「贅沢」や「おしゃれ」を戒める子供たちの作文は、そうした大人の期待をよく感じ取って同一化したよい子のものと読める。

感奮興起する人々

前章に概観したとおり、「質素と謹厳」こそ乃木の代名詞となっていたから、日露戦争後の日本社会に特に目に付きだした「贅沢」や「おしゃれ」の傾向を戒めようとする勢力にとって、それははなはだ好都合のスローガンであった。現に大人の世界でも

「之に感奮興起して〔中略〕乗用の人力車を廃し晩餐の魚を減じた」某省高等官など「偉人の死の反響／勤倹の風出現す」の一例として報じられていた（『東京日日新聞』二一日。同日『読売新聞』にも同内容記事）し、今でいえば経済紙の『中外商業新報』（二二日）も、「浮華に虚栄に憧れて居た者が将軍夫妻の質素簡易にして貫くに烈日秋霜の如き赤誠を以てした生涯に対しては自ら省みて大《おほい》に慚づる所があつたと見え華美贅沢をするのを憚る風がある」との観察を述べている。「贅沢品の売行の如きは大分景気が悪」く「之に反して乃木将軍の画像の売行は非常なもので或外国人の如きは将軍肖像の絵葉書を一人で二万枚も買込み故国へ向け発送した」ともいう。

今日からはほとんど想像しにくい真剣さで、当時の日本人の多くが乃木の死を悼み、かつ粛然と襟を正し、〈乃木さん〉を範として生き方を改めようと考え、あるいは子供たちにそうし向けた。実際、乃木夫妻葬儀の日以降は青山墓地のみならず乃木邸周辺も参詣客でごった返すことになるのだが、記念にと邸前の「小石を拾ふて帰る」人々もあり（『名古屋新聞』二七日、『岐阜日日新聞』一〇月四日にも同内容記事）、邸内で結実している栗を見て「強ひて其栗一二個宛を懇望して持ち帰る者多く何れも右栗を蒔き附け紀念として培養する目的」（『名古屋新聞』一〇月三日。『東京朝日新聞』同日にも同内容記事）、「乃木将軍家一木の脈を受け年を経月を重ねて育立《おひた》ち繁るに至らば其の蔭に憩ひ集ふ児等の教訓ともなりぬべし」と（『岐阜日日新聞』四日）。同様に柿の実を貰って宮崎の自宅に種を植え育てた人もあった（黒木前掲書）。

さらには「乃木将軍夫妻の殉死の報を聞くや　感奮の余り　我と我が緑の髪惜し気もなく根元よりプ

ツツリ切下げ従容として」夫妻の霊前に向けたいと申し出た弁護士の若妻（二三歳）もいれば（『東京日日新聞』九月一八日）、「其の献身的奉公の御精神に非常に感激」した結果、全財産を投じて「貧困者の為めに無料で助産する」助産所の設立を決意した産婆もいた（『万朝報』一〇月二日）。乃木自刃はたしかに世間に「無限の影響を与へて居」た『中外商業新報』（二二日）。

このような「神」夫妻の葬儀とあれば、一八日の東京の電車の乗客数が平均より二二万人の増（『中外商業新報』二〇日）、「実に電車あつて以来の人出」（加藤前掲書）となったとしても驚くにあたらない。目指された青山墓地は「混雑御大葬以上」（『東京朝日新聞』一九日）、一九日の「軍神の墓に泣く十五万人」（『東京日日新聞』二〇日）は、二〇日には「二十万、前日より二割り増しの雑踏」（同紙、二一日）に膨らむ。青山一丁目停留所で下車する者はまず「十二三人の喪章屋」につきまとわれ（『東京日日新聞』二〇日）、沿道の両側に並ぶ「乃木将軍肖像の絵葉書店」に迎えられる。中には「絵葉書に乃木デーのスタンプを押して」売る店もあり（『東京朝日新聞』一九日）、「画像を一枚三銭で売つてゐるのが羽の飛ぶやうに売れ」「水菓子屋、甘酒屋、玩具屋等も墓地の空地に店を出して客を喚《よ》び付近一帯縁日以上の人出」（『中外商業新報』二〇日）。

かくして目指された乃木夫妻の墓所周囲はまさに「人間の鈴成り」（『東京日日新聞』一九日）。「彼方《あちら》からも此方《こちら》からも銅価を投げる、おひねりを投げる」。それが「ピシヤリ〳〵と警官の面《かほ》や耳に打当《ぶつか》る。『ア、痛い、痛い。コラツ』」。「イヤモウ非常の混雑」（早川貞水前掲書）。やがて小学校の集団墓参も始まって、「各区の小学校長は生徒を率ゐて――近県からは汽車で出京して、将軍御夫婦の御墓

大々的に広告される乃木本
（『中央公論』大正２年９月号全頁広告）

に参詣する者、ゾロ〳〵ゾロ〳〵、毎日毎日、何万と云ふ人数。実に青山墓地未曾有の群衆」（同）。

出版界の乃木ブーム

乃木銅像の新聞社告が早くも一五日に出ていたことを前に述べたが、伝記と銘打った書籍が同じく一五日に広告されていることにも驚かされる。『東京朝日』紙上の杉原夷山『乃木大将伝』で、これに続いて一九日発行とされる杉謙二編『嗚呼　乃木将軍』、同日の新聞に広告のある鹿野千代夫編『乃木大将言行録』、同じく二〇日広告の池田剣嶺『至誠の神　乃木将軍』、護国新聞社編『乃木大将詳伝』、二二日の人物社同人『乃木大将論』、四元内治『嗚呼乃木大将』と、あたかも養鶏場の鶏卵のごとくである。島田学堂『嗚呼乃木将軍』、人見鉄腸『武士道之花　乃木大将』、横山健堂『大将乃木』なども九月中に新聞広告されており、その後も山路愛山『乃木大将』（一〇月九日）、高橋淡水『乃木大将言行録』（同一〇日）、渡辺銀太郎『明治之軍神　乃木大将写真帖』（同一三日）、桃川若燕『乃木大将陣中珍談』（同一五日）、加藤教栄『諸名家の乃木大将観』（同一九日『満州日日新聞』広告）、手塚大尉『軍神乃木大将』（同二〇日『福岡日日新聞』広告）と類書の刊行は引きも切らない状況であった。

一一月に入ると、これら乃木関係書「十余種の出版」のほかに「大将が耽読し或いは嗜好したと云ふ幾種の書籍もまた盛に発行され」てゆく（『満州日日新聞』一一月一六日）。筆頭はもちろん『中朝事実』で「新釈中朝事実／乃木大将が自刃に先ちて皇太子殿下に御訓　献上せる」（『福岡日日新聞』一〇月二七日）、「原文対訳中朝事実／乃木大将に私淑し大将の高潔純忠の精神の由て出る所を知らんと欲する者は本書を読め本書は大将が晩年……」（『読売新聞』一二月一四日）、一年後もなお「国文中朝事実／乃木将軍の一周年に当たり絶好の記念品を提供す」（『読売新聞』大正二年九月一二日）と各社の競合が続き、他にも乃木が生前、私費を投じて復刊・頒布していた書物（第五章参照）が次々と商品化されてゆく。前章既出の『武教小学』のほか、「乃木大将愛読の名著　新釈国基」（『満州日日新聞』一二月一九日）、「乃木大将訓点（中略）山鹿素行全集」（『読売新聞』大正二年一月一六日）等々。

またそれら新刊書を評した記事もこの秋の各紙に散見する。「中朝事実／乃木大将の一死より本書の声名江湖に籍甚たり（中略）武士道の精髄を窺はんとするもの必読を要す」（『読売新聞』一二月九日「書籍と雑誌」）といった次第で、これまでも講談・浪曲の世界を火種に沸々とたぎってはいた「武士道の精神」が、読書階級にも「燃え拡がつて」ゆくことの一つの契機を乃木事件が提供したことはたしかである。

3 再現《リプリゼント》＝上演される〈乃木〉

それにしても「此空前の人出を当込んで卵塔場にオデン燗酒の店が五軒七軒立並んだは不謹慎千万である」とは乃木夫妻葬儀の雑踏を伝える『東京日日新聞』（九月一九日）の苦言だが、このほかにも「不謹慎」「無礼」といった難詰の語句がこれら一連の記事に散見する。つまりそれらはもっぱらこの人出を金儲けの好機としか見ていない連中に向けられたもので、なかでも最も目についた「無礼」者が、各種の肖像を売りつけようとする輩であった。

飛ぶように売れる肖像

乃木邸前の雑踏では、乃木肖像の石版画に「乃木邸前にて購《あがな》ふ」とのゴム印を捺して売る邸前の露店が出ており、その商人のたまわく「吾々は利益の為にするのではない一枚でも多く乃木大将の肖像を世間に弘めて以て大将の遺徳を讃へたい考へである。代価は五銭」とは「無礼にも馬鹿馬鹿しい」と『東京朝日新聞』（一八日）。また二〇日の同紙には、一商人が墓地の沿道で「大将の肖像を高く掲げ乍《なが》ら『大忠臣乃木大将の肖像は一枚僅か三銭』と呼ばはつた如きは場所柄をも弁《わきま》へざる無礼であつた」とも。

肖像絵葉書を一人で二万枚も買込んだ外国人がいたことはすでに見たが、「乃木将軍の画像の売行は非常なもの」で、「肖像屋絵葉書屋などが思ひがけない大儲けをした」（『名古屋新聞』一一月八日）。鞠躬覚悟の「無礼」はとどまるところを知らず、九月二五日の『読売新聞』は、「これはまた大将夫妻自刃の光景を売つて居る商人がある」と呆れ気味。

御尊影に神酒《みき》を供へた机の前に大礼装の大将が端座し、左手《ゆんで》に鞘の儘の軍刀を握り右の手を振り振りして話して居る側《そば》に、花をあざむく美しい夫人が慎ましやかに手を控へてシク〳〵と泣いて居る所だ、某商人が「東京広しと雖も販売所は只の一ヶ所」と声を絞つての説明に絵紙は羽が生えて飛ぶ

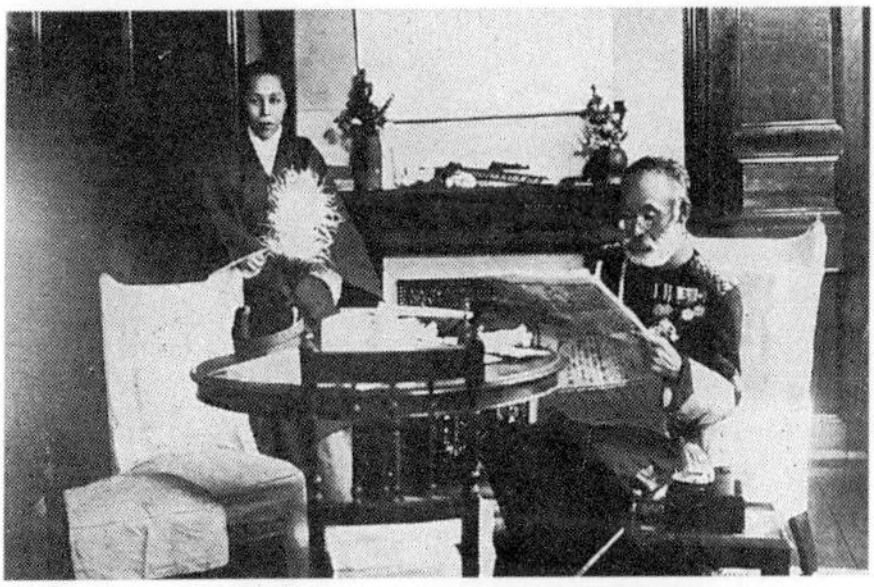

自刃を控えた朝の記念撮影
（『東京朝日新聞』大正元年９月30日）

乃木夫妻最後の写真

「花をあざむく美しい夫人」がここでどのように描かれていたのかは不明だが、自刃前の乃木夫人の一般的イメージはやがて、漱石『心』の青年が「官女見たやうな服装《なり》をした其夫人の姿を忘れる事が出来なかつた」（中 十二）と振り返るあの風姿に収斂していったものと思われる。すなわち自刃の朝、写真師を呼んで行った記念撮影としてやがて各紙を飾ることになる、夫妻の室内でのツーショット（上掲）、および二人が一人ずつ乃木邸玄関前に立って撮った写真における「服装」で、これらの写真、とりわけ前者は、当時の雑誌や書籍に頻出したばかりでなく、写真や絵葉書の形で販売され

最後の写真で乃木が手にしていた新聞下方の広告
（『日本』大正元年９月13日）

て「実に非常な売れ方」（早川貞水前掲書）となったものである。これを撮った秋尾新六写真師は当初その種板を出し惜しんでいたものの、「各新聞社などが若干《いくら》でも金を惜しまぬといふ様な鼻息なるに」、東京ではうるさいからとまず大阪へ飛んで「種板分の運動」を始め「立所《たちどころ》で五千円」、東京へ戻ってさらに「一万円からの懐中《ふところ》を温めた」（『名古屋新聞』一一月八日）。おまけにその写真で乃木が手にしている新聞（『日本』九月一三日）に広告の出ていた「花王石鹼」がまた「一時は製造が間に合わぬほど売れた」（早川前掲書）ともいう打ち出の小槌であった。

　夫人の立ち姿はどことなく異様で霊的なものを感じさせ、「長い間〔中略〕忘れる事が出来なかつた」という『心』の「私」の言葉は、漱石の実感もかくあれと思わせる。すでに見たとおり、彼女は夫に劣らぬ霊感の持ち主でもあった。

乃木実写映画の上映

　ともあれ「大将夫妻自刃の光景」の「絵紙は羽が生えて飛ぶ」ように売れたというのだから、これを芝居に仕組めば、または写真を重ねて活動写真にすればもっと儲かること疑いなし、とは誰でも思いつくところだろう。実際、人々は同じころ、すでに実写された乃木の画像をスクリーン上に見ることもできた。日露戦争中、歌舞伎座などで実写映画の上映がすでに始まっていたことはすでに見たが、乃木夫妻自刃後は、早くも一六日に「当時を偲び思ひ出多き記念撮影／日露戦役乃木大将閣下／浅草公園電気館」が広告されており（『二六新報』『やまと新聞』。一九日付『万朝報』ほかにも）、その後「忠勇無双乃木老将軍／富士館」（『やまと新聞』一八日、『万朝報』二二日ほか）、「乃木大将の生前／浅草公園電気館」（『二六新報』二〇日、『東京日日新聞』二七日ほか）と続く。さらに二〇日には「番外乃木大将葬儀実況／神田表神保町新声館」（『二六新報』）といった作品が早くも現れている。

乃木夫妻葬儀で青山方面が混雑を極めていたころ、浅草の映画館はいずれも「大将の看板で客を引いて居る」（『中外商業新報』二二日）という状況となったわけである。これらの館において上映された実写フィルムはおそらくほとんどが日露戦争中、あるいは凱旋のころのもので、その一部と見られる映像がＮＨＫ編集のＤＶＤ『映像の世紀』第一一集に収録されている。それは凱旋数日後、陸軍の先輩高島鞆之助子爵邸を訪問した場面で、さかんに口髭を捻っている乃木は、やはり風姿を気に掛ける人であったかと思わせる（一三二頁の写真も同じフィルムからのもの）。

さて、乃木の映像はもちろん東京にとどまるはずもなく、たとえば一〇月九日付『名古屋新聞』には、クラブ洗い粉等の愛用者には入場無料という「面白い活動写真」が大々的に広告されているが、その「出し物」の一つに「乃木大将の葬儀」があり、同月末には『京都日出新聞』にも日活直営の「中央館」になる「武士の典型乃木大将　全二巻」という広告が見られる（三〇日、三一日）。大連歌舞伎座は、実はこれより一月近くも早く乃木映画の広告を『満州日日新聞』に出しており、一〇月六日の同紙が「乃木将軍の英姿／水師営会見の活動写真」という記事でその内容を紹介していた。「当時従軍し居たる外国活動写真師の実写した」この写真は「大将とステッセルと会見の光景より大将が馬に鞭《むち》ちて会見所付近を乗り廻す光景あり未だ全く我興行界に現れ来たらざりしものなるが今回の事ありて端なくも此写真が現はれ来れるもの」ゆえ「兎も角も一見の価値はあるべし」と。

粛然と襟を正す観客

日露戦争の実写映画としては旅順と遼陽の戦闘があるのみだが、このうち旅順の方は「国宝的のもの」であるとは桜井忠温の注釈である。映写時間は「僅かに十分ぐらいに過ぎぬ」が、「攻囲軍（歩兵部隊）の前進」「露軍が陸上に使つた魚形水雷の見分」「二龍山の爆破」「二十八珊《サンチ》榴弾砲の射撃」「望台突撃」などの場面のほか、「入城式」「捕虜護送」、そして例の「水師営の会見」を含むという（『将軍乃木』）。

といっても「会見」の映像は、ステッセル到着と、乃木と幕僚が門内に入る場面に限られていたが、その理由は、明治四二年夏、学習院恒例の片瀬海水浴でやまと新聞社の提供で上映された際に、これを「熱心に観」た乃木その人が説明した。すなわち是非撮影したいというアメリカの写真技師の願出を、乃木は当初「敗軍側のステッセル将軍には、後世に恥を晒させる様なもので、甚だ気の毒千万な次第と考へたから、断つて仕舞つた」。が、「然し遥々戦地まで撮影に来た技師の熱心に愛《め》でて、我々が会見所に出入りする模様位は、内所で撮つても宜からう」と考え直した。敗将にも、写真技師にも気を配る乃木の思慮がまた一同に「一層敬虔の念を昂め」させることとはなった、と『記念録』。

内田百閒の名作「旅順入城式」（大正一四年作）で主人公がその世界に引き込まれてしまうところの

フィルムも、作品中で陸軍将校が加える説明がさきの新聞のものに似ている。「この写真は当時独逸の観戦武官が撮影したもので、最近偶然の機会に日本陸軍省の手に入った。（中略）恐らく世界の宝と申してよろしからうと思ひます」云々。活動写真館内部に取材した『中外商業新報』（二二日）記者いわく、「弁士の態度も普通と違つて謹厳正直説明の口調が又甚だ鄭重を極めたもの」、観客も脱帽して「粛然と襟を正すものが多い」。

　乃木大将が白い顎髭を蓄へた顔を観衆の方へ向けて駿馬に跨りつゝ数多の幕僚と共に進む姿が見えると掌が痛くなるのも覚えずに一斉に拍手する、フイルムの変化につれて又もや大将の姿が見えるかと満場瞳を懲らす又もや馬上の姿が見えると死んだ親を再び見るかの如き感情を以て非常に喜び非常に拍手する、更に青山に於ける葬儀の実景が写し出されると一座只寂々、人のけはいもない迄に静まり返る

舞台に現れた〈乃木〉

活動写真ばかりではない。各種演劇の世界にも素早い反応が見られた。早いところでは「忠勇無双乃木老将軍」を打つという富士館の広告が九月二二日付『万朝報』に出ているのだが、それと同じ面にある劇評記事は新富座の大葬を当て込んでの出しもの、『桃山譚』を評して、「主人公たる加藤清正の孤忠清節は、寧ろ古武士の風ある乃木将軍の誠忠を偲ばしめ」、その「涙ながらの述懐には、満身の熱がこもつて、そゞろに乃木将軍の遺書を偲ばしめた」

としている。つまり大衆の関心が「大葬」から「乃木将軍の殉死」へと移っていったことへの見事な対応を評価したわけで、主演の中村吉右衛門、さすが小宮豊隆が入れ揚げて「中村吉右衛門論」（明治四四年）を捧げただけのことはあるというべきか。

こうして劇界も触覚はおのずと〈乃木〉に向かい、一〇月に入ると演伎座に瀬川如皐《じょこう》の新作「武士と侠客」がかかったが、これは「如皐得意のお家騒動に乃木大将同夫人の殉死を嵌込んだもの」で「無理が無くて頗る面白」かったと『読売新聞』（五日「十月の演伎座」）。一一月には名古屋でも「乃木将軍劇音羽座／西南役血染の軍旗を脚色御覧に入れ候」といった〈乃木もの〉の広告が、「乃木将軍実歴談伊藤痴遊新守座」などと並んで出ている（『名古屋新聞』七、八日）。

大宅壮一によれば、日露戦争後に隆盛した「軍事劇」の集客力に翳りの見えていた大衆劇界にとって乃木自刃事件は渡りに舟、やがて「乃木劇」という言葉も生まれて一小ジャンルをなす形とさえなる。「浅草を根城にして軍事物で売っていた明石潮の一座は、軍国主義の退潮とともに失いかけた人気を、これでいっきょにとりもどし、〔中略〕近代座までが乃木物をだして、高橋義信の将軍で客を呼んだ」（前掲書）。明石と高橋の乃木役のうまさ、特に後者の「猫背」で「顎を突き出し」て乃木その人に似せた演技の「苦心」に感心したことを桜井忠温も書きとめている（『将軍乃木』）。

〈乃木もの〉新作浄瑠璃募集

浄瑠璃界では、乃木生前すでに渡部松菊斎が〈乃木もの〉の先鞭を付けていた可能性をすでに見たが、自刃後は主流もこれに対応したことは無論で、一〇月末に大阪の近松座が「乃木大将閣下並に令夫人に関する新作浄瑠璃募集」を始めている。『読売新聞』に出した広告によれば、三幕物に限定して一二月二五日に期限を切り、審査して甲賞三百円、乙賞百円、丙賞五〇円の賞金を出すとのこと（二九日）、翌二年四月一四日の同紙記事「乃木大将の人形芝居」は、それが段取りどおり進んだことを明かしている。かねて募集の戯曲「乃木大将」に数十篇の応募があったが、審査の結果、文学士境野正氏の作が一等当選に決定したとの由。六月二五日付『読売新聞』の演劇欄にも「乃木将軍の操人形」とあって、大入りの「有楽座の人形浄瑠璃」は「二十七日より先般大阪で喝采を博せし『乃木将軍』を脚色《しく》みたる『国の花 大和の桜木』をそへる」と、「乃木」人形の東京進出を伝えている。

さきに見た松菊斎の〝日露浄瑠璃〟集『国民教育新浄瑠璃』も同年五月の刊行で、同書巻末には同じ著者による『通俗国民教育新作浄瑠璃十二段 第二編』が広告されており、その目次冒頭には「乃木大将誠忠記 赤阪《ママ》邸自裁」、同「水師営両将軍会見」の二編の〈乃木もの〉が置かれている。「赤阪《ママ》邸自裁」はともかく、「水師営」の方は、例の唱歌同様に乃木生前から上演されていたとして何の不思議もない。

「神田の乃木」怒る

さて、演劇界全般がこのようであったとすると、映画界が実写フィルムの乃木にあきたらず〈乃木もの〉劇映画の企画へと動くのは当然の成り行きであった。〈乃木映画〉量産はすでに見たところだが、早くも大正元年内に制作されていた三作（第四章参照）のいずれかに主演を依頼された可能性の考えられる人物が、「神田の乃木」と呼ばれた人である。東京神田で製本業を営むこの「一見将軍と見紛う程酷似した爺《おやぢ》」は、従来より「何人《なにびと》からも乃木さんと称せられ」るほどであったから、業界に目をつけられたのも不思議でない。「例の活動写真屋が一儲けせずんば止まず、と云ふ頗る猛烈な勢で」来訪し「黄金を山の如くに積んで承諾を求めた」。

するとこの擬《にせ》乃木先生忽ち赫《くわっ》として曰く「自分は生れ付き将軍のやうな立派な尊き方に似て居るさへも実に勿体ないとばかりに思ふて居るのに将軍の薨去を幸にして金儲けをするなど思ひも寄らぬことだ、そんな勿体なき馬鹿〳〵敷いことが出来るものか」と大喝して追返したさうだ

（『岐阜日日新聞』一〇月二〇日「硬骨なる擬乃木」）

「此爺」の「硬骨なること実に立派で」あるのに反して「活動屋の卑劣根性こそ実に呆れ果てたものだ」とは同紙の苦言。「乃木の三嫌ひ」の内訳に二説あることはすでに見たが（第三章参照）、いずれの場合も「商人」は筆頭に出るもので、乃木が特に憎んだその種の「根性」にその死が大いに活躍の場を与える結果となったことは皮肉である。

4　商われる〈乃木〉

便乗商法、便乗詐欺

乃木夫妻自刃事件にたかった便乗商法は、今日探索しうる限りで見てもほとんど百花繚乱の体である。新聞広告を拾ってゆくと、たとえば何日までと期

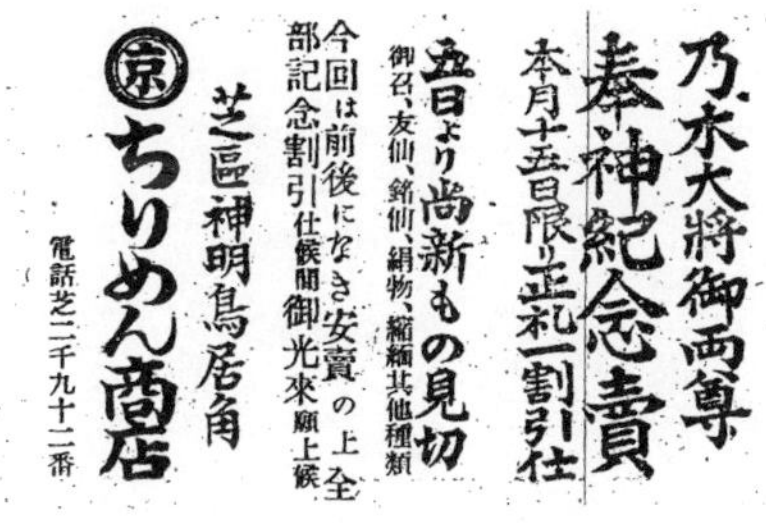

『やまと新聞』（大正元年10月５日広告）

限を切っての「乃木大将御両尊奉神紀念正札一割引仕／京ちりめん商店」（『東京朝日新聞』九月二五日、『万朝報』同二六日、『やまと新聞』一〇月五日）のような、今日のデパートのプロ野球優勝大売り出しを思わせる商法もあれば、「乃木大将曰く／天下堂の百貨は良品にして実用的なり／天下堂は品が良くて最も廉価なり……乃木夫人曰く／天下堂の婦人物は高尚優美にして何品も時世に添へり／天下堂の被服類は実用的で格安なり……」（同七日）といったあこぎな商法もまかり通っていた。

暮れには「乃木大将かるた」も売り出され、この年末に出たカルタ類で「最も子等のお好みに投じ」「最も売れたのは乃木大将かるたにて、十二月中旬には殆ど何処の見世（店）にも影をとゞめず」という大ヒット（『読売新聞』大正二年一月一五日）。銅像の類がよく売れていたことにはすでにふれたが、年を越すと、そこに目をつけた詐欺師が「乃木大将銅像建設会」なる架空の会をでっち上げて摘発された。役員には東郷平八郎委員長を筆頭に錚々たる名を勝手に列挙した趣意書を配布して義金を募集していたという（同紙同年二月二六日）。

大正三年になるとさらに手が込んで、催眠術という「文明の知識を悪用して」「乃木大将の亡霊が憑り居ると」思い込ませることで巧みに金を脅し取る新手の詐欺も登場した（同紙六月一日）。乃木の亡霊にどんなことを言わせていたのかは不明だが、「霊」的なる人物と見られていた乃木にふさわしい、いささか高尚なる犯罪と評すべきか、あるいはそうであるがゆえに誰でも思いつく安直な企てというべきか。

乃木おこし・乃木団子・乃木蘭・ダリア「乃木」

商魂はとどまるところを知らない。新坂が「乃木坂」と改称されたのに伴って近くの電車停留場名も「乃木坂停留場」と変わったころから、青山墓地と乃木邸にほど近い青山南町で「乃木おこし」が売り出された。「子供らの好くなるおこしとて我子の大将に似通《あやか》れかしと買ひ行く人の子の親少からず時ならぬ儲けの多きに北叟笑《ほくそえ》めば同じく似たるが将軍墓地に近くに乃木団子を売り出さんと臼杵の仕入れに忙しきあり」という次第（『岐阜新聞』一〇月四日。『東京朝日新聞』『名古屋新聞』一〇月三日にも同内容記事）。これにやがて「乃木煎餅」「乃木饅頭」「乃木汁粉」「乃木鮓《すし》」が加わり（早川前掲書）、さらにその後「乃木豆」「乃木鉛筆」も出回っていたことが林房雄の小説『乃木大将』（昭和一二年）に出ている。

「乃木ムスク石鹼」や大連・旅順の「乃木町」（旅順市乃木町は三越呉服店出張所ほか多数の店舗が軒を連ねる繁華な商店街であったことが、当時の『満州日日新聞』掲載の広告や、絵葉書等からわかる）など、乃木にちなむ命名は生前からあったが、それがあの劇的な死によって爆発した形だ。向島百花園では日露戦後、乃木が戦地から持ち帰って寄付したという蘭が、没後、石黒忠悳によって「乃木蘭」と命名され（桜井『大乃木』）、大正二年三月には、軍服色の新品種ダリアが「乃木」の名でお目見えした（『読売新聞』一三日）。

精神面の語彙としても、やはり生前から流布していた「乃木式」「乃木宗」の語に、「乃木イヅム」

（『満州日日新聞』九月二三日）、「乃木ニズム」（巖谷小波「乃木さんと死神」『中学世界』一〇月一〇日）といった怪しげな造語も加わってゆく。

乃木子・乃木助のお目見え

怪しげといえば、極めつけはこれである。自刃事件からわずか一カ月の一〇月一八日、『京都日出新聞』のコラム「京わらんべ」はこう告げている。

旅順乃木町通の繁盛（絵葉書）

> 新橋に乃木子、赤坂には乃木助といふ妓《こ》があらはれた如何に礼儀を弁へぬ社会でもこれはあまりにひどい京都にも出なければよいが

この二人の芸妓についてこれ以上の情報がないのが残念だが（お持ちの方はご一報を）、いずれにせよ、おそらく常識を代弁するものであろうコラム子の感覚からすれば、「これはあまりにひどい」無礼である。それにしても、この無礼な命名がなされたことの前提として、それを喜ぶであろう一定数の顧客が見込まれるという判断があったと思われるが、その客筋としてまず考えられるのは軍関係だろう。

日露戦争後、花柳界は軍人の豪遊で大いに賑わった。乃木と並び立てられた海の英雄、東郷平八郎など「『東郷様にならば生命《いのち》も不用《いり》ません』と、恋ならなくに私語《ささや》く新橋芸妓は幾人なるを知らざるに至つては大将の艶福日本一であらう」(『報知新聞』明治三八年一〇月二八日)とさえいわれ、陸軍でも児玉源太郎をめぐって名古屋芸妓と新橋芸妓の間にあったという「東西美人の鞘あて」(『日本』三九年五月二四日)が報じられるほどのモテモテぶり、両雄ほどでなくとも軍人たちは総じてわが世の春を謳歌したらしい。

こうして悪のりした軍人たちへの反発もやがて世間に拡がり、メディアもそれを伝えていた(上図参照)。しかるに陸軍では児玉以上の英雄とされていたはずの乃木の方はどうであったか。「乃木の三嫌ひ」に「女」が入ることもあるとおり、明治二一年にドイツから帰って以来の自律を固守し、花柳界には一歩も足を踏み入れない謹厳居士、たとえば一度は招待に応じた園遊会も、芸妓出席と聞いて「色を作《な》し」「醜業婦を招かれるとあつては、遺憾ながら拙者も部下も、一人でも御招宴には応じられ無い」と断って、招待した宮城県知事に恥を掻かせることも辞さなかった(鹿野前掲書)。

狷介とも見える乃木のこうした振る舞いは、遊蕩を続けたい軍人にとっては目の上のたんこぶ、いつか一矢報いたいところであったとしても不思議はない。例の「国家的英雄の発案」たる乃木式義手に「科学的批判を加えた軍医が陸軍を追われた」という話は前章に見たとおりで、このような時流に

豪遊する軍人たちを諷するポンチ絵
(『やまと新聞』明治39年8月23日)

あって、乃木に「神に近い」ものを感じないどころか侮蔑めいた感情さえ抱く一団が少なくとも水面下には存在したであろうこと、推察にかたくない。こうした遊蕩客の誰かが思いつくか、あるいは彼らへの受けを狙って発想された命名と推理されるゆえんである。

事態がこのようであったとするなら、乃木子・乃木助になんらかの〈乃木〉関係の芸が要求されるような場合、座はある種のブラック・ユーモアを帯びないわけにいかず、ことによると徹底的に〈乃木〉を笑いのめす類の座興が繰り広げられていた可能性さえ考えられる。乃木がもともと笑われやすい人物でもあったことは見てきたとおりなのだから。

佐藤春夫の怒り

こうして〈乃木〉は、死後たちまち琵琶歌や浪曲の哀切な旋律に乗って大衆の涙を絞る一方で、一部のひそかな、黒々とした笑いの対象ともなっていた。乃木自刃事件の夜、勤務していた新聞社編集部で乃木嘲罵の声が大いに盛り上がったことを生方敏郎が書き残しているが（『明治大正見聞史』、次章参照）、これに言及した橋川文三は、「ほとんど嗜虐的ともいうべき酷薄な悪罵がせきを切ったように氾濫し」ていると見えるこの編集室のシーンの背景に、「乃木が早くからある嘲弄のためのシンボルとして内在化されていたこと」を読んでいる。自刃したのがもし東郷平八郎なら、決してこうはなっていなかったろう、と（「乃木伝説の思想」、傍点原文）。

乃木自刃から間もない時期の作と見られる佐藤春夫の詩「乃木大将を悼む言葉」にこもるのは、これら乃木を笑う者たちへの怒りである。「敢て自ら信ずることのために死」んだ「ただしき行ひと人情の美しさとは／金鵄勲章にもまさりて光を放つ」と讃美する詩人は、しかるに世の「啓蒙思想家」

「所謂詩人文士風情ら」に彼を「解するものな」く、ただ「新聞紙の論説」「売薬の商標」「琵琶歌」となるのみと憤激する。「この国民ら浅薄にして偽り多く／憎むべし壮烈をすらよく滑稽化す」。

ああ日本旧道徳の最後の人よ
君は空ゆく月のごとく悲しく
また日のごとくさかんなり
君が死はわれを高貴なる涙にさそふ。
日本の偉大なるドンキホオテよ
われ君とその形式を異にするも
亦自ら国士もて任ずるもの
いささか思ひを云ひて君を悼む。

「月のごとく悲しく」「日のごとくさかん」な「ドンキホオテ」。騎士物語の世界と現実とを混同したこの初老の田舎紳士への連想は、前章に見た長与善郎に、また第八章に見るとおり植村正久にも共有されたものだが、この特異な人物を喜劇と悲劇のどちら側に比重を置いて見るかは人それぞれで、その微妙な差異が、それぞれの論者の〈乃木〉観を写し出すことにもなる。「いわば古武士の悲劇的ドン・キホーテだったのだと思う」と述べた長与同様、あるいはそれ以上に佐藤の〈乃木＝キホーテ〉観は悲劇的であり、それを喜劇視する者への怒りさえ含んでいる。

生き続ける〈乃木〉商品

佐藤春夫のこの作品も、おそらく稿料という金に換えられた以上、一つの商品には違いなかったはずだが、まったく同様に、そこで俎上に載せられた「琵琶歌」や「売薬」も、それが「壮烈」であれ「浅薄」に「滑稽化」したものであれ、〈乃木〉をダシにした商品であることに変わりはなかった。「壮烈」を讃える派に属するか「滑稽化す」る側にまわるかが〈乃木〉論の大きな岐路となることは次章で詳論することになるが、本章で概観してきた〈乃木〉商品の世界では、その岐路は、潜在はしていても表には出ない。それはそうだろう、ともかく偉くてかつ親しみやすいこの「神」にあやかることで商品が売れれば、それでよいのだから。

大正後期には下火となった乃木ブームも昭和の軍国化に伴って復活したことにはすでにふれてきた。乃木神社の創建もこれにより加速し、昭和九年当時の「乃木講講元」、服部真彦陸軍中将の報告では、今や「府県社資格四社（那須・東京・桃山・長府）の外に各地に神霊を祭るもの枚挙に暇なく、今日なほ九月十三日には、特に全国に普《あまね》く設けある乃木会、若《も》しくは乃木講（講社三百六十を越え、朝鮮・台湾は勿論、満州に分布す）の如き崇敬団体が、全国各地に於て、盛大なる乃木祭を行ひつゝある」（「乃木大将殉死の考察」佐藤義亮編『日本精神講座』第三巻）。かくして「大将はまるで宗教的勢力です。あらゆる階級の人士が殆ど自発的に大将を敬愛し信仰してゐます」と林房雄『乃木大将』（昭和一二年）の作中人物。一部に「気ちがいじみた乃木ファン」も生じ、「かつて将軍が那須野で百姓をしていたときにはいたというワラゾウリが、泥のついたまま五百円で買い取られ、日本橋の有名なカツオブシ問屋の家宝として、三方にのせて床の間に飾られた」（大宅前掲書）。

昭和三〇年代後半においてなお、下関から出ている新聞には「銘菓 乃木の誉」「乃木せんべい」「乃木包丁」「乃木刃物」「乃木学生服」の広告が見られたといい（同書）、現在でも長府には「乃木さん通り商店街」があって、「乃木の誉」（煎餅の一種）のほか、「大正初めのころつくられたもの」とされる飴菓子「乃木の里」をはじめ、「乃木焼」「乃木ボーロ」「乃木さんの棗ケーキ」を売っている。付近の干拓地には「乃木浜」、住宅には「乃木団地」の名が与えられ、商店街近くには「スナック乃木」が客を待つ。さらに那須野の乃木神社近くには「乃木温泉ホテル」も営業中。

また「乃木」という以上、木に縁がある。讃岐の金倉寺には、善通寺師団長時代の例の故事にちなむ「乃木将軍妻返しの松」（前章参照）が名所スポットの一つとして現存しているほか、宮崎市天神山下の河谷家には乃木自刃直後の乃木邸で譲り受けた柿の実の種から育てたとされる「乃木柿」が（黒木前掲書）、高山市立南小学校には日露戦争後に慰霊のため立ち寄った乃木が植えたという「乃木松」がそびえている（同校ホームページ）。

第七章　論議される〈乃木〉

1　乃木自刃の衝撃

双の御目に御涙

「乃木大将の自刃ほど単純でそして強力な出来事は恐らく近年の歴史にないでせう」と事件直後に語ったのは島村抱月である。「理非善悪を超越して、たゞ電気のやうに人々の脳底にあツと言ふ感動を与へる」ものであったと（『大阪毎日新聞』九月二〇日）。まずはその電撃のような「感動」が日本全土をどのように走ったかを、上《かみ》から下《しも》へと眺めわたしておこう。

当時一一歳の皇儲迪宮《みちのみや》（のちの昭和天皇）は、乃木を「院長閣下」と仰ぎ、周囲にもこの呼称を強いるほどに敬慕していただけに、その衝撃も案じられるところで、事件の翌朝早く東宮御所に参内して三皇子に事件を告げた丸尾御養育主任は、その反応についてこう語った。

三殿下共驚愕の御態《ごてい》にて皇儲殿下の如きは言葉も不調《ふそろ》ひに『乃木院長が死なれた……』と深き御憂愁に沈まれ早や双の御《おん》目に御《おん》涙をさへ湛へられ『アヽ残念な事である』……と大息遊ばされ御傍《おそば》にある私は何と御言葉を申《まをし》上げる事すら出来なかつた、（『東京朝日新聞』一五日。傍点は原文どおり）

皇族ではこのほか、一年余前に英国皇帝戴冠式出席のために東郷・乃木の両雄を引き連れて渡欧した東伏見宮夫妻の悲嘆が広く報じられた。とりわけ妃殿下は「暫し言葉もなく御耳を疑はれ給ふやうなりしが稍《やゝ》ありてハラ〱と御落涙遊ばされ御顔をそむけて何の言葉もなし」（同）。

軍部では、納棺式で「冷えたる乃木大将の額を撫でながら痩せし頬に落涙滂沱、殆ど慟哭せん許《ばか》り」の山県有朋元帥（同一六日）、「湧き出づる万感の念にや堪へざりけん双眼より溢るゝ涙を拭」った東郷大将（『読売新聞』一七日。同日『万朝報』にも同内容記事）をはじめ、大島久直大将、長岡護美中将らも「涙」の談話（大伴編前掲書）。このほか各界から、弔問して自刃に使われた二刀を目にして「涙が滴《こぼ》れて〱止め度」なかった教育者跡見花蹊（同）、「紅ゐの熱き涙に吾は男泣しぬ」とその追悼詩を結んだ詩人児玉花外（『中学世界』一〇月一〇日）、死後半月の一〇月一日に早くも幕を開けた『読売新聞』の「乃木大将伝」連載第一回で開口一番、「第一に涙が先きに催した」と明かした講釈師早川貞水、等々。

国民葬・世界葬

大学生安倍能成の落涙はつとに第一章に見たが、このとき第一高等学校入学を志願して勉強中であった一九歳の「乃木ファン」、徳川夢声もまた「非常な衝動」を受け「文字通り私はハラ〳〵と落涙した」（前掲書）。このほか挙げてゆけば切りもなく、「乃木大将殉死の報は痛く群衆を感動せしめ路傍号外を手にして涙に咽《むせ》べるものあり」（『日本』九月一五日）といった情景を各紙が伝え、一八日、十数万民衆の自発的参集という未曾有の光景を現出した乃木夫妻葬儀は「権威の命令なくして行はれたる国民葬」（内田魯庵「気紛れ日記」『太陽』一一月）、「維新以来、始て見たる、敬虔なる国民葬」（横山健堂前掲書）の観を呈した。「軍神の墓に泣く十五万人」（『東京日日新聞』二〇日）の涙の量は測りようもなく、青山の停留所から墓へと歩く大群衆は「泣声交り」「遂に声をあげて慟哭」する老婆もあり（『万朝報』一九日）、「沿道群衆中の婦人で乃木夫人の柩車が通る時に泣かぬものは一人も無かつた」（『東京朝日新聞』一九日）。

乃木夫妻葬儀で柩車を見送る人々
（『東京朝日新聞』 9月19日挿絵）

さらには多数参列した外国人のうちには「鏡の如き巨眼より、涙をホロ〳〵と落」す者もあって（横山前掲書）、「国民葬にして、而かも世界葬となるなれり」（『典型』。横山・加藤各前掲書にも同内容の記述）と「世界葬」の呼称まで流布したが、それは必ずしも誇張ではなく、列席はしないまま乃木を悼んだ者も世界各地にいた。一五日の朝には、一面トップの肖像入りの記事（口絵参照）のほか日露戦争従軍記者リチャード・バリーによる長文の伝記で二面をほぼ埋め尽くした『ニューヨーク・タイムズ』をはじめとする欧米各紙に一斉に追悼記事が載った。たまたまオランダのハーグにいた実業家藤山雷太もこの朝、「ゼネラル乃木の腹切り知ツて居ますか」とホテルのボーイに見せられた新聞に、乃木の肖像と「日本武士道の精華」にして「実に世界に稀なる偉人」と讃える記事を見出した（早川前掲書）。

ドイツの詩人の哀悼詩「乃木」（第四章参照）が書かれたのもこの日のことで、やがてパリ留学中のアメリカ陸軍大尉が「面識はないのに失礼ながら」と弔文を書いて遺族に寄せ（加藤前掲書）、一九日付『満州日日新聞』は乃木の肖像に「ナイムー大人として今尚支那人に其徳を称へらる、乃木大将」との題辞を付し、その下方に、乃木司令部が旅順攻撃前の約二カ月間滞在した北泡子崖付近の住民に取材した記事を置いている。「乃木大人《ないむう》」をよく記憶し「大層好い

TWO ORIGINAL POEMS BY GENERAL NOGI

Commemorating the Deaths of His Two Sons, and Now First Published

203-METRE HILL

二零三峻豈難攀
男子功名期克艱
鐵血覆山山形改
萬人齊仰爾靈山
希典

NANSHAN.

山川草木轉荒涼
十里風腥新戰場
征馬不前人不語
金州城外立斜陽
希典

ニューヨーク・タイムズほぼ全面を埋めた乃木関連記事
（1912年９月14日第２面）

お方で」とその「徳望」を懐かしむ彼らに、乃木の訃を伝えるや「『愛呀《あいやー》』と語尾を永く引いて眼を見張」り死を悼んでいた、と。

血書・断髪・新聞不買同盟……

　涙では足らでか、あえて血を流した人もいる。乃木邸に舞い込んだあまたの弔辞のうちに「血痕の跡白紙を染て凄惨の気充つ」ものがあった。「泣血再拝野生菊次郎謹みて閣下の霊前に白《まう》す」と始めて三百字以上にわたるもので、「世は澆季に流れ」「本末軽重を誤り」たることばかり、「嘗て神州男子の頼みて命とせし武士道の正義は蕩然として地を払ふに至り転《うた》た皇国の前途をして殆ど危殆に瀕せし」と大いに慨嘆するところへ降って湧いた警鐘がこれだ、と乃木の行為を絶讃するものである（『満州日日新聞』九月二六日）。

　極端と見える反応はこればかりではない。人物社同人による前掲『乃木大将論』には、この「血書」を含む以下の五例が当時の新聞から抜き出されている。

△大阪時事新報が、乃木大将の死に就いて少しく冷静な議論をしたと云ふので、同市には大阪時事に対する非購買同盟が起つたこと
△血書の弔詞が、乃木邸へ、出棺の用意に忙はしき最中に舞ひ込んだこと
△乃木大将夫妻の殉死に感奮して頭髪を切つた婦人のこと
△既に五人ばかりも、乃木大将の真似をしようとするもの丶、現れたこと
△又在米日本人の中に闇引《くじびき》で殉死者を決定しようと五十名の日本人が秘密に集合したこと

これらのうち第二、第三の事件はすでに紹介したし、第一の件にもやがて言及することになるだろう。本節では、血書以上の極端者を伝える第四、第五の事実にやや詳しく立ち入ることを取っかかりとして、国内外の反応の諸相をより詳細に点検しておこう。

殉死のクジ引き　まずは「鬮引で殉死者を決定しようと」したとされる事件から。これを書き込んだとき著者の手元にあったのは、おそらく九月二一日付『万朝報』の「殉死は断じて不可」と題する記事で、その全文は以下のとおり。

米国コロラド在留の邦人五十名秘密会を開き、一名抽籤に依り先帝に殉ぜんとし、警吏の発見する所となりて之《これ》を果す能はざりしと

殉死は我国法の禁ずる所にして、之を行ふは断じて不可なり、乃木大将の例は神の如き大将にして始めて意義あり、教訓あり、固《もと》より之を一般に及ぼすべきものに非ず、大将に教訓を与へらるゝことなくして、唯其死を学ばんとするは、以《もっ》ての外《ほか》の事なり

この「秘密会」事件、どこまで事実かは疑わしいが、捏造であったとしても興味深いのは殉死者選出に「抽籤」という方法が採用されていることである。というのも、この記事から三日とたたない二三日付『満州日日新聞』によれば、乃木の殉死そのものが「鬮引」で決定されたとする説をロシアのある新聞が唱えていたからで、ここで期せずして米露に共通する日本人観が浮き彫りになる。すなわ

ち日本人は命に関わることをもクジ引きで決める、と。ともあれ『満州日日新聞』によれば、問題となった「ルスコエ、スローチ東京電」は以下のごとし。

> 乃木将軍ハラキリの事情に関し欧州人間に行はるゝ一設〔説〕に依れば大葬儀の二時間前高官会議ありて乃木将軍も之に列席したるが本会議の結果斯る大礼に際しては、列国使臣の前としても我が日本臣民の無比なる忠君愛国思想を示すの方法を執ること必要なり此れが為めには吾等参会者中にて誰《た》れか一人《にん》ハラキリを為すことゝせんと決議したるに何《いづ》れも任を争ふて決せず遂に抽籤に由りて乃木将軍此の名誉の役に当りたれば十四日午前二時切腹して決議を実行したるなりと

珍説発生の経緯を追跡した記者によれば、「闇引説の出所」はこの「東京特電」を載せた「猶太《ゆだや》人機関紙ノーワヤ、ジーズニ」にほかならず、その捏造の目的は、日露戦終結からはや七年を経て「本国露西亜の民心が近時動《やゝ》もすれば日本に親しまんとする風あるを見て」、ユダヤ人の「心自づから正反対に動」いての策謀であるという。

サムライは野蛮か勇壮か

『京都日出新聞』のコラム「京わらんべ」（一〇月二日）はこの記事を笑って、「何だか大将以外にも殉死するやうな偉い人がある様に見える」と皮肉っているが、それにしても、クジ引きによる殉死者選定という物語が複数の外国からおそらく互いに無関係に湧出したという事実ははなはだ興味深いもので、それら虚報の物語的磁場として、米露両国人が同様の「サム

ライ」イメージを共有していたことを想定させる。つまり彼らのいまだ生々しい記憶において、日本で死者が必要とされる場合、誰がその任に当たるかを、サムライはクジ引きで決定することがままあった。たとえば明治維新の年である一九六八年の二月に発生したいわゆる「堺事件」の事後処理で、フランス側が要求した「二十名の死」に誰を当てるかをクジ引きで決定したことは、アーネスト・サトウの『一外交官の見た明治維新』、また森鷗外「堺事件」（大正三年二月）や大岡昇平『堺港攘夷始末』（昭和五九～六三年）が詳しく伝えるところである。そうした事件やそれをめぐって伝えられる習俗が海彼の日本イメージに強く影響していたのだとすれば、乃木殉死自体がクジ引きで決したという物語も出るべくして出たものとさえ見られよう。

そしてこうした一連のサムライ物語に送られる欧米人の視線はといえば、必ずしも「野蛮」と斬り捨てるものばかりではなかった。右の記事から六日後、二九日付『満州日日新聞』通信記事「乃木大将と浦塩」は、ウラジオストックのロシア人の反応をまとめている。いわく、それには「二派」があって、一つはこれを「野蛮の行為」と否定し「忠義」なら新帝に「移す」のが当然とするものだが、他方には「純潔無垢の将軍」に一定の「尊敬」なり「同情」なりを認める、多少とも「日本趣味を有する」人々もあるという。ここに顕著に現れたこの「二派」分断はロシアに限らない欧米諸国のジャーナリズム全般において見られた傾向で、乃木の行為を前近代的「野蛮」と斥け見下す態度の一方に、これに一定の敬意を払い、西洋とは異なる土壌に生い立った「文化」的事象として考察を加えようとする論調も『ロンドンタイムズ』『ベルリン日報』『ル・タン』『ベルリン日報商業新聞』などの有力紙にたしかに見られた（菅原克也「二十世紀の武士道——乃木希典自刃の波紋」（『比較文学研究』四五号）参照）。

見解を求められる名士

さて国内に目を転じれば、海外のジャーナリズムに生じたこの二派は、日本国内における反応の、いくどかふれてきた両極化現象とも当然重なる。そして世の中はやがて、旗幟《きし》鮮明にしない者に対して、お前はどっちなんだ、と返答を迫るような雲行きとなってくる。前章で一部を紹介した『東京朝日新聞』の「乃木大将殉死に関する寄書」（九月二四日）のうちに出されていた次のような要望は、当時のそうした空気をよく映し出している。

すなわち「御紙が乃木大将の自殺に就きて各方面の観察を記載せらるゝは他紙に見るべからざる貴重の文字」だが、「愚輩思想に渇せるもの、聞かんとして聞く能はざるものなほ左の六名士」があるので、その見解を読みたいとして加藤弘之、下田歌子、桂太郎、内村鑑三、海老名弾正らの名を挙げたのである。実際、前章までにいくつかを紹介した乃木関係の急造本の多くは、諸紙誌が蒐集した「各方面の観察」の再録に大きく依存しているわけで、それら「名士」の短文や談話はかなりの点数に上る。この投書者が挙げた「名士」でも、実は加藤、海老名はすでに他紙に意見を述べていたし（加藤『読売新聞』一五日、『大阪毎日新聞』二一日、海老名『二六新報』二三日）、海老名はその後、より本格的な論及を自ら主宰する『新人』（「乃木大将の死を論ず」一〇月一日）においてのみならず名古屋に出向いてまで試みる（『名古屋新聞』一〇月一三日「海老名氏の乃木大将観を聴く」）。内村もやはり主宰誌『聖書之研究』で事件に論及してゆく（「自殺の可否」一〇月、「変らざるキリスト」一一月）。

この年末に三度目の組閣を行う桂太郎と乃木との不仲は、第五章にも見たとおり、つとに知られるところ、葬式には顔を出さず「わびしい小さな一対の真榊」を贈り届けたのみで（『万朝報』九月一九日）、この「事実に就ては、世間種々の風評がある」と『読売新聞』のコラム「隣の噂」（二三日）。また下田歌子も乃木院長就任後の学習院辞職（上のポンチ絵はそのころのもので、女子部にも〈乃木式〉を期待する乃木を諷している）という事実からやはり怨敵と目されており、談話が出ないのも異とするに足りなかった。が、二七日に至って「歌子女史の涙」と題した記事が『東京日日新聞』に現れ、そこで彼女は乃木との反目は世間の誤解であり、現在経営する実践女学校も「総て乃木式を慕ひ一切華美を避け」云々と涙ながらに弁明することになる。

「斯うしたら乃木院長のお気に入るだらう」
（『東京二六新聞』明治41年9月22日）

この投書の書きぶりや下田の対応の経緯からも、乃木自刃事件をめぐって当時「名士」と見られていた人々がなんらかの対応を余儀なくされた当時の状況が浮かんでこよう。つまりこの事件、「名士」に突き付けられる踏み絵のようなものとして機能することにもなったわけである。

2　乃木批判とそれへの圧力

理屈を容るべき余地なし

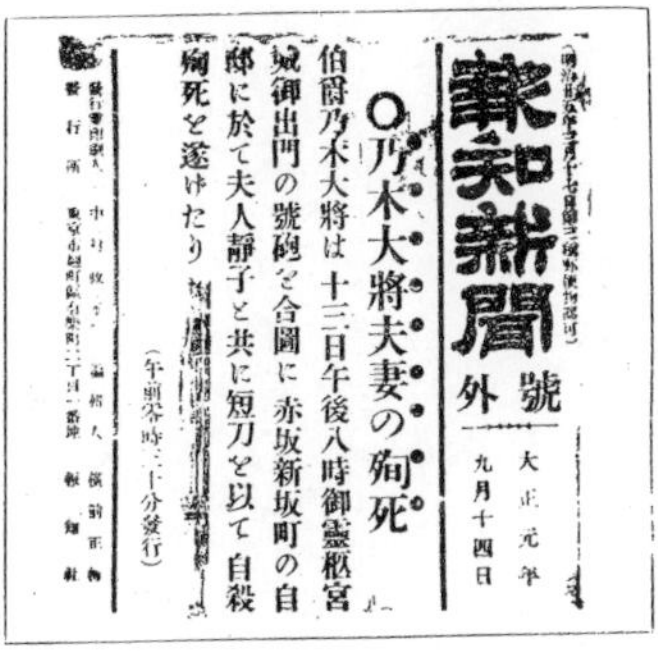
（明治四十五年〔…〕）
報知新聞
號外
大正元年
九月十四日
○乃木大將夫妻の殉死
伯爵乃木大將は十三日午後八時御靈柩宮城御出門の號砲を合圖に赤坂新坂町の自邸に於て夫人靜子と共に短刀を以て自殺殉死を遂げたり
（午前零時三十分發行）
發行所　報知社

乃木夫妻自刃を知らせる号外
（大正元年９月14日）

〈乃木〉の踏み絵を踏む、つまり乃木自刃に対し否定的ないし懐疑的な態度を取った場合どうなるか。まず、乃木の死に「理非善悪を超越し」た「電気」のような感動を受けていた人々を刺激する。たとえば抱月の三歳年長、明治元年生まれの内田魯庵は、事件を知るや「何とも言はれない心持が込上げて来て涙がポタ〳〵と零《お》ちて来」、「将軍の心事は以心伝心に了解せられて、悲壮なる殉死の光景が眼前に展開し来る如き心地がして、此日は一日談話も読書も興が乗らず、何とも云へぬ感慨が胸一杯であつた」というほどで、またま総合雑誌『太陽』に連載中の「気紛れ日記」を、さらにこう書きついでいる。

> 将軍の自殺を非難し或は其原因が解らぬから批評が出来ぬといふものもあるが、日本の歴史に養はれた日本人であつて、将軍の経歴と人物とを聊《いささ》かでも知るものなら、其の自刃を耳にした瞬間に必ず胸に響いたものがあらう。此の first impulse〔最初の衝撃〕が即ち正直な理解であつて、

自殺が良いとか悪いとか殉死が何《ど》うの恁《か》うのといふは此の最初の感動を矯《た》めて自ら欺いてるか或は自家の卓見を売らうとしてゐるのだ。

（「気紛れ日記」『太陽』一一月号）

特に乃木ファンというわけでも「武士道の讃美者」でもなく、社会思潮をめぐっては「将軍と大に説を異にしてをる」等と明言する魯庵にしてこうであった。同年生まれのトルストイアン、徳富蘆花も、新聞を開くや「乃木大将夫妻の自殺」という大きな活字に眼を射られ「息を飲む」。眼を数行の記事に走らせ、「尤《もっとも》だ、無理は無い、尤だ」と呟いて「新聞を顔に打掩《うちおほ》ふた」。乃木との縁といえば、『寄生木』にかかわることと、かつて「学習院に於て余の為可《すべ》かりし演説が某の注意に因り院長たる将軍の言《こと》によつて差止められたことを聞いた」以外、一切接触はなかったという（『み、ずのたはこと』）。演説の中止命令は取りようによっては屈辱的でもありえたはずだが、その蘆花にしてこの無条件の感動である。

またこの年『善の研究』を上梓したばかりの京都帝国大学教授、明治三年生まれの西田幾多郎もまた、乃木自刃に与えられた「非常なる感動」にふれてこう断じた。「乃木さんの死についてかれこれ理屈をいふ人があるが　此間何等の理屈を容るべき余地がない」と（九月一七日田部隆次宛書簡）。「理屈を容るべき余地」もなく、「尤だ、無理は無い」と「将軍の心事は以心伝心に了解せられ」る、と彼らはいう。この種の問答無用の議論で不賛成の者を納得させられないことは自明のはずだが、にもかかわらず説明なしに押し切ろうとしているところが、今日からは奇観とも映る。つまり「日本の歴史に養はれ」「将軍の経歴と人物とを聊かでも知るものなら」わかるはずだ、乃木と同じ時代を生きた日本人に説明を要するはずもない、と魯庵らが指し示すところの、彼らに明瞭に見えている画像が今日ではもはや不透明というほかないのである。

そこで以下では、当時の日本人のこの意識をめぐって可能なかぎり霧を払い、透明度を増してゆくことにしたいが、ここでとりあえず、このことに絡んでの

「理屈をいふ」新聞

西田幾多郎における個人的事情にはふれた方がよいのかもしれない。すなわち弟憑次郎が日露戦争中、乃木司令下において戦死したことで、「自己が最愛の骨肉を失ふに及んで今更の如くに個体的生命のつまらないといふことを深く悟り」（「余の弟西田憑次郎を憶ふ」明治三七年一一月）その後、学習院教授として乃木の人柄に接しもした、という経緯である。

その西田であれば、乃木自刃の報を受けて瞬時にすべてを了解し、かつ人がそれに「かれこれ理屈をいふ」ことを厭ったのも、わからなくはないように思える。が、「此間何等の理屈を容るべき余地がない」という断言の背景をそれのみで説明して納得してしまうとしたら、それはいささか危うい。ほんとうはまだまだ不明な点だらけのはずなのだ。当時としても、この事件について、わからないあるいは「其原因が解らぬから批評が出来ぬ」とあえて表明した評者やメディアもあったのだから、まずは彼らの言い分に付き合うことで、徐々に視野を切り開いてゆくのが公正な方法だろう。

その種の「理屈をいふ」の新聞の一つが、魯庵が一刀両断にし、その大阪の出店が「非購買同盟」まで起されてしまったところの『時事新報』であった。一五日に出たいささか苛烈な社説が騒動の火

付け役となった形だが、実はそれには導火線もあって、前日の『東京朝日新聞』に「黄洋」名（姓は境野）で出ていた論説「乃木大将の自殺に就て▽日本の風教道徳の一案」が乃木事件批判の下地を作った感がある。これは、浮田和民のような人からも「全く同一の意見を以て居る」（大伴編前掲書）と表明のあった堅実な議論で、基本的な論点は出揃っている。乃木自刃についてあえて「わからない」、あるいは「わかりたくない」という姿勢を打ち出す立場を見通すには、これから見てゆくのが便宜だろう。

それによれば、この自殺はたしかに「日本の風教道徳の上に尠少《せんせう》ならざる疑案を提出したるもの」である。日清・日露の勝利で「自国の価値を自覚した」国民の間に、数年来「武士道鼓吹の声」が上がっており、「新道徳は武士道によりて復古的に建設せらるべし」と説く動きさえある。だが、と黄洋は武士道の道徳的諸要件を分析した上で「之を軍隊以外一般の社会に絶対に強ひんとするは到底不可能事なり」と結論する。これが第一の論点。

であるから、乃木を「武人の典型」としその自殺を偉大とするのはあくまで「武士道の上より言ふ」ことであって、社会一般への敷衍は「到底不可能」である。いわんや殉死をや。これを第二点としておくと、そこから、「大将の行動は唯自己夫妻の情を満足すといふに止まりて、尚国家に尽すべき自己あることを忘れたるの憾み」があるという第三の論点が導かれる。

また乃木の行為は「大に同情の涙を濺《そゝ》ぐに値す」るものではあるが、「其の情に感ずるの余り或は其の行為を推賞して為めに世を誤るもの」が出ないとはいえないがゆえに「世道風教のためにこゝに一言する」必要がある、と黄洋は強調する。すなわち「大将の志は感ずるに堪へたり、其の行ひ終に学ぶべからざる也」と。

乃木以前の殉死者たち

『東京朝日』のこの迅速な態度決定には、実は伏線があった。天皇崩御に前後して殉死めいた事件がすでに数件あって、同紙がそれへの批判をつとに鮮明にしていたことである。いちはやいものは、まだ天皇存命中、「御容態御急変」が告げられる七月二八日の未明、東京二重橋の芝生の上で服毒自殺を遂げた青年の件で、懐中には「不肖茲《こ》に一生《せい》を天神地祇の御霊《みたま》捧げ以て　聖上陛下御悩御平癒を祈り奉る／赤子の一人　須賀六次郎」との遺書があり、次のような辞世の歌もあった。

君が為め露惜しからめ我命　神の御徴《みしるし》ありと聞きなば

（『名古屋新聞』七月二九日　同日付『満州日日』にも同内容記事）

さらには崩御翌日の三一日、七三歳の剣道師範が「畏れながら供腹を切る」と書き置いて「美事に腹十文字に掻き斬り返す刃にて咽喉《のど》を突」くという事件が佐賀県であり（『読売新聞』八月三日）、また東京では、「御不例以来」神官の父とともに「日夜御病気平癒の祈願を凝らし」ていた、「兼て脳病に罹つて」もいた二二歳の青年が、崩御に落胆して「菜切庖丁にて咽喉《のど》を斜めに三寸程切り破」って絶命していた（『東京朝日新聞』八月八日）。これらを受けて『東京朝日』は一〇日、「殉死の弊風」と題した社説で、「何事ぞ、此極めて愚かなる風習は、二十世紀の今日、世界一等国に列したる大正の新天地に於て尚其の片影を留めんとは」とこの風潮に容赦のない批判を加えていたのである。

「先帝陛下の御聖徳を慕ひ奉る余り、精神に異常を来し、此の如き愚挙に出たる者あるは、其情多少察すべき者なきに非ずと雖も、本来此の如き不健全なる臣民を出したるは、寧ろ帝国の恥辱と謂はざる可《べか》らず」。しかるに世には「此の蛮風を奨励し」「賛美の声」を上げる「偽忠君愛国の徒」がある。これでは「支那と同じ旧思想の日本たることを自白」して「世界の嗤笑《しせう》を招く」ことになるから、当局は「此際殉死者の取締に注意」すべきだし、一般社会も「殉死奨励の嫌ひある行動を戒め」るべきだ。「真に皇室に忠良なる者は益《ます〳〵》勤勉奮励して、大正の新政を翼賛に奉」るはずで、自殺者は「先帝陛下の大御心に副《そ》はざる不忠不義の臣民」だからである、云々。

こうまで明確に殉死を裁断していた以上、乃木は特別だと強弁すれば、それこそ「世界の嗤笑を招く」。いずれにせよ『東京朝日新聞』は先陣を切って乃木自刃否定論の旗幟を鮮明にしたのであり、翌日の『時事新報』はこれに続く形であった。その社説の焦点は、黄洋論での第三点、すなわち「尚国家に尽すべき」義務の放棄であるという見方を敷衍したところにあり、学習院長などの重責を顧みない乃木の行為は実は「武士道の精神」にもかなわず、「感情一偏のために臣子奉公の正道を軽んずる」本末転倒である。第一、彼の生涯で「若《も》しも自殺の場合ありとせば日露戦役後凱旋の時に在りし」はずではないか、とあえて急所に踏み込んで語調も峻烈を極め、坦々と論理で押した『東京朝日』との対照が際だつことにもなった。

投石を受ける否定論者

これら正面切った否定論は、「非購買同盟」を含む種々の反発を買い、やがて影を潜めてゆく成り行きとなるのだが、二〇日あたりまでの各紙が精力的に蒐集した名士の談話等のうちには明確な批判もないわけではない。さきに引いた『東京朝日』への「寄書」の筆者が列挙した諸「名士」から聞きたかった言葉も、その顔ぶれからして、乃木の行為へのなんらかの批判であったと想像されるわけだが、すでに表明されていた加藤弘之の見解もはっきりと否定的で、黄洋論でいえば第二、第三の両点を押さえている。すなわち乃木の「高き人格」を称讃はするものの、殉死は「余りに時代遅れ」、新帝に忠義を尽すことこそ真の「誠心」、「然も何が故に夫妻共自殺せしや」云々（『読売新聞』一五日）。親交のあった三島毅（中州）文学博士も同様に批判的、殉死は「過ぎたるもの」であって「人の学ぶべきことにあらざるは言ふまでもなし」、ましてや「夫人まで」云々（山岡編前掲書）。

しかしながら、「理非善悪を超越し」たものとして乃木自刃を受けとめた魯庵らから見れば、これら一切が「利口振つた奴」の「理屈」にすぎないということになる。実際、批判派二紙を含む各紙が集めた著名人の談話等の反応は当初から同情論の方が優勢、しかも遺書が公表された一六日以降はその優位が「かれこれ理屈をいふ人」を黙らせる露骨な圧力ともなってゆく。かくして「新聞紙などに少しく将軍の死に就いて反対意見でも公にしやうものならば、夜間暗《やみ》に乗じて石が飛んで来たり、又将軍の死を蹴散らかしたやうなことを書いた新聞は其の売行が全然止まつたと、新聞売子の間に言合はされ」るほどで、これすなわち乃木が「如何に全国の同情を一身に鍾《あつ》め得て居つたかといふことを想像するに余りある」ゆえんと加藤玄智（『神人乃木将軍』）。

その種の新聞の代表となった『時事新報』は、読者の投書や他紙の批判（前出『名古屋新聞』二一日、『満州日日新聞』二三日ほか）はもちろん、投石や脅迫状を受け（大宅前掲書）、『大阪時事新報』ともども読者は激減。他紙でもたとえば主筆桐野悠々の「因習打破論」（一九～二一日）が反発を受けた『信濃毎日新聞』は、小坂順造社長自らこれに反対する論説を掲げ（「乃木大将の死を論ず」二二日）、またそれへの反批判が桐生本人のみならず読者からも来て紙上を賑わし続ける（二三～二七日）、という奇観を呈した。

名古屋市長、市民の怒りを買う

名古屋では、さらに大規模な劇が市政をも巻き込んで展開した。九月二一日付『満州日日新聞』の「東京電報（十九日着）」にこうある。

> 殉死を罵る　阪本名古屋市長は乃木大将殉死を以て狂気の沙汰と罵りしより市民の激昂甚しく市長譴責の説起り市長は病に托し目下引籠中なり
> （傍点原文）

その一九日の『名古屋新聞』社説「阪本釤之助君に与ふ」は、三段にもわたる長文の市長批判で、それによれば、市長は一四日、大葬の霊柩奉送のため要人の集合していたプラットフォームで乃木殉死の号外を手にして「実に馬鹿なことを為《し》て呉れた」と吐き捨てた。「其名を海外に知られた乃木将軍の如き人にして、敢て此の妄を為すは、日本の文化未だ甚だ幼稚にして野蛮の域を脱せざるを世界に示すもの」、将軍の自刃は「匹夫匹婦の自殺と同じく精神錯乱の結果」、すなわち「二児を旅順の攻囲に失ひたるより以来、内に包める幾多の悲哀は之を外に現はさんとして現はし得ず将軍は遂に精神の平衡を失ひたるもの」ではないか、と。

社説はこの発言をあげつらい、市長を追い詰める。一四日の時点ではともかく五日後の今や乃木自刃に対する「全国の評論」は「一国一州を挙げて之を是とするもの」にして、しかも「海外の諸新聞も亦斉しく将軍の死を讃美」し、さらには遺書の公表によって「将軍の死は十年戦争当時連隊旗を失ひたるに萌《きざ》せるものたること明白なるの時に於て」なお自説に固執するのか、「説を変ずるのも亦勇者」ではないか、云々。

さらにはこれに追い打ちをかけるように、同紙同欄は翌日から数回にわたって「乃木将軍と自殺論」なる論説を載せた。その初回（二〇日）では『タイムズ』『ニューヨーク・タイムズ』『ノーウオエウレミヤ』ほか英米露の計一〇紙からの抜粋を列挙して「乃木将軍の死を以て野蛮の遺風なりと認むるものは一人もない」ことの根拠とし、第二回（二一日）では、阪本市長とほぼ同意見の『時事新報』を「翁〔福沢諭吉〕を祖述して翁を誤るもの」とこき下ろす。『時事』社説は『満州日日』によっても「流石《さすが》は拝金宗の本山だけに随分思ひ切つた議論だ」と皮肉られた。「近着の内地新聞は乃木大将殉死事件で持切つて居るが十の十迄大将夫妻頌徳者で異説を立てたものは時事、谷本博士位に過ぎない」と（二三日「大観小観」）。

さて、ここで『時事』と並べられた悪役が京都帝大教授で教育学博士の谷本富《とめり》である。『大阪毎日新聞』（一八日）に出た談話の詳細は次章に譲るが、ともかくこれが呼び込んだ感情的反発は凄まじいもので、たとえば「谷本富は現代学者中、最も軽薄なる小才子也、彼れ乃木将軍を評して曰く」どうこうと、これ「何《いづ》くんぞ夫子自身の事を月旦して遺憾無きや」（『名古屋新聞』一九日「一時一則」）といった悪罵めいた記事が各紙に出、大阪毎日新聞社には「一日になん百通という脅迫的な投書」が、谷本自宅にも「連日何百通という脅迫状がまいこ」むという状況となった（大宅前掲書）。

死せる乃木、生ける谷本を走らす

谷本が兼務していた神戸高商では、講義中「憤激」した学生が「殆ど総立ちの姿となりて席を蹴つて立つ」という「騒動」（『大阪朝日新聞』一二日。同日付『東京朝日』にも同内容記事）、京大でも「谷本博士担任の教育学専攻新入生なし。平素博士に慊《あきた》らぬ教授間に放逐の議」が出る（『万朝報』一三日）。新聞・雑誌にも谷本批判は続々と現れ、南方熊楠まで声を上げて「予の知人は、従来みな、谷本の名を聞くも厭な気持すと語る」（角屋蝙蝠〔南方の変名〕「自殺につき」『日本及日本人』一二月一日。後出）と、批判は彼の過去に遡りさえしてゆく。

『満州日日新聞』のすっぱ抜きによれば、谷本は講演依頼には必ず「一席百円ならば出る」と受け、「大抵の田舎者は之に驚いて引下がるが、中には半分に負けて呉れなど、掛合ふ者もある」。その場合は「渋々半額は会に寄付する名義でドコ迄も百円と云ひ触らして居る」といい、「其言草が『君の方ばかり負けると前例になるからね』は何処迄も芸人流だ」。その谷本の乃木論は「余程祟つたものと見えて」、高知県教育会、京都の各宗本山でも今後「谷本を聘《よ》ばない」という決定がなされた。「谷本の演説が善いとか悪いとか言ふよりも、一席五十円など云ふ下劣極まる商売根性を卑んでの事だらう」（「道聴途説」一〇月六日）。

その「五十円」で谷本に講演を依頼していた岐阜県の西濃六郡連合教育会は「同博士の講話を聞くは我々日本男児の　屑《いさぎよし》とせざる所なり」との抗議を受けて断りの連絡を入れ（『大阪朝日新聞』一〇月一〇日）、高松出身の谷本をかつて誇りにした香川県教育会も彼を除名するに至った。「国定教科書の使用層である初等教育界からの非難攻撃」はかくも凄まじく、大学はついに谷本を守りきれなかった（中内敏夫『軍国美談と教科書』）。こうして、かつては毎年数十回の講演をこなした売れっ子学者も「乃木将軍一件以来関西に於ける谷本博士の声価頓《とみ》に落ち」、翌大正二年には講演も「殆ど依頼者なく、講演料の収入数千円を減じたりとの事」、七月には「京大教授の移動《ママ》」の目玉となる（『読売新聞』七月一九日）。これまさに「死せる乃木、生ける谷本を走らす」（中内前掲書）である。

自己検閲するジャーナリズム

こうした情勢を早めに察知することで難を逃れた新聞もあった。「向《むこう》軍治の大将を罵倒せる迷論をか丶げんとし」ながら「大阪より谷本事件の電話が来る」や「俄にヘコタレた」と『日本及日本人』（一一月一日）に暴露された『東京日日新聞』がその一つ。今一つが、新米記者生方敏郎を擁する『やまと新聞』である。

当夜、同紙編集室ではこんな放言が飛び交っていた。「乃木大将は馬鹿だな」「本当に馬鹿ぢやわい」「もつと種のない時に死んでくれりや、全く吾々はどの位助かるか」「いやだよいやだよ乃木さんは嫌だ」「あの人は唯大和魂さへあれば、何でも出来ると思ひ込んでゐる人だから、たまらないや」等々。ばかりか、そこへ姿を現した社長も「乃木が死んだつてのう。馬鹿な奴だなあ」と口にして、室から消えると「社長万歳」の声さえ起こった。

ところが、である。このあと社命で取材に出て旅館に泊まった生方が、翌朝目覚めて自社の新聞を手にすると、「四段抜きの大見出しで——その当時四段抜きは破天荒な大見出しだつた。——軍神乃木将軍自殺す」とあり、すべての記事は「誠忠無二の軍神乃木大将」といった「尊敬を極めた美しい言葉を以て綴られてあつた」。生方青年「ただ唖然として」「世の中の表裏をここに見せつけられた」。彼が床屋で乃木と荒木又右衛門を並べる議論を聞いて「心から呆然と」するのはその数時間後である(生方前掲書、次章参照)。

3　乃木の死に読まれる意味

何に同情するのか

では、その『やまと新聞』が表向き取った立場を含め、ジャーナリズムの大半が結局はなびいたところの乃木自刃肯定論の拠って立つところとは、要するに何であったのか。それすなわち、説明しなくても日本人ならわかるはずだと魯庵らが息巻いていたところの「感動」、あるいは否定派の『東京朝日』社説が乃木の行為に「同情の涙を濺」ぎはしても「其の情に感ずるの余り」世を誤る恐れがあると憂えていたところの、「情」にほかなるまい。それら諸々の感情を含み込む、侮辱の許されない一種の「聖域」めいたものがそこに成立していたといってもよい。

さて、その「聖域」にあえて足を踏み入れてみよう。まず考えるべきは、「聖域」内の諸感情の概念的内実について、肯定派・否定派を引っくるめた各論者の間でどれほどの一致があったか、ということである。それを「聖域」として問答無用の態度を取る論者が多かったこともあって、このことを探る材料は豊富とはいいがたいのだが、そのような状況にあって貴重なのが、すでにその一部を紹介してきた横山健堂の前掲書巻末の児童・生徒による作文である。

の木さんは、一ばんえらい人でありますから、私、の木さんのことは、しんでもわすれません。の木たいしやうは、私、かわいさうにおもゐ、おかくれあそばしたとき、私は、なみだをたらしました。私、からだがかたくなつて、しごともやらないで、の木たいしやうのことをおもつています。

（尋常小学校二年男子）

この文では、「えらい人」でありかつ「かわいさう」であるがゆえの感動だということはわかるが、それ以上の内実は明らかでない。同じく尋常二年で、「われ〳〵は、の木さんのはなしをきくと、そういふ人になりたいとおもひます」という部分を前章に見た男子の場合は、もう少し具体的である。評価内容を区別するために記号を入れながら、後続部分を引用してみよう。たとえばAは武勇、Bは忠義、Cは子供への愛……というふうに記号化してみる。

りよじゆんこうを、せめてしまいました（A）。それから、天のうへいかに、ちゆうぎをつくしました（B）。われ〳〵を、かはいがつてくれます（C）から、の木さんの、おそうしきには、われ〳〵のおとうさんがなくなつたやうに、かなしうございます。の木さんの、おはかへ、いきますと、われ〳〵は、いしのやうなかたいこゝろをもつて、かへりました。

同様の方法で、他に二、三を引く。

乃木大将は、軍神の真軍神である。日露戦争の時、自分の子供が戦役に出ても、わざと、前方に進ませて、戦死をしても、かまわずに、二人の子供を進ませたと云ふ事である（D）。〔中略〕閣下は、天皇陛下が御崩御になつた時、自分で軍刀をぬいて、せつぷくをとげました（B）。

（尋常小学校五年男子）

乃木大将は、大さう忠義な方でありましたが（B）、〔中略〕西南の役の時に、軍旗をとられた事を、大さう心配なさつて、もう其の時に、自殺をなさらうと、お思ひになつてゐたさうでありましたが（E）、よい折がなかつたので、御大葬の時に、自殺をなさつたのであります（F）といふ事を、一寸聞きました。又日露戦争の時、めざましい働きをなさいました（A）。又其の時に二子をおうしなひになりましたが、実におきのどくであります（D）。（尋常小学校六年女子）

世界に名高い故乃木大将、あ、日本の花、世界の花と歌はれております。〔中略〕私も一度報を手に取りまして、涙の下るを禁じられませんでした。日露戦争の時に愛児を無くし（D）、又自分の忠義をおつくしになつた天皇には、御かくれなされられた其の心（B）。

私は、大将について所感いたしたのは、大将の勇気、日露戦争の時の進みやう（A）、又其の時、沢山の人を戦死さして、其の父母兄弟にすまないといつた其のありがたき心（G）、西南の戦争の連隊旗の恥辱を愧ぢ（E）、天皇の御後をお慕ひて、彼《あ》の世にまいられた忠義（B、F）、平常に質素（H）、私は、一生大将の心はわすれられません。（高等小学校二年男子）

他にも考えられる点はあるのだろうが、これだけでも目下の目標とする分析には十分である。A〜Hを整理すれば、以下の三群に分類されよう。まず、最高頻度のBは天皇への忠義をいうもので、その表現としての「殉死」を讃美するFとまとめて〈第一群〉としておく。これに対し、武勇・質素・子供への愛などの諸徳を指し示すA、C、Hは、忠義の有無とは一応別個に「そういふ人になりたい」と子供が思念しうるような〈乃木〉の「えらさ」の諸相と見て、〈第二群〉として一括する。残りのD、E、Gが〈第三群〉ということになるが、ここでは「えらい人」の美徳というよりは、むしろ自他の死にまつわる〈乃木〉の不運、「かわいさう」な側面に焦点がある。

福来友吉の「動機」三分類

この分類法に似た視角から乃木事件を最も周到に考察した論文が、第一章にも引いた福来友吉の五〇頁にわたる長大な論文、「人格の意義と乃木将軍の自殺」にほかならない。自殺の「道徳的価値」一般を哲学的に説くことから始める福来の前提を強いて要約すれば、自殺は一概に悪と決められるものでなく、「其の道徳的価値」いかんは、それぞれの場合において「其の動機と其の結果」の両面を考察することによって「定めるべきである」ということになる。さて、ここにおいて、死せる乃木に怒濤のごとくに寄せられた「同情」がその「動機」へのものであったとしておくと、乃木の場合、自殺の「動機の何であるかに付きては、種々の説がある」として、福来はそれら諸説を三分類する。すなわち「或は殉死と言ひ、或は責任の感による自殺と言ひ、或は憤死と言ふ」と。

ところで、この「殉死」「責任の感による自殺」「憤死」という乃木の自殺をめぐる三つの見方は、さきに小学生の作文から抽出した「情」の内実の三群と重なり合う。つまり忠義に反応した〈第一群〉が「殉死」説を補強することは自明だろうが、他もそれぞれ、乃木の類まれな諸徳に感応する〈第二群〉は道義頽廃しつつある日本への「憤死」という読みにつながり、乃木の「かはいさう」な諸側面に食い込む〈第三群〉は「責任の感による自殺」説の諸論拠を提供する、という形で重なり合うのである。乃木自殺をめぐる侃々諤々、百家争鳴の錯綜した議論も、少なくともその「動機」論の局面では、論者おのおの自らの立場がこの三群のいずれに属するかを自ずと明示する形になっている場合が多いので、この視点の導入は交通整理を助けるはずである。

「殉死」か「憤死」か

乃木の死が「殉死」であるがゆえに感銘し、そこに意味を見出す意見ももちろん多いのだが、そのうちの何割かは、「殉死」という「動機」のみならず、それが日本社会に残してゆく影響という「結果」をも問題にしている。東洋大学長前田慧雲《えうん》などその好例で、乃木夫妻の死は、「四囲の境遇」によって余儀なくされたものでない点で、世上対比されている楠木正成、大石良雄、吉田松陰らの死以上に純粋なる「殉死」であって、その国民に与える「一層大なる精神的感化」「我日本魂《やまとだましひ》を振作する事幾何《いくばく》ぞ」と力んでいる（『読売新聞』一七日）。この死が「何卒不真面目なる今日の日本国民に多大の影響を与へねばならぬ」としていた西田幾多郎（前掲文）なども、これに連なる見方だろう。

逆に、その「殉死」的側面については「世を文明から野蛮に引き返させるもの」と否定する早稲田大学長高田早苗も、それが「結果」においては「教育上に幾多の好教訓を与へ」「一層人の心を真面目ならしむる効果は確かにある」と認めた（『東京朝日新聞』一六日）。この見方を押し進めると、むしろそうした教育的効果こそが乃木の狙いだったのであって、「殉死」の形となったことは副次的だったのではないか、という見解も出てくる。

実際、この種の意見こそ百出したわけで、乃木の死は殉死ではないと言いきる論者も少なくなかった。いわく「将軍の行動をば、真に武士道に基ける殉死なりとする説を排す」（江木衷《ちゅう》『万朝報』一七

各界の権力者を圧倒した「巨人」乃木
(『万朝報』大正元年9月20日)

日)、いわく「乃木大将が悲痛の余り殉死したと解して居る者が有るが、左様に単純に解釈してはならぬ」(三宅雪嶺『東京朝日新聞』一五日)。むしろ何かに「憤慨し、国家の前途を憂ふるの余り、身を殺して一大警告を与へられたものとし考へられる」(雪嶺)、すなわち「憤死」説である。これが福本日南になると「大将の自刃其ものは無意味であつて宜しい」、「大将は自刃の愚なることをも知つてゐる」とまで断じていわく、その死は「死其ものが目的ではない大正の時勢に深刻なる報告を与へんとする」もの、「大正の時代に大なるクサビを打つたものである」(『大阪毎日新聞』一八日)。

何に憤慨したのか

では、これら論客は「国家の前途」「大正の時勢」のどのような部分に乃木が「憤慨」していたというのか。雪嶺の見方では、それは「士風廃頽」した「軍人社会」にほかならず、「陛下の重臣」さえもが表に忠誠を装いながら「秘かに私利私欲を逞しうする」という拝金主義の現状に憤慨しての「一大警告」がこの死だという。そのような拝金主義者の一例として福本は、国民に勤倹を勧める「戊申詔書」煥発の翌日に「愛妻の為めに千金の腕輪を贖へる某元老」(宮内大臣伯爵であった田中光顕を指すか)を俎上に上げて皮肉り、軍人社会でも特にその上層部、政界にも力を揮う「元老」周辺に対する当てつけの意味を乃木自刃に読んだ。作家岩野泡鳴もこれに連なっていわく、「渠《かれ》の死の公け上の意味」は「元老一派にその不真面目な態度の反省を促すにあつた」（「最近に現れた時代的二暗示」『太陽』一二月）。

当てつけの矛先をどこに見るかは微妙に見解の分かれるところで、軍・政界よりはむしろ「滔々たる勢を以て頽廃し行く上流社会の家庭」と見る者（大隈前掲文）もあれば、特定の集団であるよりむしろ「従来の浅薄なる唯物論、形式主義」という思想傾向に向けた「爆裂弾」にして、「我が学者、教育家の間に一大問題を惹起し」て「新なる倫理観」に替えんとしたものと解する向き（江木前掲文）もあった。いずれの意見ももっとものようであり、おそらくそれぞれの社会が、乃木の意図にかかわりなく、自分らへの当てつけであるように感じて多少とも縮み上がったのではないか（右頁のポンチ絵参照）。

「電気のやうに」走った「first impulse」。それを乃木その人が狙って実現した効果と見、そこに乃木自身はあえて口にしなかったところの意味を読み込むこと。こうなると、決定的正解は永遠に与えられないのだから、論者の数ほど異なった回答が出てくることにもなる。その意味の強力さを表わすために江木は「爆裂弾」という隠喩を持ってきたわけだが、ところで、他の論者の多くも期せずして相似た比喩に訴えることになったのは面白い光景である。

国民の一服の清涼剤

すなわち「軽薄無気力なる今の世に、一服の亢奮剤を投ずるもの」（三浦悟楼『大阪朝日新聞』一五日）、「世道人心の日に軽薄に赴きつゝ、ある今日正しく一種の興奮剤たらん」（曾我祐準『満州日日新聞』一六日）、「道義の頽廃したる現代に対し好個の刺激剤たるべし」（杉浦重剛『万朝報』一七日）、「文弱に流れんとしつ丶ある今日に（中略）確に一服の清涼剤を投じたもの」（中島徳蔵、大伴編前掲書）等々。教育界においても、文部次官から京都帝大総長に赴任しあの谷本富に引導を渡す形ともなった沢柳政太郎は「腐敗せる社会の一清涼剤」と賞賛して「国民に刺激を与ふる功」も軽少ではないと論じ、東京・京都両帝大総長および学習院長を歴任した菊地大麓も「滔々物質主義の弊に趨《はし》り、精神教育の萎微して振はざるの時」にあって、その死に示された精神は「真に人心の清涼剤として、尊重に値する」とした（大伴編前掲書）。

「仁丹」や「ゼム」の人気に乗って「清涼剤」は流行語となっていたものか、横山健堂は「大清涼剤」とまで書き（前掲書）、人物社同人『乃木大将論』になると「一服の清涼剤」をもって一章の題としているほどだが、同書はそれをあくまで「一服の清涼剤」にとどめるべきだという限定の主張にバランス感覚を発揮してもいる。つまり「乃木式の人間は、薬味の様なもので、社会に必要でもあらうが、コンナ人間が多くても困る」と。「乃木大将の頭は旧式である、ソレに学ぶな、乃木大将にも癖がある、ソレには学ぶな、併し飽まで道に忠実なりし其の心根には学ばねばならぬ」と説き、特に「高位高官にある老人連は、乃木大将より『其の最後を神聖にすると云ふ心根』を学べ」と主張する。

噫《あゝ》一服の清涼剤、一服の清涼剤、大将の一生と其の最後は日本人に対する一服の清涼剤であつた、否今後も永く国民の一服の清涼剤たることであらう。

実はこれに似たことは乃木生前においてすでにいわれていた。前掲『中央公論』の小特集「東郷大将と乃木大将」（明治四四年八月）に「国のヌシ」なる一文を寄せた福本日南である。「高潔」さにおいて乃木ほどに稀少な人物は「一世の覚醒剤である」と福本はいう。「見渡して御覧なさい。昨今の日本ほど小汚い時代はないではないか。此の時代に斯くの如き人あるのは有りがたい事ではないか。翁の如きは恐らく現世の覚醒剤たるのみならず未来永劫の覚醒剤であらう」と。生前から「覚醒剤」的であった「国のヌシ」のあの死に様である。「爆裂弾」の比喩も決して大袈裟には響かなかったろう。

そして実際、学問・教育界の頂点にある人々が、前述のとおり角度こそ異なれ挙《こぞ》って讃美したのであるから、乃木の死とそれをめぐる言説が青少年を「覚醒」しないはずもない。すでにいくつかを見た横山前掲書収載の作文にもそのことは明白である。たとえば、乃木大将は「忠孝仁義、よく出来」た「武士中の武士」であって西郷・大久保より上、「又、平生質素をむねとして、一より十まで全ふした人と思ふ」、今や「乃木大将の死するを聞き、何で贅沢が出来よう」、「此の後の日本人の、おしやれにならんとする、悪行を廃する、第一の機会となるのであらうと思ふ」と尋常小学校六年男子。これが第一高等学校三年生ともなると、より知的に「日本の現代精神には大なる欠陥がある」との前提を提示した上で、乃木自刃は「旧日本の精神が現代精神に与へた」力強い抗議、「厳粛なる批評である。痛切な諷刺である。実によき意味に於て、一つの当こすりである。顔あてである」と論じ（傍点原文）、同様の結論を導いている。

さて、「動機」三分類説の導入によって、錯雑たる乃木自殺論の世界をいささか見晴らしよくしてくれた福来友吉が、その最も周到にして総合的な前提論に立って自らとる立場は、「責任の感による自殺」説である。すなわち「日露戦争に於て多数の忠良の人民を失ひたる為め、上《かみ》は　先帝陛下に対し奉り、下《しも》は多数戦死者の父母兄弟《けいてい》に対する申訳」こそが主な「動機」であると。この「責任」をめぐっては、「為すべきことをなしたるの結果」つまり不可抗力であって、義務は果たした以上「責任なし」とする意見もあることは福来も承知している。けれども、乃木を捉えていた「義務」はそのような「方便的報復的或は交換的義務でない」。それは「丁度慈善事業の為めに寄付金する様な行動」であって、実行しなくても悪人とはならぬが「すれば善人となる所の義務」である。法律や生活上の便宜等の問題ではなく、「何処までも道徳的」、内部に自ずと生ずる「犠牲的義務」の問題である。とすれば、高度の道徳性を含むこの「動機」を有意義といわずしてどうしよう。

では、福来が道徳上必須とする今一つの側面、「結果」においてはどうか。乃木の自殺の「結果」として考えられるのは、一つには「社会の悪状態によりて麻痺せんとしつゝある愛国心を無上に興奮せしめること」で、これは学校での講釈よりむしろ「社会的実際状態によりて養成さるゝもの」であるから、有意義である。そしてその「社会の悪状態」とは、「日露戦争によりて得られたる国家的利益の分配の不公平なること」も絡み「弱肉強食の生存競争」が苛烈となって貧富差は増し、「一般国民間に不平怨嗟の情を惹起して居る」といった状況だが、「斯る時に当りて独り乃木将軍の人物と境遇とは国民の不平怨嗟に対する唯一の慰藉となつて居る」ともいう。すなわち「結果」における「道徳的価値」も疑いない。

さて、第一章に引いた遺族訪問時の乃木の言葉を福来が持ち出すのはここにおいてである。「乃木が卿等の子弟を殺したるに外ならず、此の罪は割腹しても卿等に謝せざるべからざる訳なれど」云々の言葉で「情理を尽して慰められたる時なぞは、遺族に取りては如何ばかり嬉しきことであつたらう。『此の将軍の為めならば一族一門枕を並べて戦死するも憾みなし』と思ひたるものも多かつたらう」とまで福来はいう。これだけでも「功は偉大であるに」、それが「今回の自殺」である。「眼あるものにして此の如き謝罪に対して泣かぬものがあるであらうか」、と。

やがて開花する講談・浪曲的〈乃木さん〉の人気の秘密を予め解き明かした卓論ともいうべきか、ともかく福来論の比重はこの「責任の感」というところにあるのだが、それ以外の「殉死」「憤死」の諸側面を完全に排除したわけではない。乃木自刃肯定か否定かの侃々諤々《かんかんがくがく》も、実はこれら諸側面が入り混じるために議論が嚙み合わないでいる場合も多いはずで、「動機」の三分類を含む福来の精細な論法に照らすことで解けてくる混乱もあろうかと思われる。混乱とはたとえば、乃木自刃の問題が「世界のなかの日本」という視座に置かれる場合、日本文化の特殊性といった問題が前景に出ざるをえず、その絡みから、考察される動機は「殉死」の側面に重心が置かれがちとなるが、論敵の片方はそれを見ず、むしろ「責任の感」の面に入り込んでいる、といった事情である。

4　乃木自刃は「人類的」でありうるか

武者小路実篤の「世界」主義

『白樺』の武者小路実篤と『日本及日本人』の三井甲之《こうし》との間に勃発した論争の場合、議論はその死と「武士道」との関わりに焦点があり、両者が意識していた動機はほぼ「忠義」と「殉死」の側面であったように読める。乃木を院長に頂く学習院から生い立った雑誌として知られていた以上、『白樺』に熱い哀悼の辞が期待されるのは自然の勢いで、それが「六号欄にアッサリと乃木将軍に同情すると書」くにとどめたことは、少なからぬ読者に肩透かしを食らわせた（内田魯庵前掲文）。『日本及日本人』一派もその口で、三井がそれに噛みつくことで論争となった。それに答えて、二段組み一〇頁にもわたる長文「三井甲之君に」（『白樺』一二月）を書いた武者小路は、その第一節「国民的と世界的」をこう書き出している。

> 君は国民的生活をもつて窮極なものとして世界的、人類的の生活を空なものと見てゐる。
> 自分は世界的、人類的の生活にゆかない国民的生活は浅薄なものだと云ふのである。
> 自分が「我々は何時《いつ》も支流にゐたくない、本流にとびこんで自分の力だけのことをしたい」と云つたのは云ふまでもなく東西思想の融合した世界思想に生きて、その世界において出来るだけのことをしたい、乃木大将のやうに一地方的の思想に身を殺すやうなことで満足はしたくないと云ふの

である。

乃木とその信奉者たる三井のように「国民的生活」を「窮極」視して「一地方的の思想に身を殺す」ことなど自分は御免だ。「世界的、人類的」の「本流」で全力を尽くしたい。そしてその「本流」とは、ともすれば三井らが誤解するような西洋一辺倒の世界ではなく、「東西思想の融合した世界思想」、つまり全「人類」を浸す流れなのだという。さらに武者小路は乃木自刃の「地方」的「浅薄」さをいうにあえてゴッホの自殺をもってくる。乃木の死には「人類的な所がない」のに対して、ゴッホの自殺にはそれがある。というのはそこに「各国の進んだ人にシンパシーを起される可能性」があるからで、「か丶る死こそ価値ある死である」と。

理性に戻〔悖〕る行為をとる人は人類的の処のない人である。乃木大将の殉死はある不健全なる時が自然を悪用してつくりあげたる思想にはぐ丶まれた人の不健全な理性のみが、讃美することを許せる行動である。西洋思想によつて人間本来の生命を目ざまされた人の理性はそれを讃美することを許さない。

日本に生まれなければ、だめ

「ある不健全なる時が自然を悪用してつくりあげたる思想」とはもってまわった言い方だが、そこで「一地方の思想」たる「武士道」が暗示されていることは自明だろう。近年その復古的「鼓吹」の喧しいこの伝統思想、あるいはそれにはぐくまれた「不健全な理性」こそが、現今の日本人の「世界的、人類的の生活」への覚醒を妨げる障壁となっているのだ、と。

余談めくが、その同じ武者小路が昭和一六年には乃木讃美の国策的ラジオ・ドラマ「乃木将軍」を書く、というのも興味深い成り行きである。舞台は日露戦争中の旅順、二〇三高地をついに落とした乃木司令官のもとを東郷平八郎が訪ね、両雄はこんな会話を交わす。

東郷　何とかいふものはあつても、この城を落すことが出来たのは、君の手柄ですよ。勿論、いくら君が偉くつたつて、日本に生れてゐなければ、だめですがね。

乃木　本当にさうです。日本の国体のありがたさを今度程深く感じたことはありません。戦死するものは皆、天皇陛下万歳をとなへて、実にいさぎよく死んで行くのですから。（沈黙）それを思ふとつい涙が出て来ます。（『齢』所収）

「日本に生まれてゐなければ、だめ」とは、また見事に「地方」主義に開き直ったものである。こうして「一地方的の思想に身を殺」してゆくことを、「西洋思想によつて人間本来の生命を目ざまされた人の理性」は許すのだろうか。

それはさておき、若き日の武者小路を目ざましたとされる「西洋思想」の内実を検討するとき、無視できない構成要素として、武者小路自身もかつて内村鑑三への師事を通して学んだところのキリスト教がある。そして乃木の自殺という問題に戻るなら、キリスト教の公式見解からすれば自殺は当然不可、したがって乃木の行為も肯定するわけには参らない、となるはずである。が、日本のキリスト者には必ずしもそうまっすぐに動かない者が多かった。

「死の道徳」の是非

本郷教会牧師、海老名弾正はつとに九月二三日、乃木讃美に流れる「軽挙妄動的言論」の状況を戒めて『六合新報』紙上に述べていた。もし乃木が「クリスチヤン」なら決して死ななかったはずだ、「然るに世のクリスチヤンを以て許されたるものにして絶対的讃評をなすが如きは全く正鵠を失したるものなり」と。さらに海老名によれば「由来日本人は生を軽んずる国民」にして「日本人の道徳は死の道徳」、「日本人の修養は死の修養」であった。「是れ実に日本国民性の一大欠点にはあらざるか」と。

ここで海老名が当てこすった「世のクリスチヤン」の第一に考えられるのが、いちはやく意見を述べた新渡戸稲造（『東京〔および大阪〕朝日新聞』九月一八日、『中央公論』一〇月号）である。親交もあった乃木の死に深く打たれたことを隠さない新渡戸は、乃木自刃をもっていかなる「標準」から見ても「間然する所ない」ものと断じていた。

武士道の「地方性」は認めながら、しかし「実を言へば私には世界的道徳の標準が判らない」と新渡戸はいう。だから一切の自殺を悪とするキリスト教の公式見解にも同意せず、「耶蘇が自殺を悪い行為と云つたか何うだか甚だ疑つて居る」。そして新渡戸個人の人格評価の「標準」とは、「自己の具《そな》へて居る心の光明に絶対に服従する人が一番偉い人である」というものであるから、この点において乃木は最高度の人物にちがいなく、その価値が自殺によって減ずるようなこともない。

乃木の行為は、だから、「世界的」に見た場合も「少しも非難すべき事ではな」く、逆にそれが「西洋に可い影響を及ぼ」す可能性さえあるという。たとえば「嘗て外国で発行された書物の中にハラキリの事を記して愚かな行為として嘲笑して居たが、近頃改版した分を見ると其部分丈け削つてある」。このことも示すように、「日本武士道の精神、切腹の事など」が近年では外国人にも了解されてきている、「就中《なかんづく》乃木将軍の名は欧米人等も深く記憶して居」り、「談一度乃木大将の事に及ぶと満座水を打つた如くに鎮まり」、「思はず手巾《ハンケチ》を顔に当てる人々さへ見受ける程である」と。

かくして「武士道精神」の「輸出」の可能性にも論及する新渡戸は、「畢竟外国には、大将の自殺によりて新しき自殺論の発生を見るならん」と稿を結ぶ。つまりは海老名と同じところに立脚しながら、まったく逆を向いて、「死の道徳」「死の修養」を世界に広めよ、とさえいうわけである。

死して生くるは、「名」か「人格」か

では、乃木讃美の「軽挙妄動的言論」に警鐘を鳴らした海老名弾正は乃木自刃を全面否定したのかといえば、実はそうではない。さきの『二六新報』記事の前半で彼は、乃木自刃後数日にして続々と出た「其の跡を追」って死ぬ者（詳細は次章参照）に対し「世間は唯悪罵と冷嘲を以て之を迎ふるのみ」であることに着目を促した上で、それではなぜ乃木の死のみが「讃嘆」されるのかといえば、それは「死に対する讃美」ではなく「実に是れ将軍の人格に対する反響」であるからだと論じている。

つまりは「人格」概念を導入することで乃木を救った形だが、そもそもこの人の「死の道徳」批判が当人の根深い感性に裏打ちされたものであったかは微妙である。もともと筑後柳川藩士の子として生まれた海老名は、乃木との年齢差も七歳にすぎず、日露戦争中は「日本魂」は「今や大進して世界魂たらんとす」「人類魂たらんとす」といった議論をも展開していた人である（「日本魂の新意義を問う」『新人』明治三八年一月）。つまりは「武士道精神」輸出の仮想においては新渡戸に先駆けていたともいえるわけで、乃木自刃に打たれないはずもなかった。いちはやく批判した乃木讃美の奔流にやがては自らも足を入れる結果となって、主宰誌『新人』の一〇月一日号では、国民をその「新生命の本源に到達せしむる大刺激となつた」との積極的評価さえ明示するに至る（「乃木大将の死を論ず」）。

結局、海老名は、同じく武家出身のクリスチャンとして乃木事件に容喙した新渡戸、また後出の内村鑑三や植村正久にもまして、武士道的感性を強く保持していた人であったのではないか。一〇月中旬に行ったものという名古屋での講演では、次のような論理で「基督教と武士道」を並行させていた。

> 基督教は生くるが為に死せんとことを要求す、即ち肉体に死して人格に生きんことを要諦とするものなり、武士道は此の点に於いて同じく生くるが為に死せんとことを要求す、夫《か》の虎は死して皮を留《とゞ》め人は死して名を求むといふ格言は金科玉条と立てらるゝに見て武士道は死するが為に生くるに非《あらざ》ることを知り得べし
>
> （『名古屋新聞』大正元年一〇月一三日）

つまり自らの死後に求めるものが「人格」か「名」か、ということろにキリスト教と武士道の岐路はあり、かつ「名に生くるは人格に生くるの高尚にして貴ぶべきには如かざる」ものだとの観点からキリスト教を上に置こうとするのだが、この論理は、『名古屋新聞』記者も不満を述べているとおり、必ずしも説得的ではない。むしろ海老名のキリスト教理解がいかに武士道的かを暴露するばかりだ。乃木は「死して」なお何かに「生くる」ことを続けている。その何かが「名」であるか「人格」であるかは、そこからすれば副次的な問題ではないか。いずれにもせよ、ある人の死とその余波がこのような形で感受されるとき、しかもそれがキリスト者によって言説化されるとき、浮上せずにはいない人物がある。いうにも及ぶまい、イエス・キリストその人である。

乃木＝キリスト論

乃木の死からキリストを連想したのは、キリスト者ばかりではなかった。「大将の死は議論以上に一種言ふべからざる権威がある」と断ずる『日本及日本人』派の領袖、三宅雪嶺は、それをキリストの場合に比することをあえて辞さない。「基督は、十字架上で死んだればこそ救世主として仰がれた」のであって、「若《も》し彼が死なかつたらだ、他の片々たる敷《ふ》〔布〕教師と何の選ぶ所もなかつたであらう」。西郷隆盛や楠木正成も必ずしも死なずともよい時に死んだようにも見えるが、彼らの「死が人心に響く力は理論以上」で、その死によって彼らは「益《ます》〳〵大となつた」、乃木しかりであると（大伴編前掲書）。

ちょっとした流行の観もあったらしいこの比較論に苦言を呈したのが内村鑑三である。教育勅語への敬礼を拒む「不敬事件」（明治二四年）や日露戦争非戦論で気骨を示したこの論客は、乃木事件への反応としては、その主宰誌『聖書之研究』一〇月一〇日号に「自殺の可否」を書き、乃木の名は出さないながら「基督者《クリスチャン》の立場より見て、余輩は自殺の必要なる場合を看出《みいだ》す事が出来ないのである」と釘を刺していた。さらに同誌次号（一一月一〇日）の「変らざるキリスト」ではこう書く。

久しく崇拝物の欠乏に苦しみし日本人は今又之《これ》を乃木大将夫妻に於て発見した、彼等を人と思ひしは誤謬、彼等は人と生まれし神であると彼等は言ふ、彼等は又言ふ乃木大将夫妻の自殺はキリストの十字架上の死にも比ぶべきものであると。

だが、この「所謂乃木崇拝なる者の冷却《さめ》る時は遠からずして来る、変り易き大和民族は其崇拝物を換ふるに速かである、彼等は三年を出ずして乃木大将を忘れて他に彼等の崇拝物を探るであらふ」と内村は予言する。しかるに「唯一人変らない人が在る」、それがキリストだ、というのがこの一文の落としどころというわけである。

そうは論じながら、しかし内村は、その教え子の若き武者小路や志賀直哉（次章参照）のような根っからのアンチ乃木であったわけでは決してない。かつてやはり内村門下にあった長与善郎が乃木の悪口をいったとき、内村は「いいところはあるんだ」としきりに乃木を弁護していたという。「内村さん自身、さむらいの子で、『武士道』ということに強い愛着があった」と長与も見るとおり（「乃木将軍と学習院」『特集知性』昭和三二年一月）、もともと内村は札幌農学校で新渡戸らとともに「二つの

「J」（Japan, Jesus）に献身するとの誓いを立てた愛国者なのであって、あえて不忠をなしたその反骨精神自体に武士道――それも乃木と福沢を結んでいた、ともすれば痩せ我慢やつむじ曲がりに傾くところの（第五章参照）――が生きていたと見ることも十分可能なのである。

加藤玄智の「神人乃木」説

内村の予言が当たったとはいえない。乃木崇拝の持続はなかなか三年どころではなかったし、乃木の自殺を「キリストの十字架上の死にも比ぶ」議論も、雪嶺のような国粋派ばかりでなく、宗教学者加藤玄智から、雪嶺一派には敵視された小説家夏目漱石にまで及んだのである。乃木をあえてキリストや釈迦と同格に置く加藤の「神人乃木」説はすでにふれたところだが、そこで加藤が強調するのは、今次、人が「乃木将軍に於て其の神の顕現を見た」のは「将軍の生と云ふ形式に於てよりも死と云ふ形式に於て」にほかならなかったという点で、たとえば「感激」の結果、貧困者のための無料助産所の設立を決意した産婆という前章に見たニュースを持ち出して、このような「感奮」も乃木の「自殺」ということがなければありえなかったという事実に注意を促す。「十字架上の耶蘇の死」はたんに「物質的に解釈」するのでなく「我々の穢ない精神の磔殺私欲私心の断絶」と解することではじめて「意味が生じて来る」。つまり「耶蘇の十字架の死を抜きにしたならば耶蘇の本統の精神は矢張り解らぬ」のと同じく、もし「乃木将軍の自刃と云ふことを全然抜きにしたならば」例の産婆の感奮といったことも起こりようがなく、乃木の「精神」は理解されなかったのである。だから、一部の教育者は模倣者が出ることを恐れて「乃木将軍の平生の行為は讃嘆しても自殺には一言も触れずに生徒に訓誡せんければならぬ」などと苦慮しているが、それは「取越苦労」だ。真の理解者ならば、自分も将軍のごとく「至誠赤誠の人となつて其の本務に奮励努力せんければならん、と感得して来る」のだ、と（加藤『神人乃木将軍』）。

すでに明らかであろうが、この論理では、乃木はたんに死んだから、あるいは「殉死」したから偉大なのではなく、その死を見た人々のうちにおのずと「奮励努力」の意志を生起させるがゆえに尊いわけである。つまり福来の「動機」三分類でいえば、その死を「殉死」とのみ見るのでなく「憤死」や「責任の感」に連なる諸々の意味をも読みつつ肯定している、ということになるだろう。

5　漱石の乃木「成功」論

乃木大将に済まない

大正三年四月から八月にかけて『東京（および大阪）朝日新聞』に連載された夏目漱石の小説『心』が乃木自刃を取り込んでいることはすでに見てきた。言及箇所は多くはないのだが、連載開始四カ月前の第一高等学校での講演「模倣と独立」（大正二年一二月）で展開している乃木論を勘案すると、『心』という作品の構想自体、乃木事件なしにはありえなかったとの推定も成り立つのである。

乃木の死の『心』への最初の導入は、「中　両親と私」の半ば、病床にある「私」の父が「一番さきに新聞でそれを知つ」て「大変だ大変だ」と声を上げる場面（十二）だが、そのことの前提として書き込まれているのは、この父が新聞をよく読む人で、天皇の「御病気」が伝えられて以来、それを気にかけて「勿体ない話だが、天子さまの御病気も、お父さんのとまあ似たものだらうな」などといっていたこと（四）、「崩御」を知っては「あ丶、あ丶、天子様もとう〳〵御かくれになる。己《おれ》も……」と口にしていたこと（五）である。

父の「大変だ大変だ」は、それから一月半、病状も進み、兄や妹夫婦も参集していた家に響いた「突然な言葉」であったので、「あの時は愈《いよ》〳〵頭が変になつたのかと思つて、ひやりとした」「私も実は驚きました」と兄と妹の夫は言葉を交わす（十二）。「私」はどうかといえば、「父の枕元」や「自分の室《へや》」でその記事に「残らず眼を通し」、そこに掲載されていた「軍服を着た乃木大将と、それから官女見たやうな服装《なり》をした其夫人」の写真を眼に焼き付けることになる（同）。やがて父の「讛《うは》語《こと》」として、こんな言葉が「ヒヨイ〳〵出」る。

「乃木大将に済まない。実に面目次第がない。いへ私もすぐ御後から」 （十六）

父は決して「頭が変になつた」わけではない。「精神は存外朦朧としてゐなかつた」ことが、「私」と最後に言葉を交わす場面でも告げられる（十八）。実際、乃木の「すぐ御後から」自死を図る人が何人も出たことを次章に見るが、この「讛言」を正直な気持ちと解してよければ、父も彼らと同様の心的世界に棲んでいたわけである。これら一連の経緯から読み取られるのは、死んでゆく天皇とその死に自らを重ね合わせた乃木とに、父もまた自らを重ねるようであること、そしてそのことへの周囲の反応はといえば、「気味を悪がつ」た母（十六）を含め、兄も義弟も冷ややかであるのに対し、「私」一人が関心をもち、父らの死の連鎖の世界に引き入れられてゆくようにも見えることである。

この意味では、父にとって「私」こそは家内にあって唯一、真にその棲む世界を共有する腹心ともいえ、いまわの際にそばにいてほしくないはずもない。それが、最後の対面の場面で、父の側には永の別れという意識がないとはいえ、なんの抵抗もなく、むしろ気丈に息子を旅立たせる――「少しは心持が好くな」ったかとの問いに、「首肯《うなづ》い」て「はつきり『有難う』と云」う（十八）――のは、意外な展開とも映る。だが、作品全体の力学からすると、それは十分に納得のゆくところなのだ。というのも、「私」の行く先は、「乃木大将に済まない」と口にする父と同じく、いわば親＝乃木的世界に棲むもう一人の〈父〉にほかならないからである。息子が実父の最期を看取らないとしても、それがなんだろう、同じ世界に住むもう一人の〈父〉を看取ろうというのであれば……。

こうして「私」に実父を見捨てる決意をさせるのは先生からの手紙で、結局それが「下　先生の遺書」全体をなすというのが『心』の構成なのだが、その遺書の結末で先生についに「自殺する決心」に至らせるものが、第五章に瞥見したとおり、乃木の遺書であったわけである。思えば、そもそも「私」が先生の世界に引き込まれ、ほとんど子供っぽい甘え方でそこへ無遠慮に入り込んでゆけたのも、そこに父が棲むのと同じ、あるいは近似した世界を感知して自然になじんでゆく、という側面があったからではないか。

殉死という「笑談」

だから「先生の遺書」を読み進むと、天皇の病気と崩御、そして乃木の死に、先生が所を隔てながら父と時を同じくして衝撃を受けていたのであったことがわかる。が、同時に、その反応の内実はといえば、父と先生との間で微妙な差異を示すようにも見える。つまり両名の感動が乃木の死をどう読むことによるものであったのかを、たとえばさきに見た「殉死」「憤死」「責任の感による自殺」という福来友吉的三分法に準拠して考えてみよう。「済まない」「面目次第がない」という言葉になんらかの「責任の感」を読むことも不可能ではないとはいえ、乃木自刃以前に「あゝ、あゝ、天子様もとう〳〵」と天皇への思いを口にしていた父の場合、それを「殉死」と受けとめる部分がやはり大きいように感じられるのに対して、先生にあっては、どうもそう見ることは困難なのである。

先生が「殉死」を意識するのは、天皇崩御に際して「明治の精神が天皇に始まつて天皇に終つた」、「最も強く明治の影響を受けた私どもが、其後に生き残つてゐるのは必竟時勢遅れだといふ感じ」に打たれ、「明白《あから》さまに妻《さい》にさう云」ったとき、妻が「突然私に、では殉死でもしたら可《よ》からうと調戯《からか》」ったことによる。

私は殉死といふ言葉を殆ど忘れてゐました。平生使ふ必要のない字だから、記憶の底に沈んだ儘、腐れかけてゐたものと見えます。妻《さい》の笑談《じようだん》を聞いて始めてそれを思ひ出した時、私は妻に向つてもし自分が殉死するなら明治の精神に殉死する積だと答へました。私の答も無論笑談に過ぎなかつたのですが、私は其時何だか古い不要な言葉に新しい意義を盛り得たやうな心持がしたのです。

（下　五十六。〔　〕内は『漱石全集』編者によるふりがな）

先生が「殆ど忘れてゐ」たほど死語に近い「殉死」の語を妻が口にするのは不自然だという説もあるが、乃木以前の「殉死」も報道され論議されていたことは既述のとおりで、これは不自然ではない。この経緯はむしろ、このころの先生が新聞紙上の「殉死」事件などに関心をもつことはなかったということを含意しうる。しかも「殉死するなら明治の精神に殉死する積だ」というような「笑談」によって「古い不要な言葉に新しい意義を盛り得たやうな心持」になるというような心理は、すでにそれ自体、不敬の匂いがあるし（日記〔明治四五年五月一〇日ほか〕や書簡〔大正元年八月八日、森円月宛ほか〕には漱石における皇室批判の意識が読みとれる）、しかも本来は君主であるべき「殉死」の目的語としてもってこられた「明治の精神」という字句がまた意味不明である。

「天皇に始まつて天皇に終つた」とされる「明治の精神」、また先生が最も強く受けたという「明治の影響」という語句に関してそれ以上立ち入った説明はなく、『漱石全集』第二八巻「総索引」に拠れば、この二つの表現の用例は、『心』はもちろん、漱石テクスト全体においても、他の箇所にまったく見られない。真剣に考えようとした愛読者ほどこれには戸惑ったはずで、多少穿った見方をすれば、その実態の不明確さは、かつて『吾輩は猫である』の苦沙彌先生が「誰も聞いた事はあるが、誰も遇つた事はない。大和魂はそれ天狗の類か」（七）とからかったあの「大和魂」と同じだともいえる。

申し訳のために
死なう〳〵と……

そしてその一月半後、先生は「号外を手にして、思はず妻《さい》に殉死だ〳〵と云」い、「それから二三日して」、「とう〳〵自殺する決心を」することになる。そしてこの「二三日」間の経緯として書かれるのは、「私は乃木大将の死ぬ前に書き残して行つたものを読みました」に始まる次の一段落のみである。

西南戦争の時敵に旗を奪《と》られて以来、申し訳のために死なう〳〵と思つて、つい今日迄生きてゐたといふ意味の句を見た時、私は思はず指を折つて、乃木さんが死ぬ覚悟をしながら生きながらへて来た年月を勘定して見ました。〔中略〕私はさういふ人に取つて、生きてゐた三十五年が苦しいか、また刀を腹に突き立てた一刹那が苦しいか、何方《どつち》が苦しいだらうと考へました。（同）

ここで「殉死」の観念はすでにどこかへ飛んでいる。「とう〳〵自殺する決心」の引き金になったのはたしかに乃木事件だといえるのだが、今、先生がそこに読んでいるのは、その「殉死」的側面ではなく「申し訳のために死なう〳〵と思つて」生きてきたという「三十五年」の意味の方である。この現状を福来的「動機」の三分類に重ねるなら、先生の乃木事件への同情は、それが「責任の感による自殺」であったところに重点があるということになる。すなわち当初は「殉死」の語とともに先生の意識に入り込んできた自殺の観念が、やがて「申し訳のために死なう」としてきた人間の存在に直面することで「責任の感による自殺」へと意味を変えてゆき、そのことによって一気に膨らんだ、といった推移をそこに読み込むことができよう。

とすれば、「此三十五年の間死なう〳〵と思つて、死ぬ機会を待つてゐた」（同）という新聞報道に誇張や虚構があったとしても、それは大きな問題ではない。この〈物語〉が先生に与えた衝撃こそが重要なのであって、そのことは、今、自らの来し方の物語を「私」に与えようとしている先生において反復される。つまり先生は、だからこそその物語を始める前に、読み手に衝撃が正しく伝わるか否かの問題にこだわって、「受け入れる事の出来ない人に与へる位なら、私はむしろ自分の経験を私の生命と共に葬つた方が好い」（下 二）といった懸念を縷説するのである。「私は何千万とゐる日本人のうちで、たゞ貴方丈に、私の過去を物語りたいのです。あなたは真面目だから。あなたは真面目に人生そのものから生きた教訓を得たいと云つたから」と（同）。

だからこそ書き始める気になり、そして書き続けることができたのだが、今こうしてそれを終えてみると、書くことが「半ば以上は自分自身の要求に動かされた結果」であったと気づくとともに、「自分を判然《はつきり》描き出す事が出来たやうな心持がして嬉しい」と先生は書く（五十六）。「私の鼓動が停まつた時、あなたの胸に新しい命が宿る事が出来るなら満足です」（二）と予見していたその「満足」に、すでに到達したかのごときの晴朗な心境に至っているようでもある。

描いた功徳で成仏する

〈物語〉の受け渡しが「新しい命」さえ宿らせうるという、『心』というテクストの深いところを規定しているらしいこの独特の動力学《ダイナミクス》が作者独自の思想に根をもつことは当然というべきだが、実際、漱石はそのことをいささかも隠してはいない。さきにふれた『心』に四カ月先立つ講演「模倣と独立」はまさにその思想の開陳として聴くことのできるもので、そこで漱石は、元来もっているという「考へ」をこう展開している。

すなわち泥棒なりなんなりの「罪を犯した人間」が、もし「自分の心の経路を有りの儘に現はすことが出来たならば、さうしてその儘を人にインプレッスする事が出来たならば、総ての罪悪と云ふものはない」。「総て成立しない」。そしてそれをそう思わせるのに一番よいのが「有りの儘を有りの儘に書いた小説」であり、これを書ききった人は、「如何なる意味から見ても悪いと云ふことを行」い、またそれゆえの懲罰を受けたとしても、「描いた功徳に依つて正に成仏することが出来る」。「其人の罪は、其人の描いた物で十分に清められる」。少なくとも「私は確かにさう信じてゐる」、というのである。

これはほとんど『心』の予告ではないか。かつて「罪を犯した」先生は、「自分の心の経路を有りの儘に現は」し、それをそのまま「私」に「インプレッスする」ことになる。そして「インプレッス」は成功しなければ意味がないから、相手は誰でもよいというわけではない。だから先生は相手が「受け入れる事の出来」る人かどうかにこだわっていた。そして書き終えて「自分を判然描き出す事が出来たやうな心持がして嬉しい」というのは、講演で用いた言葉でいえば「正に成仏」したのである。

磔にされても「成功」

このように「成功」や「インプレッス」をめぐる独自の思考を展開する漱石の意識に乃木事件があったことは、講演の後半で自ら種明かしする恰好となっている。続けて「インデペンデントの人」にとって「成功」とは何かを論じてゆく漱石は、やがてさきほどの「インプレッス」論に重なる論法で自らの「成功」概念を説いて、「仮令《たとひ》その結果は失敗に終つても、その遺ることが善いことを行ひ、夫《それ》が同情に値ひし、敬服に値ひする観念を起させれば、夫は成功である」と縷説してゆく。そして「十字架の上に磔《はりつけ》にされても成功である」、「余り宜《よ》い成功ではない」としても「成功には相違ない」と前振りした上で乃木を出す。乃木とキリストとを連想で結ぶことに対し、内村のように冷ややかでないことをあえて示した形である。

もちろん漱石とて乃木の死をまるごと鑚仰するわけではなく、「乃木さんの死んだ精神などは分らんで、唯形式の死だけを真似する人」が続出するという「悪い結果が出た」ことも認める。が、それは「仮に悪いとしても、乃木さんは決して不成功ではない」。なぜなら、「乃木さんの行為の至誠であると云ふことはあなた方を感動せしめる。夫《それ》が私には成功と認められる」から。「だからインデペンデントになるのは宜いけれども、夫には深い背景を持つたインデペンデントとならなければ成功は出来ない」。感動せしめえないからである、と。

逆に論理を辿ればこうなる。――乃木の「人格」はまさに「深い背景を持つたインデペンデント」であったがゆえにこそ、自刃という彼の行為は漱石的「インプレッス」論にいうところの「成功」を収めた。同様に、『心』の先生がもしあの遺書によって「私」を感動せしめえたならば、それは先生の「人格」が「深い背景を持つたインデペンデント」であったがゆえの「成功」にほかならず、また『心』という作品が読者を感動させたならば、それも作者漱石に「深い背景を持つたインデペンデント」の「人格」あったればこそである、と。

感化は暗示による

ところで、この講演で漱石がさかんに用いた「インプレッス」という英語を当時の一般的な日本語でいうとすれば、「感化」だろう。本書でたびたび引いてきた服部他助の著書『恩師乃木院長』は、身近に接した教育学者がこの「感化」=「インプレッス」の側面から乃木を解析しようとした論考で、その視点や語彙には漱石の乃木論と重なる部分も小さくない。

> 青年に新たなる覚醒を起さしむ、之れ即ち『感化』の力である。此の感化は一人から他の人へ自然に及ぶ一種の力であつて、授ける者も受ける者も、自覚せざる程自然に、且つ微妙に授受が行はれる。此の如き種類の力の授受が、乃木院長と或る一部の学生との間に昼夜行はれて居る。アルフレッド、ベンネットは云うてゐる。
>
> "The real *impress* is in the end, given unconsciously; and further, it is received unconsciously."（真の感化はつまるところ無意識裡に与えられ、さらには無意識裡に受容されるものである。〔和訳、強調は引用者による〕）

ではその「感化」という「一種の力」の、無意識裡に行われるという授受は、無意識裡にどのような回路を経ることで成立するのか。あるいはその種の無意識的力動を生起させるための意識的な方法はあるのだろうか。この意味での回路ないし方法として考えられている概念が「暗示」（suggestion）

である。「青年の指導には、暗示して此の自覚を起さしめる以外に、又決して道はない」と服部は同書で論じている。そのようにして喚起される「自覚と覚醒」こそ「教育上の最大目的」なのであって、「其の手を執つて強ひて歩ましめ」るような方法では、「大根本に於て教育指導の本意を失ふ事となる」。すなわち「実に青年は暗示すべきもので、命令的態度で指導し得べきものでは断じてないと思ふ。結局此の暗示でなければ、真実学生に注入せんとする事柄は、永遠に依然教師のものにして、学生自身のものと成ることは無い」のだ、と。

このようにいうのも、実のところ、服部自身がその種の「暗示」を実地に「恩師」乃木院長から与えられたことにもよっていた。そのことを彼は同書「緒言」の冒頭近くで早くも告げている。すなわち明治四一年以来、学習院寄宿舎内に起臥して乃木大将の謦咳に接した自分は、その間「我が一生涯に取つて、如何なる珍宝名什よりも貴き許多の教訓と、暗示とを授けられた」と。実際、この種の教育的意味を含む類の「暗示」をそばにいて感受した者は少なからず、会談中の軽い「揶揄」にも「厚き教訓の包含する」ことによく後で気づかされたという高橋静虎の述懐は前章に見たところだし、何冊もの乃木本を著した宿利重一も、『乃木将軍言行録』（昭和一三年）には「微笑理の暗示」なる一章を設けて、日常における乃木がわが子弟や書生に対していかに「暗示的に、機会ある毎に、何物かを与へていた」かを縷説している。しかもこのような、いわば「暗示家」として乃木を認知したのは必ずしも身近に接した者ばかりではない。たとえば乃木の死を論じた文章を岩野泡鳴は「最近に現れた時代的二暗示」と題していたが（本章第3節）、そこで泡鳴はまさに乃木の特異な死の「目的」を、

「不真面目」と「虚偽と仮りの妥協」に満ちた現今の支配層に向けた「暗示」と読んでいたのである。

かくして「暗示」による「感化」というこの力学が「模倣と独立」で漱石の展開していた理論と重なることは明らかだろう。「暗示」をめぐる諸理論は、当時の心理学および教育学の一潮流にほかならなかった。実をいえば、それこそは漱石その人においても英国留学中の『ノート』から『明暗』までを一貫する主要テーマの一つだったのであって、乃木の「インプレッス」を受けとめ、かつそれを「成功」であると明断に論じえたのも、漱石の頭脳にあらかじめ「暗示」理論が装備されていたことに依るところ大きいとしなくてはならないのである（詳細は拙稿「暗示は戦う」『漱石研究』第一五号、「暗示を受ける人々」『比較文学研究』第八二号ほかを参照のこと）。

さらにいえば、漱石のものに一脈通ずる乃木称讃の論考をものした福来友吉が、「暗示」現象を追求したウィリアム・ジェイムズの心理学に深く学んでいた点でも漱石に通ずる、ということもまた指摘に値しよう。「暗示」から「催眠術」へ、さらには「透視と念写」へと神秘主義的と見える世界に深入りして帝大を追われた服来の思考が、基本的に科学的合理主義に沿うものであったことは前掲の論文からも明らかであろうが、神秘と合理のこの二律背反は、「幽霊の存在」を断定はしないながら否定もしなかった乃木の場合（第三章参照）に奇しくも近似している。「幽霊」は実在しないとしても、それを「見た」という経験は実在するのであって、それを語る〈物語〉を嘘と決めつけることは、いかなる他者にもできない。要は、経験の形成に「暗示」が大きな影響力をもつ、ということなのだ。

第八章　劇的なる乃木

1　「劇中の人」となる

天皇大葬の霊轜《れいじ》発引の号砲に合わせて乃木夫妻が自刃し、一夜明けた九月一四日、京都伏見では移送されてきた「霊柩」の埋葬があり、翌一五日の各紙はその模様を一斉に報じた。同日付『東京朝日新聞』および『信濃毎日新聞』同日号外の伝えるところでは、参集した庶民の話題は「御埋柩」よりもっぱら乃木夫妻自刃で、桃山行の汽車内では弁当を食べながらこんな会話が交わされていた（両記事とも内容は同一だが、文章に異同がある。『信濃毎日』から引く）。

荒木又右衛門より偉いか

乃木大将はエライコツタスナー不言実行をヤリヤハツタ学者は屁理屈許《ばか》り言ひよるけれど大将は

エライと一人が云へば、号砲を相図に夫人と刺違つて自殺しやはるとはホンマニ大悲劇やと、一人が云ふ、

庶民の会話が記者の筆を通って出てきたものという意味で、教養の有無を超えて全階層的に共有されたともいえるこの〈乃木物語〉、きわめて明快な構図に支えられている。「大将はエライ」が、それは「不言実行をヤリヤハッタ」「ホンマニ大悲劇」を実行してみせたからであり、その図にとっての地、あるいは主役の引き立て役を振られているのが、「屁理屈許り言ひよる」「学者」にほかならない。広義の「学者」たちによる事件へのコメントが、一四日以降続々と各紙を埋めていたことは前章に見たとおりで、一五日にはすでに「屁理屈許り言ひよる」という印象が庶民にあったとしても不思議はない。

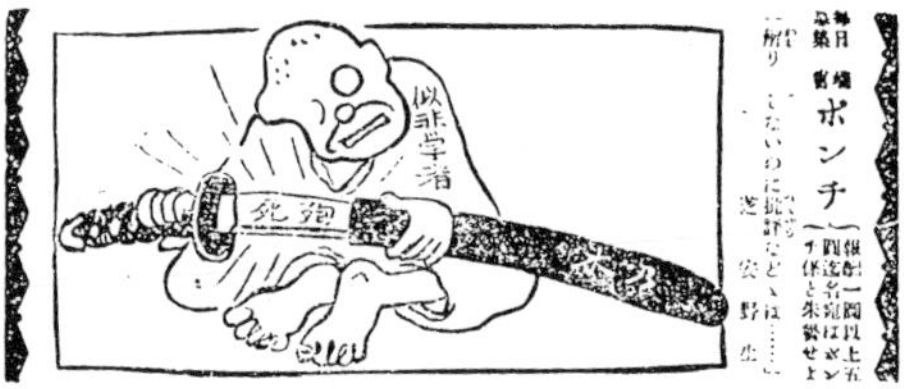

「似非学者」を諷するポンチ絵
(『万朝報』大正元年9月26日)

それが「殉死」であろうとなかろうと、真の動機が「憤死」であれ「責任の感」であれ、「大悲劇」の「不言実行」で国民を驚愕させ、襟を正さしめたがゆえに「大将はエライ」。つまりこれは国民が一致して全身的な感動のうちに打ちまもるべき、前触れもなく幕が切って落とされたところの〈劇〉にして、かつそれで十分なのであって、その真の動機がどうのという「屁理屈」は多数庶民には無用だったのである。一三日夜の『やまと新聞』編集室の情景を前章に見たが、翌一四日、駆け出

し記者の生方敏郎は、まさに床屋で次のような床屋政談を聞いて「心から呆然《ぼうぜん》とした」。

「だが、乃木さんも偉いにや違ひないが、荒木又右衛門と比べたら、どつちが偉いかなあ」

「そりや、剣道ぢや荒木の方が偉いに違ひないさ。けれど、忠義にかけちや、矢張乃木さんの方が偉いだらうよ」（生方前掲書）

全く大きい演劇だね

かくして乃木は、死の翌日にはすでに、荒木又右衛門と並べられるような〈劇〉中の人物となった。生前から多少とも劇的な匂いに付きまとわれていた〈乃木物語〉は、一夜明けてほとんど〈劇〉そのものになったとさえいえるほどだが、このような〈劇〉的感覚に浸されたのが低知識層間のみであったわけでは決してない。

乃木自刃後、雨後の筍のように現れた乃木伝・乃木論のなかでも最も早い、九月一九日発行の杉謙二編『嗚呼　乃木将軍』の冒頭近くに置かれた記事などにも、そのことが如実に現れている。事件翌日（一四日）の乃木邸前に長く張り込んでそこに入れ替わり立ち替わり現れる人々を観察したらしい生々しいルポルタージュで、「石門の扉ヒタと鎖《とざ》されし」邸前には憲兵が立ち、門扉の貼り紙には「御用の御方は木戸邸へ」云々とある（次頁写真参照）。「凶報に驚きし人々」が続々と訪れては、「恭しく門前に立ち脱帽して深き弔意を表」して去ってゆく。「一人、二人、或は同級隊を組みて来り門前に整列して脱帽し行く」学習院生徒などあり、「徂徠繁くして然も人語なく人多くして却つて愁色

事件翌日の乃木邸門前
（杉謙二編『嗚呼 乃木将軍』口絵）

を加」える風情。午後も人垣は厚くなる一方、ある人など邸に面して瞬きもせず黙々と立ち、しばらくして一語、「乃木さんは偉らい」とのみ結論を下して去って行った。やがて「若き一団の人々」のこう語り合うを聞く。

『旅順の攻囲戦を序幕とし昨夜の自刃を大詰とした劇を見たやうな感じがする』と一人の言へば『さうだ全く大きい演劇《しばゐ》だね』と遂に此一団は乃木将軍を劇中の人に拉し去り肩を列べて帰り行けり、

思えば「劇的」の語は、たんに急激あるいはエクサイティングといった、必ずしも演劇とは関わらない意味に使用されることも多いが、乃木事件が「劇的」であるという場合、多くはそのような用法ではなく、まさに「劇を見たやうな感じ」という本来的な意味においていわれたのである。

かくして乃木は〈乃木〉となり、彼をめぐる様々の逸話は、「不言実行」の「大悲劇」という幹を取り巻く数々の枝葉となって付着し、巨大なる〈乃木物語〉へと集大成してゆく。死の翌日にはすでに乃木は、荒木又右衛門と並べられるような「劇中の人」となっていた。葬儀数日後の青山墓地では、早くも「大将夫妻自刃の光景」を美しく描き「声を絞つての説明」付きで売る「絵紙」が飛ぶように売れ、その後これに似た〈劇〉的な商売が繁盛したことは第六章に見たとおり。こうなると、荒木又右衛門が民衆の英雄崇拝心を吸収し子供がその剣法を真似て打ち興じたのと同じように、老若男女の憧憬を吸い上げた〈乃木〉が大衆の深層になんらかの模倣欲求、自分も同じことを演じたいという動機を形作ったとしても何ら不思議はないだろう。

仏国美人のハラキリ

そして実際、模倣と見られる自殺的行為が続出したことはすでにふれてきたし、後段でさらに詳しく見るが、まずその前哨として、ここでは、その欲求がいちはやく海外へ飛んで、乃木について日本人がもつ知識と背景をほとんど共有しないはずの一六歳のフランス人少女によって〈乃木〉的ハラキリが試みられた、という事件を紹介しておこう。

「仏国美人のハラキリ　健気《けなげ》な十六歳の小娘　乃木大将の跡を追ふ」と題した『読売新聞』記事（大正元年一一月一八日。『満州日日新聞』同月二六日にも同内容記事）によると、概要は以下のとおり。――パリ近郊のある町の家族が総出で南仏旅行に出かけ、留守宅を一六歳の下婢ジャンヌに託していたが、二三日した一〇月六日の夜、突然の叫び声に驚いて近隣の人が駆けつけると、井戸の中で半死半生のジャンヌが首から血を流していた。警察に対しての彼女の当初の証言は、犬が吠えるので戸外へ出て咳払いすると「日本人らしい風体をした泥棒が物蔭からぬつと現れてジヤンヌを取押へ、怪《けし》かる振舞に及ばんとし」たので抵抗した。その結果がこの流血、という説明であったが、警察がどう調べても賊が入った形跡は皆無。そこで、問いつめたところ……

私（ジャンヌ）は乃木大将の殉死を聞いて非常に感動し恐怖の情抑へがたく、それ以来恐ろしい大将のハラキリの状態《ありさま》を思ひ出し、また、常に日本人の姿が眼前にうろついて私を追いかけて歩くやうに見えて堪りませんでした、殊に主人の留守中は夜の目も寝られず一層《いっそ》の事乃木大将のやうにハラキリをして死んでしまはうと鋭利な長いナイフを求めまして襯衣《シャツ》一枚と腰巻だけになり井戸端に出て今や腹切をしやうと云ふ際《きは》に……

つまりなぜか「ハラキリ」という行為に取り憑かれたジャンヌは、このような次第で「今や腹切をしやうと云ふ際《きは》に急に力が抜けナイフの刃を喉に宛てゝ仆《たふ》れ」、死にきれぬので「苦しまぎれに井《ゐど》の中に飛び込み」、その水の冷たさに「始めて正気付いて声の限り救ひを呼」んだというのである。「日本人らしい風体をした泥棒」は、あるいは「幽霊」であったのかもしれない。つまり乃木その人が生前、幾度か「見た」ところの「幽霊」と同種の。そう見てよければ、その出現は、「大将のハラキリの状態」の「暗示」が強烈にジャンヌの脳に「感化《インプレッス》」したことの一結果、そのあまりにも〈劇〉的な効果、と解することが可能だろう。彼女の一六歳という年齢がその種の「暗示」を受けやすい時期だとしたら、同じことは無論、日本人についてもいえる。

切腹作法を研究する一高生

乃木自刃に頽廃した現代精神への「当こすり」を見るとした第一高等学校生徒作文は「将軍はえらい人である」「将軍をして徒に死せしむる勿れ」と結ばれていたが（前章参照）、同様に強い感銘を受けた青少年は少なくなかった。『中外商業新報』（九月二〇日）

は「乃木将軍の死に感激せる社会」と題した記事で、「其の影響の及ぶ所はひとり日本国内のみならず欧米諸国にも非常の感応を起して居る」、なかでも「特に著しく感激したのは常に熱き血を胸に湛へて居る青年輩」だとして、こう報じている。

　第一高等学校の学生間などには此頃▲切腹の作法を研究して居る者さへあるといふ一死君国に殉ずといふ潔い武士道の精神が焔の燃ゆる如き勢で若い青年学生の胸から胸へと燃え拡がつて（中略）山鹿素行や吉田松陰などの著書を古本屋から漁《あさ》つて来て所謂「ものゝふの道」を研究する者が続出するといふ有様、武士道の著者新渡戸博士の説教が単に武士道の輪郭だけを示すに過ぎぬといふ憾みがあつたのに、乃木将軍の一死に依つて始めて其の本体を明らかに示されることとはなつた、

出版界での乃木ブームは第六章に見たとおりだが、そこで乃木伝・乃木論から素行・松陰など「大将が耽読し或いは嗜好したと云ふ幾種の書籍」へと商売を拡げる場合にも、宣伝文句は「武士道の精髄を窺はんとするもの必読を要す」の類で、最大のキーワードはやはり「武士道」であった。読書力の十分でない階層にも享受される講談・浪曲から難解な漢文や古文で書かれた古典まで、実に幅広い領域において〈乃木〉は「武士道鼓吹」と結び合って各階層の民心に入り込んでいったわけである。
　そしてその「武士道」が「乃木将軍の一死に依つて始めて其の本体を明らかに示され」たとの見方からすれば、その「本体」の中核的一要件として、乃木の死に様すなわち「切腹」が見据えられてい

たことは容易に推察される。乃木自身、この行為に対し強い意識をもっていたことは、よく知られた次の短歌にも明白である。

花をいけ茶をのむ道をならふとも　腹切るすべをわするなよ君　（年代不詳『詩歌集』）

「戦士は義を己が生命よりも重んずる、日本武士の古来から有つて来た、真の割腹の精神を失つてはならぬと思ふ」と学習院での寮内講義でも明快に説いていた乃木である（明治四二年一月。服部他助前掲書）。

2　〈乃木〉模倣劇の連鎖

之を真似る気狂

「見よ将軍逝いてより数日、早くも其の跡を追ふもの屢《しば》々生ずると雖《いへど》も世間は唯悪罵と冷嘲を以て之を迎ふるのみなるに非ずや」と海老名弾正は九月二三日付『二六新報』で述べていたが（前章参照）、この状況は、軍部に押さえられていた乃木の遺書が事件三日後にしてようやく公表された一六日にはすでに形を取っていた。この日の涙香社説で乃木「神」格化の先頭を切った『万朝報』の翌一七日一面のコラム「東西南北」に、すでに「真似る」ことを諌める文が見られる。

乃木大将「泣血」の遺書は「好個の聖書」、「墳墓は須《すべか》らく桃山たるべきなり」、外紙も悉く「赤誠の発露古武士の精華となす彼等亦一隻眼を有す」等と寸鉄句を並べていわく、

▲赤誠迸る所万人皆感激す屁理屈の徒かの外国人に恥ぢざるべけんや咄《とつ》冷血漢

▲殉死は乃木の如くして初めて意義あり之を真似る気狂あるに至りては言語道断

乃木の死に「感激」しない「屁理屈の徒」は許しがたい「冷血漢」だが、かといって「之を真似る」のも「言語道断」の「気狂《きちがひ》」だ、ということである。遺書公表の翌日ということもあって、この日にはそのほか、乃木事件への「外紙」の評価や「屁理屈」の意見も続々と国内各紙に出てくるなど諸々の情勢変化のあったことが窺われる。

偽乃木の続出

「気狂」とされた者の一人は大葬拝観のため甲州から上京中であった七七歳の「明治維新当時の勤王家」で、やはり一七日の『時事新報』と『日本』がこれを報じている。翌一八日に「偽乃木の続出▽殉死流行の兆?」と題して自殺（未遂を含む）事件を四件まとめて詳報した『東京朝日新聞』によれば、この「勤王家」、「偶《たま》〳〵乃木将軍殉死の報を得名案なりと考へ」青山葬場殿へ行き「殉死せんと準備中」、同行していた息子に「看破され」、警察で「説諭され」たものという。

「偽乃木の続出」と一括された他の三件中二件も、なんらかの形で「殉死」の意思が表明されたと

伝えられるものである。見事その「殉死」を遂げたのが愛媛県の資産家（六三歳）で、「殉死の遺書」があり、「別段自殺すべき程の事情なければ全く赤心より殉死せしものならん」。他の二つは未遂だが、山口県萩（乃木、十代の修学の地でもある）から東京に出て借金と就職難に苦しんでいた二七歳の男は「此際乃木大将さへ殉死したる次第なれば自分も断然乃木大将に殉死すべし」との遺書を遺していた。

残る一つ、海軍経理学校の学生便所で「海軍用短刀にて割腹絶命せる」を発見された同校学生（二三歳）の場合は、しかしながら、「平素憂鬱症にて」「神経衰弱に苦し」む青年とのことで、大葬に出た翌日から「一層憂鬱に陥り居た」ため「乃木将軍夫妻の自殺影響」が憶測されはしても、本人が自ら殉死と規定した形跡はない。しかも軍関係者であるという以上に乃木との関係は見出されないのであるから、彼が「偽乃木」の一人とされたのは、ひとえにタイミングの問題であったとも見られる。

余談めくが、漱石『心』の先生も「平素憂鬱症」「神経衰弱」といった評言が当てはまらないではないだけに、その自殺がこの時期に発覚した場合、「偽乃木」の一人として新聞種になった可能性が高い。万一遺書が「私」から人手に渡り、乃木に言及した部分が新聞記者の目にとまるようなことがあれば、それは避けられまい。「夫《それ》を真似して死ぬ」ことを「悪い結果」と明言していた漱石の主人公であり、また「妻に血の色を見せないで死ぬ積」（下 五十六）ともいう以上、先生はよもや切腹はしまいが、しないとしても乃木に何らかの関連があれば「偽乃木の続出」の範疇に放り込まれたことは、以上の例から見ても疑いを容れないからである。だから「気が狂つたと思はれても満足なのです」（同）という先生の覚悟は、「其の跡を追ふもの」を世間が「唯悪罵と冷嘲を以て之を迎ふるのみ」という状況を見据えてのものでもあったといえる。

老人も中学生も腹を切る

さらに京都では、先帝埋葬の桃山御陵付近で早朝、六五歳の肥大漢が切腹、自ら頸動脈をも切りながら死にきれず、「仕舞つたりと歯嚙をなし頸動脈より逆《ほとば》〔迸〕しる血汐を手拭にて圧《おさ》へながら医師を尋ね」歩く、という事件も起こった。下関のこの老壮士は、一五歳のころ西郷隆盛らとともに奥羽戦争に参加し、西郷下野と同時に帰郷、前原一誠らと佐賀の乱をも戦った「勤王の老翁」で、警察の調べには言語動作整然と「茲《こゝ》に絶命せざれば先輩に申訳なしと堅くなつて申立て」たという（『岐阜日日新聞』二三日、『京都日出新聞』二二日）。

さて、以上の例では、「自分も断然乃木大将に殉死すべし」との遺書に明記した萩の男を例外として、乃木にというよりは、乃木に暗示されて天皇に殉死するという意味の読める自殺であった。それが、こののち断続的に現れる類似の自殺事件の多くでは、主眼は天皇よりむしろ乃木その人に移っている。たとえば友人宅から草刈鎌を借り出して青山墓地へと走り、乃木の墓前で腹を切ろうとした三九歳の男。二通の遺書のうち一通は「何等の縁故な」い乃木に宛てられており、かつて「小松宮家に御奉公中閣下に申上候事は今以て忘れ間敷候共如何せん閣下に対し不孝の罪平に御容赦被成下度」などと詫びを述べ、「恐れながら此処に御供奏申上候」と結んでいた（『東京日日新聞』二一日。同日東京のほぼ全紙に、また二二日付『岐阜日日新聞』に同内容記事）。

乃木夫妻葬儀以降は青山墓地へ学校ごと繰り出して子供に参拝させる例が増えていたが、一〇月に入ると、栃木県小山町の小山小学校の生徒一五〇名を引率しての参拝を終えた同校の二四歳の教員が、帰途の上野駅で突如「先帝陛下の崩御を悲泣すると同時に▲乃木大将の殉死を追慕の余り精神に異状を呈しプラットホームの柵を乗越え線路を一散に駆け」だし、追跡した警官に取り押さえられるという事件もあった（『読売新聞』一〇月九日）。

さらに先帝百日祭の挙行された一一月三日には、ところも山口県長府の乃木旧家（乃木一〇～一六歳の住居）間近、乃木家の氏神なる長府伊美宮神社境内で、一六歳の中学生が「午後一時を合図に美事に短刀を以て腹部を横に長さ一尺許り斬割《きりさ》き碧血に染《そ》んで打倒れ」た。「危篤」状態のこの中学三年生、「学業品行共優良に一校の模範たるに足る人物」にして、かねてより乃木の死に様を「武人の鑑として尊重し長州男子の為め満腔の気を吐きしものなりと称し」ており、前日には「斎戒沐浴して祈念を凝らし先帝へ殉死するの旨の遺書を認め」ていたという（『満州日日新聞』一一月一〇日。『読売新聞』同月五日にも同事件を伝えた短い記事がある）。

乃木例外論への賛否

さて、これら「偽乃木の続出」に対しどのような態度を取るかもまた、論客と新聞各紙にとって、一つの踏み絵とならずにはいなかった。世間一般は「唯悪罵と冷嘲を以て之を迎ふるのみ」であったことは海老名弾正の論評にあったとおりで、これら模倣者と本尊の乃木とはまったく話が別だ、というのが海老名を含む大方の論調であった。

しかしながら、この論理は、少なくともキリスト教的観点からすれば不徹底、不合理なものにちがいなかった。乃木事件から九日後、つとに九月二二日の説教でこのことをはばからず喝破し、半可な論客すべてを撫で斬りにするような根底的批判を展開していたのが、かつて海老名から受洗し彼が開いた安中教会を引き継いでいた柏木義円《ぎえん》である。「自殺は将軍の性格に何物をも加へませんし又減《へらし》も致しません。自殺を讃しないでも将軍を讃するの余地はいくらもあります」と柏木は諭す。

果して自殺が武士道の精華で日本人の世界に向《むかつ》て誇る可き独特のもので、武士道が日本人将来の理想であるならば、何故十人二十人と云ふか、何故日本人が挙《こぞつ》て此の精華を発揮せんことを希望しないのでありますか。

又将軍の自殺は善いが他の者の自殺はいかんとて貶す者がありますが、其れは何う云ふ訳でありますか、「えらい者」は自殺しても可いが平凡の者は自殺しては不可だと云ふ理由はありますまい。

（『上毛教育界月報』大正元年一〇月一五日）

たしかに、人が同じことをすれば同じだけよい、あるいは悪いはずで、先例を模倣したように見える者をより悪いようにいうのは奇妙なことである。同様の口吻で「一人ありて佳《よ》きことは十人ありてもよく、百人千人有てもよき訳にして、一人はよく百人は悪きなどといふ理由ある可《べか》らざるが故に」と乃木特別視に疑問を呈したのは慶応義塾大学長、鎌田栄吉である。「此行を以て一般世人に勧むる程の権威を有するものに非ず」と（大伴編前掲書）。

これら乃木を特別視しない明快な立場を左派としておくと、他方には乃木御本尊は論に及ばず、模倣もまたよいではないか、やれ、やれ、とほとんど囃《はや》すかのような右派もあり、大方はこの両極の中間のいずこかに位置したといえる。新聞各紙では、殉死批判派の代表格と見られた『東京朝日新聞』の左寄りは当然予想されたところだが、柏木・鎌田的な完全否定にまで筋を通すことはしていない。さきに見た記事「偽乃木の続出」（九月一八日）でも、事実報道のあとに一段落を加えて、乃木殉死は「賞讃を博した」が、それは「乃木大将の人格と乃木将軍の功勲あり始て然り真《まこと》に例外の事に属す、余人にして斯ることを模せんとするは是れ明かに狂者の行動なり」と論評している。つまりは乃木を例外として他を狂者とする『万朝報』や海老名弾正におけるような折衷論と結局はほとんど同じスタンスを取っているわけで、乃木その人の行為に対しては、少なくとも前章に見た黄洋社説の時点に比して、甘くなっていると見るほかない。

各紙誌が集めた名士の談話等も、大方はそのような乃木例外論に沿うもので、たとえば板垣退助は「一種の殉死」としても「其茲《そのここ》に至りたる動機には甚深なる意義ありて存す」のであって、「将軍の美質と将軍の境遇にして初めて此事あるべく、後の徒らに其外形を模せんとする者の如きは深く戒めざる可からざる也」（大伴編前掲書）と、犬養毅もまた「形而下の将軍の行為のみを真似られた日にはたまつたものでない。此の事許すべきは将軍一人で、将軍によりて初めて意義があるのである」（『時事新報』一八日）と同趣の教示を垂れた。

真似るがいい
ぢやありませんか

これらは、真似るべきではないといういわば良識を代表する派の発言だが、これと少しずれた位置に、真似られるものではない、という取りようによっては挑発的な、危うい言い方をする一群の論客があった。たとえば志賀重昂で、一五日付『東京朝日新聞』に出たいちはやい談話（第一章参照）で志賀があっさりと「真似るがいいぢやありませんか」と口にした際には、聞き手の記者は、殉死批判派を代表する新聞を背負う手前、いささか困惑したのではあるまいか。「華厳や浅間に行つた人の後を真似する人の多い様に又真似る人が出来るだらうと恐れて居る人もある相だが」いらぬ心配だ、と志賀はいう。「六千万余の中の十人や二十人死んだつて別に差支もなからう、併し真似たつて将軍に真似る事は出来ないからね」と。

東条英教にいわせれば、「殉死」追随者はそう出ないだろうが「縦《よ》し又、多く顕れたとしたら、その世の中の風教上、実に、慶すべきことである」。「死その事を将軍に真似るのは易」く「而も誠に将軍の死を真似ることは、実に、難い」（東条前掲文）。福本日南になるとさらに露骨で、「仮令《たとひ》六千万人中一人や二人の馬鹿者を出した処で此輩は生きてゐても仕方がない連中だから死は惜しむに足らぬ」（『東京日日新聞』一八日）。教育学者で慶応義塾教授の稲垣末松も「いくら模倣者が出てもよいと放言するも差支ない」と突き放した（『教育新聞』。引用は加藤前掲書から）。

「若《も》し此《これ》を真似る人があるとするならば実に立派な者ですが、迚《とて》もよくする人は御座いません」と三輪田女学校創立者、三輪田真佐子も言い放ち（『東京朝日新聞』一六日）、女子商業学校長の嘉悦孝子はこう語る。「真逆《まさか》の時の死ぬ覚悟に早速死方《しにかた》を習」い、死に際して「見苦しい様」のないよう懐剣を出して見たら錆びていたから、研ぎにやったところ、娘を「女子商業にやると自殺を真先きに教へられると、恐れる方があるかも知れませんよ」といわれて大笑い、云々（嘉悦前掲文）。

これらの言説には、どこか腹に一物抱えた不敵さをちらつかせるような感がある。つまり「将軍の平素の行があつてこそ、初めて殉死に意味があるのであつて、平素にその行なくして殉死ばかり真似たからとて、それは狂人に近」い（東条前掲文）というけれども、それならば、もし平素から「将軍の平素の行」に近い有徳の士がいて、その人が殉死したならば立派に意味がある、ということになるからである。

後追い事件を追う新聞

『東京朝日』を左に置いた場合に右側に位置する新聞数紙も、同趣の風情を漂わせている。さきの中学生割腹事件を伝えた『満州日日新聞』の記事は「近来無暗と割腹する者があるには感心せざることなり」と結ばれているのだが、そう苦言は呈しながら、同紙は『読売新聞』などとともにこうした後追い事件を追い続けていたわけで、それらをもはや報じなかった『朝日』『万朝報』など他紙との姿勢の差異が浮き上がる結果ともなっている。つまり実際には多かれ少なかれ「感心」しているからこそ、読者に知らしめるべくこれを伝えるのではないのか、と勘繰らせるに十分なのだ。

九月二六日から今沢慈海「殉死の研究」、猩々《しょうじょう》生「殉死物語」の二本の連載を開始した『読売新聞』は、この姿勢を明確にしたものとも見られるし、一九日に井上頼圀「殉死の歴史」を掲載し二六日には「殉死の名著現る」と題した記事を載せた『岐阜日日新聞』などにもその匂いがある。この記事は、乃木が「学習院に寄付せよ」と遺言した書の一つ、父希次の筆写になる『葬送私論』の行文中、「殉死も亦理なしとすべからず」云々のくだりに「大将自ら筆を執つて朱点を施」し「大正元年八月謹読」等と書き込んでいることを写真入りで示したもので、乃木「殉死」に理屈を容れる余地はない、との立場を強化するものといえる。

「感化」された者への「冷水」

これら各紙がその姿勢を示すのに恰好のダシを提供したのが、辛辣な乃木批判の談話で墓穴を掘った格好の谷本富である。彼を「軽薄小才子」と呼んだ『名古屋新聞』（前章参照）、「人格なき文博」と貶めた『満州日日新聞』（九月二九日）はともに谷本を難ずることを通して殉死の美を浮き上がらせるような論法を採っている。たとえば前者は、これら追随事件によって「将軍の死に対する世論にして一歩を誤ま」れば「其結果に惧《おそ》るべきものある事」が示されたことに注意を喚起しつつ、こう総括する。「将軍の死は美化せしめざるべからず、而も、将軍の死を美化せんとする者、須《すべから》く意を此《こゝ》に用ひざるべからず」。つまりは予想される「結果」に意を用いながら「美化」すべきであると。

同様に殉死「美化」派に近く、「乃木大将は神」なれば「猥《みだ》りに批評を加ふ」べきでないと始めていた『読売新聞』のコラム「銀座より」（二〇日。前出）はこう論じる。――「愛媛に愛国の殉死者出づ。某地にも之の模倣者出づ」という「結果」に、乃木殉死批判派はそれ見たことかと「非難」を重ねる。たしかに「舜を学ぶは舜の徒、狂人の真似とて大道を走らば、これまた狂人と云ふべし」だ。「たゞ其行為の動機、之を聖にし、また之を狂にす」ともいう、と。つまり「狂者の行動」とも見えるこうした行為も「動機」次第では「聖」でもありうる、「結果」より「動機」を見よ、と抵抗するわけである。

さて、善かれ悪しかれ乃木自刃への模倣的現象が多数生じ、かつそれをめぐる論議もこれだけの深まりを見せたということは、乃木がその最後の行為によって跡に残したもの——前章末に並べた言葉でいえば「暗示」とそれによる「感化」——にはやはり大きなものがあった、漱石流にいえば「インプレッス」が「成功」したということになる。そしてそのような場合、その「暗示」にかかり「感化」された者にとっては、その外部の、「暗示」を受けずに醒めたままでいる者たちの冷ややかな言を聞くことは、冷水を浴びせられるような不快な経験でもありえよう。その「冷水」の代表として一種のスケープゴートにされてしまったのが谷本であった。

3 「芝居気染みた」将軍

谷本富の「衒気」批判

そこで、その「冷水」の側の言い分に立ち入る段である。袋叩きにあった谷本とて実は、乃木の死そのものは「潔き立派な最期」として「深く感嘆する」と繰り返しており、乃木全否定の論陣を張ったわけではない。ではどのような言葉が前章に見たような集中砲火を呼び込むことになったのかといえば、開口一番「乃木さんは自分は一体平生余り虫の好かない人である」とやった上に、主に談話の後半で、酔漢がつい口を滑らせるかのように、その容貌や心理の弱みにまで立ち入って裁断したあたりが多数者の逆鱗にふれたということだろう。いわく「大将は所謂狐相である、平たくいへば下賤の相に近いもので到底大将といふ如き高職に上るべき富貴も天分もなければ」云々、いわく「旅順戦後は寧ろ仏門に帰依して菩提を弔ひ正覚を修むる」べきであったにもかかわらず、「憤慨遂に身を殺すといふが如きは寧ろ心霊的修養の乏しきもの」云々。

さて、談話全体から、谷本が「虫の好かない」とする乃木の特質を一語に絞り込めば、要するに「衒気」となる。あえて東郷大将に比して、東郷は「無邪気にして渾然玉の如しとの一般の評である」のに対して「乃木さんには一種の衒気があ」り、「何となく態《わざ》と飾れる様」で「時として厭な感じを起さしむる」といい、その「衒気」を示す逸話を列挙してゆく。

たとえば、愛刀家としても知られた乃木は、その所持する名刀が新聞紙上を賑わすほどであったが（『都新聞』明治三七年一一月二九日、『京都日出新聞』同年一二月二日）、少佐か中佐のころには、自邸を訪問した青年をもてなすに、その面前で軍刀を抜き「鮪の一大肉塊」を「荒切にして剣の先に肉を貫いて客に侑《す》めた」といい、この話を聞いて「扨《さて》も衒気な人なるかなと思つた」。また休職して「故園に退耕せられた時」も、訪問してきた人の話では「何となく老西郷を気取れるものの如く」「何となく衒ふ気味があつて」沐猴《もっこう》にして冠す（猿が王冠をかぶる）の嫌いなしとしなかった。また二児を喪ったときの「毫も之に対して哀悼せず」という「武士気質」にしても「何となう奇矯に過ぎた感がある」。さらに善通寺師団長時代、滞留していた寺へ東京から訪ねてきた夫人を、女人禁制のゆえをもって「一言の下に無情《すげ》なく追還《おひかへ》された」（第五章参照）ことなどを挙げ、「此等は恰《あたか》も一の谷嫩《ふたば》軍記の陣屋における熊谷を見るが如く、一個の戯曲としては或は面白き事ある」としても、大将という身分にふさわしいことではない、「何となく強て物真似をせられる様に覚える」というのである。

谷本の例証はたしかに〈乃木式〉振る舞いの特質を捉えている。もし知っていれば、彼はさらに次のような話を加えたかもしれない。たとえば乃木家新入りの書生が穿いていた下駄が「表附き」の贅沢品であったので、「猶予なく鉈を持つて来させて、自ら其の鉈を揮つて、下駄を打ち割つた」こと（『修養訓』）。また日露戦争中にあったとされる次の逸話。

よし！　切腹せられい

第三軍幕僚で秀才を自任していた「某大尉」、乃木にも目をかけられていると思っていたところ、奉天会戦後、陸大卒業時に自分より成績が下であった者に少佐昇進で先を越された。釈然としなかったので、乃木を訪ねて不満をまくしたて、「切腹でもせねばならぬと覚悟致してをりますが」と口を滑らせる。瞬間、乃木はそれまでの温顔を凍りつかせ、相手を正視して「よし！　武人として寔《まこと》に立派な心掛ぢや、切腹せられい、介錯は許されぬが、儂が見届けて進ぜよう」と迫った。大尉は「顔蒼ざめ」て退散。後日とりなしを頼まれた二人の中佐に乃木説いていわく「苟《いやし》くも武人として切腹を口にする以上は、それを行ふ覚悟を要する」と（宿利『乃木将軍』）。

遺書によれば西南戦争以来つねに死処を求めていた乃木である。しかも旅順で数万の将兵を死なせてまだ間もない奉天会戦のころであればなおのこと、「切腹」の思いはつねに脳裏にあったにちがいない。その乃木にしてこの怒りは理解しやすいところだ。が、第三者の視点からすれば、この場面の演劇性、「劇を見たやうな感じ」もまた拭い去れない。

つまり谷本が列挙した類の乃木の行為は、ことごとく「劇を見たやうな感じがする」ものである。そしてもしそれが東郷のような「無邪気」な人が自然に振る舞った結果であれば、それはそれで楽しく、不快ではないのかもしれない。ただ、少なくとも谷本の見るかぎり、乃木の一挙手一投足には「何となく態《わざ》と飾れる様」が見え、その「衒気」が「厭な感じを起さしむる」というのである。

わが死をも〈劇〉化する

第一、自刃の時刻を大葬霊轜発引の号砲に合わせるということからして、あまりにも〈劇〉的である。自らの死を〈劇〉化するものと見られる乃木のこの志向は、実は天皇崩御に端を発したわけではなく、遅くともその一年半前の東伏見宮夫妻に随行しての渡欧の前、墓石を注文した際に明確な形をとっていた。すなわち乃木は墓石の題辞を自らこう書いた。

陸軍大将乃木希典之墓
明治　十　年　月　日死

（『東京日日新聞』大正元年九月一六日）

ロシアまで足を伸ばして死刑囚ステッセルに会うという秘密の計画もあったので、殺害を覚悟して――あるいはむしろ望んで――のことともいわれ、ともかくあとは年月日を書き込むだけ、いつ死んでもよい、というわけである。こうして、すでに墓の準備さえある乃木は、天皇がついに「神さ」った八月三〇日、自邸の「門に掲げてあつた標札を取り外し」（鹿野前掲書）、また「書簡を整理し、実印を削り、〔中略〕電話を謝絶し、夫《それ》こそ、隅から隅まで点塵を止めぬ死後の立派さ」を準備した（服部純雄前掲書）。

この一連の〈劇〉にある人は感激し、ある人は辟易する。乃木を論じた文章の多くはそのいずれの色に染まっているかが明らかなのだが、なかには微妙に両義的なものもあり、また乃木の死を聞いてその色を変える論者もあった。前掲『現代名士の活動振り』の編者、井上泰岳はその一人で、「かねて大将乃木を以て、稍《やや》、偽善臭きよう思ひ、不自然にして、衒気あらざるやを疑」っていたが、事件を知らせる号外を手にした時「自から顧みて、面、火を発す、直ちに彼の肖像の前に手を突いて、罪を謝」したという（横山前掲書）。あるいは「酔へば必ず人を殴る癖あり」（『読売新聞』明治四二年八月八日「千客万来」）ともいわれた宗教学者、姉崎正治（嘲風）東京帝大教授の場合は、その言葉が同時に二色をもつかのようでもあって、乃木大将は「凡人」ではないから「常人の情を以て忖度すべからず」との前提のもとに、こう語る。

> 大将今回の挙は何か重大なる原因ありしと思はる。然らざれば仮に凡情を以て暫く大将を凡人として今回の挙を考ふれば、第一、時に於て甚だ悪し。御大葬の当日に自殺するが如き、何等か芝居気染みたり。（大伴前掲書）

生前から嘲弄の的？

「大将を凡人と」仮定した場合のこととしていえば「時に於て甚だ悪」く「何等か芝居気染み」ている、という持って回った言い方で、あるいは姉崎は、乃木なんて実際その種の「凡人」にすぎないよ、と匂わせていたのではないかと勘繰られないでもない。いずれであったにせよ、その「時に於て甚だ悪し」という評価は、事件当時、陸軍士官学校生徒でありながら乃木を「あまり好きではなかった」という松下芳男にも共有されるところであった。突然の報知に彼は「『なぜ自殺したのであろう、それもこの御大葬の日に?』とやや不快の念をいだいていた」。その後まもなく大杉栄主宰の『近代思想』誌に次の短歌が出ているのを見て共感し「気持がよかった」ともいう。

乃木の死を、うたいたたえしその日より
　牧水という歌人　きらいになりぬ

（松下芳男『乃木希典』）

これに似た不快感を書きとめた者に志賀直哉がある。「乃木さんが自殺したといふのを英子からきいた時、『馬鹿な奴だ』といふ気が、丁度下女か何かゞ無考へに何かした時感ずるのと同じやうな感じ方で感じられた」という日記（九月一四日）の記述は広く知られている。なぜ「馬鹿な奴」かといえば、翌一五日の日記での表現によるなら「乃木さんの死は一つのテンプテェーションに負けたのである」から、ということになる。「テンプテェーション」の内容について説明はないが、考えられるのは、谷本や、また後には芥川龍之介が描き出すような「戯曲的」行動をやりおおすこと、そこにおいて生死の一線をも越えてしまうことへの誘惑、といったところだろう。

こうして見ると、またたく間に全国に伝播した乃木自刃の衝撃波が、驚愕と敬仰を喚起するのと同時に、それまで眠っていたアンチ乃木感情に火をつけた、という側面もあったことが窺われる。この側面を雄弁に描き出しているのが生方敏郎の前掲の回想で、さきに見たとおり、その日『やまと新聞』の編集室では皆が口々に乃木を罵倒していたが、なかでも舌鋒鋭い「文壇の名物男Y君」はこのとき旅順攻囲戦における乃木の戦術をさかんに非難していた。しかし「子供は二人とも亡くすし……」などと同情論が出ると、「雷声を上げて」叱りつけたという。いわく「自分の子供を失つたと云ふことは、数万の兵卒を下らなく戦死させたと云ふ過失を、決して賠償することにはならない」と。

この「Y君」を安成貞雄と特定した橋川文三は、生方の回想するこの場面を「ほとんど嗜虐的ともいうべき酷薄な悪罵がせきを切ったように氾濫し」ていると見、「乃木が早くからある嘲弄のためのシンボルとして内在化されていた」という背景をそこに読み込んでいる。自刃したのがもし東郷なら、決してこうはなっていなかったろう、と（「乃木伝説の思想」、傍点原文）。

芥川描く「戯曲的」将軍

第三章でふれた芥川龍之介の大正一一年作品「将軍」が、この多少ともひそやかな乃木嘲弄の黒い流れに棹さしていることは明らかである。伏せ字の多さがこの流れの反体制的側面を表示してもいるわけだが、そうはいっても時代は流れて、この年には全国水平社、日本農民組合、日本共産党と民衆的組織の結成が相継いで大正デモクラシーが大きな山を迎えるわけで、この底流は以前より表に出やすくなっていた。実際、乃木侮蔑をむき出しにした里見弴の『潮風』（第五章参照）はその前年に連載を完結していたが、昭和五二年に出ている『里見弴全集』第二巻の「あとがき」で里見自身「不愉快なところがないのがとりえの上出来の部」と自讃しているくらいだから、検閲なり抗議なりの「不愉快」な経緯はなかったのだろう。

さて、芥川版〈乃木〉、加藤清正と水戸黄門を崇拝し厳格さと飄逸な「人懐こい性格」とを併せもつ「N将軍」は、乃木をよく写しているともいえるが、その点はむしろ、芥川が依拠したとおぼしき桃川若燕『乃木大将陣中珍談』の功績と見るべきだろう（第三章参照）。四つの挿話から成るこの作品の第一節「白襷隊」では、N将軍は突撃を前にした兵士ひとりひとりに「お前も大《おほ》元気にやつてくれ」と声をかけ手を握ってゆく。実はこの「大元気」の語まで含めて、これも『陣中珍談』にそっくり同じ場面があるのだが、違いは、芥川版ではそこに微妙な心理が入り込むことである。N将軍は続けて、「今打つてゐる砲台があるな。今夜お前たちは……」と熱心に話し続ける。

「……何でも一遍にあの砲台へ、飛びつく心にならなければいかん。――」

さう云ふ内に将軍の声には、何時《いつ》か多少戯曲的な、感激の調子がはひつて来た。

「好いか？　決して途中に立ち止まつて、射撃なぞをするぢやないぞ。五尺の体を砲弾だと思つて、いきなりあれへ飛びこむのぢや、頼んだぞ。どうか、しつかりやつてくれ。」

将軍は「しつかり」の意味を伝へるやうに、堀尾一等卒の手を握つた。さうして其処《そこ》を通り過ぎた。

「嬉しくもねえな。――」

堀尾一等卒は狡猾さうに、将軍の跡を見送りながら、田口一等卒へ目交ぜをした。

「乃木さんの腕に抱かれて死にたい」とまで思った桜井忠温や山岡〝盲中佐〟の陰画がここにある。桜井や山岡の耳には純真な「感激」とともに入ったかもしれない激励の声が、堀尾や田口、そして彼等と連帯した語り手には「多少戯曲的な、感激の調子」と聞こえ、「嬉しくもねえな」と白け気味である。N将軍への視線に付随するこのアイロニーこそ実はこの小説を貫くモチーフなのであって、全体を締めくくる最終節「父と子と」では、それをめぐる登場人物間の意識の差異が浮き彫りにされる。

写真をとる余裕

その舞台となるのは、旅順でN将軍の部下であった中村少将の家の応接間、そこでの少将と大学生の息子との会話である。「晩酌の酔」のなか、父は上機嫌に将軍の人徳を偲ぶ逸話を語り、息子が以前からそこに飾っているレンブラントの肖像画を指して「あれもやはり人格者かい?」「N閣下などとはどうだらう?」といった、息子から見れば的をはずした問いを発する。「まあ、N将軍などより僕等に近い気持ちのある人です」との回答が、「閣下のお前がたに遠いと云ふのは?」という父の追求を呼び込む。

「何と云へば好いですか?――まあ、こんな点ですね、たとへば今日追悼会のあつた、河合と云ふ男などは、やはり自殺してゐるのです。が、自殺する前に――」

青年は真面目に父の顔を見た。

「写真をとる余裕はなかつたやうです。」

今度は機嫌の好い少将の眼に、ちらりと当惑の色が浮んだ。

「写真をとつても好いぢやないか？　最後の記念と云ふ意味もあるし、――」

「誰の為にですか？」

「誰と云ふ事もないが、――我々始めN閣下の最後の顔は見たいぢやないか？」

「それは少なくともN将軍は、考ふべき事ではないと思ふのです。僕は将軍の自殺した気もちは、幾分かわかるやうな気がします。しかし写真をとつたのはわかりません。まさか死後その写真が、何処の店頭にも飾られる事を、――」

少将は殆、憤然と、青年の言葉を遮つた。

「それは酷だ。閣下はそんな俗人ぢやない。徹頭徹尾至誠の人だ。」

「唯その至誠が僕等には、どうもはつきりのみこめないのです。僕等より後の人間には、猶更通じるとは思はれません」と落ち着いて反論する息子に、「気まづい沈黙」のあと、父は「時代の違ひだね」と口にしたのみで、議論は打ち切り、小説もそのまま幕引きとなる。結果から見ると息子の意見が通った形で、それへの批評意識は作品から読みとれない。N将軍の自意識についてのこの疑念は、前半での「多少戯曲的な、感激の調子」云々の布石からも読者には受け入れやすいところであって、それはもし読者が本章に見てきたところの乃木の「衒気」あるいは「芝居気」に抵抗を感じていたならばなおのことである。こうして巧みに読者を抱き込んで乃木侮蔑の作品はめでたく完成ということになる。

小林秀雄の「将軍」批判

大学生の息子を通して自らの〈乃木〉観を語った感のある芥川のこの小説が、二〇年後になって、一〇歳年少の小林秀雄の厳しい批判を受けたことはよく知られている。つまり乃木の「至誠」は、「僕等より後の人間」にむしろ「通じ」たのであって、小林によれば、乃木の自殺は「大願成就」である以上「余裕」はあって当然で「余裕のない方が人間らしいなどといふのは、まことに不思議な考へ方である」ということになる（「歴史と文学」昭和一六年）。

この批評によって小林は、芥川がこの父子に相撲を取らせるために設定した土俵そのものを突き崩して見せた。つまり「死後その写真が、何処の店頭にも飾られる事」への将軍の意識に息子が言及したことに「憤然」として「閣下はそんな俗人ぢやない。徹頭徹尾至誠の人だ」と頭ごなしに否定したところに、この父の「至誠」観および「俗人」観が暴露しているわけだが、それへの息子の対応から見て、そこにおいて両者間に齟齬があるわけではない。つまりはここで父子が共有している前提――死後の写真掲揚を意識するなどは「俗人」のすることであって「至誠」ではない――こそ、芥川が当然のごとくにしつらえた土俵にほかならない。小林はその土俵そのものに疑義を申し入れたのである。

もし芥川に、小林のこの批判を見越すだけのスケールがあったなら、父を「憤然」とさせたりせず、むしろ冷然とこう切り返させることで作品の深みを増したのではあるまいか。——「それがどうした。余裕をもって身繕いし、いかなる点からも見苦しくないよう一挙手一投足に至るまで意識しながら死ぬことのどこがいけない。死後、自分の写真が人に見られることをなぜ考えるべきでないのか。それを『至誠』と呼ぶことがのみこめないというなら、『至誠』の語で観念するところの意味内容に私とお前とで相違があるということになるだろう。戯曲的？　衒気？　しかし詮ずるところ人生は一場の劇ではないのか」。

4　演劇的なる武士道

植村正久の武士道論

小林秀雄の「将軍」批判が含んでいる論点を、乃木自刃事件後間もない時期すでに明快に提示していた論客として、たびたび言及してきた『大将乃木』の横山健堂、また武家出身の牧師、植村正久を挙げることができる。「武士道は、一の理想なれば、其の教育は、如何に完全なるものと雖も、不自然の点あるを免れず」と横山は説く。乃木のような「大人格」にして「世人より、往々、偽善の疑を受けたるは、武士道教育の不自然の点あるを徴証するもの」だ、と（同書）。

つまり谷本や芥川が倦厭した乃木のあの「衒気」や「偽善」は、「武士道教育」の伝統に根をもつのだという。この「衒気」「偽善」をさらに明快に「演劇的」の語に置き換えて、〈乃木〉現象を解剖したのが植村である。もともとこの牧師、明治に入って武士道の気風が失せたことを嘆き、つとに明治二七年、「社会をして武士道の昔に帰らしめよ」（「基督教と武士道」）とも書いていた人物で、武士道へのこだわりに関しては、論敵となった海老名弾正にも劣らなかった。自ら主宰する『福音新報』（大正元年一〇月二四日）巻頭の「そぞろ言」を「演劇的なる武士道」と題した植村は、事件について「大変な評判で、既《もは》や言ふも聞くも飽きが来て居る」としながら、「一寸《ちよつと》言ひたいと思ふは、武士道の演劇的な一事である」と論を起こす。

「乃木大将は清廉潔白な善《よ》い人に違ひな」く、「其の死に状《ざま》に就いては故意に衒ふなぞといふ動機はなかつたらう」。問題は「彼れが本旨として帰依した武士道其のものに、体裁を繕ひ、見栄《みば》えを飾る気風が染みこんで居《を》る。頗る演劇的な分子を有つて居る」ことだ。

　軍人は何《いづ》れの国でも演劇的なものだが、殊に武士道には其れが多いやうに思はれる。華々しとか、天晴《あつぱ》れとか言はるるのを最上の理想と心掛け、戦死の跡を立派にしたいとて、兜の中に薫り物を焼《た》き込めたり、白髪頭を黒く染めたりする輩もあつた。飛ぶ鳥跡を濁ごさずとは云ひながら、武士ほど斯ういふ辺に苦労したものは無からう。

「山鹿素行の伝記などを読んでも此の点が明白に見える」と植村は続けているが、その素行が乃木の尊崇おかざる人物にして、『中朝事実』ほか数点を自ら復刻・出版・頒布するほどであったことはすでに見た。その著『山鹿語類』にも、「戦死の跡を立派にしたい」という志向は明確に書き込まれている。たとえば源平の戦に七〇余歳の老骨に鞭打って出馬して討ち死にした斎藤実盛は、鬢を黒く染めて若作りしていたが、素行によれば「其の故は、合戦ならぬ時だにも若き人は白髪を見て侮る心あり、況や軍場《いくさば》にては、進まんとせば古老《おとな》気なしと憎み、退く時は今は分に叶はずとそしらんというところにある。さても「悲しきものは老《おひ》の白髪也」云々。

美しく前を向いて死ね

自ら武士道を論じて『山鹿語類』のこの箇所を援用しているのは、実は、乃木の家を生前から「神聖」に感じていたというあの陸軍少将、堀内文次郎である（『武士道の本義』昭和一四年。第六章参照）。もちろん老人が若く見せるというばかりではない、とにかく死に姿を「立派にしたい」という志向は源平時代から一貫するもので、それが「武士の嗜み」の思想に結実しているのだ、と堀内は博引旁証で縷説する。「武士は一日として死を念頭から忘れてならない。いつ死んでもよい覚悟が必要で、よく死ぬことに武士の名誉はあったから、その死を余裕のある美しい死とすることが武士の嗜みであった」のだと。

さらに堀内は引用を並べる。いわく「胸襟を綽々と余裕ある様にし、〔中略〕閑雅にありてこそ、忠にも孝にも一大事の際にあたりて、従容として死に就く事もなるものなれ」（真木保臣『紫灘遺稿』）。いわく「武道を嗜む武士は、戦場に赴く時、必死を遂ぐべき心なくては叶はず、白歯なる者歯の黄にならぬ様に心懸くべし。髪も香を留むるがよし。〔中略〕月代《さかやき》の後下りなるは、首になる時、詫言顔になり見苦しければ、後高に剃りたるがよし、剃刀を陣中に持参し、物前《ものまえ》〔戦の前〕に月代を剃りて首を綺麗にすべしと」（『艮斎間話』）。「五六十年前までの士、毎朝、行水、月代、髪に香を留め、手足の爪を切つて軽石にて摺り、こがね草にて磨き」云々と『葉隠』にもある。これらは「伊達のやう」だが、さにあらず、「今日討死と必死の覚悟を極め、若し無嗜みにて討死いたし候へば、かねての不覚悟もあらはれ、敵に見限られ、穢まれ候故に、老若共に身元を嗜み申したる事」なのだという。

堀内は引いていないが、『葉隠』はさらに「又討死したる時、敵方に死骸向きて居るやうにと覚悟すべきなり」とも説いている（聞書第一・一六三）。昔時、徳川家康は戦に負けながら、後の評判に「家康は大勇気の大将なり。討死の士卒一人も後向きて死にたる者なし。皆敵陣の方を枕にして死んで居り候」といわれた。「武士、日頃の心懸けが死後にまで顕はれ申すもの」と心得るべきであると（聞書第二・二七）。

死後、他者の視線に晒される自己を絶えず意識し、最期の瞬間まで自己の身体を統御する、強い「演技的」自意識に統御された美的生活。それは、死をもって完結する自己の生涯全体を一つの〈劇〉として他者の視線に晒す志向に貫かれているといった意味で劇的生活でもあるだろう。そしてその演技を観ずる群衆のうちには「余裕ある」自己自身の冷徹な視線も混じっている。これすなわち芥川が問題にした「写真をとる余裕」の源でもあって、そこに嫌味を感じる人は谷本のように「衒気」を云々することにもなる。が、実は、このような生活意識こそ〈乃木式〉の背骨をなしたとも見られるのである。

「要するに生は死、死は生で」というすでに見てきた乃木の「死生観」談話でも、部下の「死状」

を大いに気にかけて、それが「壮烈」なら「実に頼母しく感ずる」が、機関砲などで無惨にやられている場合「言ひ知れぬ悲惨の感に打たれる」と強調していた（第一章参照）。自分らは政治家でも役人でもない。武人である。死に様こそが第一であって、それは国益にさえ優先する。だから中耳炎で死ぬようなことは、なんとしても避けねばならない。

見てきたとおり、美しい死に姿をつねに心掛けることは演技的行動を伴わざるをえず、そこに演劇的な自意識も発生したことと思われるが、それを倦厭するような意識は、少なくとも堀内文次郎の著書に蒐集された武士道の書には窺われない。

南方熊楠の谷本批判

この種の意識、すなわち「芝居がかった行為にたいする反感」について福田恆存はこう喝破している。「理由はかんたんだ。一口にいえば、芝居がへたなのである」と（『人間・この劇的なるもの』）。これを裏返せば、要するに問題は、そうした行為を見る者がそれを「芝居がへた」と感じるか否か、その感性の差異にある、ということになる。乃木の「芝居気」をめぐる毀誉褒貶の大きな懸隔ほどこの差異を明瞭に証し出した事例も少ないだろう。つまりより新しい感性を代表するらしい谷本富や芥川龍之介に「厭な感じを起さし」めた乃木の演技性、熊谷次郎直実なり西郷隆盛なりを気取るが如き「芝居気染みた」振る舞いも、より古い武士的な感性を保存している者に「厭な感じを起さし」めることは比較的少ないのである。

「死せる乃木を貶して、生きたる東郷を揚ぐるなど、吾輩庸人にはできぬ芸当」だと吐き捨てた南方熊楠の谷本批判の辛辣さに底流しているのも、一つにはこのような感性上の違和である。谷本は

「乃木将軍が一言一行古人の真似せしと嘲る」けれども、西洋の碩学もいうとおり「世にことのほか斬新な事物は一もあるなし。非凡極まる人は知らず、通常人には古人の言行を真似るほか、琢磨の術なからん」と南方は開き直る。しかも「世に左まで斬新なことなくば、古人と期せずして合致する言行も多」いはずで、「人豈《あに》ことごとに温故してしかして言行すべけんや」。ここからさらに急所を衝いて、谷本自身「乃木将軍の死後、その骨相自殺の徴ありしを審言」したが、これなども「谷本流の邪推で言へば」、兼実公の『玉葉』四二巻のこれこれの一節を「真似たるもの」ということになるのではないか、と揚げ足を取った（南方前掲文）。

乃木自刃を耳にした瞬間の「first impulse が即ち正直な理解であつて」という内田魯庵の感性に連なって、「利口振つた事」をいう輩を知識でへこました形である。おそらくは個人性、自発性を重視する西洋思想や近代教育学の影響下にあるであろう谷本の足場を見透かして、あえて「古人の言行を真似る」ことは古来、人格形成の常道であって貶すべきことではない、という南方自身幼時より培った教養《カルチャー》を普遍妥当的公準として突きだしてみせた。「物真似」のどこが悪い。お前は「物真似」をしていないのか。少なくとも武士道の教養《カルチャー》はそれを非としていなかった、というのは植村正久の指摘でもあった。

「水師営の会見」も物真似？

ただ、乃木の場合、この「古人の言行を真似る」という訓育への忠実度が並より高かったとはいえるかもしれない。その真似られた「古人」として、谷本は「嫩軍記」に物語化されたところの「熊谷」や西郷隆盛を推定してみせたわけだが、熊谷はともかく西郷は、乃木がそれを一つの目標として意識していた気配もある大人物であったから、意識的に「真似」たのだとしても不思議はない。

そして、「古人の言行を真似る」ことを是とする哲学に乃木の生涯が貫かれていたとするなら、乃木を世界的スターダムにのし上げたあの「水師営の会見」も実は「物真似」であったとの見方も生じてくる。少なくとも「何らかのインスピレーションを与えた」と宮本直和の推定するそのお手本は、明治初年に二三歳の乃木をいきなり少佐に取り立てた黒田清隆が、戊辰戦争中、庄内藩の致道館で藩主酒井忠篤に行った「降伏帰順式」である（宮本前掲書）。すなわち敗軍の将を丁重にもてなして決して恥をかかせない水師営での乃木の態度、またその会見を企画したこと自体が、偉大な先輩にして恩人たる黒田の行為の「物真似」と見られないではないのである。

一挙一動まで松陰に倣う

それはさておき、仮に「物真似」を指摘されても痛痒を感じなかったであろう人物が乃木にはたしかにあった。一人は「山鹿素行先生の著書は、愛読すると云ふよりも、寧ろ予は其の教訓に依つて、作られた人間である」（『修養訓』）とまで自認する素行、今一人が素行を尊崇した吉田松陰で、そのことは「一般世間にても知れる如く」である、と文学博士井上頼圀は乃木自刃直後に書いている。「大将は此両先賢の風を追慕するの余り、其凛乎たる精神は勿論、日常の行ひに至る迄、稍《や》や似通ひたる所頗る多きを見」たと。

殊に其文字に至りては、更に然るものあるを見る。松陰は素行を慕ひて、其文字は自然素行に似、大将は素行、松陰両人の風格を崇敬して、筆にする所悉く両先生に酷似するに至れるは、決して偶然の事にあらず。実際大将の文字を見れば、之が果たして松陰の筆なるや、又素行の筆なるや、将《は》た大将の書きたるものなるやは、唯だ一見したる位にては到底判明する事能はざる程なり。

(『東京朝日新聞』九月二一日)

乃木自ら語るらく、一六歳から寄寓した萩の玉木家で、松陰の師でもあった文之進翁から松陰の話をよく聞くにつけ「愈々其人傑である事を感じ、又各種の先生の著書其他を謄写せしめらるゝに及んで、益々先生の尊崇すべきことを心頭に銘する様になつた」。「尊崇」の念とともに「謄写」し続ければ「酷似するに至」るのも自然の成り行きというわけだが、書体のみならず「一挙一動に就いて、先生を模範として訓戒されたので実に忘るべからざるものが沢山ある」ともいう(『修養訓』)。たとえば「寝床の始末、衣服の取片付、机本箱の整理等」一挙一動に至るまで、晩年もなお「松蔭先生に倣はんものと常に努めて居られた」とは長谷川正道の証言(前掲書)。

「人格の力」による教育

このような教育によって乃木希典は「作られた」。その乃木が学習院長として教育に当たることが「聖慮」であった以上、現在の華族の子弟がかつて乃木の「作られた」ように「作られ」てゆくこともまた「聖慮」の範囲内であったと考えることができる。少なくとも乃木自身の理解がそうであったことは、武士道の伝統を踏むらしいその教育法が新しい西洋流の教育学との間に起こす摩擦に、自ら言及した言葉によって知られる。

「奇怪なのは近代の教育である」と、『修養訓』の乃木は「今日の所謂『文明教育』なるもの」に疑問を呈している。「近代の立派な教育家の説を聴く」と、中学校卒業までは「父兄も、其の子弟をして、何にすると云ふ用意がなく、子弟自身も亦た何に成らうと云ふ方針を立てぬのが可なのである」と唱えている。これすなわち「一定の標的」を欠くということであって、到底、首肯しかねる。「凡そ目的の選定は、第一の要務である。然るに何に成ると云ふ考もなく学校へ通ふのは、つまり、向ふ所を定めずして、歩いて居るのと異ならない」と。

もちろん「標的」「目的」は絶対不変でなくてよいが、「要するに、『希望』と云ふものは無くてはならぬ」、「目標は、人間として須臾《しゅゆ》も忘るべからざるもの」だ、と乃木は力を込める。とすれば、それらは近代の教育学が厭うところの、子供を型にはめようとする旧態依然たる教育法とどう違うのか。

学習院運動会（明治42年）における乃木（『回顧 乃木将軍』）

『修養訓』劈頭の章「教育と人格の力」は、まさにそのことから説き起こされている。

> 彼《か》の器物を製造するのとは違ひ、人間は夫《そ》れ夫《ぞ》れ性質、嗜好が一様でないから、到底是《こ》れを同一標準の下に、換言すれば一定の型へ入るやうに作る訳には往かぬ。されば、如何に教育者其人が彼《ああ》しやう、

斯くしやうと希望した処で、其の被教育者たる少年、青年の天禀の性質が、知らぬ間に頭を擡《もた》げて、何時か各自の個性が固まつて仕舞ふのである。

だから、たとえば「悪いこと」をする少年が、いくら注意されても直らないとすれば、これは「致方《いたしかた》のないことである」。では、どうすればよいか。ここで乃木は説く。すなわち「能《よ》く之《こ》れを止めることの出来る」か否かは、「畢竟するに、夫等《それら》教育者たる人の、人格の力に依らなければならぬ」と。要は、少年が自らの「標的」としたくなるようなすぐれた「人格」の持ち主がいて、黙々と正しい振る舞いをして見せていれば、少年はおのずと「暗示」を受け、いつかその「人格」に吸い寄せられる形となって正しく育つはずだ、といったところで、この信念は、乃木長年の領分であった軍隊内での教育での経験から培ったもののようでもある。たとえば高橋静虎との問答をまとめた『乃木大将武士道問答』（明治四〇年ごろ雑誌初出。大正二年刊）で、「武徳の修養」をめぐって乃木は「上官の教《おしへ》を心より遵奉して忠実に行動せば武徳は殆ど自然に完全を得るに至るべし」との回答を与えているのだが、ここでも前提されているのは、その「上官」に「教を心より遵奉し」うるだけの「人格」が伴っていることだろう。

「感化の力」は「高い人格の人から低い人格の人に向つて、自然に流れ出づる水の如きものである」とは、まさに乃木その人に即していわれた服部他助の言（前掲書）だが、同様の意識は乃木自身にもあったように見える。「世人は、或は左程までに深くは及ばぬやうに思考して居るかも知れないが、僅かなところの癖或はその人の特性は、真似をさせまいとしても而も深く児童に感化を与へる」ものである、と乃木は注意を促す。だから「感化」を受けやすい小学生への教育こそ「国家の盛衰隆替に関する」。たとえば軍隊は、大半が小学校教育のみの兵卒から成るのだから「小学校時代の感化は我が軍隊の力の分量を左右する」とさえいえるのだと。

そうであれば、教育者たるもの、その意識しない一挙手一投足に至るまでが「暗示」となって児童を「感化」し、その結果、模倣されてゆく可能性もあるのだから、それなりの「人格」の備わった人物でなければならない。したがって、教師に「人格の秀でた人物が居つたならば、自ら子弟に徳化を及ぼすことが出来て、大変に望ましい話である」が、なかなか「彼方《むかふ》から其徳を慕うて来ると云ふやうな人格の人は、何《いつ》れの世にも求めることが六ヶ敷くもあらう」と、院長として実際上の人事に頭を悩ますようでもある（『修養訓』）。思えば明治天皇による乃木院長任命は、天皇本人の意図はさておき、結果から見れば、まさに「何れの世にも求めることが六ヶ敷」しいところの「彼方から其徳を慕うて来ると云ふやうな人格の人」の招聘に成功した稀有の例であったのかもしれない。

ただ、そうだとした場合も、そこにはまた別個の微妙な問題が絡んでいる。すなわち「今より学習院の生徒を汝の子と思ひて育てよ」と乃木に命じたとき、天皇が意識した「汝の子」は、「皇室の藩塀」たる華族子弟一般ばかりではない。「藩塀」ならぬ「皇室」そのもの、これから学習院で学ぶことになる「三人の朕の孫達」が含まれていたのである。そしてその頂点にいた子供が、将来の天皇として育てられているまったく特別な存在、皇儲迪宮《みちのみや》にほかならなかった。

終章　二人の天皇と乃木

1　乃木的「忠義」の構造

天皇を送る「熱涙」

天皇「御不例」の報知があって以来の乃木の悲嘆ぶりもまた、国民に広く共有された〈乃木神話〉の一角をなしている。乃木自刃後の談話でそれにふれた正親町実正《おおぎまちさねまさ》伯爵は、大葬使祭官副長として殯宮《ひんきゅう》に祗候《しこう》する者を多数目にしたが、「乃木伯爵の様に一糸乱れずと云ふ調子の人」は見たことがないと述べた。「先帝御不例中日に二回若《も》くは三回は必ず来られて御容体を伺はれた事は人の知る通りだが崩御後も毎日一回は屹度《きっと》参内して御霊前に祗候し数時間身動きも為《せ》ず殆ど木像の如くになつて拝伏黙祷され」ていた。「崩御以来乃木さんの顔色《がんしょく》憔悴し」たことには皆が気づき、「殯宮に入つた時の悲調はまた格別で長い間唯凝《ずつ》として身動きも」しなかった。宮城を出て「只一人悄乎《しょんぼり》として腕車の置いてある方へトボ〳〵歩いてゆく」その顔を覗いた正

殯宮参拝途上の乃木（『乃木将軍写真帖』）

親町は、「打ち沈んだ眼元から熱涙がホロ〳〵と零《こぼ》れ落ちてカーキ色の軍服の胸に伝はつて居る」のを見て思わず貰い泣きしたという（島田前掲書）。

正親町の描き出すこの光景の、少なくとも大枠について、事実性を疑う理由はない。ただ、目に見えるこの光景のみをもって乃木を解し、「それ（これ）が乃木だ」（司馬遼太郎『殉死』で児玉源太郎が繰り返す科白。発言について事実的裏付けはない）と勝手に納得して分かったつもりになってしまうとしたら、本書が解析を重ねてきたところの〈乃木物語〉の罠の一つにはまることになる。たとえば「乃木化したる夫人」静が、勝典戦死と聞いて「倅も漸く軍人の本分を尽しました」と笑って話す一方で「取り乱して悲歎し」「泣きぬい」てもいるという二つの顔をもっていたこと（第二章）を想起しよう。夫人をそのように訓育したと見られた元祖乃木が、それと同等以上の双面性ないし多面性を備えていたことは当然で、実際そのことも、特に第五章以降でつぶさに見てきたところである。もしここで乃木をこの「熱涙」の光景に還元し、一元的な「忠義」の人と見てその死にも「殉死」以外の意味を読まないとしたら、凡百の〈乃木物語〉が落ち込んでいる陥穽に手もなく滑り入ることになるだろう。

第五章で詳論したとおり、「多面的な『喰へない爺々』」こそが乃木であった。生来の「臆病」と死の恐怖を克服して無双の「勇気」を獲得してゆく過程で、いつか「ジーキル／ハイド」的ないし「和御魂／荒御魂」的な、いわば二階建ての特殊な人格に居住し、意識的あるいは無意識裡に階上と階下を上下する技を体得していたのが、本書で見てきたところの乃木であった。この特異な人格構造について、「二階建て」という比喩を用いてきたわけだが、それはもちろんあくまで便宜上の修辞であって、こだわるべきものではない。左右二部屋ある家でもよいし、あるいは第三章で分析した夢のなかの「大小二軒の家」に乃木自身の人格を読むことも可能なのかもしれない。

いずれにせよ、こうした空間に訴える類の比喩を続けることを許していただければ、このような家の住人は、上下なり左右なりに移動することで、その視点も移動し、別の視野、別の見晴らしを獲得する、という変化をもまた習慣化していたことが考えられる。つまり、ある種の複眼が形成される、ということである。

宗教家の嘘八百を嫌う

しばしば引いてきた学習院教授、服部他助の著『恩師乃木院長』は、このような意味での乃木の複眼を感知させる部分を含んでいる。ある時「精神上に関する重大なる問題に就いて」、服部は乃木の前に「意見」を開陳する機会をもった。その要点は「種々雑多な問題の内に、人智にては全く了解し得ざる事と、幾分にても了解し得る事との二種類あることを認め、此の二種類の問題の間には明瞭な分界を置いて居る事」、これである。「例へば『神の存在』とか、『未来の有無』とか云ふ如き、人智を以て到底完全に了解し得ざる問題」は他の問題から区分し、「知らざるを知らずとして、万事を自然に任せ、実際自分の心にある儘にしてをく」のだと。

「私も其の点に就ては同感である」と乃木はこれを受けた。そしてそこから、「人と云ふものの真相に就いて決して容易に知り得ざる事柄を、多くの人は左《さ》も知り尽したかのやうに云ふのが自分は嫌ひである」と宗教家批判を始めたという。どの宗教であれ「恰も地獄や極楽へ実際自分で旅行でもして、帰つて来たかのやうに、嘘八百を事実のやうに吹聴する。此の虚偽が嫌ひである」と（同書）。「乃木の三嫌ひ」に「坊主」が入ったことの主たる理由である。

服部が特にこの会話を記録しようと考えたことも示唆するように、乃木のこの側面は、国民一般に広く共有されていた〈乃木〉像を多少とも裏切るものである。実際、学習院で「教頭的な位置にいた」東洋史学の白鳥庫吉教授は、乃木院長就任と聞いて一般的〈乃木〉イメージから来る不安を拭えないでいたが、現実の乃木と話してそれが杞憂と知れたことを周囲に語ったという。弟子筋の石田幹之助は語る。

私どもは乃木さんという人は非常に頑固な人だと聞いておったものですが、それでも先生（白鳥博士）のお話によって案外分かる人だとも思いました。乃木さんに神話と歴史的事実は別のものであるということを言ったら、乃木さんはまことにもっともだ、神話は神話で歴史的事実は歴史的事実だ、ということで——ちょっとみるとそういうことは反対のようにも思われるんだけれども、よく了解してくれた、ということを私にお話しになったんですがね。

（山本七平『昭和天皇の研究』に拠る）

「地獄や極楽」を見て来たかのようにいう「嘘八百」を嫌った人として、当然の反応だろう。日本主義者ではあっても、日本神話をまるごと「事実」と言い張る類の神秘主義からはむしろ遠かった。とすれば、儒教から武士道へも流れ込んだ「忠義」の教えも、それがこれらの「宗教」や「神話」のものに似た神秘性を帯びて語られるとき、乃木にはその「虚偽」を嫌う意識が生じたはずである。

福沢「尊王論」への共鳴

なにしろ乃木は、あのおよそ神秘主義とは遠い合理主義者、福沢諭吉への共鳴を隠さない人であった。楠木正成の死に様をあえて貶め、少年時代には神社の御札を踏んだり「便所に試み」たりして罰の当たらないことを確かめた（『福翁自伝』明治三二年）この啓蒙家が、極度の敬神家にして正成崇拝においても徹底していた「頑固」者、乃木の共感を呼ぶとは、一見したところでは、まるでありえないことのようでもあるが、両者が意外にも「武士道」的「瘦我慢」という回路で通じていたことは第五章に見たとおり。多面的であることこそが乃木の面目ある以上それは驚くにあたらないし、「瘦我慢」以外にも、それと並行して、あるいはそれに絡んで福沢と結ぶ回路がいくつかあったとして不思議はないのである。

そしてその共鳴が表明されたのが、実は天皇観をめぐってであった。「帝室論」（明治一五年）、「尊王論」（二一年）の合本である『帝室論・尊王論』が明治四四年、時事新報社から出版された際、これをさっそく購入して通読した乃木は、それへの称讃を周囲の複数人に語った。さすがは「一世に尊重せられた」人だ。「全般に於て論旨徹底逼らず激せず、綽々として余裕あり。説き起し説き去る所、其の人格の程を想見すべし」として同書を学習院図書館に寄贈し（大森金五郎『記念録』）、またジャーナリスト、大庭柯公《かこう》にはこう語った。「流石に議論に根柢がある、総体でもないが段々肯かれる点が少なくない、大体に於て同感だ。之から見ると一方の○○さんは何時でも中中盛んに喋られるが、ドウモもう一つ感服の出来ん点が多いテ」（「乃木大将」。「○○」は大隈か）。

さて、乃木が「大体に於て同感だ」という福沢のその「論旨」が神秘主義的な天皇絶対化の類でなかったことは、もはや断るまでもないだろう。その基本的スタンスは、天皇の維持は国家独立・文明進展に有用であるにすぎず「物の貴きに非ず、其働の貴きなり」と言いきった『文明論之概略』（明治八年）から大きな変動はない。約言すれば、「尊皇の要用」は、名利を争いがちな民心を「尊厳神聖の威光を以て」調和し「社会の波瀾を鎮静する」という実利にある。ではその「尊厳神聖」は何に依るのかといえば、そもそも世界中の「至宝」は「其実用を去ることいよ〳〵遠ければいよ〳〵人に貴ばるゝを常とす」。「人」の場合も同じで「其の人の価」とは要するに「歴史上の家名」以外ではない。したがって「仮令《たと》へ其の人の智徳は凡庸なるも」社会に対して「栄誉を維持」しうる。「社会の人心は今の其人を重んずる」のではなく「其家の由来と其祖先の功業とに価を附する」にすぎないからである、と。

されば、現在の皇族や華族の個々人が「時としては平均線の下に在る者もあらん」としても、「道理」は所詮「人情」に勝てぬのだから、「国民一般に尚古懐旧の情を養成して、自然に帝室の藩屏た」らしむるのがよい。たとえば神社仏閣の保護などは「之を愚民の迷信と云へば迷信ならんなれども、人智不完全なる今の小児社会に於ては、（中略）帝室の利益にして又智者の事なる可し」と。

天皇と皇統のいかなる神秘化もここにはない。福沢のこの醒めた認識に「大体に於て同感」であった乃木が、福沢のいわゆる「愚民の迷信」そのままに「万世一系」の天皇を「生きた神」として敬仰していたとは、およそ考えられない。したがって、その特異な死に様をめぐっても、それが明治天皇への「殉死」の形を取ったことをもってただちにその意味を「忠義」へと一元化することは、反＝神秘主義者たる乃木の面目に離反する軽挙であろう。すなわち福来友吉論文や小学生作文を手掛かりに第七章で析出した、「殉死」＝「忠義」以外の、「憤死」あるいは「責任の感による自殺」の側面を考え併せるべき道理である。

「自己本位」の忠君

「熱涙」を「ホロ〱と零れ落」とし、かつ大葬の日に合わせて自殺したからといって、そのことは、彼の「忠義」が神秘主義的に観想されていたということを意味しない。この行為が周到な計画のもと、むしろ合理的に進められていたことは、すでに見てきたところだ。神秘的な「嘘八百」を嫌う乃木においては、その自殺の動機に含まれるのかもしれないところの憤慨も責任感も、そして忠君の思いも、すべて合理的に思考されたものであったにちがいないのである。しかるに「殉死」に至るまでの「忠義」はいかにも近代合理主義に適合しない封建時代の遺物であって、その正当化は神秘主義に拠るほかないようにも見える。反＝神秘主義者乃木がこれをあえて護持しようとするとき、それはいかなる合理的思考回路を経ていたのか。

乃木の場合、その回路には、たとえば「忠義」のような感情に身を任す主体に多少とも付随するところの自意識、その強さということが大きく関与するように見える。前掲『乃木大将武士道問答』での発言を聞こう。その冒頭、まさに第一問への回答として与えられ、その後も主旋律のように反復される命題は次のようである。

> 優秀なる精神とは忠君を以て精髄と為し自己の面目を保つを以て骨子と為したるものにして決して物質論者の如き自己本位に非らず故に何事を為すにも先づ君の御為めを考へ次ぎに武士の面目を汚す事なきや否やを詮議するなり

「優秀なる精神」は後段で「武士道」とも置き換えられて、同じ趣旨の発言が繰り返されるのだが、同書を通読して強く印象に残るのは、「精髄」とされる「忠君」の勧めそのものよりむしろ、「骨子」たる「自己の面目を保つ」ことをめぐっての縷説の方である。「先づ君の御為めを考へ次ぎに」という序列がうたわれてはいるものの、それが実質的な意味をもつかどうかは疑わしい。というのも、「精髄／骨子」という表現も暗示するとおり両者は一体不可分の関係であり、かつ「君の御為めを考へ」ての行為以外に「武士の面目」を保つ方法はないとされる以上、発生はつねに同時で、時間的な先後は考えられない。とすれば、「忠君」も実は「自己の面目を保つ」ための行為であると論理を裏返すことができ、その場合この姿勢をあえて「自己本位」と呼ぶことも不可能ではないのである。

己れの価値を維持せよ

服部他助の前掲『恩師乃木将軍』は、この意味での乃木の「自己本位」的合理主義をより直截に示し出す箇所を含んでいる。たとえば自ら『中朝事実』

を講じた明治四二年の「寮内講義」の途次、乃木が述べた言葉。――「人は皆各《おのおの》其の上長を尊重せねばならぬ」が、それは「団体となつて居る限りは、此の上長に服従すると云ふ事が無ければ、秩序安寧が保たれぬ」からである、と。はなはだ合理的である。「然し上にある者が何時も正しいとは定まつて居らぬ」。その場合どうするか。いわく、古来「君、君ならずと雖も、臣、以て臣たらざる可からず。父、父ならずと雖も、子、以て子たらざる可からず」といわれるとおり、あくまで父君に仕えることこそが「自然の理法」であって「これは云はゞ持つて生まれた義務である」と。話がそこで終われば、ただの古臭いお説教である。が、乃木はここで反転する。

　何人に限らず人の人たる道を履むは、何も他人の為めに履むのでなく、自己の人間たる本義に適《かな》はん為めである。即ち他人の為めでなく、実は己れの価値を維持する為めである。（同書）

すなわち忠孝は「君」なり「父」なりの「他人」のためにするのではない。その行為を通して「己れの価値を維持する」こと、それこそが真の目的なのだ。つまり「己れの価値を維持」したければ忠孝に励め、という必ずしも絶対命令的でない仮言的命法をここに読んでよいのだとすれば、これもまたしごく合理的である。

　このことを「極度に精神の籠つた低い声で、徐ろに話されたのを聴いて居る自分の脳は、一種云ふ可《べか》らざる熾烈なる感慨を以て満された」と服部は書いている。「君、君ならず」の場合になお「臣」

の道を貫くことで維持される「己れの価値」。その価値をめぐる「熾烈なる感慨」の電流が、乃木から服部へ大量に流れ込んだ瞬間の記憶を、彼は是非とも書き残しておきたかったのだろう。

ここで、一〇歳までの乃木を育んだあの〝死の家〟、赤穂義士一一名切腹の血痕残る長府藩邸を想起してみるのもよい。あの「壮烈にて沈着なる」行為と従容たる死が四十七士に可能であったのは、彼らが何を信じるがゆえにであったのか。彼らの忠義が差し向けられる「他人」はすでにこの世にない。死せる「君」の「霊」の存在を信じ、それへの思いに鼓舞されることで彼らはあの行為を成し遂げたのであろうか。そもそも穿って考えれば、松の廊下一場の乱心で藩を断絶に追いやった短気な若君、浅野内匠守を彼らは本気で尊敬できたであろうか。「忠臣」として切腹した彼らを支えた根底的な動機としては、「君」という「他人」への思いより多く、それを通して実現されるところの「己れの価値」への信念を見るのが自然ではなかろうか。

美しく壮烈な死に様のためには、周囲にはいささか演劇的と見える「衒気」さえ武士の厭うところでなかったこと、前章に見たとおりである。お伽噺代わりに義士の話を聞いて育った無人時代の乃木が、自らに育んでいった価値観がこれに相通じていたとして、なんら不思議はない。天皇の後を追って死ぬとしても、それは必ずしも天皇という「他人」のためではない。「己れの価値を維持する為」なのである。

「生神様」明治天皇

浅野内匠守を四十七士の皆が本気で尊敬していたかは、疑わしい。同様に、乃木が明治天皇を絶対的に敬仰していたという〈物語〉を額面通りに受け取る必要はない。もちろん随所に見てきた天皇がらみの〈乃木神話〉にはいくぶんかの事実が含まれているはずで、乃木が天皇に対してもった感情に深く複雑なものがあったことは否定できないだろう。が、だからといって、たとえば乃木の「熱涙」から逆照射することで天皇を美化し、完全無欠の「大帝」としてイメージするとしたら、それは浅野内匠守を完全な善玉の弱者に仕立て、吉良上野介を悪の権化のように描き出すのと同じ滑稽を含むことになる。

明治天皇尊崇という〈物語〉における〈乃木〉は、現実の乃木であるよりはむしろ、〈物語〉の享受者である一般国民による天皇崇拝——それが事実であれ、〈物語〉作者が国民はかくあらまほしと織り込んだ虚構であれ——が投影されたところの登場人物なのである。そこに投影されたところの天皇崇拝こそは、福沢のいわゆる「人智不完全なる今の小児社会」における「愚民の迷信」以外ではなく、乃木その人との関係は薄い。この「愚民」らが天皇をどのように崇拝し、あるいはその演技をさせられたか、その様をイギリス人ジャーナリスト、レナード・モズレーはこう描き出している。

> 明治天皇が皇居から出られたときは、街を行く一般国民は頭を低く下げ、地上をじっと見つめたのであるが、それは神である天皇を、自分の目で見れば、死んでしまうと迷信的に恐れたからであり、また、このような貴いおそれ多い方を見上げることは、愛国者としていけないことであると信じたからである。そして、また一般国民が天皇をじっと見つめるというような不敬のないように、警官が天皇のお馬車に背を向けて警戒していたからでもあった。

天皇の通られる沿道では、一階より上の窓はすべて遮蔽され、だれも天皇を上から見下ろさないようにした。

(*Hirohito, Emperor of Japan*, 1969. 引用は高田市太郎訳『天皇ヒロヒト』から)

そしてこのような「愚民の迷信」と天皇自身の関係はというなら、それと乃木との関係が薄かったようには薄くなかったらしい。明治中期から長く活動した政治記者、前田蓮山によれば、「天皇は御自身生神様のつもりで、伊勢神宮と常に霊の交通があると信じていられたらし」く、ある夜半など、「突然寝床の上に起きあがられ『太鼓の音が聞こえる』と仰せられ、しばらく耳をすましていられたが『伊勢だな』と独語された」という(前田『歴代内閣物語』)。

また明治二四年のこととして侍医ベルツも以下のように伝えるが、このとき天皇はすでに四十路である。

天皇は、玉座が皇后の座と同じ高さにあることを、どうしても承服されなかつた。それよりも、高くせよとのことなのだ。ところが、井上〔毅〕伯はそれに反対だった。ある時、伯が参内したところ、玉座の下に厚い絹の敷物がこっそり置いてあるのを発見したので、伯はこれを引きずり出して、室のすみに放り投げたが、これがため、大変な騒ぎが持上がったことはいうまでもない。

(ベルツ前掲書)

「神」たる自分と、「神」の子を産みもしない人間皇后（大正天皇は側室の子）とを同じ高さに置くことは受け入れがたいということか、「神話」と「事実」を区別した寵臣乃木とは異なって、この人は、かなり「神秘」にのめり込んでいたらしい。医者といえどもその「神秘」的生活に逆らうことはできず、侍医たちによれば、天皇は病床にあっても「医者が体にさわることをきらい、眠っている時だけ診察ができた」。入浴時も「下半身だけ湯につけ、上半身は仕人《つこうど》たちに湯を浴びせさせ、下半身のけがれによって上半身がよごれないようにさせた。上半身に神が宿っていると信じていたのであろう」。また「平素から非常な大酒、また大食家で、御飯は一回に百二十匁、鮎は秋口の大きいのでも、一度に十五六尾をたべた」。命とりになった腎臓病も五年越しの持病であったが、「病中でも、侍医の言葉をきかず、葡萄酒一本を一日であけた」（ねずまさし『日本現代史　1』）。

2　昭和天皇への薫陶

「神の孫」の教育係

「生神様」明治天皇を、「直視しうるのみならず彼によってさわってもらえるという畏れ多い特権を有し」、時には「天皇の肩に載せられ、頭を軽く叩かれたことさえ」ある子供がいた。すなわち「一あつて二なき現津御神《うつつみかみ》の天皇陛下の御世嗣であることを、小供心の中《うち》から浸み込ませて置」くことが「我々の最も大切な職務である」との乃木院長のお達し（猪谷前掲書）のもと、そのことを「人語を解するようになった瞬間から教え込まれ」「決して忘れることを許されな」かった（モズレー前掲書）半神的存在。彼こそは皇儲裕仁親王迪宮《みちのみや》、のちの昭和天皇その人にほかならない。

そのような特殊な子供の教育が、「聖慮」によって乃木の肩に降りかかったわけである。大きな難題であったというべきだろう。なぜなら、乃木の旨とする教育が、前章に見たとおり「感化」を骨子とし、言葉による伝達よりむしろ、模倣されてよいような「人格」を「暗示」してゆくという手法に多くを依存していたとすると、それは基本的に、「感化」する者と「感化」される者との間の立場の相同性を前提している。つまり、たとえば当時の学習院なら、貴様も俺も同じく「皇室の藩塀」だ、陛下にお仕えし国を守るのが現在あるいは将来の使命だ、という一致あって初めて乃木式「感化」も十全に機能しうるはずで、自他ともに許す未来の絶対君主をその臣下が教える、というこのような特殊な場合に効力を発揮しうるかは保証のかぎりではないからである。

この困難に、乃木はどう対処しようと考えていたのか。その思考過程を検証するすべは遺されていないが、いずれにせよ、乃木死後七〇年以上を生きたこの親王の生き様を、仮に泉下の乃木が見守っていたと空想した場合、〈乃木式〉「感化」は機能した、自分は教育者として成功した、と思うことができたであろうか。

「院長閣下」と呼べ

それははなはだ微妙な問題だが、少なくとも親王の側には「感化」を認める言動が観察され、晩年なお明朗な回想として、自ら乃木院長の「薫陶」を口にするということがあったようである。第二次世界大戦後、四九回を数えた記者会見で彼が個人名を口にすることはほとんどなかったが、乃木の名のみが、昭和四六年の松江での植樹祭の際、同五三年と五七年に那須御用邸でと、合計四度（五七年の会見では二度）にわたって発せられており、まったく「異例」のことと見られている（宮本直和前掲書）。すべて好意的な懐旧で、宮内庁幹部との内輪の昼食の席では、「私の人格形成に最も影響のあったのは乃木希典学習院長であった」との発言があり、そこで天皇は乃木の「薫陶ぶりを訥々と語られた」という（横山隆夫前掲文）。

天皇のいう「薫陶」は、本書で「感化」と呼んできたものと意味上ほぼ同一のように解されるが、ではその「感化」＝「薫陶」の内実は、一体どのような事柄であったのか。当人も認め、はたからも最も明瞭に見て取られた影響は、服装に関して質素を旨とする、という思想である。往時、迪宮の「穴のあいてる御洋服や靴下につぎを当て」た女官、足立孝《たか》（のち鈴木貫太郎に嫁す）は、それが皇儲自らの意向によったものであったことを証言している。すなわち「院長閣下が、着物の穴の開いてるのを着ちゃいけないが、つぎの当たったのを着るのはちっとも恥じゃない、とおっしゃるから、穴の開いているのにつぎを当てろ」との御下命に謹んで従ったのであり、つぎの当たった衣服に袖を通した迪宮は「これでいいんだ、院長閣下がおっしゃったんだからこれでいいんだ」と満足げであったという（鈴木孝「天皇・運命の誕生」『文藝春秋』昭和三一年一〇月）。

敬愛する師の言行なればこその「薫陶」であったことが、孝の伝える皇儲の言葉遣いにすでに滲んでいる。彼女はさらにこうも懐旧している。

何時《いっ》だったか乃木さんが御機嫌伺いにお上がりになった時、「今日乃木大将が拝謁でございます」と申し上げますと、「いや、違う」「どういたしました?」「それは乃木大将じゃいけない、院長閣下と申し上げなきゃいけない」とおっしゃる。それから乃木さんがおいでになると院長閣下と申し上げたものです。それぐらい尊敬を持っておいでになりました。(鈴木前掲文)

この尊敬おくあたわぬ「院長閣下」から受けた「薫陶」として、「質素」以外に何があったかということになると、それを乃木の「薫陶」と特定しうるか否かが微妙となってくるのだが、候補としていくつかは考えられる。その一つが、やはり〈乃木式〉の一項目と見られたところの「日本主義」である。

伝えられた「日本主義」

祖父である天皇、そして乃木「院長閣下」を相継いで喪った迪宮一一歳の夏は、この親王にとって大きな試練の時であったにちがいなく、乃木夫妻自刃の翌朝に目撃された「御涙」はすでに見たところだが(第六章)、結果的に最後の参内となった三日前の一一日には、乃木が特に「拝謁を乞ひ」、将来の「御重任」のことなどに関する「御注意を申したる末」に「山鹿素行著忠《ママ》朝事実と称する院長の名にて抄録して発行せる一本を献上」する、という意味深げな場面があったという(前掲『東京朝日新聞』)。

「中朝事実」の「中」の字を「忠」と誤記するというのもまた、〈乃木物語〉の磁力のなせるわざのようでもあって興味深いが、それはともかく、そこにいわれる「中朝」ないし「中国」は日本のことで、「外朝（中国）も亦未だ本朝（日本）の秀真に如かざる」（中国章）ゆえんを、地理的条件や神に繋がる一筋の皇統という神話的根拠から諄々と説いてゆくところに、山鹿素行のこの主著の真骨頂があった。すなわち素行から学んだ「日本主義」を皇儲に伝えようという乃木の意思が読まれるゆえんであり、実際その日、この書を献上するに際して乃木が申し添えた「御注意」は次のようであった。

裕仁親王に挨拶する乃木（『神皇乃木将軍画帖』）

　他日皇位に即かせられて大元帥陛下と仰がれ給ふべき所の御学問も御必要なれば御身体を御大切に遊ばすと共に是れよりは中々御多端なれば御油断なく幾重にも御勉強の程を願ひ奉ります。之は（中朝事実、中興鑑言の二書を奉呈して）希典が平素愛読仕ります本にて肝要の所には希典が自ら朱点を施し置きましたが今は未だ御分り遊ばされざるべきも御為《おん》になる本にて追々御分り遊ばさるべく只今の中《うち》は折々御側《そば》の者に読ませて御聴取遊ばさるるやう献上仕り置きます。

（桑野鋭『記念録』）

やがて皇太子となった迪宮の脳裡には、この言い置きがたしかに残っていた。大正六年の九月一三日、御学問所に「御進講」した「御側《そば》の者」杉浦重剛はこう回想する。「御前で、六年前の今日はどういふ日ですかとお尋ねした」ところ、「御学友も皆」御大葬の日と答えたので、「もう一つどんな事がありましたかと今度は殿下にお尋ねした所が、乃木が自刃したひぢやと御答になつた」。

続いて乃木将軍が献じた本があるはづですが何と云ふ本ですかとお尋ねすると、中朝事実とお答になつた。その中朝事実は当時の儒者の書いたものとどういふ所が異なつて居りますかときくと、日本を中心として書いた所が異なつて居るとおつしやつた。非常に要領を得て居られた。退出すると其儘将軍の墓前へ行つて、あなたの御盡力が此の様な効果を来しましたと報告した事があつた。

（猪狩・中野『天台道士語録』）

山鹿流「日本主義」の会得において皇太子は「非常に要領を得て居られ」、それこそは「あなたの御盡力」の「効果」である、というのが杉浦による乃木の霊への報告であった。さて、この「主義」において、「日本を中心として」世界を見ることを正当化する根拠はといえば、「皇統」すなわち神の裔《すえ》としての皇族の血統である。では、その「皇統」は何によって証明されるかといえば、「皇統の初め、天神以て之に授け、天孫以て之を受」けたところの「三種の神器」にほかならなかった（『中朝事実』皇統章、神器章）。とすれば、この世界観にとって「三種の神器」の重要性は計り知れない。杉浦による「御進講」は三本柱の一つをこの主題に当てていたし、その後、乃木の知友でもあった井上哲次郎が「三種」中の鏡と剣について「正銘のものでな」い可能性を指摘する研究論文を発表したために「社会的生命を断たれてしま」う、という経緯さえあった（藤樫準二『千代田城 宮廷記者四十年の記録』）。

三種の神器を護持せよ

こうして『中朝事実』をよく勉強した成果であったのかどうか、ともかく「三種の神器」を重大視する思想が裕仁皇太子の心底に確固たる根を張ったことはたしかのようである。そのことを明示するように見えるのが、やがて天皇・大元帥として第二次世界大戦に突入した裕仁が、ついに降伏を決意した際の心意について敗戦後に回想した言葉である。すなわちもはや勝算のありえない昭和二〇年二月、近衛文麿元首相による和平勧告の奏上をも「もう一度、戦果をあげてからでないとなかなか話はむずかしいと思う」（藤田尚徳『侍従長の回想』）と却下して徹底抗戦にこだわった天皇は、三月の東京大空襲、四月からの沖縄戦、八月の広島・長崎への原爆投下と合計五〇万人以上もの民間人死者を出した後になって、ようやくポツダム宣言受諾を決めたわけだが、その受諾の理由として「神器」が持ち出されたのである。九日の最高戦争指導会議における天皇が無条件降伏の理由として語ったのは、一つには「このままでは日本民族は亡びて終ふ」こと、もう一つはこうであった。

敵が伊勢湾附近に上陸すれば、伊勢熱田両神宮は直ちに敵の制圧下に入り、神器の移動の余裕はなく、その確保の見込みが立たない、これでは国体護持は難しい、故にこの際、私の一身は犠牲にしても講和をせねばならぬと思つた。（寺崎・ミラー編『昭和天皇独白録』）

ほぼ同じ内容を天皇は同年九月の明仁皇太子への手紙にも書いており、そこでも「戦争をつづければ、三種の神器を守ることも出来ず、国民をも殺さなければならなくなつたので　涙をのんで……」と優先順位は同じである（高橋紘『象徴天皇の誕生』）。これらを言い換えれば、神器の「確保の見込が立」って「国体護持」さえ保証されるかぎり、「講和をせねばならぬ」とは思わなかった、となる。実際、八月一二日の皇族会議で最年長の朝香宮から、降伏によって「国体護持」を貫くとの仰せだが、それなら「国体護持が出来なければ、戦争を継続するのか」と問われた天皇は、これに「勿論だ」と即答している（『昭和天皇独白録』）。

「国体護持」すなわち自らの地位の保全を含む天皇制の存続はかくも至上の命令であって、犠牲者の増加といったことは、およそそれと対等に考量されるような問題として浮上することはなかったということを、これらの経緯は歴然と示している。そして終戦後は、この天皇は実は平和主義者であって軍部の意向に逆らえないロボットであったのだという、政府筋推奨の〈物語〉が広く流布するわけだが、それが事実と懸け離れたものであったことは、前引の『昭和天皇語録』をはじめ多くの資料がすでに暴露している。さきに見た終戦時の〝遅すぎた聖断〟においてはもちろん、対英米開戦においても、天皇は決してロボットなどではなかった。弟の高松宮は戦後こう語った。「あの戦争は陛下がお停めになろうとすれば、お停めになれたはずだった」（加瀬英明「秘話・天皇は日米開戦を停め得た！」）。

君主に教える「忠義」

高松宮によれば「お停めになれたはず」の戦争を、天皇は「お停めになろうと」しなかった。そしてそのために死者が激増してゆくことに、大きな顧慮を払わなかったように見える。天皇の教師、乃木が存命であったと仮定した場合、そのことを望んだかと問うなら、それは大きな疑問としなくてはならない。本書の回答は否だが、だとすれば、乃木は天皇の教育に失敗したというべきなのだろうか。

そういわざるをえまい。すでにふれてきたとおり、同時に君臣でもあるような師弟関係の困難は自明である。しかも教育内容が〈乃木式〉の金看板ともいうべき「忠義」云々に関わるとなれば、事態はなおのこと錯綜せざるをえない。単純化していえば、つねに「忠義」の対象であってその主体となることのない存在である天皇に教えうる「忠義」は厳密にはありえず、あるように見えたら、それは正確には「忠義を受けること」と言い直すべきものなのである。

ともあれ、「忠義」を尽くしながら教導する、という乃木の姿勢が迪宮に強い印象を残したであろうことは、さきに見た天皇自身の発言などからしても疑いを容れない。その教導ぶりを概観しておこう。前章に概観した乃木院長の教育方針として、旧弊な「嗣子と二三男の間」の懸隔を排すべく全生徒寄宿制を断行しつつも、こと皇孫に関するかぎり話は別で、「皇長孫殿下だけは、他の御二方とは全く別に心得て」「明白に其間に区別を建てる様に」せよと強く命じていた、ということがあったが、その場合、「明白に」建てられた「区別」とはたとえばどのようなものであったのか。

「他の御二方」とは、一歳違いの雍仁《やすひと》親王淳宮《あつのみや》（のちの秩父宮）と四歳下の宣仁《のぶひと》親王光宮《てるのみや》（のちの高松宮）で、後者の回想によれば、「乃木の指示によって」決められた三皇子の学習院への登校方法は、「迪宮が決然と先導し、秩父宮が続き、高松宮がしんがりを務め」「侍医とふたりの宮内省職員に付き添われ」るというものであった。雨の日は馬車だが、「兄はひとりで、弟たちはうしろの馬車にふたりで乗った。誰かが病気のとき以外、例外はなかった」（「高松宮宣仁親王」伝記刊行委員会編『高松宮宣仁親王』）。

臣下は君主をいかに愛しうるか

そして「雨の日も風の日も正面玄関で殿下をお迎えする白髯温容の姿」（河原敏明『天皇裕仁の昭和史』）はもちろん乃木院長であり、彼が主宰する朝礼がそれに続く。迪宮とその弟、そして学友たち皆が列席するその朝礼では、まず一同が宮城に向かって六〇秒間「遥拝」し、続いて「教育勅語」を暗誦する。


このあと、乃木将軍は国家斉唱を主導し、その後で一同に質問した。

「諸君の最高の望みは何か？」

これに対し彼らは異口同音に答えた。

「天皇陛下のために死ぬことです」

（モズレー前掲書。高田訳）


これも「乃木の指示によって」決められたのであろう毎朝のこの儀式に、予言の意味が含み持たされていたのだろうか。乃木はやがて実際に「天皇陛下のために死」んでみせることになる。モズレーによれば、このとき「ヒロヒトは、非戦時下、また天皇が臣民の犠牲を必要としないはずの時においてでさえ、臣民がいかに、死に至るまでに天皇を愛しうるかということを学んだ」（同書。拙訳）。

臣民は天皇のために命を惜しまないものだというこの〈物語〉は、おそらく迪宮の内部世界においては、「殉死」という乃木最後の〈劇〉によって完結した。付け入る隙のない完璧なる「薫陶」＝「感化」となって彼のなかに生き続けたように見える。もちろんこの完結に至るまでには、多くの伏線があったはずで、「薫陶」と「忠義」とを通いあわす師弟の姿が周囲の多数者に目撃されている。「眼を輝かせてこの国民的英雄に挙手の敬礼をする」迪宮を、乃木は「月に数度は院長室に招いて、皇孫としての心得を訓《さと》したり、軍人時代の体験や逸話を語って聞かせるのを例とし」、さらには「授業参観のため、しばしば教室を訪れ」もした（河原前掲書）。

ある日のこと、親王の最も苦手とする「唱歌」の時間に乃木が入ってきてしまった。と、担当の教師はためらわず迪宮を指名した。歌は「楠木正成」。

「楠の大木よ、その績《いさお》よ……」

殿下はつたないながらも、力をこめて一心に唱った。なんども、うなずくように聴き入っていた院長の双眸に、やがて涙があふれ出て頰をつたわった。（同書）

楠木正成が当時の日本国民に対してもっていた特別な意味、そしてそれが乃木にあっては常人に数倍するものであったこと、死後は自身が「明治の楠公」とさえうたわれるに至ること、いずれもすでに見てきたとおりである。皇儲のこの「一心」な歌いっぷりに、「正成」と〈乃木〉との同一視を感知しての、乃木の涙ではなかったろうか。

皇儲は最上でなければならない

ところで、「唱歌」を苦手とした小学生、迪宮の成績全般は「中の上あたりで」(河原前掲書)、分野によっては一歳違いの明敏な弟淳宮に劣る、という触れるをはばかられる事態がやがて顕在化してきた。新聞紙上の「謹話」でついこのことに言及してしまった大森金五郎教授は、この「率直にして、恐らく真実な詞が忌諱にふれ」て宮内省に睨まれ、免職になった(安部能成「陛下の御こと」、安倍ほか『天皇の印象』所収。また藤樫・河原各前掲書)。

皇儲である以上、無条件・先天的に最上でなければならないというこの方針は、兄弟間の遊びにまで持ち込まれた。秩父宮の回想によれば、よくやった「日露戦争ごっこ」でも迪宮はつねに勝つ側の司令官とされなければならず、弟宮は悪役を請け負わざるをえなかった。あるときおもちゃをめぐってけんかになり、怒った秩父宮が鉄砲で兄をたたく、という事件が生じた。と、恐懼したお付きの女官は、すぐさま飛んできて宮をつかむと礼拝室に引きずりこみ、天照大神と皇太子夫妻の肖像の前で謝らせ、二度と兄に手を上げないことを神々に誓わせた(藤樫準二「天皇白書――知られざる陛下」『復刻版天皇の昭和史 サンデー毎日緊急増刊』)。

こうしたことに乃木がどこまで関与していたかは審《つまびら》かにしないが、「皇長孫」の特別扱いを指令したこと自体は明白で、やがて「皇孫殿下御学問所」設立の検討に着手した乃木の心意も「特に迪宮殿下の御教育に最善をつくす」ことにあったと見られている。明治四四年の渡欧以後は自らその「規定草案」を作成し、御用掛の小笠原長生海軍大佐との間で討議を重ねた。これが大正三年発足の「東宮御学問所」の基礎をなすことになる（黒木前掲書）。

天皇御観劇、高官は自殺

ともあれこのようにして、かつて「天皇陛下のために死ぬことです」という学友たちの唱和を聞きながら育ち、乃木の自刃において臣民がいかに天皇を愛しうるかを知ったこの天皇は、前節にも見たとおり、やがて実際に多数国民が彼の「ために死」んでゆく時代を生きた。敗戦時陸軍中尉だった村上兵衛によれば、「天皇のために」死ぬのだと本気で信じていた者も、「少なく見積って二割ぐらいは」いた（「戦中派はこう考える」『中央公論』昭和二八年四月）。

昭和二〇年八月の「玉音放送」が終戦を告げると、村上は「もし今度の敗戦の当事者が明治天皇睦仁だつたならば自殺した」のではないかと考えたが（「天皇の戦争責任」同六月）、この感懐は村上一人のものではなかった。やがて「南方から九死に一生を得て」帰還した一兵士は、「天皇はもはや生きておいでにならないだろうと半ば確信し」ていたにもかかわらず、「日本に着いてはじめて手にした新聞を見ると、『天皇歌舞伎座に行幸、御観劇』とあった、その文字が忘れられない」でいる（小田実『私と天皇』）。

昭和二〇年のうちに阿南惟幾《あなみこれちか》、杉山元《はじめ》・啓子夫妻、小泉親彦《ちかひこ》、橋田邦彦、本庄繁、そして近衛文麿と敗戦の責めを負う高官らの自殺が相継ぎ、二三年には東京裁判で東条英機、広田弘毅、そして

「昭和の乃木」松井石根を含む七人の絞首刑が確定した。東条は「日本国の臣民が陛下の御意思に反して、かれこれするということはあり得ぬことであります。いわんや、日本の高官においてをや」（『極東国際軍事裁判速記録』第八巻）という正直な失言を遺して刑場の露と消えた。その東条の孫たちは、小学校で担任を引き受ける教師がいないために登校しても一日中校庭をぶらついて過ごしたり、担任があればあったで、教室で「東条君のお祖父さんは泥棒よりも、もっと悪いことをした人です」と紹介されたりした（岩浪由布子『祖父東条英機「一切語るなかれ」』）。

頬かむりを押し通す

退位を含め、天皇自身もなんらかの形で責任を取るべきであるという議論が、側近の間にも生じたが、結果的には、すべてが握りつぶされる形となった。村井長正宮内官は、昭和二四年、辞表を胸に田島道義長官の部屋に乗り込んでこう談判したという。

日本は世界の国々に非常な大犠牲を強いたのでありますから、天皇陛下が何もおっしゃらないいま頬かむりを押し通すのでは道理が通るものではありません。お上はそのお立場から、現在のご苦悩をそのままけじめとされ、内外に陳謝の姿勢を表すべきです。そうでなければ、既にその風潮が現出し始めているように、今後のわが国に無責任時代が到来するのは必至です。〔中略〕人間宣言をなさった以上、お詫びがないと、辻褄が合いませんよ。

（橋本明「封印された天皇のお詫び」『新潮45』昭和六二年一月）

はたして「無責任時代が到来」して今日に至っている。村井のこの意見は結局、大きな壁にぶち当たるしかなかった。有力者たちは「いらざることだ」（宇佐見毅宮内庁長官）、「ほおかむりでよい」（黒木従達東宮侍従長）とこれを相手にしなかった（橋本前掲文）。かくして「お上」の「ご苦悩」は、仮にあったとしても、いっさい表明がないために内外の人民に伝わらないままであった。国民の側では問いかけた。昭和二一年のメーデーで掲げられた「不敬」なプラカード――「国体はゴジされたぞ／朕はタラフク／食ってるぞ／ナンジ人民／飢えて死ね／ギョメイギョジ」――も、同二六年の京都大学「御巡幸」に際して学生組織「同学会」から提出された、戦争責任の問題を含む「公開質問状」もその一環であったが、天皇がこれらに反応する気配はなかった。

「日本国民の有せる、国民と感情の交通ある英雄」とは安部能成の乃木評であったが（第一章参照）、この側面での乃木の「薫陶」を昭和天皇に見出すことは、困難というほかない。これら国民の質疑に回答することは政治的な行為であって、新憲法が限定した「象徴天皇」の規定を逸脱するというのであろうか。しかしこの天皇は、戦後もしきりに「内奏」を要求しつづけ、その場では政治への容喙《ようかい》をはばからなかったことが今や明らかになっている。「時に福田、これからは国務大臣として聞くが（中略）福田、今のわが国の治安状況をどのように見ておるか」などと、戦前から口調が変わることもなかった（福田赳夫『回顧九十年』）。また各大臣への好悪の情を示すことにもためらいはなく、熾烈な政争の末に天皇お気に入りの「福田」を破って政権に就いた大平正芳首相の「内奏」に対しては、不興げに押し黙り、ついに一言も口をきかず大平を恐懼《きょうく》させた（岩見隆夫『陛下の御質問』）。

〈物語〉と記憶のあわい

昭和四六年に訪欧した天皇に対し、当地では、「帰れ」「人殺し」「ヒロヒトラー」等の言葉を含むプラカードが掲げられ、ブーイングはもちろん車に瓶や卵、果ては汚物まで投げつけられたが、天皇は「悠然としておられ」た。「ヒロヒト、ゴー」の叫びにも「何かあったようだけどなんだね?」と側近に問うた（黒田・畑編『昭和天皇語録』）。四年後の昭和五〇年、今度は訪米した天皇の帰国後の記者会見では、ゆくりなくも次のような問答が発生した。

――天皇陛下はホワイトハウスで、「私が深く悲しみとするあの不幸な戦争」というご発言がありましたが、このことは戦争に対して責任を感じておられるという意味と解してよろしゅうございますか。また、陛下はいわゆる戦争責任について、どのようにお考えになっておられますか。

天皇　そういう言葉のアヤについては、私はそういう文学方面はあまり研究もしていないのでよくわかりませんから、そういう問題についてはお答えが出来かねます。

（『朝日新聞』昭和五〇年一一月一日）

「文学方面」を「あまり研究もしていない」がゆえによくわからない類の「言葉のアヤ」……。天皇の口をついて出たこの難解な表現を、国民はどう理解すればよいのだろうか。

一国民の憶測にすぎないが、それはこういうことであったのではないか。――戦後二五年の間、天皇は、大戦中の自分は軍部の意向に逆らえないロボットであったという表向きの〈物語〉と、名実ともに大元帥として戦争を指導したという現実の記憶との間に引き裂かれ、揺れながら生きてきた。戦争責任を感じるかとの問いに対しては、前者の〈物語〉に即するかぎりは「感じない」と答えるほかなく、後者の声に従うなら、「感じる」あるいは「あると考える」方向での回答をせざるをえない（あるいはその場合もなお、たとえば「天皇ハ神聖ニシテ犯スヘカラス」等の旧憲法の条文に訴えることで、なんの責任もありえないとの法律論をぶつ方策もありえたろうが、天皇自身それを採らなかったことは、彼の「責任」概念が法律を超えて、いわゆる道義の領域にも入り込んでいたことを示している）。つまり道義的「責任」があるかないかは、〈ロボット物語〉か戦争指導の記憶かのどちらに立脚するかで、どちらともなりうる。ある（感じる）ともいえるし、ない（感じない）ともいえる。そして、「ある」と「ない」とで言葉は二つ、しかも意味は正反対だが、それらが指示する現実の出来事は同一である。それはちょうど、得意の生物分類学でいえば、たとえばヒガンバナといってもマンジュシャゲといっても同じ植物を指すのと同じ事、つまりは「言葉のアヤ」ではないか……。

もし記者のあの質問が、事前に打ち合わせられたものであったならば、天皇は「責任はない」という政府の公式見解に沿った無難な回答を与えていたにちがいない。それが不意を衝かれて、なまじな実直さを持ち合わせてもいただけに、つい内面の揺れを映す「言葉のアヤ」という正直な言葉が飛び出してしまった、ということではなかったろうか。

いずれにせよ、「そういう言葉のアヤについては、私はそういう文学方面はあまり研究もしていないので」と口を開いた天皇のこの回答は、「言葉のアヤ」なる語句が天皇の日常的語彙に含まれていたことを示すとともに、かつそれがいずれかといえばマイナスの価値を帯びて、それに深く関与する「文学方面」なるものともども、天皇の敬遠あるいは軽侮の対象であったのではないか、ということを思わせる。村上兵衛は書いている。

天皇は小説を読まないそうである。「読んでもお解りにならないだろう」と、その娘の東久邇夫人は、ある座談会で語っていた。天皇に感じられる人間の欠如とは、つまりはそういうことかもしれない。

（「天皇の戦争責任」）

そういうことなのだろう、「言葉のアヤ」を嚙み分けてこそ人は「人間」となるのだとすれば。そのような意味での「人間」となることは、昭和二一年元旦の「人間宣言」には含まれていなかったものと解される。ともあれ、この「言葉のアヤ」という至言を幕引きに、戦争責任に関わる言葉はその後一切公にすることなく彼は世を去った。死後ゆくりなくも発見された記録（「退位すると言ったことはない」『朝日新聞』平成一一年一月六日）では、関連することを述べていたものの、それはあくまで「皇祖皇宗」に対して感じていた「任務」の念であって、犠牲者への思いには言及がなかった。

人生の運不運

いずれにもせよ、様々な巡り合わせから、万死に関わる「聖断」を下さねばならない地位に立たされたことを昭和天皇の不運というとしたら、日露戦争での旅順攻略をはじめ、乃木に与えられた任務の数々もまた大きな不運であった。その点では、この師弟の後半生には大きな相同性があったともいえ、そうであるだけにまた姿勢の違いが際だつことにもなった。が、それもこれも、今となっては動かしようがない。「人間は夫《そ》れ夫《ぞ》れ性質、嗜好が一様でないから、到底是《こ》れを同一標準の下に、換言すれば一定の型へ入るやうに作る訳には往かぬ」とは乃木院長その人の認識であった（前章参照）。「性質、嗜好」のほかに境遇もまた根本的に異なっていたこの生徒への「感化」に、限界があったのは当然である。

人間はそれぞれ一様でない。性質、嗜好、境遇、そして運もある。「大きな石に圧されてゐるやうな心持で暮した」と乃木の生涯を見渡す桜井忠温は、乃木が洩らしたこんな言葉も伝えている。

「電車に乗つてゐると、座席を覗《ねら》つてゐるものはいつまでも坐れないで、フラリと入つて来た者が却つて席を得る。これが人生の運不運といふものだ」（『大乃木』）

「人生の運不運」の結果、万死について責任ありと見なされうる立場に立たされた二人の「神人」。「責任」のような「言葉のアヤ」はわかりませんと〝菊のカーテン〟を下ろした君主と、「さあ、撃つて下さい」とばかりに身を投げだし、「責任」の〈物語〉を自ら際限もなく拡大してその世界に生き、語り、歌い、演じ、ついにはその自作〈劇〉の舞台上で自ら命を絶った臣下。

人生は様々だ。「座席を覗つてゐるものはいつまでも坐れない」。だからなのか、乃木は「坐る」ことははなから諦め、いつも車掌台に立っている。ふと路傍を見やる。髷をつけ粗末な着物を着て、うずくまって泣いている少年がいる。おや、あれは五〇余年以前のわしではないか。乃木は電車を降り、例のバランスを崩した多少とも滑稽な動作で、その小さな背中に歩み寄る。白い髭面に小児のような笑みを浮かべて〝泣人〟の震える肩にそっと手を置き、昔、妹を呼んだあのやさしい声をかける。これ坊よ、もう泣かぬがよい、ほれ、泣くようなことはもう何もないじゃないか。

主要参考文献

芥川龍之介、伊藤痴遊、井上通泰、大庭柯公、小泉信三、小林秀雄、佐藤春夫、里見弴、志賀直哉、徳富蘆花、夏目漱石、西田幾多郎、新渡戸稲造、乃木希典、芳賀矢一、橋川文三、福沢諭吉、正宗白鳥、真山青果、南方熊楠、森鷗外の著作からの引用で、出典を本文中に明示していないものは、下記のテクストに拠る。

『芥川龍之介全集』（岩波書店、一九七七～七八年）
『伊藤痴遊全集』（平凡社、一九二九～三一年）
『井上通泰文集』（島津書房、一九九五年）
『内村鑑三全集』（岩波書店、一九八〇～八二年）
『柯公全集』（柯公全集刊行会、一九二五年）
『小泉信三全集』（文藝春秋、一九六七～七二年）
『小林秀雄全集』（新潮社、一九七八～七九年）
『志賀直哉全集』（岩波書店、一九七三～七四年）
『里見弴全集』（筑摩書房、一九七七～七九年）
『定本佐藤春夫全集』（臨川書店、二〇〇〇年）
『蘆花全集』（新潮社、一九二八～三〇年）
『漱石全集』（岩波書店、一九九三～九九年）

『西田幾多郎全集』（岩波書店、一九六五〜六六年）
『新渡戸稲造全集』（教文館、一九六九〜二〇〇一年）
『乃木希典全集』（国書刊行会、一九九四年）
『芳賀矢一文集』（冨山房、一九三七年）
『橋川文三著作集』（筑摩書房、一九八五〜八六年）
『正宗白鳥集』（福武書店、一九八三〜八六年）
『真山青果全集』（講談社、一九七五〜七八年）
『南方熊楠全集』（平凡社、一九七一〜七五年）
『鷗外全集』（岩波書店、一九五一〜五三年）

以下、著者名の五十音順に列挙し、著者名を欠く資料を末尾に置く。＊は乃木希典を研究する上で重要なもの。

朝比奈知泉編『明治功臣録』（文武書院、一九二五年）
飛鳥井雅道『明治大帝』（筑摩書房、一九八九年）
東岩美『乃木大将の教育精神』（玄松堂出版、一九四三年）
安倍能成ほか『天皇の印象』（創元社、一九四九年）
猪谷不美男『少年乃木無人』（報徳会総務所、一九二三年）
＊猪谷不美男『乃木大将大遺訓』（忠誠堂、一九二五年（明治出版社、一九一三年の縮刷版））
学習院学生監として乃木院長を補佐した著者による乃木語録、また生活記録。詳細な夢語りまでを含む点で貴重。

猪狩史山・中野亨『天台道士語録』（政教社、一九二五年）

池田諭『代表的明治人』（徳間書店、一九六八年）

石黒忠悳『陸軍士官学校生徒課外講演第八輯乃木将軍に就て』（陸軍士官学校高等官集会所、一九二五年）

五木寛之『ステッセルのピアノ』（文藝春秋、一九九三年）

井上泰岳編『現代名士の活動振り』（東亜堂書房、一九一一年）

井上晴樹『旅順虐殺事件』（筑摩書房、一九九五年）

今村均『乃木大将』（自由アジア社、一九六一年）

岩見隆夫『陛下の御質問』（毎日新聞社、一九九二年）

生方敏郎『明治大正見聞史』（春秋社、一九二六年）

Washburn, Stanley, *Nogi: A Great Man agaist the Background of War*, London: Andrew Melrose, 1913. 邦訳：ウォシュバン、スタンレー『乃木』（目黒真澄訳、創元社、一九四二年。同訳でのち『乃木大将と日本人』講談社学術文庫、一九八〇年）

榎本進一郎『乃木将軍と大楠公 忠義な人々』（大日本愛国絵本会、一九三九年）

王丸勇「乃木希典」（宮元忠雄『診断・日本人』日本評論社、一九七四年所収）

王丸勇『乃木希典』（たがみ書店、一九七三年）

大江志乃夫『東アジア史としての日清戦争』（立風書房、一九九八年）

大嶋輝久『乃木大将言行録』（成光館書店、一九二七年）

大伴佐久雄編『乃木将軍』（成光館書店、一九一二年）

大庭三郎『少年訓話乃木大将』（山口屋書店、一九一三年）

＊大濱徹也『乃木希典』（河出書房新社、一九八八年（『明治の軍神――乃木希典』雄山閣、一九七〇年の文庫

版）
歴史家による乃木研究として現在の最高水準を示す、必読の基本文献。
大宅壮一『炎は流れる』第一巻（文藝春秋新社、一九六四年）
小笠原長生『乃木将軍と東郷元帥』（文藝春秋社、一九二七年）
＊岡本学編『乃木大将修養訓』（三立社出版部、一九一二年）
死去の約百日前に出版された聞き書き。自らの人生、諸事万般への所感を語る乃木の肉声が響く。
小田実『私と天皇』（筑摩書房、一九七五年）
学習院輔仁会編纂『乃木院長記念録』（三光堂、一九一四年）
加瀬英明「秘話・天皇は日米開戦を停め得た！」『サンデー毎日』（一九八九年一月二九日）
加藤玄智『神人乃木将軍』（菊地屋書店、一九一二年）
加藤玄智『日本精神と死の問題』（大東出版社、一九三九年）
加藤周一「世論操作または『乃木希典日記』のこと」（『言葉と人間』朝日新聞社、一九七七年所収）
鹿野千代夫『乃木大将言行録』（東亜堂書店、一九一二年）
亀井茲明『日清戦争従軍写真帖』（柏書房、一九九二年）
亀岡泰辰『乃木将軍 勅諭のまゝに』（文武書院、一九二〇年）
河原敏明『天皇裕仁の昭和史』（文藝春秋、一九八三年）
菊池寛『明治文明綺談』（六興商会、一九四三年）
菊池又祐『親としての乃木将軍』（第一出版社、一九三七年）
菊池又祐『人間乃木と妻静子』（太平観光出版局、一九七〇年。『乃木夫妻の生活の中から』（厚生閣出版、一九三三年）の改訂版）

木村毅『乃木将軍』（千倉書房、一九三七年）
木村毅『農人乃木』（全国書房、一九四二年）
木村毅『旅順攻囲軍』（恒文社、一九八〇年）
教育総監部編『武人の徳操』（偕行社編纂部、一九三〇年）
＊黒木勇吉『乃木希典』（講談社、一九七八年）
現在における最も詳細にして実証的な総合的乃木伝。八〇〇頁に及ぶ大冊。
桑原嶽『名将 乃木将軍――司馬遼太郎の誤りを正す』（中央乃木会、一九九〇年）
桑原嶽・菅原一彪編『乃木希典の世界』（新人物往来社、一九九二年）
幸田露伴「義士談の喜ばる丶所以」『日本及び日本人』（一九一〇年一月）
浩文社編輯部『偉人乃木大将』（政教社、一九二五年）
小谷保太郎編『観樹将軍回顧録』（政教社、一九二五年）
児玉花外『乃木大将 詩伝』（金尾文淵堂、一九一五年）
児玉花外『少年教育偉人英雄詩伝叢書乃木大将』（朝日書房、一九二六年）
近衛秀麿『風雪夜話』（講談社、一九六七年）
小林多喜二『蟹工船』（戦旗社、一九二九年）
酒井朝彦『世界偉人選集』（日本図書出版社、一九三四年）
＊桜井忠温『将軍乃木』（実業之日本社、一九二九年）
『肉弾』で名高い著者によるもう一つのベストセラー。癖のある人柄をよく伝える、陸軍の部下として長く乃木に接した著者ならではの随想集。

桜井忠温『人・乃木将軍』（天人社、一九三一年）

桜井忠温『大乃木』（潮文社、一九四二年）
桜井忠温『哀しきものの記録』（文藝春秋新社、一九五七年）
桜木寒山『千古の大偉人乃木大将』（盛陽堂、一九二六年）
佐佐木信綱『明治大正昭和の人々』（松樹社、一九六一年）
サトウ、アーネスト『一外交官の見た明治維新』（岩波書店、一九六〇年）
佐藤庄市『小乃木渡辺中尉』（琴洋会、一九二三年）
佐藤義亮編『日本精神講座』第三巻（新潮社、一九三四年）
参謀本部編纂『明治廿七八年日清戦史』（参謀本部、一九〇七年）
篠田達朗「乃木将軍の義手」（『にわか産婆・漱石』新人物往来社、一九八四年所収）
司馬遼太郎『殉死』（文藝春秋、一九六七年）
司馬遼太郎『坂の上の雲』（文藝春秋、一九七〇〜七二年）
島田学堂『嗚呼乃木将軍』（春江堂書店、一九一二年）
嶋名政雄『乃木「神話」と日清・日露』（論創社、二〇〇一年）
志村有弘編『将軍乃木希典』（勉誠出版、二〇〇四年）
宿利重一『乃木将軍言行録』（三省堂、一九二八年）
宿利重一『乃木希典』（魯庵記念財団、一九二九年）
宿利重一『人間乃木 将軍編』（春秋社、一九三一年）
宿利重一『乃木将軍』（三教書院、一九三七年）
人物社同人『乃木大将論』（人物社、一九一二年）
菅原克也「二十世紀の武士道――乃木希典自刃の波紋」『比較文学研究』45号（東大比較文学会、一九八四年）

杉謙二編『嗚呼　乃木将軍』（至誠社、一九一二年）
杉原夷山『乃木将軍伝』（帝国中央通信社、一九一二年）
関根順三『乃木大将』（建設社、一九三四年）
関根虎雄編『乃木将軍写真画報』（菊香会本部発行、乃木画報社・乃木写真画報社発売、一九二四年）
大日本国民中学会述（河野正義）『武士道之典型乃木大将』（東京国民書院、一九一三年）
高須梅渓（芳次郎）『明治代表人物』（博文館、一九一三年）
高須芳次郎『乃木将軍詩歌物語』（新潮社、一九三八年）
高橋静虎『乃木大将武士道問答』（軍事教育会、一九一三年）
高橋静虎『恩師乃木将軍』（軍事教育会、一九一四年）
高橋立吉『日本新英傑伝』（東亜堂書房、一九一二年）
高橋淡水『乃木大将言行録』（磯部甲陽堂、一九一二年）
高橋紘・鈴木邦彦『陛下、お尋ね申し上げます』（徳間書店、一九八二年）
高橋紘『昭和天皇発言録』（小学館、一九八九年）
高橋紘『象徴天皇の誕生』（角川書店、二〇〇二年）
「高松宮宣仁親王」伝記刊行委員会編『高松宮宣仁親王』（朝日新聞社、一九九一年）
高山公通監修『乃木大将読本』（愛之事業社、一九三八年）
武田秀夫「日露戦争における切断・義肢と乃木式義手」『日本医史学雑誌』28巻3号（一九八二年七月）
竹沢義夫『児童修身叢書第一編乃木大将』（東京出版社、一九二七年）
橘国敏『少年文庫第七編乃木大将』（教育書房・修文館、一九一二年）
辰野隆「漱石・乃木将軍・赤彦・茂吉」（『忘れ得ぬ人々』弘文堂書房、一九三九年所収）

谷壽夫『機密日露戦史』（原書房、一九六六年）
中央乃木会編『乃木将軍詩歌集』（日本工業新聞社、一九八四年）
長府博物館編『乃木のかおり』（乃木神社崇敬会、一九六二年）
塚田清市編『乃木大将事跡』（非売品、一九一六年）
柘植久慶『旅順　日露決戦の分水嶺』（ＰＨＰ研究所、二〇〇一年）
津野田是重『旅順に於ける乃木将軍斜陽と鉄血』（偕行社、一九二五年）
土谷伝『神皇乃木将軍画帖』（天正堂、一九一九年）
鶴田禎次郎『鶴田軍医総監日露戦役従軍日誌』（陸軍軍医団、一九三六年）
寺崎英成／マリコ・テラサキ・ミラー編著『昭和天皇独白録』（文藝春秋、一九九〇年）
藤樫準二『千代田城　宮廷記者四十年の記録』（光文社、一九五八年）
藤樫準二「天皇白書――知られざる陛下」『復刻版天皇の昭和史　サンデー毎日緊急増刊』（一九八九年二月四日）
徳川夢声『夢諦軒随筆』（秋豊園、一九三六年）
戸川幸夫『人間　乃木希典』（光人社、一九七七年）
中内敏夫『軍国美談と教科書』（岩波書店、一九八八年）
中川重『偉人伝叢書乃木希典』（日本社、一九三一年）
中原鄧州『禅の極致』（中央出版社、一九二八年）
中村醒水『軍神乃木将軍』（湯川弘文社、一九三一年）
長山靖生『日露戦争』（新潮社、二〇〇四年）
長与善郎『人生観想』（小山書店、一九三九年）

長与善郎「乃木将軍と学習院」『特集知性』(一九五七年一月)
奈良本辰也「『謹厳』乃木希典が残していた『放蕩記』」『新潮45』(一九八五年六月)
西村才助(文則)『乃木将軍』(昭文堂、一九一二年)
ねずまさし『日本現代史 1』(三一書房、一九六六年)
ねずまさし『天皇と昭和史』(三一書房、一九七四年)
乃木将軍敬讃会編『神になるまでの乃木将軍』(乃木将軍敬讃会、一九三九年)
乃木大将景慕修養会編『実伝乃木大将』(隆文館、一九一三年)
野間清治編『修養全集』第五巻「修養文芸名作選」(大日本雄弁会講談社、一九二九年)
橋本明「封印された天皇のお詫び」『新潮45』(一九八七年一月)
長谷川正道『敬仰乃木将軍』(宮越太陽堂書房、一九四二年)
服部純雄『育英の父 乃木将軍』(刀江書店、一九三六年)
＊服部他助『恩師乃木院長』(民友社、一九一七年)
学習院教授兼寄宿舎寮長として親しく乃木の謦咳に接した著者による乃木語録。当時最新の教育学や心理学の知見からする分析と洞察に冴え。
花太郎編『乃木大将』(駸々堂、一九一三年)
ハミルトン、イアン『思ひ出の日露戦争』(平凡社、一九三五年)
早川貞水『講談皇国の花』(大江書房、一九一四年。同じ著者による『乃木大将実伝』(大江書房、一九一四年)、『乃木百話偉人の面影』(文武書院、一九二五年)も内容ほぼ同一)
林房雄『乃木大将』(第一書房、一九三七年)
平塚柾緒『図説日露戦争』(河出書房新社、一九九九年)

広沢瓢右衛門「瓢右衛門夜話」（南博ほか編『芸双書7 うなる――浪花節の世界』白水社、一九八一年）
福岡徹『軍神 乃木希典の生涯』（文藝春秋、一九七〇年）
福島成行『乃木希典言行録』（内外出版協会、一九一三年）
福田赳夫『回顧九十年』（岩波書店、一九九五年）
福田和也『乃木希典』（文藝春秋、二〇〇四年）
福田恆存「乃木将軍は軍神か愚将か」『中央公論』（昭和四五年一二月臨時増刊）
福田恆存『人間・この劇的なるもの』（中公文庫、一九七五年。初出は一九五五～六年）
藤崎孝宗編『明治大帝御偉業史』（土屋書房、一九一三年）
藤田尚徳『侍従長の回想』（講談社、一九六〇年）
淵田忠良編『明治の英傑』（大日本雄弁会講談社、一九二七年）
古川薫『軍神』（角川書店、一九九七年）
碧瑠璃園（渡辺霞亭）『実伝乃木大将』上下（隆文館、一九一三年）
別宮暖朗『「坂の上の雲」では分からない旅順攻防戦』（並木書房、二〇〇四年）
ベルツ、トク編『ベルツの日記』（岩波文庫、一九七九年）
堀内文次郎『武士道の本義』（モナス、一九三九年）
本多光夫編『〝ザ・マン〟シリーズ 乃木希典』（プレジデント社、一九八一年）
前川和彦『軍神乃木希典の謎』（徳間書店、一九八一年）
前田蓮山『歴代内閣物語』（時事通信社、一九六一年）
前田河広一郎『蘆花の芸術』（興風館、一九四三年）
増本河南『悲壮小説朶』（城北書院、一九一二年）

松居松翁（真玄）『乃木将軍』（春陽堂、一九二五年）
松下芳男『乃木希典』（吉川弘文館、一九六〇年）
真鍋昌賢「乃木さんのひとり歩き――浪花節にえがかれた日露戦後の庶民感情」『説話・伝承学』6（一九九八年四月）
三島通陽『回想の乃木希典』（雪華社、一九六六年）
宮本忠雄編『診断・日本人』（日本評論社、一九七四年）
宮本直和『大阪偕行社附属小学校物語』（東洋出版、二〇〇〇年）
武者小路実篤『齢』（実業之日本社、一九四一年）
Mosley, Leonard, *Hirohito, Emperor of Japan*, Prentice-Hall International, 1966. 邦訳：モズレー、レナード『天皇ヒロヒト』（高田市太郎訳、毎日新聞社、一九六六年）
村上兵衛「戦中派はこう考える」『中央公論』（一九五三年四月）
村上兵衛「天皇の戦争責任」『中央公論』（一九五三年六月）
本吉豊治郎『乃木将軍写真帖附肉山血海之旅順』（北隆館合資会社、一九一三年）
桃川若燕『乃木大将陣中珍談』（三芳屋書店、一九一二年）
桃川若燕口演・通俗教育研究会編『講談乃木伝』（文泉社、一九二〇年）
桃川若燕口演・通俗教育研究会編『皇室中心大和魂宣伝 通俗乃木将軍実伝』（郁文舎、一九二三年）
森於菟『屍室断想』（時潮社、一九三〇年）
森潤三郎『鷗外森林太郎』（森北書店、一九四二年）
森銑三『明治人物夜話』（東京美術、一九六九年）
山岡剣山編『乃木大将伝』（楽園社・忠誠堂、一九一二年）

山折哲雄『悲しみの精神史』（ＰＨＰ研究所、二〇〇二年）
山路愛山『乃木大将』（民友社、一九一二年）
山田龍雄『陸軍大将伯爵乃木希典卿逸話』（陸軍士官学校高等官集会所、一九二七年）
山本喜久夫ほか『世界の映画作家31 日本映画史』（キネマ旬報社、一九七六年）
山本七平『昭和天皇の研究』（祥伝社、一九八九年）
雄山閣編輯局編『異説日本史・人物篇 十』（雄山閣、一九三三年）
横山健堂『大将乃木』（敬文館、一九一二年）
吉川寅二郎『嗚呼 至誠の人 乃木希典将軍』（展転社、一九八四年）
吉田奈良丸『乃木将軍誠忠録』（三芳屋書店、一九一三年）
渡辺銀太郎『明治之軍神 乃木大将写真帖』（東京新橋堂、一九一二年）
渡部松菊斎（省三）『通俗教育新浄瑠璃』（彩文館、一九一三年）
渡部求『乃木大将と孝道』（大日本文化協会出版部、一九四〇年）
渡部求『乃木大将と農事日記』（国民社、一九四二年）

著者名なし
『回顧 乃木将軍』（菊香会出版部、一九三六年）
『歌舞伎座百年史（上）』（松竹・歌舞伎座、一九九三年）
『河出人物読本 天皇裕仁』（河出書房新社、一九八三年）
『第一高等学校六十年史』（第一高等学校、一九三九年）
「『乃木将軍と辻占売りの少年像』建設に付て」（『洗心』10号、一九六八年）

『秘 旅順要塞攻撃作業詳報』(第三軍司令部、一九〇五年)
『明治三十七八年戦役満州軍政史』(陸軍省、一九一七~九年)
『歴史群像シリーズ24 日露戦争』(学習研究社、一九九二年)

あとがき

執筆の半ばに父の急逝ということがあり、その後は以前と同じように書き続けはしながら、書くことがいつか父への鎮魂という新しい意味を帯びてきたように感じる。

父は、ある地方小都市の神主の次男として生まれた。あたりの神主には佐々木姓が多く、先祖を辿れば、乃木さんと同じく佐々木高綱に遡るとの由だが、真偽のほどは定かでない。ともかく父は長じて第二次世界大戦に出征し、復員すると父親も兄も死んでいたので、ほかにやりたいこともあったらしいが、やむをえず二十歳《はたち》そこそこで神社を継いだ。やがて嫁いだ母は、思い設けない貧窮の生活を強いられたと生前よくこぼしていたが、そのことはもちろん、かつて文字通りの神官（公務員）であった神主に戦後は官給が支給されなくなったことに大きな関わりがある。

ただ、お神酒《みき》のお下がりがあって酒には不自由しなかったから、これが入ると陽気で、子供をよくからかった。が、素面《しらふ》ではそう愛嬌のある方でなく、怒鳴り散らすこともあった。睨まれれば縮み上がったが、そうした不機嫌の奥には子供には測り知れない不満や憂鬱を抱えるようでもあり、テレビ番組にもいろいろと文句をつけ、読売ジャイアンツをこよなく憎み……、そう、「一寸食へない爺々《ぢぢい》のやうな」（木村毅の乃木評。第五章参照）ところがあった。そういえば、痩せぎすで面長の顔は、もし下半分を髯で覆えば、まんざら乃木さんに似ないでもなかったろうと今にして思う。

そうはいっても、この評伝選の企画から声が掛かり、乃木ならやりますと手を挙げたときに、父のことを意識していたわけではまったくない。それが、調べ考えてゆくうち、昭和天皇の問題に突き当たった。この人を抜きにして教師としての乃木を語ることはできず、かつこの教育者の側面を語らずしては乃木の全体像は描ききれないとの結論にやがて達したのである。覚悟を決めて実際に執筆がその段にさしかかると、私はいつか奇妙な感覚に襲われ始めた。暗夜にキーボードを打つ私の背後に、鬼籍に入って間もない父が立って私の指の動きを見守っている……。かまわず仕事を続けてゆくと、ある時、ふと腑に落ちた。神社本庁に関与しないでは生計が立てられないという立場上、表だって口にすることはなかったものの……。

このような執筆経緯が本書の、特に終章に反映していることを私は否定しない。これでも賢明なる編集者堀川健太郎氏の忠告を容れることで、表現はだいぶ抑制されたのだが、そうした部分にどう反応されるかは、もちろん読者諸賢の自由に委ねるほかはない。それにしても、自分には父が読めていなかった、という慚愧の念に襲われる。孝行のしたい時分に親はなしというが、親を読める準備のできたときにも、すでに親はいないのである。

さて、当初は別に父親を意識したわけでもないのに、しかも一介の文学研究者にすぎないお前がなぜ乃木を書くことにしたのか、と訊かれるかもしれない。この問いには、乃木の肉体そのものが、さあ私を読め、と突き出された「文学」であったからだ、と答えよう。この意味では、鷗外、漱石、芥川といった錚々たる文学者の作品を含む一群の「乃木文学」は、乃木という「文学」を読むことで産出された二次的文学でもあった。長年にわたってそれらの触発を受けることで、私もまた乃木の肉体そのものを読みたい、という思いがいつか膨らんでいたのである。そして、この、父とはなんの連絡もないはずの回路をくぐって出たところに意外にも父がいたことは、まったく個人的なことで恐縮ながら、私としては面はゆい幸いであった。乃木さんの世界に引き込まれた理由の、当初は見えなかった部分が見えてきたのだともいえる。

本書が捧げられるべきは、したがって、第一に乃木その人、第二にわが父である。

乃木さんと親父よ、安らかに眠れ。かつ願わくは不肖の弟子と息子を許せ。

二〇〇五年五月

佐々木　英昭

乃木希典略年譜

和暦	西暦	齢	関係事項	一般事項
嘉永 二	一八四九	0	11・11武蔵国麻布日ヶ窪長府毛利侯上屋敷に、父乃木十郎希次、母壽の第三子として生まれる。	閏4月イギリス軍艦、来航。
五	一八五二	3	1・11妹カネ誕生。	9・22睦仁親王（明治天皇）誕生。
六	一八五三	4	7・3弟真人（玉木正誼）誕生。	6・3ペリー来航。
安政 元	一八五四	5	9・7妹イネ誕生。	3・3日米和親条約締結。
五	一八五八	9	11月藩命により一家で長府へ移住。12月長府着。希次、閉門百日の刑および減俸に処せられる。	6・20日米修好通商条約締結。
六	一八五九	10	4月より結城香崖につき漢学詩文を、10月より江見後藤兵衛につき武家礼法弓馬故実を学ぶ。	7月オランダ・ロシア・イギリスと条約締結。
万延 元	一八六〇	11	1月より人見流馬術、日置流弓術、洋式砲術を、3月より兵書歴史を学ぶ。	10・17吉田松陰刑死（安政の大獄）。
文久 元	一八六一	12	1月より宝蔵院槍術、田宮流剣術を学ぶ。	3・3桜田門外の変。
二	一八六二	13	6・20長府藩集童場に入学。12月元服して名を源三と改める。	1・15坂下門外の変。8・21生麦事件。

三	一八六三	14	3月乃木家を出奔し、萩の玉木家に寄食して修学。	6月高杉晋作が奇兵隊を編成。7月薩英戦争。
元治元 四	一八六四	15	2・8集童場の知友と「盟約状」を交わし、長府藩報国隊を結成。9月より明倫館文学寮に通学。11月より一刀流剣術を学ぶ。	6・5池田屋事件。7・19蛤御門の変。8月長州征討令。
慶応元	一八六五	16	1月末弟集作誕生。4月萩から長府に帰り兵務に就く。6月より豊前国へ出戦。10・17奇兵隊と合して徳力村の敵塁を攻略。名を文蔵源頼時と改める。	4・13幕府、長州再征の軍をおこす。
二	一八六六	17	1月藩命により明倫館文学寮に入学。	1・21薩長連合成立。6月より幕府軍連戦連敗で9月撤兵。12・25孝明天皇崩御。
三	一八六七	18	1月一刀流の目録を伝授される。	1・9明治天皇践祚。10・14大政奉還。
明治元 四	一八六八	19	1月報国隊の漢学助教となる。11月藩命を受け伏見御親兵兵営に入営し、フランス式操練を伝習。	1・3鳥羽伏見の戦（戊辰戦争始まる）。1・15新政府、王政復古を通告。9・8明治と改元。
二	一八六九	20	7～11月京都河東御親兵練武掛となる。	6・17版籍奉還。
三	一八七〇	21	1・4豊浦（旧長府）藩陸軍練兵教官を拝命。11・23陸軍少佐に任官し、翌日、東京鎮台第二分営に出張。	11・13徴兵規則頒布。

四	一八七一	22	12月正七位に叙せられ、名を希典と改める。また信州上田へ出張し、城郭を収公。	7・4廃藩置県。
五	一八七二	23	2月東京鎮台第三分営大弐心得を拝命。3月第三分営名古屋に出張。	8・2学制頒布。11・28徴兵の詔。
六	一八七三	24	4・15名古屋鎮台大弐心得を拝命。6・25従六位に叙せられ、名古屋に父母を迎える。	7・28地租改正条例公布。10・24西郷隆盛ら辞職して帰郷。
七	一八七四	25	5・12名古屋鎮台在勤を免ぜられて休職（四カ月）。母・弟妹を伴い東京へ。9・10陸軍卿伝令使を拝命。	2・4佐賀の乱。
八	一八七五	26	12月熊本鎮台歩兵第十四連隊長心得を拝命。	5・7千島樺太交換条約批准。
九	一八七六	27	2月より弟玉木正誼、再三来訪して前原一誠側への荷担を勧誘。10・30連隊を率い豊前豊津へ。10・31玉木正誼戦死。	10・24熊本神風連の乱。10・27秋月の乱。10・28萩の乱。
一〇	一八七七	28	2・22植木付近で薩摩軍と戦闘、軍旗を喪失。2・27肥後国玉名村で銃創、久留米病院入院。4・9辺田野村で銃創、高瀬病院入院。4・22中佐に昇任。	2・15鹿児島士族挙兵し西南戦争勃発。9・24西郷隆盛自刃し西南戦争終息。
一一	一八七八	29	1・30勲四等に叙せられ、年金一八〇円を下賜される。10・27鹿児島藩士湯地定之四女、お七と結婚。	5・14大久保利通暗殺。
一二	一八七九	30	8・28長男勝典誕生。11月赤坂区新坂の新邸に移転。12・20正六位に叙せられる。	8・31嘉仁親王（大正天皇）誕生。
一三	一八八〇	31	4・28大佐に昇任。6・8従五位に叙せられる。	

一四	一八八一	32	12・16次男保典誕生。	10・12国会開設の詔。
一六	一八八三	34	2・5東京鎮台参謀長に補せられる。	
一八	一八八五	36	4・7勲三等に叙せられ、旭日中綬章を受ける。5・21陸軍少将に昇任し、歩兵第十一旅団長（熊本）に補任。7・25正五位に叙せられる。	4・14天津条約締結。12・22太政官制を廃して内閣制度とする。
一九	一八八六	37	4・18長女ツネ誕生。6・8従四位に叙せられる。7・13ツネ死亡。	
二〇	一八八七	38	1月官命によりドイツ遊学に出発。4・18ベルリンで森林太郎（鷗外）の訪問を受ける。	
二一	一八八八	39	6・10ドイツより帰朝。	4・30枢密院創設。5・14鎮台組織を師団組織に改編。
二二	一八八九	40	3・3三男直典誕生。3・9近衛歩兵第二旅団長に転任。5月直典死亡。	1・12徴兵令改正。2・11憲法発布式典。
二三	一八九〇	41	7・25歩兵第五旅団長（名古屋）に補せられる。	2・11金鵄勲章創設の詔勅。10・30教育勅語発布。11・25教第一回帝国議会召集。
二四	一八九一	42	4月栃木県那須郡狩野村石林に別荘を設ける。10月震災被害者に金員を施与したことにより褒状を下賜される。	5・11大津事件。10・28濃尾大地震。
二五	一八九二	43	2・3休職を仰せつけられる（九カ月）。12・8復	

			職して歩兵第一旅団長に転任。	
二六	一八九三	44	4・11正四位に叙せられる。	8・21国歌君が代制定。
二七	一八九四	45	5・29勲二等に叙せられ瑞宝章を賜る。9・24部下旅団を指揮して東京出発。10・24清に上陸し、11月破頭山・金州・産国・和尚島で戦闘、11・24旅順を陥落させる。	6月日清両国軍が朝鮮に上陸。7・25朝鮮豊島沖で清艦を攻撃。8・1清に宣戦布告（日清戦争始まる）。
二八	一八九五	46	1〜2月混成旅団を指揮して蓋平・太平山付近で戦闘、3月営口・田庄台を攻略。4・5陸軍中将に昇任し第二師団長（仙台）を拝命。8・20功三級金鵄勲章・年金七百円・旭日重光章を授賜され、男爵として華族に列せられる。9〜10月台湾各地を転戦。	4・17日清講和条約調印。5・10遼東半島還付の詔勅（三国干渉の結果）。
二九	一八九六	47	4月台湾を発ち仙台に凱旋。10・14台湾総督に任ぜられる。11・1母と妻を伴い神戸出航。12・21従三位に叙せられる。12・27母壽、台北で病没。	1・2台湾各地で叛乱。3・31台湾総督府条例公布。
三〇	一八九七	48	4・1金一千円を下賜される。6・26勲一等に叙せられ瑞宝章を賜る。	12・18ロシア艦隊、旅順口に入港。
三一	一八九八	49	2・26台湾総督を辞任して休職（九カ月）。10・3第十一師団長に補され讃岐へ単身赴任。12・31宿舎金倉寺を訪れた妻静の面会を拒絶。	1〜4月ドイツが膠州湾、ロシアが旅順・大連、イギリスが威海衛、フランスが広州湾をそれぞれ清から租借。

三三	一九〇〇	51	この年、第十一師団から歩兵一箇大隊が清へ出征。	5月義和団の乱で清に出兵。
三四	一九〇一	52	5・22依願休職。こののち2年半余、東京の自宅または那須野の別邸に時を送る。	4・29嘉仁皇太子に第一王子裕仁（昭和天皇）誕生。6・21伊庭想太郎、星亨を殺害。
三五	一九〇二	53	この年、新坂町の家屋を新築。	1・30日英同盟締結。
三七	一九〇四	55	2・5動員令下り留守近衛師団長を拝命。5・2第三軍司令官に転任。5・27長男勝典戦死。6・1宇品出航。6・6塩大澳に上陸して陸軍大将に昇任。6・12正三位に叙せられる。8・19第一回、9・19第二回、10・26第三回、11・26第四回旅順総攻撃。11・30次男保典戦死。12・5二〇三高地占領。	2・9朝鮮仁川で日本海軍がロシアの二艦を撃沈。2・10宣戦布告（日露戦争始まる）。5・26日本軍、南山・大連を占領。7・25営口・大石橋を占領。
三八	一九〇五	56	1・1旅順要塞司令官ステッセル、降伏書を乃木に送致。1・5両将、水師営で会見。1・13旅順入場式。1・14戦死将卒の招魂祭を挙行。1・24奉天へ出発。2～3月奉天付近で戦闘。5・5宝庫門に第三軍司令部移駐。12・29凱旋の途につく。	1・25黒溝台会戦。3・10奉天占領。5・27～28日本海海戦。9・5ポーツマス日露講和条約調印、日比谷焼き打ち事件。11・11日韓保護条約締結。
三九	一九〇六	57	1・10宇品上陸。1・14新橋駅に凱旋、宮城へ参内。1・26軍事参議官に補せられる。4・1功一級金鵄勲章・年金一千五百円・桐花大綬章を授賜される。7・6第五・六・十二師団管下特命検閲使。8・25	4・30凱旋大歓兵式。7・24児玉源太郎没。11・26南満州鉄道株式会社設立。

			宮内庁御用掛を拝命。9・8ドイツ皇帝からプール・ル・メリット勲章を受領。	
四〇	一九〇七	58	1・31学習院長を兼任。4・16フランス政府からレジヨン・ドヌール勲章を受領。8・30従二位に叙せられる。9・21勲功により特に伯爵に列せられる。	6〜7月日仏・日韓・日露各協約成立。11・28下田歌子、学習院女学部長を免官。
四一	一九〇八	59	6月旅順小案子山東麓の露国戦死者建碑除幕式参列のため満州へ出張。	10・13戊申詔書発布。10・29侍従武官制公布。
四二	一九〇九	60	4・28チリ共和国政府から金製有功章を受領。11・28旅順白玉山表忠塔除幕式参列のため夫人同伴で旅順を訪い、勝典・保典の跡をも弔う。	10・26伊藤博文、訪露途中のハルビン駅頭にて暗殺される。
四三	一九一〇	61	8〜12月中耳炎で赤十字病院に入院。	5・25大逆事件大検挙始まる。8・22日韓合併条約成立。
四四	一九一一	62	4・12東伏見宮夫妻の大英帝国皇帝戴冠式参列に東郷平八郎とともに随行して横浜出航。6〜8月イギリス、フランス、ドイツ、ルーマニア、トルコ、ブルガリア、セルビア、ハンガリーを歴訪し、モスクワからシベリア鉄道を経由し8・28敦賀上陸。10・25ルーマニア皇帝から勲章を受領。	1・24幸徳秋水ら一二名死刑執行。
四五 大正元	一九一二	63	5・10大英帝国皇帝からグランド・クロス・オヴ・ザ・ヴィクトリア勲章を、6・5同じくバス勲章を	7・30明治天皇崩御。皇太子嘉仁践祚し、大正と改元。9・13

受領。9・1大葬参列のため来日する英国皇族コンノート親王の接伴員を仰せつけられる。9・13霊轜発引の号砲とほぼ同時に、妻静とともに自刃。	大葬を挙行。

（この年譜の作成に当たっては、大濱徹也『乃木希典』（河出書房新社、一九八八年）巻末の年譜を参考にさせていただいた。）

人名索引

あ 行

か　行

さ　行

た　行

な　行

は 行

ま 行

や　行

ら・わ行

事項索引

あ行

か行

さ行

た行

な行

は 行

ま・や・ら行

《著者紹介》

佐々木英昭（ささき・ひであき）

1954年　生まれ。
1982年　東京大学大学院（比較文学・比較文化研究科）修士課程修了。
1992年　博士（学術）号（東京大学）取得。
　　　　東京工業大学助手，名古屋工業大学助教授などを経て，
現　在　龍谷大学国際文化学部教授。
著　書　『夏目漱石と女性』新典社，1990年。
　　　　『「新しい女」の到来――平塚らいてうと漱石』名古屋大学出版会，1994年（第一回比較文学会賞受賞）。
　　　　『異文化への視線――新しい比較文学のために』（編著）名古屋大学出版会，1996年。
　　　　『漱石文学全注釈(8) それから』若草書房，2000年，
　　　　ほか。

ミネルヴァ日本評伝選

乃《の》木《ぎ》希《まれ》典《すけ》

――予は諸君の子弟を殺したり――

2005年８月10日　初版第１刷発行　〈検印省略〉

定価はカバーに表示しています

著　者　佐々木　英　昭
発行者　杉　田　啓　三
印刷者　江　戸　宏　介

発行所　株式会社　ミネルヴァ書房

607-8494　京都市山科区日ノ岡堤谷町１
電話（075）581-5191（代表）
振替口座　01020-0-8076番

© 佐々木英昭，2005〔025〕
共同印刷工業・新生製本

ISBN4-623-04406-8

Printed in Japan

刊行のことば

歴史を動かすものは人間であり、興趣に富んだ人間の動きを通じて、世の移り変わりを考えるのは、歴史に接する醍醐味である。

しかし過去の歴史学を顧みるとき、人間不在という批判さえ見られたように、歴史における人間のすがたが、必ずしも十分に描かれてきたとはいえない。二十一世紀を迎えた今、歴史の中の人物像を蘇生させようとの要請はいよいよ強く、またそのための条件もしだいに熟してきている。

この「ミネルヴァ日本評伝選」は、正確な史実に基づいて書かれるのはいうまでもないが、単に経歴の羅列にとどまらず、歴史を動かしてきたすぐれた個性をいきいきとよみがえらせたいと考える。そのためには、対象とした人物とじっくりと対話し、ときにはきびしく対決していくことも必要になるだろう。

今日の歴史学が直面している困難の一つに、研究の過度の細分化、瑣末化が挙げられる。それは緻密さを求めるが故に陥った弊害といえるが、その結果として、歴史の大きな見通しが失われ、歴史学を通しての社会への働きかけの途が閉ざされ、人々の歴史への関心を弱める危険性がある。今こそ歴史が何のためにあるのかという、基本的な課題に応える必要があろう。評伝という興味ある方法を通じて、解決の手がかりを見出せないだろうかというのも、この企画の一つのねらいである。

狭義の歴史学の研究者だけでなく、多くの分野ですぐれた業績をあげている著者たちを迎えて、従来見られなかった規模の大きな人物史の叢書として、「ミネルヴァ日本評伝選」の刊行を開始したい。

平成十五年（二〇〇三）九月

ミネルヴァ書房

ミネルヴァ日本評伝選

企画推薦
梅原　猛
ドナルド・キーン
佐伯彰一
角田文衞

監修委員
上横手雅敬
芳賀　徹

編集委員
石川九楊
伊藤之雄
猪木武徳
今谷　明
今橋映子
熊倉功夫
佐伯順子
坂本多加雄
武田佐知子
竹西寛子
西口順子
兵藤裕己
御厨　貴

上代

卑弥呼　古田武彦
日本武尊　西宮秀紀
雄略天皇　吉村武彦
蘇我氏四代　遠山美都男
推古天皇　義江明子
聖徳太子　仁藤敦史
斉明天皇　武田佐知子
天武天皇　新川登亀男
持統天皇　丸山裕美子
阿倍比羅夫　熊田亮介
柿本人麻呂　古橋信孝
元明・元正天皇　渡部育子
聖武天皇　本郷真紹
光明皇后　寺崎保広
孝謙天皇　勝浦令子
藤原不比等　荒木敏夫
吉備真備　今津勝紀
道　鏡　吉川真司
大伴家持　和田　萃
行　基　吉田靖雄

平安

桓武天皇　井上満郎
嵯峨天皇　西別府元日
宇多天皇　古藤真平
醍醐天皇　石上英一
村上天皇　京樂真帆子
花山天皇　上島　享
三条天皇　倉本一宏
後白河天皇　美川　圭
小野小町　錦　仁
藤原良房・基経　滝浪貞子
菅原道真　竹居明男
紀貫之　神田龍身
慶滋保胤　平林盛得
*安倍晴明　斎藤英喜
藤原道長　朧谷　寿
清少納言　後藤祥子
紫式部　竹西寛子
和泉式部　ツベタナ・クリステワ
大江匡房　小峯和明
式子内親王　奥野陽子
建礼門院　生形貴重
阿弖流為　樋口知志
坂上田村麻呂　熊谷公男
*源満仲・頼光　元木泰雄
平将門　西山良平
平清盛　田中文英
藤原秀衡　入間田宣夫
空　海　頼富本宏
最　澄　吉田一彦
奝　然　上川通夫
源　信　小原　仁
守覚法親王　阿部泰郎

鎌倉

源頼朝　川合　康
源義経　近藤好和
後鳥羽天皇　五味文彦
九条兼実　村井康彦
北条時政　野口　実
*北条政子　関　幸彦
北条義時　岡田清一
曾我十郎・五郎　杉橋隆夫
北条時宗　近藤成一
安達泰盛　山陰加春夫
平頼綱　細川重男
竹崎季長　堀本一繁
西　行　光田和伸
藤原定家　赤瀬信吾
*京極為兼　今谷　明
*兼　好　島内裕子
重　源　横内裕人
運　慶　根立研介
法　然　今堀太逸

慈　円　大隅和雄
明　恵　西山　厚
親　鸞　末木文美士
恵信尼・覚信尼　西口順子
道　元　船岡　誠
叡　尊　細川涼一
*忍　性　松尾剛次
*日　蓮　佐藤弘夫
一　遍　蒲池勢至
夢窓疎石　田中博美
宗峰妙超　竹貫元勝

南北朝・室町

後醍醐天皇　上横手雅敬
護良親王　新井孝重
北畠親房　岡野友彦
楠正成　兵藤裕己
新田義貞　山本隆志
足利尊氏　市沢　哲
佐々木道誉　下坂　守
円観・文観　田中貴子
足利義満　川嶋将生
足利義教　横井　清
大内義弘　平瀬直樹
日野富子　脇田晴子
世阿弥　西野春雄
雪舟等楊　河合正朝
雪村周継　赤澤英二
宗　祇　鶴崎裕雄
*満　済　森　茂暁
一休宗純　原田正俊

戦国・織豊

北条早雲　家永遵嗣
毛利元就　岸田裕之
*今川義元　小和田哲男
武田信玄　笹本正治
三好長慶　仁木　宏
上杉謙信　矢田俊文
吉田兼倶　西山　克
山科言継　松園　斉
織田信長　三鬼清一郎
豊臣秀吉　藤井讓治
前田利家　東四柳史明
蒲生氏郷　藤田達生
伊達政宗　伊藤喜良
支倉常長　田中英道
北政所おね　田端泰子
淀　殿　福田千鶴
ルイス・フロイス　エンゲルベルト・ヨリッセン
*長谷川等伯　宮島新一
顕　如　神田千里

江戸

徳川家康　笠谷和比古
徳川吉宗　横田冬彦
後水尾天皇　久保貴子
光格天皇　藤田　覚
崇　伝　杣田善雄
春日局　福田千鶴
池田光政　倉地克直
シャクシャイン　岩崎奈緒子
田沼意次　藤田　覚
末次平蔵　岡美穂子
林羅山　鈴木健一
中江藤樹　辻本雅史
山崎闇斎　澤井啓一
*北村季吟　島内景二
ケンペル　ボダルト・ベイリー
荻生徂徠　柴田　純
雨森芳洲　上田正昭
前野良沢　松田　清
平賀源内　石上　敏
杉田玄白　吉田　忠
上田秋成　佐藤深雪
木村蒹葭堂　有坂道子
大田南畝　沓掛良彦
菅江真澄　赤坂憲雄
*鶴屋南北　諏訪春雄
良　寛　阿部龍一
滝沢馬琴　高田　衛
山東京伝　佐藤至子
平田篤胤　川喜田八潮
シーボルト　宮坂正英
本阿弥光悦　岡　佳子
小堀遠州　中村利則
尾形光琳・乾山　河野元昭
*二代目市川團十郎　田口章子
与謝蕪村　佐々木丞平
伊藤若冲　狩野博幸
鈴木春信　小林　忠
円山応挙　佐々木正子
*佐竹曙山　成瀬不二雄
葛飾北斎　岸　文和
酒井抱一　玉蟲敏子
オールコック　佐野真由子
月　性　海原　徹
西郷隆盛　草森紳一
*吉田松陰　海原　徹
徳川慶喜　大庭邦彦
和　宮　辻ミチ子

近代

明治天皇　伊藤之雄
大正天皇　フレッド・ディキンソン
大久保利通　三谷太一郎
山県有朋　鳥海　靖
木戸孝允　落合弘樹
井上　馨　高橋秀直
*松方正義　室山義正
北垣国道　小林丈広
大隈重信　五百旗頭薫
伊藤博文　坂本一登
井上　毅　大石　眞
桂　太郎　小林道彦
林　董　君塚直隆
高宗・閔妃　木村　幹
山本権兵衛　室山義正
高橋是清　鈴木俊夫
小村寿太郎　簑原俊洋
犬養　毅　小林惟司
加藤高明　櫻井良樹
田中義一　黒沢文貴
平沼騏一郎　堀田慎一郎
宮崎滔天　榎本泰子
浜口雄幸　川田　稔
幣原喜重郎　西田敏宏
関　一　玉井金五
広田弘毅　井上寿一
安重根　上垣外憲一
グルー　廣部　泉
東條英機　牛村　圭
蔣介石　劉　岸偉
木戸幸一　波多野澄雄
*乃木希典　佐々木英昭
加藤友三郎・寛治　麻田貞雄
宇垣一成　北岡伸一
石原莞爾　山室信一
五代友厚　田付茉莉子
安田善次郎　由井常彦
渋沢栄一　武田晴人
山辺丈夫　宮本又郎
武藤山治　阿部武司・桑原哲也
小林一三　橋爪紳也
大倉恒吉　石川健次郎
大原孫三郎　猪木武徳
河竹黙阿弥　今尾哲也
イザベラ・バード　加納孝代
林　忠正　木々康子
森　鷗外　小堀桂一郎
二葉亭四迷　ヨコタ村上孝之
巌谷小波　千葉信胤
樋口一葉　佐伯順子
島崎藤村　十川信介
泉　鏡花　東郷克美
有島武郎　亀井俊介
永井荷風　川本三郎
北原白秋　平石典子
菊池　寛　山本芳明
宮澤賢治　千葉一幹
正岡子規　夏石番矢
P・クローデル　内藤　高
高浜虚子　坪内稔典
与謝野晶子　佐伯順子
種田山頭火　村上　護
斎藤茂吉　品田悦一
*高村光太郎　湯原かの子
萩原朔太郎　エリス俊子
原阿佐緒　秋山佐和子
高橋由一・狩野芳崖　古田　亮
竹内栖鳳　北澤憲昭
黒田清輝　高階秀爾
中村不折　石川九楊
横山大観　高階秀爾
橋本関雪　西原大輔
小出楢重　芳賀　徹
土田麦僊　天野一夫
岸田劉生　北澤憲昭
松旭斎天勝　川添　裕
中山みき　鎌田東二
ニコライ　中村健之介
出口なお・王仁三郎　川村邦光
島地黙雷　阪本是丸
*新島　襄　太田雄三
澤柳政太郎　新田義之
河口慧海　高山龍三
大谷光瑞　白須淨眞
李方子　小田部雄次
古賀謹一郎　小野寺龍太
久米邦武　髙田誠二
フェノロサ　伊藤　豊
内村鑑三　新保祐司
*岡倉天心　木下長宏
徳富蘇峰　杉原志啓
内藤湖南・桑原隲蔵　礪波　護
岩村　透　今橋映子
西田幾多郎　大橋良介

喜田貞吉　中村生雄
上田　敏　及川　茂
柳田国男　鶴見太郎
厨川白村　張　競
九鬼周造　粕谷一希
辰野　隆　金沢公子
矢内原忠雄　等松春夫
薩摩治郎八　小林　茂
シュタイン　瀧井一博
福澤諭吉　平山　洋
福地桜痴　山田俊治
中江兆民　田島正樹
田口卯吉　鈴木栄樹
陸　羯南　松田宏一郎
竹越與三郎　西田　毅
宮武外骨　山口昌男
吉野作造　田澤晴子
野間清治　佐藤卓己
杉　亨二　速水　融

北里柴三郎　福田眞人
田辺朔郎　秋元せき
南方熊楠　飯倉照平
寺田寅彦　金森　修
石原　純　金子　務
J・コンドル　鈴木博之
小川治兵衛　尼崎博正

現代

昭和天皇　御厨　貴
高松宮宣仁親王　後藤致人
吉田　茂　中西　寛
マッカーサー　柴山　太
重光　葵　武田知己
池田勇人　中村隆英
和田博雄　庄司俊作

朴正熙　木村　幹
竹下　登　真渕　勝
*松永安左エ門　橘川武郎
鮎川義介　井口治夫
松下幸之助　米倉誠一郎
本田宗一郎　伊丹敬之
井深　大　武田　徹
幸田家の人々　金井景子
*正宗白鳥　大嶋　仁
*川端康成　大久保喬樹
松本清張　杉原志啓
安部公房　成田龍一
R・H・ブライス　菅原克也
金素雲　林　容澤
柳　宗悦　熊倉功夫

バーナード・リーチ　鈴木禎宏
イサム・ノグチ　酒井忠康
川端龍子　岡部昌幸
藤田嗣治　林　洋子
*井上有一　海上雅臣
手塚治虫　竹内オサム
山田耕筰　後藤暢子
武満　徹　船山　隆
力道山　岡村正史
美空ひばり　朝倉喬司
植村直巳　湯川　豊
西田天香　宮田昌明
安倍能成　中根隆行
G・サンソム　牧野陽子
和辻哲郎　小坂国継
青木正児　井波律子

矢代幸雄　稲賀繁美
石田幹之助　岡本さえ
平泉　澄　若井敏明
前嶋信次　杉田英明
竹山道雄　平川祐弘
保田與重郎　谷崎昭男
佐々木惣一　松尾尊兊
*瀧川幸辰　伊藤孝夫
福本和夫　伊藤　晃
フランク＝ロイド・ライト　大久保美春
大宅壮一　有馬　学
清水幾太郎　竹内　洋

*は既刊
二〇〇五年八月現在